Dominika Rank

Matzewe in meinem Garten

Abenteuer eines jüdischen Heritage-Touristen in der Ukraine

UKRAINIAN VOICES

Collected by Andreas Umland

38 *Alina Nychyk*
    Ukraine Vis-à-Vis Russia and the EU
    Misperceptions of Foreign Challenges in Times of War, 2014–2015
    With a foreword by Paul D'Anieri
    ISBN 978-3-8382-1767-3

39 *Sasha Dovzhyk (Ed.)*
    Ukraine Lab
    Global Security, Environment, Disinformation Through the Prism of Ukraine
    With a foreword by Rory Finnin
    ISBN 978-3-8382-1805-2

40 *Serhiy Kvit*
    Media, History, and Education
    Three Ways to Ukrainian Independence
    With a preface by Diane Francis
    ISBN 978-3-8382-1807-6

41 *Anna Romandash*
    Women of Ukraine
    Reportages from the War and Beyond
    ISBN 978-3-8382-1819-9

The book series "Ukrainian Voices" publishes English- and German-language monographs, edited volumes, document collections, and anthologies of articles authored and composed by Ukrainian politicians, intellectuals, activists, officials, researchers, and diplomats. The series' aim is to introduce Western and other audiences to Ukrainian explorations, deliberations and interpretations of historic and current, domestic, and international affairs. The purpose of these books is to make non-Ukrainian readers familiar with how some prominent Ukrainians approach, view and assess their country's development and position in the world. The series was founded, and the volumes are collected by Andreas Umland, Dr. phil. (FU Berlin), Ph. D. (Cambridge), Associate Professor of Politics at the Kyiv-Mohyla Academy and an Analyst in the Stockholm Centre for Eastern European Studies at the Swedish Institute of International Affairs.

Dominika Rank

MATZEWE IN MEINEM GARTEN

Abenteuer eines jüdischen Heritage-Touristen in der Ukraine

Bibliografische Information der Deutschen Nationalbibliothek

Die Deutsche Nationalbibliothek verzeichnet diese Publikation in der Deutschen Nationalbibliografie; detaillierte bibliografische Daten sind im Internet über http://dnb.d-nb.de abrufbar.

Bibliographic information published by the Deutsche Nationalbibliothek

Die Deutsche Nationalbibliothek lists this publication in the Deutsche Nationalbibliografie; detailed bibliographic data are available in the Internet at http://dnb.d-nb.de.

ISBN-13: 978-3-8382-1810-6
© *ibidem*-Verlag, Stuttgart 2023
Alle Rechte vorbehalten

Das Werk einschließlich aller seiner Teile ist urheberrechtlich geschützt. Jede Verwertung außerhalb der engen Grenzen des Urheberrechtsgesetzes ist ohne Zustimmung des Verlages unzulässig und strafbar. Dies gilt insbesondere für Vervielfältigungen, Übersetzungen, Mikroverfilmungen und elektronische Speicherformen sowie die Einspeicherung und Verarbeitung in elektronischen Systemen.

All rights reserved. No part of this publication may be reproduced, stored in or introduced into a retrieval system, or transmitted, in any form, or by any means (electronical, mechanical, photocopying, recording or otherwise) without the prior written permission of the publisher. Any person who does any unauthorized act in relation to this publication may be liable to criminal prosecution and civil claims for damages.

Printed in the EU

Die Liebe zum Vaterland, früher häufig Objekt meines Spotts, erscheint mir – seit sie seit Februar 2022 in zahlreiche Blutbäder getaucht wurde – nun in einem anderen Licht.

In einem Licht, das sich in drei Bestandteile zerlegen lässt: Schmerz, Stolz, Schuld.

Inhalt

Vorwort 9

Teil 1 17

Teil 2 43

Epilog 263

Vorwort

„Heritage-Tourismus" ist viel mehr als die Besichtigung bzw. Bewunderung unterschiedlicher durch Google oder eine Reiseagentur vorgeschlagener Orte und Objekte mehr oder weniger anerkannten kulturellen Erbes. Unter Heritage-Tourismus verstehen viele die Suche nach der eigenen Familiengeschichte in Ländern, in denen die Familie schon seit einer, oft auch zwei Generationen nicht mehr lebt und zu denen sie nicht mehr gehört. Außer diesem engen Fokus besitzt der Heritage-Tourismus noch andere interessante Eigenschaften, die ihn von anderen Tourismus-Zweigen unterscheiden.

Den alten, innen und außen schön verzierten Opernhäusern, Banken, prächtigen Villen und Denkmälern lokaler Größen – kurz gesagt: alles, worauf die lokale Bevölkerung ach so stolz ist – gönnen Heritage-Touristen höchstens ein paar flüchtige Blicke. Stattdessen drängen sie sich (oft einzeln reisend) durch enge, dunkle Gassen, fahren in klapprigen Bussen, welche noch nie „den TÜV" gesehen haben und ihn nie bestehen würden, durch urige Gegenden, weit entfernt von den mit besonderem Komfort angelegten und durch Aufnahme in das UNESCO-Weltkulturerbe geadelten Touristen-Routen. Ein kleines, ärmliches Häuschen in irgendwelchen Dörfern und Siedlungen, in verschlafenen Städtchen, an Waldrändern, zwischen alten Ruinen ist oft das Ziel ihrer strebsamen Suche. Dort sollen ihre Oma, ihr Opa oder gar schon die Ureltern geboren worden sein. Diese nährten ihre Enkel und Urenkel mit endlosen Geschichten über ihre glückliche Kindheit in engen und gemütlichen grünen Gassen, in geräumigen, mit Kinderlachen gefüllten Höfen – so lange, bis diese, sich von einem alternden, nach der eigenen Kindheit sehnenden Hirn ausgedachten Geschichten in den Köpfen der Enkelkinder die Vollkommenheit einer realen Welt bekommen; einer Welt, die man heute mit einem Reisepass, einem lokalen Stadtführer und ein paar Flugtickets wirklich besuchen kann.

So bekamen die Enkelkinder, heute schon selbst Erwachsene, meist gut gebildet und häufig auch wohlhabend, ein persönliches

„Atlantis". Und wie wohl jeder vertriebene oder geflüchtete Besitzer, fragen sie sich: Was wäre, wenn das Haus, die Gasse, die Stadt, das Land, die Menschen von zwei Kriegen, Deportationen, von Holocaust und Genozid, von Zwangsindustrialisierung und Dammbauten, von Hunger und Wirbelstürmen sowie von Diktaturen verschont geblieben wäre? Wie würde dann mein Leben heute aussehen? Was und wer wäre ich? Wo wäre ich? Mit wem und gegen wen wäre ich? Was würde mir gehören? Heritage-Tourismus bietet praktische Antworten auf diese Fragen, so wie Gott den Menschen den Himmel anbietet.

Heritage-Tourismus im Sinne der Suche nach dem eigenen Familienerbe zeichnet sich außer durch diese ungewöhnlichen Fragen noch durch eine Komponente aus, die anderen Tourismusarten in Europa meist fehlt: Menschen! Gewöhnliche, alltägliche Menschen. „Einheimische", also nicht die kitschigen Tanzgruppen in Restaurants, nicht irgendwelche Rezeptionistinnen und Rezeptionisten, keine Kellnerinnen und Kellner, sondern ganz normale, im „Jetzt" lebende Menschen.

Im Unterschied zu für Touristen herausgeputzten Opernhäusern und breiten Prachtstraßen befinden sich die Objekte, welche für Heritage-Touristen von Interesse sind, üblicherweise in privatem Besitz. Dementsprechend muss man, um ein solches Objekt zu besichtigen, (es spielt keine Rolle, dass das Haus früher im Besitz der eigenen Familie war!), in Kontakt zu seinen heutigen Besitzern treten. Oft sind erste zaghafte Kontakte dieser Art bereits bei der Suche nach der gewünschten Adresse unvermeidlich: Verschiedene Regierungswechsel brachten neue Straßennamen mit sich; Archive haben manchmal die schlechte Neigung, in Flammen aufzugehen – und so müssen sich die Suchenden oft auf die mündlichen, fantasiereichen Anweisungen der heutigen Stadtbewohner verlassen. Dazu kommt noch die Suche nach einem Restaurant, Hotel oder Laden und bisweilen nach einem Arzt. Nicht selten sind solche Gespräche für beide Seiten, sowohl für Touristen als auch für Einheimische, ein Erstkontakt mit der anderen, unbekannten Welt und seinen Repräsentanten. Beide beschenken sich reich mit vorsichtiger, fast schon misstrauischer Aufmerksamkeit. Das Auftauchen eines Fremden in einer verschlafenen Kleinstadt, die früher zum Beispiel mal ein jüdisches Schtetl beherbergte, verursacht viel Aufregung. Kirchgänger, Verkäuferinnen oder Taxifahrer kratzten sich verlegen am Kopf zum Beispiel bei der Frage, wo man das Haus der Rubinstein-Familie finden könne, oder wo die „Mitzwa" stehe, und schicken die Fragenden immer in eine andere (meist nicht die korrekte) Richtung. Warum kommt jemand hierher in ihr Dorf, das viele doch einfach am liebsten schnell verlassen würden? Was wollen die beiden Fremden? Was nur kann man auf im Sommer staubigen und in den anderen drei Jahreszeiten matschigen Straßen zwischen dem Tante-Emma-Laden und den Ruinen eines mit Löwen und sechseckigen Sternen geschmückten Gebäuden suchen? Wie verrückt muss man sein, um die Zeit, die man dem wunderschönen Opernhaus widmen könnte, lieber der Besichtigung eines alten Friedhofs zu widmen, obwohl dort nur noch die Zipfel alter Steine aus dem hohen Gras zu sehen sind?

Natürlich hat dieser Kulturschock auch seine unvermeidliche Reziprozität: er ist immer beidseitig. Die Heritage-Touristen kennen besser als viele lokale Hobby-Heimathistoriker die Karte des Vorkriegs-Schtetls, kennen sich in Gassen und auf Plätzen aus, wo einst die kleine Reisele oder der blasse Jankele, oder die heute auf einem Hunderte oder Tausende Kilometer weiter westlich gelegenen Friedhof ruhenden Rosa und Jakob damals spielten. Gleichzeitig zeigen sich diese Besucher oft ehrlich überrascht oder ernsthaft schockiert, wenn keine einzigen Koordinaten ihres „Atlantis" heute mehr stimmen. Und das ist noch eine Besonderheit dieses Heritage-Tourismus: er verlangt eine gewisse Blindheit und Vergesslichkeit. Das vollkommene Eintauchen, die sinnliche Verbindung mit der Vergangenheit, all das sind Dinge, die diese Touristen typischerweise begehren. Dinge, die ihnen die wenigen Reiseagenturen mit „Heritage"-Profil auch versprechen. Diese Besonderheit verlangt zumindest ein wenig, die Realität der Gegenwart hintanzustellen. Der imaginäre Bildschirm mit einem darauf projizierten „Hollywood"-Film, mit einer Bühne, auf der einst ein Kantor sang, erschwert den Touristen das virtuelle Wiedererleben der alten Synagoge ihrer Vorfahren. Deswegen bevorzugen sie, alle möglichen Erscheinungen der Jetztzeit so weit wie es nur irgendwie geht zu ignorieren. Darunter eben auch die letzten immerhin bald achtzig

Jahre neuerer, anderer Geschichte auf dem Territorium der untergegangenen Schtetl ihrer Vorfahren.

Viel stärker als jeder Gegenstand aber erschweren vor allem die jetzigen Bewohner das Wiederbeleben des imaginierten „Atlantis". Denn sie leben dort, wo früher das Schtetl war, sie atmen seine Luft, laufen durch seine verwinkelten Gassen, sogar wenn sie diese anders benennen (und nicht mal wissen, wie sie früher hießen). Sie eröffnen Kinos oder Ladengeschäfte in verlassenen Synagogen, oft ohne die geringste Vorstellung davon, von wem oder wozu diese Gebäude und Gassen einst gebaut wurden. Sie sind die Verkörperung der modernen Geschichte in ihrer unerträglichsten Gestalt: *kollektiven Vergessens.*

Wie tief in jedem von uns der Drang nach der Aufklärung der Anderen sitzt, dies wissen die Begleiter dieser Touristen nur zu gut. Kaum jemand ihrer Kunden versäumt es nämlich, zufällig an ihnen vorbeikommenden Passanten, also den aktuellen Bewohnern des ehemaligen Schtetls, Fragen wie die folgenden zu stellen: *„Wissen Sie, wer hier früher gewohnt hat? Wer in dieser Schule studiert hat? Wer auf diesem Friedhof begraben liegt? Nein, nicht? (Der oder die) war ein talentierter Wissenschaftler/in, eine weltberühmte Sängerin oder es waren einfach nur ganz normale Mitmenschen, die in nahen Wäldern, in flachen und namenlosen, von ihnen selbst ausgegrabenen Gräbern, ihre ebenfalls getöteten Kinder umarmend, mit einer Kugel im Kopf liegen. Die haben doch zumindest eine flüchtige Erinnerung oder Erwähnung durch diejenigen, die jetzt in ihren Häusern leben, verdient?!"*

„Natürlich wissen wir, wer hier gewohnt hat" antworten empört die Einheimischen, bleiben stehen, stellen ihre schweren, mit Obst und Gemüse gefüllten Taschen – Geschenke der fetten Schwarzerde – auf den Boden, richten ihre müden Rücken auf, reiben die breiten Handteller gegeneinander, um das Blut wieder zirkulieren zu lassen, und zeigen mit dem Zeigerfinger links oder rechts auf diese oder jene Statue: „Der war unser großer Dichter; die da – unsere wichtigste Schriftstellerin; der dort – das war unser erster Arzt; und der wiederum – ein tapferer Revolutionär und Kämpfer für unsere Unabhängigkeit." Ein wenig schadenfroh beäugt der Reisebegleiter sodann, wie sein Schützling um das Denkmal herum läuft und nach bekannten Buchstaben sucht. Er übersetzt die Inschriften dankbarer Nachfahren an ihre Vorfahren, die so viel für das Erstarken des heutigen, modernen Staats getan haben. Kein einziger jüdischer Name darunter, weder unter den Dankenden noch unter den Gestorbenen. Viele der Heritage-Touristen finden diese Tatsache ziemlich enttäuschend.

Jedes Volk hat seine Helden und Märtyrer, aber in jeder Stadt gibt es eben nur einen Hauptplatz. Wem wird die Inschrift am Sockel des dort stehenden Denkmals gewidmet? Warum nicht einfach zwei Denkmäler? Fragen dieser Art verwirren den Enkel oder die Enkelin des Holocaustüberlebenden...: *„Warum kann man denn nicht ein Holocaustdenkmal neben einem Denkmal zur Erinnerung an Deportierung, Genozid, Hungerkatastrophe oder welch anderes Unglück auch immer errichten?"* *„Wenn schon nicht zwei unterschiedliche Helden Platz nebeneinander finden, warum können dann hier nicht wenigstens zwei Märtyrer friedlich nebeneinander in Stein oder Bronze verewigt stehen?"* Alle zucken bloß mit den Schultern.

Der Tourist empört sich über die Gleichgültigkeit seines Reisebegleiters, die Ignoranz der ehemaligen Nachbarn seiner Großeltern, er empört sich über die Stadtverwaltung und die Landesregierung, über die Verantwortungslosigkeit und Gedächtnisschwäche dieser einfachen Leute, gestern noch Bauern, die ihresgleichen Denkmäler stellen, Personen, deren Namen man niemals außerhalb des betreffenden Dorfes oder Städtchen hören wird. Nichts kann ihn über diese Enttäuschung hinwegtrösten: Weder die leckeren weißen Brötchen mit in Rum eingelegten Rosinen, noch die verkleinerten Kopien Shabbat-Challas, ebenfalls nicht eine kleine Gedenktafel an der örtlichen Schule mit jüdischen Namen darauf. Und es trösten auch nicht die wenigen in die fremde Sprache übernommenen jiddischen Worte, die der Wind sanft aus den Lippen auf der Straße spielender Kinder bis zu den Ohren des Besuchers trägt.

Die Suche nach den eigenen Wurzeln, nach dem einstigen elterlichen Haus führen den Enkel und seinen Begleiter weiter. Sie befragen Menschen – je älter, desto besser – sie bleiben vor hohen Holztoren stehen, werden manchmal hereingebeten, trinken dann warme, soeben gemolkene Milch, essen kräftiges, leicht nussiges

Brot mit duftend knusprigem Rand. Der Tourist ist höflich und interessiert, sein Begleiter versteht sich gut darauf, betagte Menschen redselig zu stimmen, das gehört schließlich zu seinen beruflichen Aufgaben. Und so, nach einer Tasse Milch, oder besser noch: einem Gläschen Hausbrand, strömt der Fluss der Zeit in die entgegengesetzte Richtung. Längst Verstorbene werden wieder in Erinnerung zum Leben erweckt, Ruinen wieder zu Elfenbeintürmen, man ist in eine Zeit zurückversetzt, in der Autos durch Pferdewagen und das Internet durch Gespräche verdrängt werden. Und früher oder später hört der zu Besuch gekommene Enkel auch von diesen, ihm fremden Menschen endlich all die Namen, die er bis jetzt nur von seinen Großvätern oder -müttern gehört hatte. *„Ja, (so und so) lebte dort, hinter der alten Mikwe, die jetzt eine Wäscherei ist. Er hat immer mit meinem Onkel Fußball gespielt und meine Tante nach dem Tanzen nach Hause begleitet. Sein Haus findet ihr zwischen der Wäscherei und der alten Bushaltestelle, dort wo früher das Haus meiner Eltern stand, bevor sie von den Sowjets deportiert wurden..."* Und bevor der Enkel es schafft, all die Anweisungen und Orientierungspunkte zu notieren, kehrt der Gedankenfaden des Zeitzeugen in seine einzige wahre Bahn zurück – zum *Ich*. *„Als ich noch klein war"* - *„als sie meine Mutter festgenommen hatten"* - *„als ich allein geblieben war..."* Ungewollt und ungefragt ergießen sich über die beiden Zuhörer immer neue Geschichten aus einem fremden Leben, die mit ihrer eigentlichen Frage nichts zu tun haben. In diesen Geschichten offenbaren sich dem Touristen die Wunden des ihm fremden Volkes. Er stellt sich vor, dass fast jede Familie einen Angehörigen verloren hat. Einer ist in Sibirien erfroren, ein Anderer im Gulag gestorben, ein Dritter wiederum an der Front erschossen. Die Wunden bluten, verursachen bis heute Albträume, Angst, Schmerz und Rachlust. Das ganze Städtchen ist mit diesem Pestrauch durchtränkt. Von Versöhnung redet niemand, so als ob dies auch nicht nötig wäre. Wäre es nötig? Schulbücher in seinem Heimatland sind voll von Predigten über Versöhnung und Vergangenheitsaufarbeitung, Verantwortung, Analysen der eigenen Fehler. Kollektive Wunden wurde auf verschiedene Weise über mehrere Generationen in Therapien behandelt und so fest bandagiert, dass der darin versteckte Schmerz nicht herauskommen kann. In diesem toten Schtetl blühen die bedrohlichen fleischfressenden Blumen der alten Traumata.

Nach dem Abschied, nach dem Obstschnaps noch leicht wackelig auf den Beiden, versucht der Enkel einer Holocaustüberlebenden zwei unterschiedliche Schmerzen der vormaligen Generation zuzuordnen, sie vermischen sich, gleichen sich, verstärken sich und werden schließlich ihm zu groß, unerträglich. Der Begleiter bringt ihn ins Hotel, morgen soll die Suche weiter gehen. Er schläft fest, sieht im Schlaf gestreifte Roben, rote Sterne und Hakenkreuze, hört Jiddisch, Russisch und Ukrainisch gleichzeitig in einem langen Schrei. Wacht auf, gießt lange Wasser über sein geschwollenes Gesicht, frühstückt schon morgens um sieben mit seinem Begleiter im dunklen Foyer, und macht dann um acht ein Foto von den durch hohe Fliederbüsche überwucherten Ruinen, die sein Atlantis sein sollten. Er steigt um neun in den Bus, und schon am gleichen Abend fliegt er ab. Er verabschiedet sich noch schnell von seinem Begleiter – der zeigt sich weder beleidigt noch überrascht. Beim Heritage-Tourismus sind solche Enttäuschungen möglich, wie Regenwetter während des Sommerurlaubs: nicht erwünscht, aber durchaus wahrscheinlich.

Im Flugzeug geht der Tourist seine alten Fragen nach. Doch das Spiel „Was wäre wenn..." verliert seine Attraktivität. Wenn nicht im Ghetto, dann im Gulag; wenn nicht in der Gaskammer, dann in NKWD-Gefängnis; wenn nicht nach Israel, dann nach Kanada. Der fruchtbaren Erde war es offensichtlich egal, welche der Söhne und Töchter zu begraben waren und in welcher Sprache sie von ihrem Tod schrien. Die Vergangenheit verbirgt unzählige Schmerzen, Heritage-Tourismus ist ein probates Mittel, diese zu wieder zu erleben.

***

Mit dem Beginn des russisch-ukrainischen Krieges kam der spärliche Strom der Touristen, die auf dem Gebiet der heutigen Ukraine nach Spuren ihrer Familiengeschichte suchen, vorerst zum Erliegen. Das ist aber nur eine geringe Sorge. Alte Wunden wurden nun vollständig geöffnet, aber nicht, um behandelt und geheilt zu werden. Nein: es wurde Salz in sie gestreut und frisches Blut wurde vergossen. Sie brennen unsäglich, voll Wut und Rache. Sie geben den Menschen Kraft und Mut, welche aber leider nur für das Kampffeld taugen. Was auch nicht gerade wenig ist, unter den Umständen. Was aber wird mit den Wunden geschehen, wenn der Krieg vorbei ist? Wer wird sie behandeln? Wie? Wie lange werden sie noch schmerzen?

Dieser Krieg hat eine neue Generation zukünftiger Heritage-Touristen geboren: sie wissen es selbst noch nicht. Sie gehen jetzt, seit ein paar Monaten, in neue Schulen in einem fremden Land, sie lernen neue Sprachen. Sie gewöhnen sich an ihr neues Heim und an neue Freunde, sie hören nachts ihre Mütter leise weinen, aber früher oder später, gut gebildet und oft wohlhabend, kommen sie oder ihre Kinder in das Land ihrer Eltern und Ureltern und werden nach deren altem Haus suchen, und das Spiel „was wäre aus mir geworden, wenn..." in Gedanken spielen. Dieses Gedankenspiel gehört fest zur Grundausrüstung eines jeden „Heritage-Touristen"....

Teil 1

Es war kein Passagierbus, und es sollte nie einer werden. Und es war nicht nur Jakobs visuelle Wahrnehmung, sondern der feste Schluss seines Hinterns. Der harte kleine Sitz, angelötet an die Metallhalbkugel, unter welcher sich das hintere Rad drehte, leitete eindeutige Signale über jede Spurrinne und jedes Steinchen direkt an Jakobs Wirbelsäule weiter. Die aus dem Gehäuse des alten VW-Busses ausgesägten Fenster waren nicht dazu vorgesehen, geöffnet zu werden.

In Erwartung des Erstickungstodes und um sich von Schlägen auf seinen Hintern und Rücken abzulenken, betrachtete Jakob die bunten Sitzbezüge mit ihren wilden Ornamenten, die ihm dank der geringen Passagierzahl in die Augen stachen. Jeder Sitzbezug wurde aus anderem Stoff genäht. Manche Polster und Lehnen waren sogar aus mehreren Flicken zusammengesetzt und ähnelten einem bunten Kaleidoskop. Jakob, der seine heimliche Liebe zu Ornamenten nur durch die wachsende Sammlung von Büchern und Alben verschiedenster Muster aus der ganzen Welt zeigte, bewunderte die Fantasie der unbekannten Näherin, die alle diese Stoffreste zu einer lebendigen quirligen Einheit, zu einem Sitzbezug zusammengenäht hatte. Allerdings demonstrierten die anderen Passagiere ein äußerst geringes Interesse an dieser Erscheinung der primitiven Kunst und als sich eine gut gepolsterte Dame mit einer riesigen karierten Plastiktüte neben Jakob hinsetzte, war seine Möglichkeit, das Innere der Buskabine zu betrachten, auch schon zu Ende.

Von Lemberg bis nach Skolywka sind es etwa 46 Kilometer, bestimmt weniger als eine Stunde Fahrt. Damit konnte sich Jakob, gequetscht zwischen die Dame und das Fenster, am Busrad, dessen Radkranz fast im direkten Kontakt mit seinem Hintern war, ein bisschen trösten. Doch als die erste Stunde längst vorbei war, befand er sich immer noch in der Lemberger Vorstadt. Erst dachte er, dass es so eine Art der Überlandfahrt sein sollte, wie zum Beispiel von Halle nach Schochwitz, wenn man auch eine Stunde braucht, bis alle Omas aus allen umliegenden Dörfern, ihre Ziele zu Yoga-

17

Kursen in Nachbardörfern erreichen. Eine meditativ langsame Fahrt durch Rapsfelder mit Yoga-Omas an Bord.

Heute war das aber nicht der Fall. Der Bus rollte tapfer durch Lemberger Straßen, holperte über Schlaglöcher und die Passagiere sprangen in den und aus dem Bus, wenn die Türen erst halb geöffnet waren. Und genau dieser lebendige Strom von Passagieren verlangsamte den Bus. Jede Ampel, jede Straßenecke, jede fünfzig Zentimeter Platz zwischen zwei geparkten Autos waren eine spontane Bushaltestelle. Die ersten Kilometer schrieb Jakob der Menschenliebe und dem Mitgefühl des Fahrers zu, denn die Armen standen oft auf den Straßen mit schweren Taschen ungeschützt vor dem kalten, herbstlichen Nieselregen und schmutzigen Spritzern von Autorädern. Doch als die Zahl der Passagiere im Bus sogar die Gütertransport-Kapazität überschritt, unterstellte Jakob dem Fahrer grenzenlose Gier und Bosheit. Das kleine weiße Papierstück, das man wahrscheinlich als Fahrschein identifizieren könnte, besaß außer Jakob niemand. Alle bezahlten direkt beim Fahrer, und nur Gott weiß, welcher Teil davon als offizielles Einkommen am Abend gemeldet sein wird. Doch Ordnung ist nichts anderes als eine natürliche Balance zwischen Möglichem und Unmöglichem und als die Kapazität des alten Buses erschöpft war, schloss der Fahrer endgültig die Türen, und fuhr los.

Inzwischen verstauten schon alle sitzenden Passagiere ihr Gepäck, das weder Damen- noch Aktentaschen ähnelte, im Gang oder auf ihren Schößen. Die quadratische Tüte von Jakobs Nachbarin, in die ein zehnjähriges Kind hineingepasst hätte, belegte nicht nur ihren Schoß, sondern zum Teil auch den von Jakob. Er konnte sich nur leise freuen, dass er nur seinen alten Rucksack als Reisegepäck mithatte und deshalb mit keinem Koffer belastet war. Außerdem wäre es, selbst wenn er einen hätte, wegen der schlechten Straßen der letzte Tag seines Koffers auf Rädern gewesen. Den Rucksack stellte Jakob auf seinen Schoß, es war sowieso der einzig mögliche Platz, denn das Rad auf welchem Jakob saß, ließ ihm keinen Platz vor der Rücklehne des Sitzes vor ihm.

Seine Beine rutschten vom Radkasten und seine Knie erreichten mindestens die Mitte seiner Brust. So wurde Jakobs neue Welt, die er eigentlich zu erforschen und zu verstehen wünschte, mindestens von drei Seiten verbarrikadiert. Vorn sah er nur die braungrüne abgewetzte Zeltplane seines Rucksackes, hinter sich hörte er das Gemurmel einer Nachbarin, ohne sie zu sehen oder zu verstehen und links von ihm ragte das Sortiment eines Miniaturbauernmarktes aus einer einzigen Tüte: Aus der Tasche seiner Nachbarin wölbten sich rote Tomaten hervor, gemischt mit gelben und grünen Paprikaschoten und Papiertüten. Die Fettflecken auf einer weißen Papiertüte verrieten als Quelle eines atemberaubenden Dufts eine geräucherte Wurst. Stangensellerie, dessen lange aromatische Stöcke bis zu seinem linken Ohr reichten, erschlossen ihm nun die richtige Bedeutung des Namens, ihre Stangen konnte er mühelos, ohne den Kopf zu bewegen, in den Mund stopfen. Er lächelte bei diesen Gedanken über sich selbst. Durch den Selleriedschungel blinkte etwas Goldenes zu seinem Lächeln zurück. In seiner verbarrikadierten Position schaffte es Jakob nur, seinen Hals leicht nach links zu drehen und er erblickte die goldenen Zähne seiner Mitreisenden. Ein weiteres unsicheres Lächeln war die Antwort auf ihren goldenen Gruß.

Abgesehen von der Passkontrolle am Flughafen war es der zweite Augenkontakt seit seiner Anreise heute früh. Die erste Bekanntschaft mit der ukrainischen Kommunikations- und der nicht weniger wichtigen Esskultur fand in einem fabelhaften Wiener Café statt. Um sieben Uhr morgens, grade gelandet und von sehr argwöhnischen Zoll- und Grenzbeamten wieder entlassen, fühlte Jakob starke Sehnsucht, wenn schon nicht nach seiner Dortmunder Heimat, die er erst vor ein paar Stunden verlassen hatte, so doch zumindest nach einem guten Frühstück. Das Geld zu wechseln dauerte fünf Minuten, Hunger und Müdigkeit ließen Jakob von seiner ursprünglichen Absicht, die Wechselkurse zu vergleichen, absehen und schon nach weiteren zwanzig Minuten stieg er aus dem Bus im Herzen der größten Stadt der Westukraine, Lemberg.

Er schaute sich verwundert um und das Erste was er bereute, waren die Fleischkonserven, mit denen er und seine Bobe[1] seinen Rucksack für die Reise vollgestopft hatten. Dutzende Cafés und

---

1   „Oma" auf Jiddisch

Restaurants in den Erdgeschossen schöner alter Jugendstilgebäude mit und ohne Terrassen lockten die Passanten mit duftendem Kaffeearoma und Vitrinen voller goldgelbem Gebäck. Von beiden Seiten des langen, prächtigen Boulevards zweigten enge, schattige Nebenstraßen ab. Am Ende der Promenade befand sich ein Opernhaus, von dessen Barockfassade sich Atlanten und Karyatiden[2] mit ihren in Falten herabhängenden Togas und von Blumenkränzchen umrankte Engelchen mit Harfen zu den Passanten herabbeugten. Und Jakob bereute es jetzt schon, dass er sich für diese Reise nur vier Tage Zeit genommen hatte. Vier Tage, von denen er zwei in einem gottverlassenen Dorf verbringen musste.

Über seine Dummheit den Kopf schüttelnd, betrat Jakob das erste schon geöffnete Café, setzte sich an einen kleinen freien Tisch und schmiss seinen schweren Rucksack auf einen Stuhl. Die Konservendosen schepperten und zu diesem Geräusch erschien vor Jakob eine Kellnerin. Sie trug eine Uniform, die der Tracht katholischer Nonnen ähnlich war: ein mindestens dreißig Zentimeter unter die Knie reichendes, schokoladenfarbiges Kleid mit langen Ärmeln und hohem zugeknöpftem Kragen, über dem Kleid eine blendendweiße Schürze mit fein gehäkelter Spitze. Die Erscheinung mit ihrem langen Zopf, ovalen Gesicht mit weichen Zügen, großen ungeschminkten Augen wurde von einer sanften Stimme ergänzt. Das Mädchen sprach Jakob sofort auf Englisch an, überreichte das Frühstücksmenü, nahm die Bestellung auf und verschwand hinter der großen Holztheke.

Ungläubig betrachtete Jakob die anderen Kellnerinnen und ihre Gäste. War er zufällig in das Bühnenbild für irgendein historisches Theaterstück geraten? Auf Schritt und Tritt hübsche Frauen, alle in Kleidern oder Röcken, feminin, elegant. Die Kellnerinnen schwebten mit angeborener Eleganz zwischen kleinen runden Tischen, wiegten leicht ihre schweren Zöpfe und lächelten sanft ihre nicht weniger aufgetakelten Kunden an.

---

2   Weibliche Stützfiguren in der Architektur. Sie werden oft zur Dekorierung der Fassade, als Dachelemente oder zur Stützung von Balkonen eingesetzt.

Jakob rückte ein bisschen verlegen sein Hemd zurecht und steckte seine Beine tiefer unter den Stuhl, in der Hoffnung, seine abgetragenen Wanderschuhe zu verstecken.

Wahnsinn, wie authentisch dort alles aussah, überall nur Holz und Glas, gerade so, als hätten sie noch nie etwas von Plastik gehört. Das Frühstück kam auf einem Serviertischlein und Jakob vergaß jede andere Wahrnehmung außer seinem Geschmackssinn: Kaiserschmarrn mit Rosinen und Äpfeln in Vanillesoße, nicht weniger als ein halbes Kilo Kohlenhydrate, aber wer würde ihm dies jetzt korrekt berechnen, und ein Cappuccino mit dem dicksten Milchschaum, den er je gesehen hat. Dazu kam ein gekochtes Ei, das Eigelb genauso, wie er es bestellt hatte, drei Stück frisches Baguette mit Käse, Marmelade und Butter.

Jakob verspreiste sein königliches Frühstück und vor seinen Augen erschien Joseph Roth`s Galizien[3]. Die österreichische k.u.k.-Monarchie, Jugendstil, schmachtende Blicke geheimnisvoller Damen, in höflicher Verbeugung verharrende Männer. Er erlaubte sich für einen Augenblick, sich selbst als Teil dieser schönen alten Welt vorzustellen. Sanfte, weiche Weiblichkeit, verlockende Linien und Rundungen versteckt in Falten weicher Stoffe, leise Stimmen und unter langen Wimpern hervorschauende Blicke. In dieser Atmosphäre fühlte Jakob seine Schultern etwas breiter, die Muskeln stärker und die Stimme tiefer. Ein ganz neues und sehr angenehmes Gefühl für einen schüchternen Gymnasiallehrer. Gegenüber seinen Schülerinnen war er es sonst, der seinen Blick vor mit Plastik-Streifchen verlängerten Wimpern, lila gefärbten Haaren und überheblich ausgebreiteten Schultern versteckte.

Mit Bedauern verließ Jakob das Café und bald das Stadtcentrum mit seinen Karyatiden, den mit schwarzen glatten Steinen gepflasterten Straßen und dem gedämpften Klang der Kirchenglocken. Der Busbahnhof nach Skolywka lag am Stadtrand und schon bald betrat Jakob die graue Industriezone, grau wie alle Industrieviertel der Welt. Und doch konnte er bestimmte Unterschiede schon sehen. Anstatt riesiger Fabrikgebäude und Hallen, die ihre

---

3   Joseph Roth war ein unweit von Lemberg geborener deutschsprachiger Schriftsteller jüdischer Herkunft.

Eingeweide in eng geparkte LKWs ausgossen, begegneten ihm hier nur kleine Autowerkstätten, Reifenservices, die mit Hilfe aller möglicher an ihren Wänden hängender Autoteile warben. Kleine Geschäfte, Steinmetze und Schlüsseldienste lichteten die dichten Reihen der Werkstätten. Das Bild änderte sich auch nach der Abfahrt vom Busbahnhof nicht sonderlich. Von dem leckeren Frühstück und den langen Wimpern der Kellnerin war Jakobs Laune noch immer sehr positiv gestimmt und so schaffte er es, die graue Landschaft mit den vereinzelten Mustergrabsteinen der hier ansässigen Steinmetze sogar zu genießen.

Die Reise war weder gewünscht noch lange geplant. Ganz im Gegenteil, es sollte sein erster Urlaub werden, den er als erwachsener, fast selbständiger, freier, gut ausgebildeter Gymnasiallehrer, genau in seinem dreißigsten Lebensjahr, das erste Mal ohne seine Mutter und seine Großmutter, die Bobe, die letzte Oktoberwoche genießen wollte. Und dafür hatte er sich Mallorca auserkoren. Ohne ewiges: „Jascha,[4] setzt dich nicht auf diesen Platz, dort zieht es! Warst du nicht gerade lange genug krank!?" Oder: „Jascha, dreh dich von der Frau weg, sie hustet genau in deine Richtung, soll sie pischn mit Borscht![5]". Die erwähnte, sich leicht räuspernde Frau, sich ihrer Verurteilung nicht bewusst, beugte sich von ihrem Nachbarsitz zu Jakob und fragte mit freundlichem Interesse: „Welchen Dialekt spricht ihre Oma? Bayrisch?" Jakob fand damals keine Kraft, diese Vermutung zu verneinen. Er nickte und nuschelte etwas, was die Frau bestimmt für noch einen anderen deutschen Dialekt wahrnahm. Sein Aussteigen an der Haltstelle ähnelte eher einer Flucht, was seine Bobe natürlich mit einer weiteren spitzen Bemerkung begleitete.

Dieses Mal sollte es endlich anders sein. Dalmatien, Kreta, alpine Gletscher oder Mallorca, egal wohin. Jakob war nicht wählerisch, er sehnte sich nur nach einem Stückchen Freiheit. Eine Woche Herbstferien, sorgfältig gespartes Geld und der Wunsch, nur eine Woche, ohne bekümmerte Seufzer und Ächzer seiner Mutter und

---

4 „Jascha" ist eine in slawischen Ländern übliche Koseform für Jakob
5 Ein jiddischer Fluch, der sinngemäß bedeutet: Sie soll Borschtsch (Kohlsuppe) pieseln.

seiner Bobe an irgendeinem Strand zu verbringen, das alles war eine perfekte Mischung, sich Zeit zu nehmen und eine Reise anzutreten. Natürlich konnte sein Plan ohne einen kleinen Trick nicht funktionieren. Wie zum Beispiel eine dringende, unvorhergesehene Vertretung seines Kollegen, dessen Frau, nehmen wir mal an, einen Autounfall hatte und deswegen zu Hause von ihrem Mann betreut werden musste. Um diesen Plan zu verwirklichen, musste sich Jakob sogar mit einem Kollegen anfreunden, der seine Legende, wenn es dazu käme, dass die Bobe seine Fährte doch aufnähme und den Kollegen anriefe, bestätigen könnte.

Eigentlich war Jakob in der Schule als ein unkollegialer Einzelgänger bekannt, er nahm an keinerlei Aktivität teil und verbrachte alle Pausen allein, was in einem Gymnasium mit tausend Schülern wirklich schwierig durchzusetzen dar. Doch Jakob schaffte es, immer eine leere Ecke zu finden und von allen Lehrertreffen mehr oder weniger diskret zu verschwinden. Um aber mit seinem Verschwinden niemanden zu beleidigen, erledigte er immer vorher all seine Aufgaben. Deswegen, und darauf hoffte Jakob sehr, wurde er vom Herrn Direktor geschätzt und was noch wichtiger war, in relativer Ruhe gelassen. Außerdem hatte Jakob den peinlichen Verdacht, dass er sich für diese schweigende Nachsicht bei seiner Bobe bedanken musste. Sie hatte schon ein paar Mal, wenn Jakob in der Schule länger als sonst brauchte, den Direktor angerufen und ihn gefragt, ob er ihr einziges Enkelkind zwingen dürfe, so lange zu arbeiten und sich nicht bewusst sei, dass zwei hilflose, bedürftige Frauen Jakobs Anwesenheit zu Hause dringend bräuchten? Nach jedem dieser Anrufe, wenn der Direktor sich höflich bei ihm nach der Gesundheit der geehrten Frau Sandlers erkundigte, bekam Jakob das komische Gefühl, als ob die Antwort: „Es geht ihr gut, Danke" als eher schlechte Nachricht wahrgenommen wurde, und das von den beiden.

Mit fröhlichem Herzen, aber traurigem Gesicht hatte Jakob seine Vertretung schon vor ein paar Wochen zu Hause verkündet. Er hat Klagen, Anschuldigungen und Flüche an die Adresse des Herrn Direktor, seines Kollegen und dessen verunglückter Frau, die ohne Zweifel nur eine egoistische schikse[6] sei, die das Leben der anderen absichtlich verderbe, angehört und abgenickt. Jakobs Abwesenheit bedeutete, dass die Bobe in diesem Herbst nicht wie sonst fast jedes Jahr an die Ostsee fahren würde, um dort ihre kranken Knie behandeln zu lassen und das war ein großer Schlag für sie. Da musste Jakob ganz scharf intervenieren.

Natürlich sollte sie mit seiner Mutter an die Ostsee fahren. Die beiden hatten das verdient, lange darauf gewartet und sich sehr gefreut! Im Sommer waren die Strände immer überfüllt und die Unterkünfte überteuert, der Oktober aber bot leere Promenaden und preiswerte Pensionen. Er würde sie hinbringen, bei der Anmeldung helfen, ihre Sachen auspacken und dann nach Hause zurückkehren, um seinem armen Kollegen zu helfen. Auf gar keinem Fall sollten die beiden seinetwegen auf den Urlaub verzichten, er könnte sich das nie verzeihen! Sein Bedauern, Kummer und seine Opferbereitschaft hatten ihre Wirkung gezeigt und die zwei Frauen begannen, ohne mit ihrem Fluchen und Klagen aufzuhören, ihre Reise vorzubereiten.

Das Gleiche machte auch Jakob. Heimlich sammelte er touristische Broschüren und Prospekte, blieb vor den Schaufenstern der Reisebüros stehen, genoss mit den Augen die bunte Werbung griechischer weißer Städte, der blauen kroatischen Adria, leuchtender Diskokugeln in Mallorcas Clubs. Er wünschte sich nichts Besonderes, einfach eine schöne Reise eines Junggesellen ins Warme. Und wer weiß, wahrscheinlich wartete auf ihn die Bekanntschaft einer jungen braungebrannten Frau, die sich vor keinem Luftzug fürchtete und ihn Jakob und nicht Jascha nennen würde. Aufregende Gedanken schwirrten durch seinen Kopf und er fühlte sich wie ein Achtzehnjähriger, in seinem ersten Sommer ohne Eltern. Ein Sommer, der bei Jakob zwölf Jahre verspätet im Oktober endlich wahr werden sollte.

Jakob war das einzige Kind, noch schlimmer, der einzige spätgeborene, lang erwartete Sohn in der ganzen Familie, also das einzige Enkelkind. Und als ob das nicht genug wäre, ist sein ganzes Auserwähltsein in einer jüdischen Familie passiert. Was für ein

---

6   Eine nicht jüdische Frau oder ein leichtfertiges Mädchen. Jiddisch

schweres Schicksal! würde jeder sagen, der vom Phänomen „jüdische Mutter" schon etwas gehört hat, und noch größeres Mitleid und vielsagendes Schweigen von denen bekommen, die schon mal eine „jiddische Bobe" in Aktion gesehen haben. Jakobs Leben war ihr Meisterwerk und Jakob durfte sie nicht enttäuschen. Es fiel ihm leider sehr schwer, denn von Tag zu Tag kam von ihm nichts Geniales und der Druck ließ nicht nach. Es durfte nicht passieren, dass die Mutter und die Großmutter, die ihr ganzes Leben auf den Altar seines zukünftigen Erfolgs gelegt hatten, am Ende mit leeren Händen ausgingen. Eine Woche ohne: „Bertas Sohn wurde zum Leiter seiner Abteilung befördert..." mit darauffolgendem vielsagendem Schweigen, die drei Wochen haben viel zu bedeuten. Ohne die Bobe mehrmals pro Woche um das Viertel herum spazieren zu führen, damit alle ihre geliebten und ungeliebten Bekannten von ihren Rollatoren aus bewundern können, was für ein sorgsames und pflegliches Enkelkind sie habe. Jeder neidische Blick wurde registriert und abends an seine Mutter weitergegeben.

Endlich traute sich Jakob, das Reisebüro, dessen Schaufenster er schon seit Monaten so gierig ableckte, zu betreten und sich als ein äußerst interessierter Klient vorzustellen. Lange saß er dort und durchforstete Kataloge, hörte das höfliche Zwitschern der Reiseverkäuferin, genoss im Voraus die wunderschönen Tage an warmen Stränden mit exotischen Cocktails in Gesellschaft von Frauen, die seinen Humor und Charme anerkennen würden.

Nach guten zwei Stunden entschied sich Jakob für Kroatien. Der Landesname klang so exotisch, wie eine indonesische Insel, eine Woche war im Preisbereich eines Wochenendes in München und soweit er sich erinnern konnte, war bisher keiner von seinen Kolleginnen und Kollegen in Kroatien gewesen, was wiederum bedeutete, dass Jakob mit gebräunter Haut und cooler Brille auf der ersten Lehrerversammlung nach den Ferien gewiss beneidet und bewundert werden würde.

Mit dem Rucksack voller Reiseführer, Broschüren, einem Hawaii-Hemd, dem ersten in seinem Leben, Sonnenbrille im schicken Lederetui kam Jakob bestens gelaunt nach Hause. Die ihm bevorstehende Lüge bereitete ihm keine großen Sorgen. Er log oft, meistens aus überlebenswichtigen Gründen. Bei der 40-Grad-Hitze log er, dass er ein Unterhemd angezogen hätte, er log, dass er mit Kollegen ins Kino ginge, während er endlich, endlich ein Date mit Monika hatte, er log, dass er seinen Vater schon seit einem Jahr nicht gesehen hätte, obwohl die beiden vor einem Monat zusammen Kaffee getrunken hatten. Fairerweise sollte man zugeben, dass die letzte Initiative, das heißt zu lügen, und nicht Kaffee zu trinken von seinem Vater ausgegangen war.

Thomas war eine blasse Gestalt in Jakobs Biografie. Er hat sich von seiner Frau nicht wirklich getrennt, es gab keine klassische Scheidung mit folgender Vermögens- oder Sorgerechtsteilung, nein, sein Vater hatte einfach die Flucht ergriffen und sich in einer anderen deutschen Stadt, hunderte Kilometer von seiner Schwiegermutter entfernt, versteckt. Schon mehr als zwanzig Jahre treffen sich Vater und Sohn (und wie Jakob vermutete sogar auch die eigentlich getrennten Eheleute) heimlich außerhalb des Lebensraums ihrer persönlichen Ordnungshüterin, der Bobe.

Für einen kurzen Moment spielte Jakob sogar mit dem Gedanken, seinen Vater mit nach Kroatien zu nehmen. Es könnte eine schöne Vater-Sohn-Zeit werden. Doch genau so könnte es seine Rolle als ein aktiv Suchender im Kreis weiblicher Urlauberinnen an kroatischen Stränden negativ beeinflussen. Und eine erfolgreiche Suche wäre für seine physische und psychische Lage zurzeit wichtiger als das Vater-Sohn-Tratschen. Jakobs Gedanken wanderten schnell zu anderen Dingen, die er für diese Suche brauchte: eine Sonnenbrille, einen neuen Deoroller und – er fühlte ein leichtes Kribbeln im Bauch – sogar eine Kondompackung. Natürlich dürfte er auch seine Dokumente nicht vergessen. Die Reisebüromitarbeiterin brauchte seine Passnummer und eine neue Reiseversicherung. Den Pass konnte er heute früh daheim in keiner Schublade finden, Hauptsache, er hatte den noch ungestempelten Pass nicht verloren. Bei diesem Gedanken beschleunigte Jakob seinen Schritt.

„Jascha, mein Goldener, komm zu deiner alten Bobe." Wie bei einem Jagdhund waren alle Sinne Jakobs alarmiert, als er die sanft leidende Stimme seiner Großmutter hörte. Heute mal ohne: „Hast du schon Strom bezahlt? Warum lässt du deine Fußnägel so lang wachsen, willst du mich beim Sockenstopfen sterben sehen?" Die heutige streichelnd sanfte Tonlage verkündete bevorstehenden

Donner, das war Jakob aus Erfahrung gut bekannt. Schnell steckte er den Rucksack voller Reisebroschüren in den Kleiderschrank im Flur, streichelte kurz die Nachbarskatze, die ohne jeglichen Respekt vor privatem Eigentum immer wieder durch die geöffnete Balkontür in seine Wohnung schlich und den Lieblings-Ficus der Bobe als ein etwas überdimensioniertes Katzengras und den Topf als ein Katzenbett missbrauchte. Dann betrat er die Residenz der Bobe, ihre kleine Küche.

Die Bobe saß am Tisch, den Rücken zum Fenster, das abendliche Licht malte einen Heiligenschein in ihre silbernen leicht lockigen Haare. Augen, die nie eine Brille kennen gelernt haben, schauten Jakob durchdringend an.

„Siehst du, wie schwach ich geworden bin? Ich fühle meine Beine fast nicht mehr, und mein Blutdruck macht Pirouetten wie ein betrunkener Kutschman[7], ich sehe schon, dass mein Todesengel seine Flügel ausgebreitet hat, der Erbarmungslose wartet auf meinen letzten Atemzug…" Jakob, wusch sich, um Zeit zu gewinnen, während des ganzen Monologs die Hände im Küchenwaschbecken, ohne der Bobe am Tisch Gesellschaft zu leisten und schaute sie verdächtig an. Gestern hat dieser sterbende Schwan, der jetzt mit solch tragischer Stimme die jiddische Version des Nibelungen-Lieds vorbrachte, einen richtigen Ausflug in den russischen Laden unternommen, der gut drei Kilometer von zu Hause entfernt ist. Jakob wusste es ganz genau, nicht nur, weil die silbernen Bonbonpapiere von trockenen Pflaumen in Schokolade, Bobes Lieblingssüßigkeiten, im Mülleimer durch Bananen- und Kartoffelschalen schimmerten, sondern weil die Verkäuferin, die leider Jakobs Arbeitsplatz kannte, ihm heute früh einen Besuch abgestattet hat. Seine Großmutter wolle nicht den ganzen Preis bezahlen, sie behauptete, dass sie letztes Mal betrogen worden sei, was ihrer Meinung nach einen automatischen Abzug vom Bonbonpreis beim gestrigen Einkauf gerechtfertigt hätte.

Diese große und laute Frau jagte Jakob Angst ein. Er wollte sie so schnell wie möglich loswerden, damit seine ohnehin schon nicht besonders respektvolle elfte Klasse diese Szene nicht mit anhören

---

[7] „Kutscher" auf Jiddisch

konnte. Er gab der Frau die geforderten drei Euro und versprach ihr, mit der Großmutter über ihr Benehmen in der Öffentlichkeit zu sprechen. Letzteres war aber ein Ding der Unmöglichkeit, wovon die russische Verkäuferin wiederum nichts wissen konnte. Außerdem bewiesen leere Insulinpatronen im gleichen Mülleimer, dass die Bobe sich selbst, wenn schon nicht für die eigene konfliktgeladene Kommunikation, so doch für den unangemessenen Zuckerverzehr schon bestraft hatte.

Noch länger konnte er nicht die Hände waschen, sonst riskierte er, sich von der obersten Hautschicht zu verabschieden. Nach langem und sorgfältigem Händetrocken setzte sich Jakob endlich an den Tisch seiner Bobe gegenüber: „Ist die Mama schon da?" „Nein, und sie kann mir in meiner Not nicht helfen." Dina, Jakobs Mutter, wurde auch selten von der Bobe als ernste Hilfe oder überhaupt als eine ernstzunehmende Mitwirkende des Familienlebens wahrgenommen.

„Jascha, ich weiß, dass du diese Vertretung in der Schule machen musst, doch habe ich für dich eine wichtigere Aufgabe, mehr sogar, ich werde dir jetzt meinen letzten Willen verkünden und hör bitte endlich auf, auf dem Stuhl hin und her zu rutschen. Wir haben erst vor einem Monat neue Sitzpolster gekauft." Das konnte nur bedeuten, dass die Bobe ihn doch als Begleiter an die Ostsee mitnehmen wollte. Er klammerte sich fest an den Tischrand, der Tag des entscheidenden Kampfs war gekommen. Der Ball war aber immer noch auf Bobes Feld, und bis sie ihren Schlag machte, würde er schon Gegenargumente parat haben. Sie schaute direkt in seine Augen, nahm zwei Briefe, die neben ihr auf dem Tisch lagen, und gab einen davon Jakob. Im Brief lag ein Flugticket mit seinem Namen, Dortmund-Lemberg, Abflug in zwei Tagen. Alle Passdaten waren eingetragen. Eine gute Nachricht: Er hatte seinen Pass also doch nicht verloren.

„Von Lemberg nach Skolywka findest du einen Bus und wenn du in Skolywka ankommst, wirst du Darka Bogun besuchen. Sie hat ein paar meiner Sachen noch von vor dem Krieg aufbewahrt, jetzt kann ich sie endlich zurückbekommen. Vier Tage sollten dir reichen, ich möchte nicht, dass du dich dort länger aufhältst. Ich habe Skolywka unter Polen, Russen und Ukrainern erlebt und niemals habe ich mich als Jüdin dort sicher gefühlt, doch Darka behauptet, dass es jetzt sicherer geworden ist. Außerdem bist du Deutscher und Deutsche haben dort immer die beste Gunst genossen. Und wenn du einen deutschen Pass besitzt, wird dir keiner in deine Hosen reingucken, ob du beschnitten bist oder nicht. Trotzdem wird es besser sein, denke ich, wenn du durch eine Reiseagentur alles organisiert bekommst. Dann werde ich auch besser schlafen, wenn sich dort jemand um dich kümmern wird. Erinnerst du dich an das Reisebüro, das hinter dem alten Kino ist? Wahrscheinlich haben sie auch ein paar Touren in die Ukraine. Und mit Geld, mein Goldener, werde ich dich nicht im Stich lassen."

Skolywka, Lemberg, Ukraine, Kroatien, Ostsee und deutscher Pass, Jakob gab sich große Mühe den geografischen Brei in seinem Kopf in eine einfache Karte für Erstklässler zu bekommen. Das Einzige, was ihm klar geworden war, war die Tatsache, dass sich die von der Bobe genannten Orte wahrscheinlich nicht in einer Reisebroschüre finden würden, was er auch vollkommen logisch fand. In diesem Moment erinnerte er sich mit einiger Erleichterung an die Insulinpatronen im Mülleimer: „Bobe, ich wollte dich eigentlich fragen, wie es dir heute geht, hast du eigentlich deinen Zuckerspiegel gemessen? Seine sanfte Stimme und die empathische Frageintonation eines Seelenklempners verfehlten leider ihre Wirkung. „Jakob, mach mir keinen schwangeren Kopf", die Bobe winkte ab, ohne seine Frage zu beantworten. „Ich habe jetzt nicht das Ganze angefangen, um von dir Meschugge[8] gemacht zu werden?" Für eine Meschugge klagte sie leider zu entschlossen und selbstbewusst. Der Todesengel- falls der sich überhaupt traute, sich der Bobe anzunähern – hatte seine Flügel, die die Bobe erst vor kurzem über sich spürte, wieder zusammengefaltet und sich an friedlichere Orte zurückgezogen. Er wollte wahrscheinlich auch der Bobe nicht in die Quere kommen. Jakob auch nicht. Vor seinem inneren Auge schmolzen die braungebrannten Frauen an den weißen kroatischen Stränden mit den exotischen Cocktails in ihren zierlichen Händen wie eine Fata Morgana.

---

8   Eine „Irre" auf Jiddisch und Hebräisch

"Was soll ich mit Skolywka? Wer ist Darka? Warum soll ich jetzt so Hals über Kopf in die Ukraine fliegen? Bobe, ich habe schon meine eigenen Pläne..." Er merkte nicht, wie seine Stimme in hohe kreischende Töne eines Teenagers abdriftete.

Und Teenager konnte Bobe zum Frühstück verzehren. Als ob alles schon entschieden wäre, führte sie ihre Gedanken weiter: „Du wirst einen kleinen Koffer von Darka bekommen, dort liegen die Sachen, die ich von meinem Vater in der letzten Nacht bekommen habe, bevor er mit dem ganzen Ghetto in den Wald gebracht wurde und dort ohne Kaddisch[9] in das von ihm selbst ausgehobene Grab hineingestoßen wurde. Als ich aus Skolywka floh, hatte ich nur Moische in meinen Händen, er war schwer, ich sollte alles andere stehen lassen. Mit einem dreijährigen Kind hast du auf der Flucht keine Hand frei. Den Koffer habe ich Darka übergeben, sie versteckte mich und Moische fast zwei Jahre bei sich auf dem Dachboden. Jahre danach, schon aus Deutschland habe ich ihr viele Briefe geschrieben, niemand hat sie mir beantwortet. Meinen letzten Brief habe ich vor drei Jahren nach Skolywka geschickt, eher aus Gewohnheit, als in der Hoffnung eine Antwort zu bekommen. Ich erzählte ihr über mein Leben hier, über Dina und dich. Dass Moische noch auf der Flucht an Typhus gestorben ist, hatte ich ihr schon früher mitgeteilt, doch alles blieb unerwidert. Bis vor zwei Tagen. Am Montag habe ich endlich ihre Antwort bekommen. „Du kannst den Koffer abholen." So hat sie angefangen. Sie will, dass du kommst, nicht Dina, und sie will noch etwas..." Die Bobe machte eine Pause, und Jakob, der sowieso schon angesichts aller unerwarteten schlagartigen Offenbarungen, die die Bobe ihm nie zuvor erzählt hatte, nur ratlos nach Luft schnappte, sah einen Schatten von Befangenheit auf dem Gesicht der Bobe. Es war ihm schon klar, dass ab jetzt alles nur noch schlimmer werden würde. Die Bobe glättete unsichtbare Falten auf der Tischdecke. „Sie will, dass du ihre Enkelin als Kahlah[10] mit hierher bringst."

„Meinst du das ernst?" Soweit durfte es nicht gehen. Dass die Bobe ihm schon lange eine Braut suchte, war Jakob bewusst. In den

---

9   Jüdisches Gebet
10   „Braut" auf Jiddisch und Hebräisch

letzten zehn Jahren konzentrierte sich die Bobe in ihrem Gesellschaftskreis nur auf diejenigen Kontakte, die ihr ihre unverheirateten Enkelinnen, mit guten Manieren und richtiger Herkunft liefern konnten. Doch dass sie so weit gehen würde und sich am Menschenhandel beteiligte, entsprach einer ganz anderen Liga.

„Ich finde es auch übertrieben, Jascha"; das Entsetzen auf seinem Gesicht ließ sie eilig etwas Beruhigendes auf den Tisch bringen: „Ich würde von dir auch auf keinen Fall verlangen, die Kleine zu heiraten! Schließlich musst du es nicht jetzt entscheiden, nimm dir Zeit. Bei ihr zu Hause kannst du sie besser einschätzen. Und wenn sie dir nicht gefällt, dann lässt du sie in Skolywka zurück. Hauptsache, Jascha", die Bobe klang todernst: „Du bringst mir den Koffer. Darin ist mein ganzes Leben."

Am nächsten Tag saß Jakob im gleichen Reisebüro. Dieses Mal mit dem Reisepass. Düster erklärte er der verwunderten Mitarbeiterin, dass er jetzt dringend eine Reise in die Ukraine organisiert haben wollte. Die Flugtickets habe er schon, er bräuchte nur ein Hotel, Transport und einen Begleiter, bzw. einen Leibwächter, um in das kleine Dorf zu fahren.

„Wozu brauchen Sie einen Leibwächter? Was wollen Sie denn in der Ukraine unternehmen?" Die Frau weigerte sich, in diesem ganz und gar durchschnittlichen, grauen Kerl einen Tatverdächtigen zu erkennen. „Ich werde den Geburtsort meiner Großmutter besuchen, es ist ein kleines Dorf in der ukrainischen Provinz, und ich will unterwegs keine Unannehmlichkeiten bekommen."

Die Dame runzelte die Stirn: „Ich werde noch mal nachschauen, aber meines Erachtens brauchen Sie für die Ukraine keinen Leibwächter. Somalia, Eritrea, Kabul würden einen erfordern, aber wir organisieren sowieso keine Reisen in Hochrisikogebiete. In die Ukraine eigentlich auch nicht. Krakau wäre der östlichste Ort gewesen, wahrscheinlich wollen Sie, Herr Sandler, nach Krakau und dort eine Reiseagentur für die Weiterreise suchen?"

Doch für Jakob klang das zu kompliziert und zu riskant: „Wären Sie bitte so lieb, noch mal nachzuschauen, ob es nicht doch eine organisierte Reise in die Ukraine gibt, der ich mich anschließen könnte, mit Ausnahme eines Tages, an dem ich meine persönliche Angelegenheit in Skolywka erledigen werde?"

Die Frau sah die Angebote in ihren Katalogen durch. Sie runzelte nochmals die Stirn, presste ihre Lippen zusammen und gab endlich ein siegreiches Quietschen von sich. „Nicht bei uns, aber bei unserem Partner in Berlin können Sie eine Reise nach Tschernobyl buchen. Sehr spannend, nicht wahr? Eine Reise in die postapokalyptische Welt? Sie findet in drei Wochen statt. Eine Krankenversicherung, welche radioaktive Strahlung abdeckt, ist erforderlich."

„Tschernobyl? Das kaputte Atomkraftwerk? Wer will denn dorthin reisen? Ist das nicht gefährlich?"

„Wahrscheinlich nicht, sonst wäre die Tour nicht genehmigt worden." Die nette Dame hatte keine besonders überzeugende Stimme: „Außerdem werden sie auch versichert..." Hier steht: „Ein Tag aus dem Film „I am a legend!" Erleben Sie Furcht und Schrecken der Atomexplosion unter sicherer und gewissenhafter Begleitung unseres Teams! Shopping-Tour in Kyjiw und Strahlungsmesser sind inbegriffen." Sie schüttelte verwundert den Kopf: „Die Tour ist aber sehr nachgefragt. Den ersten freien Platz bekommen sie nicht früher als in drei Monaten."

„Das ist mir zu spät, außerdem brauche ich auch keinen Strahlungsmesser. Und noch weniger einen Grund, um die Strahlung zu messen." Enttäuscht verabschiedete sich Jakob von der Verkäuferin des sicheren Todes und schloss hinter sich die Tür des Reisebüros.

Also war die Zeit für Jakob gekommen, eine nicht organisierte Reise zu unternehmen. Er war früher auch kein Bettenburg-Tourist, der sich in der „all-inklusiven" Türkei den Bauch vollstopfte, doch mit dem Rucksack durch wilde Steppen, dunkle Wälder zu wandern, wo sich vielleicht noch Kosaken und Partisanen versteckt hielten, war ihm auch zu viel. Zu Hause machten er und die Bobe eine Einkaufsliste: Fleischkonserven, Erste-Hilfe-Set, Tabletten für Wasserreinigung. Beide seine Frauen, die Mutter und die Großmutter, begleiteten jede seiner Bewegungen mit traurigen Augen, jeder seiner Wünsche wurde im Voraus erfüllt. Jakob fühlte sich wie ein Soldat vor dem Kampf. Er sammelte Kontakte zur deutschen Botschaft in Kyjiw, zum Konsulat in Lemberg, kaufte einen Russisch-Deutsch/Deutsch-Russischen Sprachführer. Als seine Bobe 1945 Lemberg verließ, spracht man dort schon Russisch als Staatssprache und außerdem stieß Jakob, als er einen Deutsch-Ukrainischen

Sprachführer finden wollte, in allen Buchläden auf die gleiche Reaktion wie im Reisebüro.

Mit fest aufeinander gepressten Lippen betrat er den Dortmunder Flughafen, weinend standen die beiden, die Mutter und die Bobe, noch lange vor der Sicherheitskontrolle und winkten, bis Jakob hinter Dutzenden anderen Reisenden, die nichts von den ihm bevorstehenden heroischen Taten wussten, aus ihrem Sichtfeld verschwand.

Einen halben Tag später fand Jakob ihren pathetischen Abschied am Flughafen zum Lachen. Lemberg erwies sich als eine echte europäische Perle, voll schöner historischer Gebäude, schattiger Gassen, geschweige denn verlockender Gastronomie, deren Künste Jakob noch zufrieden in seinem Magen spürte. Sogar den umgebauten Bus fand er kreativ und lustig, die goldzahn-lächelnde Frau war für ihn eine exotische Indigene, mit der man vorsichtig Kontakt aufnehmen könnte. Die Reise versprach, sich in ein angenehmes, exotisches Erlebnis zu verwandeln, mit welchem man auch vor den Kollegen und Kolleginnen im traumatischen ersten Treffen nach den Herbstferien im Lehrerzimmer prahlen könnte. Natürlich würde er nicht von allem erzählen. Nicht von seinen kindischen Ängsten, seinen schlechten Kenntnissen der modernen politischen und kulturellen Lage der Ukraine, dieser versteckten Perle im Herzen Europas, die er als Erster aus Delitzsch wenn nicht aus ganz Sachsen entdeckt hat. Das mitgebrachte Dutzend Fleischkonserven würde er auch verschweigen, wahrscheinlich würde er sie einfach vor einem Obdachlosen ausladen, wenn er einen träfe. Und den leeren Rucksack würde er mit verschiedenen Leckereien aus einem der Lemberger Cafés auf dem Rückweg zum Flughafen vollstopfen.

Beruhigt und entspannt entschied sich Jakob dafür, das bevorstehende Gespräch besser vorzubereiten. Dazu hatte er ein gewisses Instrument von seiner Bobe bekommen, ein kleines, altes, durch viele Länder und über viele Grenzen, durch Ghettos und den Krieg nah am Herzen getragenes Fotoalbum. Nur zwölf Fotos, alle in Postkartengröße, alle zerrissen und wieder zusammengeklebt. Jedes Bild mit weißer Unterschrift: wer, wo, wann, aus welchem Anlass. Alle Bilder stammten aus den Vorkriegsjahren. Und bis vorgestern, den letzten Abend vor der Abreise schloss die Bobe ihre Geschichte auch mit dem Jahr 1939 ab.

Seitdem Jakob sich erinnern konnte, erzählte ihm Bobe an endlosen Tagen und Abenden, die er zu Hause einsam verbrachte, (denn wie hätte sie so einen kleinen und schwachen, aber zugleich so begabten Jinge[11] in den Kindergarten, zu frechen und bestimmt unerzogenen Kerlen schicken können?) über ihre in den Wäldern von Skolywka gebliebene Familie. So verbrachte Jakob seine Kindheit: umhüllt von selbstgestrickten Schals und Westen, von Jochl[12] gesättigt, mit chassidischen Märchen mal bespaßt, mal erschreckt, in der Gesellschaft von aufgeweckten Verwandten der Bobe, deren Eltern: Jakob und Fruma Nierenstein und ihren fünf Kindern: Josef, Falik, Elischewa, Hana, und endlich der ältesten und der einzigen Schoah[13]-Überlebenden: die Bobe Reizel selbst. Die Namen kannte Jakob auswendig, ihre Charaktere, Gewohnheiten, ihr Aussehen. Er brauchte keine Notizen und keine Dokumente, um nach ihren Namen zu suchen. Jeder stand lebhaft vor seinen Augen. Der besondere Wert des Albums lag darin, dass manche Fotos draußen gemacht wurden. Das dritte Foto war aus dieser Sicht besonders wichtig, da es das Elternhaus der Bobe mit einem Stückchen der Zolota-Straße zeigte. Das vorletzte Foto im Album war eine Postkarte mit der polnischen Überschrift Skolówka. Jede neue Herrschaft, die sich in diesem Gebiet mit bewundernswerter Beständigkeit wechselten, brachte immer eine neue Sprache mit sich. Aber in jeder Sprache, Deutsch, Ukrainisch, Polnisch, Russisch, bedeutete der Name immer das Gleiche: Splitter. Und wie ein Splitter, sagte die Bobe Jakob an ihren letzten gemeinsamen Abend vor seiner Abreise, saß das Schtetl[14] in ihrem Herzen.

Auf der polnischen Postkarte waren ein Teil vom quadratischen Hauptplatz, mit einer katholischen Kirche und das Rathaus von Skolywka zu sehen. Andere auf der Karte sichtbare Gebäude

---

11   „Junge" auf Jiddisch
12   „Hühnerbrühe" auf Jiddisch
13   „Holocaust" auf Jiddisch
14   „Stadt" auf Jiddisch

waren schöne zwei- oder dreistöckige Villen, die den Platz umrahmten. In der Mitte des Platzes befand sich ein großes, flaches Gebäude: die Kaufhalle von Skolywka. Das zweistöckige Haus füllte fast den ganzen Platz aus, und ließ nur einen ziemlich engen Weg für Menschen und Kutscher ringsum. Der erste Stock sah wie eine lange Arkadenkette aus, deren jedes Segment ein Ladeneingang war. Der zweite Stock mit kleinen Fensterchen diente manchmal als Lager, manchmal als Wohnetage oder Gastherberge der Händler und Handwerksleute von Skolywka. Kleine schwarze Figuren bewegten sich zwischen den Arkaden, eine Kutsche stand vor dem Kirchtor, alltägliches Leben eines kleinen Provinzstädtchens.

Außer dem Album, diesem improvisierten Reiseführer, konnte sich Jakob bei der Suche nach der Gegenwart in seinem Zielort, nur auf einen Wiki-Artikel verlassen. Mit Hilfe des Google-Übersetzers, da Ukrainisch die einzige verfügbare Option im Sprachenmenü war, informierte er sich über Skolywkas heldenhafte Geschichte. Sein erster Gedanke war, dass er wohl den falschen Ort gefunden hatte, doch die geografischen Koordinaten in der oberen Ecke seines Bildschirms stimmten. Dann dachte er, dass er etwas übersehen hatte und ließ das Übersetzungsprogramm noch mal laufen: Nein, die Geschichte blieb unverändert. In allen Epochen wurden irgendwelche ukrainischen Helden geboren, tragisch getötet, ehrenvoll beerdigt und im Gedächtnis der folgenden Generationen wiederbelebt. Es stand nirgends etwas darüber, dass die heutige Kleinstadt früher ein jüdisches Schtetl gewesen ist, dass fast alle seine Bewohner Juden waren, oder wohin sie alle im Krieg verschwanden. Trotz längerer Suche fand Jakob keine weitere Information zu Skolywka im Internet.

Jetzt im Bus erinnerte sich Jakob plötzlich an einen Stolperstein vor der Bäckerei an der Ecke vor seinem Haus. „Hier wohnte Sarah Heilberg, geboren im Mai 1896, deportiert im September 1941, ermordet 1942 in Auschwitz". Jedes Mal, wenn er die Bäckerei betrat, las er diese Inschrift, die er schon längst auswendig kannte. Es war sein symbolischer Tribut des Gedenkens an die arme Sarah Heilberg und alle anderen Holocaust-Opfer. Wie viele Stolpersteine müssten dann wohl in Skolywka liegen? In einem Schtetl, wo Juden laut seiner Bobe mehr als achtzig Prozent aller Bewohner ausgemacht hatten? Jakob stellte sich einen Weg vor, der völlig mit Stolpersteinen gepflastert war. Wie lange hätte Gunter Deming[15] gebraucht, um die alle zu verlegen? Zehn Jahre? Sind alle Namen bekannt? Sind alle Adressen noch vorhanden?

In Lemberg hatte Jakob während seines kurzen Aufenthalts auch keine Stolpersteine gesehen. Reist Deming auch nur mit deutschen Reisebüros? Oder ist hier diese Art des Gedenkens an die jüdischen Opfer des Zweiten Weltkrieges noch nicht bekannt? Ist es in Skolywka auch so? Was wartete dort überhaupt auf ihn? Bis jetzt fühlte sich Jakob in relativer Sicherheit, seine ethnische Zugehörigkeit schien niemanden zu interessieren oder die Bobe hatte doch Recht, dass er mit seinen hellblauen Augen und mausgrauen Haaren seine jüdische Herkunft mit Leichtigkeit verbergen konnte.

Sicherheitshalber schaute Jakob sich im Bus um. Er war wahrscheinlich nicht der unauffälligste Passagier hier, aber jedenfalls auch nicht im Mittelpunkt des allgemeinen Interesses, und mehr konnte man sich in dieser Situation nicht wünschen.

Er konzentrierte sich weiter auf das Familienalbum. Dessen erstes Foto zeigte Jakobs Bobe noch als junges Mädchen mit ihrer kleinen Schwester Hanna auf dem Schoß, sie saß neben ihrer Mutter Fruma und zwei Brüdern, Falik und Josef. Die zweitjüngste Schwester Elischewa stand links von der Mutter. Hinter ihr stand der Vater der Bobe, Jakob Nierenstein. Alle starrten wie gebannt in die Kamera, so ernsthaft und konzentriert, dass Jakob ihre Spannung durch Zeit und Raum spüren konnte. Sich fotografieren zu lassen hatte in Vorkriegszeiten in Skolywka eine unschätzbare Bedeutung. Man brauchte Geld für schöne Kleidung und um einen Photographen zu bezahlen, viel Zeit um alle Kinder sauber zu waschen und in diesem Zustand bis zum Ende der Aufnahme zu halten und schließlich die Ausdauer, um voller Würde und Gnade und ohne zu zwinkern ins Objektiv zu starren.

---

15   Gunter Demnig ist ein deutscher Künstler und Initiator des Projektes „Stolpersteine" zur Erinnerung an jüdische Nachbarn und ihr Schicksal

Jakobs Großvater, nach welchem Jakob benannt wurde, war Schuster. Ein so guter und so feindliker[16], dass seine Kunden – Polen, Juden und Ukrainer – sogar aus Lemberg zu ihm nach Skolywka kamen. Polnische Adlige, erzählte Bobe, die in Wirklichkeit kaum Geld zum nackten Überleben hatten, pflegten ihr Äußeres über alles. Der Zeide[17] erzählte die Bobe, machte sehr schöne Schuhe, mit kleinen Lederabsätzen. Um einen 5 Zentimeter hohen Absatz zu schustern, brauchte ihr Vater mehrere Tage, bis viele dünne Lederschichten fest miteinander mit kleinen Nägelchen zusammen gehämmert waren. So viel Arbeit, mein Gott, seufzte die Bobe, um einen einzigen Absatz herzustellen. So viele schlaflose Stunden, tief über den Schustertisch gebeugt, bei schlechtem Licht... Am Tag immer mit Kunden im Gespräch, mit jedem konnte er auskommen, egal welche Sprache dazu gebraucht wurde: mit ukrainischen Bäuerinnen tratschte er auf Ukrainisch, mit polnischen Adligen auf Polnisch, mit Juden auf Jiddisch. Nur sein Deutsch, das er in der Schule als Sprache des k.u.k. Imperiums erlernt hatte, und das für ihn die ganze zivilisierte Welt symbolisierte, erwies sich im polnischen Staat mit überwiegend Ukrainisch sprechenden Bürgern als völlig nutzlos. Wenn Jakob die Bobe fragte, ob ihrer Vater Hebräisch sprach, stieß er auf ihre verwunderte Reaktion: „Wozu denn? Texte und Gebete vorlesen konnte er irgendwie, aber mit welchen Kunden hätte er bitte schön auf Hebräisch ins Gespräch kommen sollen? Mit Schmuel, dem Tischler oder mit Malke, dem Milchmädchen? Hebräisch war eine „Paradesprache" für besondere religiöse Fälle, und diese kamen im Leben eines Schusters nicht oft vor. Seine Kunden hatten auch kein Interesse an Hebräisch, sie wollten lieber Französisch auf ihren neuen Schuhen sehen. Auf ihre Bitte hin stickte der Zeide auf ein kleines Stückchen Seide das Wort „Paris" und klebte sie auf die hintere Kappe der Schuhe. Seinen unanständigen Namen wollten die Kunden des Zeide lieber nicht auf ihren schicken Schuhen sehen.

---

16 „fleißig" auf Jiddisch
17 „Opa" auf Jiddisch

Der Name bereitete dem Zeide viele Scherereien. Er wurde ständig ausgelacht und verhöhnt. Seine Vorfahren, alle Ben ... Irgendetwas haben wahrscheinlich einen schlechten Moment ausgesucht, um beim zuständigen österreichischen Beamten vorbeizuschauen, um gemäß des Erlasses des österreichischen Monarchen sich einen deutsch klingenden Nachnamen zu besorgen. Der Beamte, der gerade schlechte Laune hatte, entweder aus Langeweile oder aus Geiz, weil ihm dieses Mal kein Kennenlern- bzw. Dankbarkeitsgeschenk angeboten wurde, hat schönere Namen wie Rubinstein, Goldberg oder Bernstein unter dem Tisch versteckt und hat dem Großvater des Zeide den Namen einer medizinischen Diagnose gegeben: Nierenstein. Der frühere Isaak Ben Zwi verstand wahrscheinlich ohne Deutsch zu beherrschen die Bedeutung seines neuen Familienamens. Seine Reaktion darauf blieb den Nachfahren jedenfalls verborgen, doch Reizels Vater Jakob Nierenstein, Enkel des unglücklichen Behördengängers, der schon in der Welt des aufkeimenden Marketings lebte und sich um die Marke seines Schuhgeschäftes Sorgen machte, verfluchte oft den Beamten und dessen schlechte Laune. In Zeiten der „Nachbarfenster" anstelle des Fernsehens konnten gelangweilte, von alltäglichen Sorgen und Kummer geplagte müde Stetlbewohner eine solche Möglichkeit zum Spott nicht ungenutzt verstreichen lassen. Der Zeide traute sich nicht mal, ein Schild an seine kleine Werkstatt zu hängen. Doch als die Rote Armee 1915 Skolywka erobert hat, schützte die Unauffälligkeit der grauen, bröckelnden Fassade seinen Laden vor Plünderungen und antisemitischer Gewalt.

Gegen Ende des Ersten Weltkriegs tauchte im verwüsteten Skolywka, das sich in den Kriegszeiten fünf Mal an der Frontlinie befand, Nachman Sandler, Bobes zukünftiger Ehemann auf. Laut einer ihrer bissigen Bemerkungen wurde sie ihm ausschließlich wegen seines Nachnamens gegeben. Sandler bedeutete auf Hebräisch Schuster, und der Zeide konnte eine solche Möglichkeit, den Familiennamen wieder wettzumachen, nicht verpassen. Schon am zweiten Tag nach der Hochzeit gab es eine an Wirkung kleine, aber an Bedeutung riesige Zeremonie des Anbringens eines neuen Ladenschildes: „Sandlers Schuhe". „Sandlers Schuhe", absichtlich auf Deutsch geschrieben, und nicht „Sandlers Obuwie", wie es Polen von einem polnischen Bürger in einer polnischen Stadt erwarten hätten. Jakob Nierenstein, neuerdings fast ein „Sandler", bewahrte der Habsburger Monarchie, dem schon längst auf den Feldern des Ersten Weltkrieges versunkenem Imperium, die Treue.

Das Schild hatte große Resonanz im Schtetl, in einer damals kleinen, aber stolzen polnischen Stadt mit national bewussten Bürgern hervorgerufen. Ukrainer, Polen und Juden, all diese in den Strudel politischer Machtspiele hineingezogenen ethnischen Gruppen, schworen voreinander auf die Werte ihrer Loyalität zur eigenen Nation: Zionisten auf die zionistischen, Polen auf die polnischen und Ukrainer entsprechend auf die ukrainischen Parteien. „Was hat die deutsche Sprache auf deinem Schild zu suchen?" fragten alle, „sie gehört nicht mehr hierher, schreib auf Polnisch!", sagten die polnische Rechten, „schreib auf Jiddisch!" sagten die jüdischen Linken, „schreib auf Ukrainisch!" sagten die ukrainischen Konservativen. „Ich bin ein armer Schuster, ich habe kein Geld für ein neues Schild" antwortete der Zeide, „aber wollen Sie die neueste französische Mode sehen? Ich habe diese Muster direkt aus Paris bekommen! Schauen Sie doch diese eleganten Absätze an! In diesen Schuhen würden Sie sich wie in Momatr fühlen". Momatr war Montmartre, aber wo genau es in Frankreich lag und was es überhaupt war, wussten weder der Verkäufer noch seine Kunden. Das Schild blieb und bald war auch die Sprache egal geworden, genau wie der Nachname des Verkäufers. Der Laden hätte ein chinesisches Schild haben und der Verkäufer sich Su Lung oder Pewel Wado oder Bogdan Salo nennen können. Er war ein Jude und das war sein Urteilsspruch. An ihrem letzten Abend vor seinem Flug ergänzte die Bobe die Schildergeschichte: das Schild hing noch lange, selbst als alle Bewohner des Hauses schon in Massengräbern die Erde düngten, alle, außer ihr selbst.

Der Bus hüpfte über ein Schlagloch. Die Selleriestangen schlugen gegen Jakobs rechtes Auge. Die Fleischkonserven klapperten in seinem Rucksack und der durchgeschüttelte Inhalt der Tasche seiner Nachbarin stieß eine neue Duftwolke von geräuchertem Fleisch aus. Waren die Bombenlöcher seit dem Krieg noch immer nicht zugeschüttet worden? Beim nächsten Schlagloch wurde Jakob erst zum Fenster, dann aber sofort in die Gegenrichtung zu seiner Nachbarin geworfen. Die weiche Landung war wohl deutlich angenehmer als seine Begegnung mit der harten Glasscheibe, führte aber zu einer verlegen machenden Situation mit seiner Nachbarin. Ihr goldenes Lächeln wechselte zu streng zusammengepressten Lippen, sie sagte etwas mit empörter Intonation zum Busdachfenster und fing demonstrativ an, ihren enormen Busen zu richten und sich zu schütteln, als ob Jakob etwas in ihr Dekolleté gegossen hätte. Jakob errötete und versuchte, von seiner Bestürzung durch die Durchführung einfacher Handlungen abzulenken. Wasser zu trinken war zum Beispiel immer eine gute Idee. Man trinkt Wasser und ist in diesem Moment für die Umgebung abwesend. Er konnte weder angesprochen noch gestört werden... Alle haben Respekt vor solchen Grundbedürfnissen. Und noch dazu verdeckt die Trinkflasche das halbe Gesicht. Das alles hat Jakob schon in der Schule gelernt und seitdem fehlte seine Trinkflasche nie in Jakobs Gepäck.

Also fischte Jakob schnell sein kleines Fläschchen aus dem Rucksack und umschloss gerade mit seinen Lippen den Flaschenhals, als der Bus schon wieder hüpfte. Jakob biss sich schmerzhaft auf seine Zunge und schlug mit seinem Kopf ans Fenster. Das Wasser aus der Flasche flog inzwischen, physikalischen Gesetzen und der Bosheit des Universums entsprechend, in die entgegengesetzte Richtung, genau auf seine Nachbarin. Nass sah sie wie die paläolithische Venus aus: rund, fett, mit riesigem, schlaffem Busen und ihre nassen Haare rankten sich wie Schlangen um ihren Kopf. Ihre Augen füllten sich mit einem Zorn, mit dem eine uralte Venus wohl paläolithische Bären mit nackten Händen gepackt haben muss. Jakob war kein Bär und spürte dennoch in diesem Moment tierische Angst. Die Venus drehte sich langsam zu ihm um und öffnete ihren Mund. Sie brauchte keine Entschuldigungen, die Jakob leise vor sich hin nuschelte. Sie brauchte Publikum und dessen Anteilnahme. Sie brüllte Jakob mit ihrer tiefen Stimme an, machte noch eine Drehung zurück und beschwerte sich laut vor ihren Zuschauern.

Jakob war sich nicht sicher, auf wessen Seite das Mitleid des Publikums war, aber dessen Aufmerksamkeit hatten sie beide im Überfluss. Die Venus zeigte auf ihren Kopf, ihre nasse Bluse und dann fing sie zu Jakobs Erschrecken an, mit ihrer rechten Hand in ihrer Bluse, noch schlimmer: in ihrem BH herumzuwühlen. Jakob starrte wie gebannt vor sich hin. Die im Mittelgang des Busses stehenden Männer und Frauen schauten sich dieses improvisierte Theaterstück an, schüttelten ihre Köpfe, rollten die Augen in Jakobs Richtung und hörten mitleidig die Klagen der Venus an. Endlich beendete sie ihr peinliches Tun und fischte einen kleinen Geldbeutel aus ihrer linken BH-Schale. Eine Ecke des Beutels war ein bisschen nass geworden und das bereitete der Dame große Sorgen. Sie prüfte schnell den Erhaltungszustand des Inhalts ihres Geldbeutels. Als sie sich vergewissert hatte, dass alles heil und ganz war, schenkte sie Jakob ein leicht versöhnliches Lächeln. Was Jakob wiederum als seine Chance betrachtete, die unangenehme Situation wett zu machen und dabei eine im Flugzeug aus dem Russisch-Deutschen Sprachführer gelernte Phrase zu nutzen: „Isvinitje poschaluista!"[18]

Seine Worte hatten einen stärkeren und etwas anderen Effekt, als Jakob erhoffte. Es wurde still im Bus. Der Fahrer schaltete das Radio aus. „Moskal?"[19] fragte ein Mann Jakob über die Köpfe dreier anderer Passagiere hinweg. Und obwohl Jakob die Frage nicht verstand, war ihm klargeworden, dass er seine Identität jetzt irgendwie preisgeben sollte. Aus allen möglichen Varianten suchte sich Jakob die sicherste aus: „Tourist" antwortete er leise und demütig. „Demut öffnet alle Türen, bedeutet aber nicht, dass du reinkommst" pflegte seine Bobe ihn zu erinnern. „Tourist" wiederholte der Mann nachdenklich, aber schon irgendwie friedlicher. Die Gesichter der Passagiere hellten sich auf.

Die nasse Nachbarin fragte den Mann etwas und warf einen argwöhnischen Seitenblick in Jakobs Richtung. Jakob hörte das Wort „russisch" und traf die zweite wichtige Entscheidung auf seiner Reise: er gab seine zweite Identität preis, die nach Jakobs Meinung ihm in dieser Situation, wenn nicht helfen, so doch nicht schaden würde: „German. German Tourist". Gott weiß, wer von den beiden Völkern in dieser Gegend mehr Schaden verursacht hat,

---

18   „Entschuldigen Sie bitte" auf Russisch
19   stark abwertender Ausdruck für „Russe" auf Ukrainisch

Russen oder Deutsche, und woran die Einheimischen sich erinnern. Doch die feindliche Intonation, die aus dem Wort Moskal, was wahrscheinlich aus Moskau bedeutete klang, veranlasste Jakob sein rudimentäres Schulrussisch zu verschweigen und bei Englisch zu bleiben.

Das war die richtige Entscheidung. Plötzlich war Jakob unter Freunden. Die Venus verwandelte sich aus einer uralten Kämpferin in eine genauso uralte Mutterfigur. Kräftige Schläge und Stöße auf Jakobs Schultern, die er von seinen männlichen Nachbarn bekam, waren bestimmt das Zeichen der Blutsbrüderschaft. Den Rest des Weges verbrachte Jakob kauend und freundlich zurück nickend. Seine Nachbarin spendierte ihm ein riesiges Sandwich mit mindestens zwei Zentimeter dicken Sülzescheiben und die anderen Passagiere unterhielten den nichts verstehenden Jakob mit langen Geschichten aus ihrem Leben. Jakob kopierte ihre Gesten und Mimik, lachte und runzelte mitleidend die Stirn, wenn sie lachten und klagten, seufzte und wunderte sich im Einklang mit den anderen, bis der Autobus endlich hielt, und Jakob, von allen Seiten umarmt, sich am Busbahnhof von Skolywka hinausquetschte.

Teil 2

Er landete direkt in einer Pfütze. Zwischen dem Bus und dem Bussteig waren ungefähr fünfzig cm Abstand, der mit Wasser gefüllt war. Beim Aussteigen merkte Jakob irgendwie nicht, dass alle anderen Passagieren von der letzten Stufe einen großen schwanenartigen Sprung machten, als ob ein Ballettensemble aus dem Bus aussteigen würde und sofort auf dem Platz ihre besten Sprünge vorführen wollte. Betagte Mütterchen schwangen mit ihren Einkaufsnetzen und sprangen so hoch und so weit, wie es in diesem Alter gerade noch möglich war. Männer folgten ihren Sprungpartnerinnen, verstärkten ihre kräftigen Sprünge von der letzten Busstufe mit Wörtern, die Jakob ohne Wörterbuch verstehen konnte. Kleine Kinder gaben sich große Mühe, direkt in der Pfütze zu landen, trotz der lenkenden Hände ihrer Mütter. Aber nur Jakob gelang es, die tiefste Stelle zu erwischen. Er stand bis zu den Knöcheln im schmutzigen Wasser unter neidischen Kinderblicken, der Bus fuhr ab und er musste sich ganz schnell vor weiteren Spritzern der Busräder retten.

Am Bussteig, wieder im Trockenen, bekam er noch ein paar freundliche Schulterklopfer, ein paar mitfühlende Blicke auf seine Füße und dann blieb er allein. Die unfreiwilligen Balletttänzer gingen ihrer Wege und kümmerten sich nicht mehr um ihren ungewöhnlichen Mitreisenden. Jakob rückte seinen Rucksack zurecht und versuchte sich in der neuen Umgebung zu orientieren. Eine Internetverbindung hatte er nicht, eine ukrainische SIM-Karte besaß er nicht, denn es machte seiner Meinung nach keinen Sinn, solch eine Karte nur für wenige Tage zu erwerben. Auf der Karte „Lemberg und Umgebung", die er am Lemberger Busbahnhof gekauft hatte, war Skolywka zwar eingetragen, aber nur als ein Punkt, was sich in dieser Situation als nicht besonders hilfreich erwies. Jakob blieb nichts anderes übrig, als, was er eigentlich hasste, einen Kontakt mit Menschen zu suchen, und dies noch dazu mitten in der ukrainischen Wildnis.

In einem kleinen Zementgebäude hinter zwei Bussteigen saß eine Frau an einem kleinen Fensterchen, das Jakob als eine Kasse identifizierte. „Hello!" sagte Jakob so freundlich wie er es nur konnte: „One Ticket to the city center, please" Mit diesen Wörtern reichte Jakob der Kassiererin fünfzig Einheiten der lokalen Währung, mit einem unaussprechenden Namen, der eher Husten ähnelte: Hrywnja. Fünfzig Hrywnja müssten nach seiner Berechnung völlig reichen, das war fast der Preis seines Fahrscheins von Lemberg nach Skolywka.

Ein paar Sekunden starrte die Dame Jakob schweigend an und dann schrie sie plötzlich in Richtung Jakobs linker Schulter: „Marysiu! Marysiu!". Jakob hörte einen metallischen Klang, wie Kratzen auf dem Boden und drehte sich um. Er sah eine Putzfrau mit einem Eimer voller Wasser und darin schwimmendem Lappen. Sie war bestimmt die „Marysiu", denn die beiden fingen an, sich laut über Jakobs Kopf hinweg zu unterhalten. Die Frau am Fensterchen fragte ihn etwas, was er natürlich nicht verstand, dann fragte sie ihre Kollegin, dann zuckten die beiden ihre Achseln und die Kassiererin nahm endlich sein Geld und hantierte damit in ihrer Kasse. Jakob bekam eine Hand voll zerknitterter Geldscheine zurück und dazu noch einen Berg Münzen. Der Fahrschein muss sehr billig gewesen sein, was Jakob angesichts seines bescheidenen Budgets freute. Außer dem ungewöhnlich geringen Preis wunderte sich Jakob über die Form seines neuen Busfahrscheins, denn er bekam nur ein Stück alte Zeitung. Sollte das ein Witz sein? Aber während er nachdenklich die alte Zeitung studierte, verschwand die Frau vom Fenster. Nach ein paar Minuten öffnete sich die Tür, die sich einen Meter vom Kassenfenster entfernt befand und die Frau lud Jakob ein, hineinzukommen. Jakob folgte ihrem Winken, betrat den Raum und fand sich auf der Herrentoilette wieder.

Ja, die Fahrt war kurz, und das Ziel nah. Jetzt wurde der günstige Preis der ukrainischen Dienstleistungen in Skolywka endgültig aufgeklärt, genauso die Bestimmung der alten Zeitung. Jakob fing an zu lachen, hörte aber ganz schnell wieder auf, als er den Gesichtsausdruck der Kassiererin sah. Sie war genauso kräftig gebaut wie seine Busnachbarin, trug aber ausgebleichte Haare, die so hoch nach oben gekämmt und dann bestimmt mit Hilfe von viel Lack fixiert waren, dass sie eine Art von schiefem aber trotzdem stabilem Turm von Pisa bildeten. Unter diesem architektonischen Wunder blickten Jakob zwei unfreundliche Augen an, umrahmt von blauem Kajalstift. Jakob schluckte sein Lachen hinunter und verschwand in der einzigen Toilettenkabine. Er machte die Tür zu und lehnte sich an die Wand, er kicherte leise vor sich hin vor Erschöpfung, Verzweiflung und der Tragikomödie der Situation.

Nach gut zehn Minuten riss sich Jakob wieder zusammen, erfühlte die Bestimmung seiner „Eintrittskarte", wusch sich die Hände, zog sogar ein frisches T-Shirt an, und trat mutig aus der Toilette heraus. Sein Plan war folgender: er würde der Kassiererin die Postkarte mit dem Hauptplatz zeigen und somit das Ziel seiner Reise erklären. Dann würde er den Busfahrschein aus Lemberg neben die Postkarte legen, so würde er seine Absicht verdeutlichen, einen neuen Fahrschein bis ins Stadtzentrum zu erwerben.

Seine perfekt geplante strategische Operation ging in Scherben, schon an der Toilettentür. Unmittelbar dahinter stand, auf Jakob wartend, eine kleine Delegation: die blonde Kassiererin, ihre Freundin Marysiu und ein Polizist. Die Kassiererin schaute Jakob mit verschränkten Armen an, Sie war sich ihrer körperlichen Überlegenheit völlig bewusst, die Reinigungskraft hielt ihren Wischmopp in Abwehrposition, die sich so schnell in eine Angriffsposition zu verwandeln drohte, dass Jakob seinen Rucksack instinktiv als einen improvisierten Schild vor sich hielt. Der Polizist sah entspannter als die beiden Frauen aus. Er betrachtete schweigend Jakobs Erscheinen in der Toilettentür, dann salutierte er und sagte nur ein Wort, das, Gott sei Dank, ohne jegliche Übersetzung fast alle Menschen auf der ganzen Welt zur gleichen Handlung bewegt: „Dokument". Langsam, um nicht den Wischmopp unnötig in Bewegung zu setzen, fischte Jakob seinen Reisepass aus der Brusttasche. Er begleitete die Übergabe des Dokumentes mit seinem leisen und demütigen Geständnis: „Tourist".

Eine Ewigkeit studierte der Polizist Jakobs Pass. Er kratzte mit seinem Finger auf Jakobs Passbild, betrachtete im Gegenlicht die Wasserzeichen und verglich Jakobs Gesichtszüge mit dem Bild. Endlich reichte er Jakob den Pass zurück.

„Do you speak Ukraine?" Jakob schüttelte verneinend den Kopf.

„I am on duty today "sagte der Polizist stolz.

Jakob nickte mit höflicher Bewunderung.

„I am from Ukraine, my name is Jaroslav Storozhuk"

Jakob bewunderte auch diese Information mit dem gleichen höflichen Kopfnicken. „Where are you from?"

Jakob atmete tief ein und gestand: „I am from Germany".

Die Reaktion des Polizisten war dermaßen überraschend, dass Jakob sie weder einordnen noch eine eigene Reaktion formulieren konnte. „Ah! Germany! Rammstein! Russisches Schwein! Hände hoch! Du hast den schönste Arsch der Welt!" Der letzte Satz wurde vom Polizisten sogar gesungen, was wiederum Jakob sehr überraschte. Das konnte nur bedeuten, dass der Polizist nicht Jakobs Hintern meinte, sondern das dumme Disko-Lied, das noch vor Jahren lange im Radio zu hören war, offensichtlich nicht nur in Deutschland.

„Very good Sir!" endlich fand Jakob eine mehr oder weniger passende Antwort. Geschmeichelt entweder vom Lob oder vom „Sir" gab der Polizeibeamte Jakob seine rechte Hand, lächelte ihn freundlich an und klopfte kräftig mit der linken Hand auf Jakobs Schulter. Die beiden Frauen werteten diese Gebärde als eine Art Entwarnung. Der Wischmopp wanderte zurück in den Eimer und die vorher verschränkten Hände der Kassiererin entspannten sich an ihren üppigen Hüften.

Jakob war vorsichtig optimistisch, dass es zu einer friedlichen Übereinkunft gekommen war und entschied sich, den richtigen Moment zu nutzen, um seinen spontanen Plan B zu verwirklichen. Er fand schnell in seinem Rucksack die alte Postkarte: „Center of the city." Eine kurze Pause. „Bus". Information sollten wohl dosiert sein. Und die drei sahen so aus, als ob diese fünf Wörter genau die richtige Dosis wären.

Obwohl die Karte ein ernsthaftes Interesse bei allen drei Beteiligten hervorrief, konnten sie sie nicht wirklich zuordnen. Endlich, nach einer kurzen Beratung, nickte der Polizist bestätigend mit dem Kopf. Er hatte den Ort erkannt. Doch er konnte Jakob nicht weiterhelfen: „No" sagte er. „No Bus today." Er zeigte auf Jakobs Beine: „Go to the school... ahh no, to the center by foot. "

Jakob versuchte seine Enttäuschung nicht zu zeigen. Er deutete auf den Rucksack: „heavy". Der Polizist setzte den Ein-Wort-

Dialog fort: „Taxi". Dann drehte er sich um, winkte Jakob zu, ihm zu folgen und ging aus dem Bahnhof hinaus. Jakob gehorchte dem Ordnungshüter und folgte ihm auf die Straße. Der kleine runde Platz des Busbahnhofs war von einer Tankstelle und ein paar niedrigen Häuschen umrahmt. Er war absolut leer. Nur ferne Kirchenglocken störten die Stille. Der Polizist schaute sich um und traf offensichtlich eine andere Entscheidung: „Go" sagte er zu Jakob und ging zurück in das Bahnhofsgebäude. Mit der schwachen Hoffnung, dass sein Begleiter jetzt ein Taxi anrufen würde, schleppte Jakob sich selbst und seinen Rucksack, mit den längst verfluchten Konserven hinter dem Polizisten her. Der durchquerte den Bahnhof und die Bussteige und zeigte Jakob den im Hinterhof geparkten Polizeiwagen. Jaroslav Storozhuk packte Jakobs Rucksack in den Kofferraum, öffnete die Beifahrertür und schubste Jakob leicht ins Auto hinein. Das Gefühl, in einen Polizeiwagen geschubst zu werden, hätte Jakob in anderen Zeiten komisch gefunden, doch jetzt war er nach all diesen Abenteuern einfach zu müde und unfähig zur Selbstreflexion.

Im Auto roch es genau wie im Bus nach Diesel, dienstliche Gespräche tönten aus dem Radio, und im Gurtschloss, wo Jakob gerade den Sicherheitsgurt einklicken wollte, steckte schon eine leere Schlosszunge – ohne den Gurt selbst. Auf Jakobs verwunderten Blick lächelte ihn der Polizist an: „I am good a driver". Bis Jakob diese Antwort logisch zuordnen konnte, machte der Wagen einen großen Bogen um ein Loch und fuhr aus dem Bahnhofsgelände hinaus. Nach weniger als zwanzig Minuten erblickte Jakob die Umrisse des Rathauses und die Kirche. Genau wie auf der Postkarte. In der Zeit stehengeblieben?

Jakob, der automatisch beim Aussteigen nach dem Gurtschloss suchte, bedankte sich herzlich bei dem Polizisten, nicht nur für die persönliche Beförderung, sondern auch für das einzigartige Fahrerlebnis. Er nahm seinen Rucksack und schloss die Autotür. „It was a pleasure to meet you again! " sagte Sergeant Storozhuk, winkte und verschwand in einer Staubwolke. Gott, segne den Fremdsprachenunterricht, dachte Jakob und schaute sich um.

Er war nicht so naiv, Skolywka im Jahr 2009 im gleichen Zustand wie am Anfang des letzten Jahrhunderts zu erwarten. Mädchen mit langen Zöpfen und Röcken in einem Lemberger Café in einer Atmosphäre wie im neunzehnten Jahrhundert sind eine Sache, aber Kutschen statt Autos in einer modernen Stadt, sogar in der Provinz, wären doch ein Ding der Unmöglichkeit. Auch war ihm bewusst, dass der Zweite Weltkrieg eine verheerende Auswirkung auf dieses kleine Städtchen gehabt hatte. Trotzdem war das Ausmaß der Veränderungen einfach gewaltig. Der Hauptplatz lag vor ihm, riesig, kalt und leer. Zwei ferne noch leicht erkennbare Schattenrisse von Kirche und Rathaus ragten an einer weiteren Ecke des Platzes empor. Die geraden Linien schöner zweistöckiger Villen, an deren Kreuzung Rathaus und Kirche standen, wurden von undefinierbaren mittelgroßen Beton-Glas-Gebäuden unterbrochen, deren scharfe Kanten einen unangenehmen Kontrast zu den runden Säulen der kleinen Villen bildeten. Die geometrische Dissonanz wurde durch die Kakophonie der Farben verstärkt. Alle Fassaden, die bemalt werden konnten, waren mit hässlich grellen Farben gestrichen: rosa, gelb, grün, orange. Das Haus in Jakobs unmittelbarer Nähe war dunkellila mit weißen Plastikfenstern und mit einem großen Schild „АПТЕКА" geschmückt. Das Schild war an den Köpfen zweier Karyatiden, festgebunden. Der Balkon selbst war mit einem schwarzen Netz überspannt, welches Passanten vor abbröckelnden Gipsstücken schützen sollte.

Der tiefe und sanfte Klang der Kirchenglocken hallte über den Marktplatz. Der Gottesdienst war zu Ende und die ersten Reihen der Kirchgänger strömten aus der Kirche heraus. Sie hielten sich länger vor dem Kirchtor auf, tauschten den neuesten Klatsch aus, tankten die seltenen Herbstsonnenstrahlen und liefen danach auseinander, in die ruhigen verschlafenen Gassen ihres Provinzstädtchens. Und genau dieser, von nichts und niemandem gestörte Strom der Passanten beunruhigte Jakob am meisten. Sollten sie sich jetzt nicht gerade in die Enge des schmalen Durchgangs zwischen der Arkadenhalle und den Villen drängen? Wie auf der Postkarte? Dann machte Jakob eine unangenehme Entdeckung: Die Arkadenhalle, sie fehlte.

Deswegen wirkte der Platz so unproportioniert, riesig und leer. Außer diesem ästhetischen und kulturellen Verlust, der die Bobe bestimmt sehr bekümmern würde, stieß Jakob auf eine andere, banalere Schwierigkeit: wird er ohne die Arkadenhalle die beiden Häuser, das von der Bobe und das andere von Darka auf der Zolota-Straße finden? Wird er die Straße selbst finden, wenn die wichtigsten Orientierungspunkte nicht mehr vorhanden sind?

Laut der Bobe sollte die Straße eigentlich nicht weit weg vom Stadtzentrum liegen. Natürlich nur, wenn man der Beschreibung der Bobe überhaupt vertrauen konnte. „Hinter der Kirche, die zweite Gasse links, dann über das Flüsschen zur alten Mühle und hinter der Mühle fing die Zolota-Straße an. Und das Haus mit der Nummer fünf wird Jakob auch einfach finden, es steht fast am Anfang der Straße." So einfach, seine Oma zuckte mit ihren Vogelschultern: „ein Kind kann das Haus finden, und du, mein Goldener, schaffst das bestimmt." „Und wenn doch nicht? Gibt es keine genauere Adresse? Was steht auf dem Brief?" Die Bobe zeigte ihm den Briefumschlag. Auf seiner mit einem dicken Klebeband zugeklebten Rückseite standen nur zwei Worte: Skolywka, Ukraina.

„Du findest es auch so. Obwohl dein räumlicher Orientierungssinn uns gut bekannt ist, nachdem wir dich im Kaufland mit dem Wachpersonal suchen mussten – ich hätte damals fast einen Herzinfarkt bekommen." Jakobs leiser Einwurf, dass er damals erst sieben Jahre alt gewesen war, ließ die Bobe keine Sekunde an ihren eigenen Worten zweifeln. „Unterbrich mich nicht Jascha, wenn du das Haus doch nicht findest, dann kannst du die Leute fragen. Sag einfach: 'Wo ist das alte Nierenstein-Haus, das Haus des Schuhmachers, der französische Schuhe geschustert hat? Und jeder wird es dir zeigen.'" Jakob bezweifelte den Optimismus der Bobe und bat sie daher, doch eine kleine Karte zu skizzieren, mit dem Weg vom Hauptplatz bis zum Haus der Nierensteins-.

Seine Großmutter widmete sich dieser Aufgabe mit kindlicher Freude. Sie zeichnete eine gute halbe Stunde, murmelte dabei verschiedene Straßennamen, seufzte, lächelte vor sich hin, schüttelte den Kopf und endlich war die Karte fertig. Ein roter Strich führte durch die blaue Stadt. Die Arkadenhalle, ihr Ausgangspunkt, eine

Kirche mit einem Garten, ein Rathaus mit hohem Turm, ein gewundener Fluss und eine Mühle mit einem vor ihrem Tor wartenden Kutscher. Die Karte, mit Liebe gezeichnet, war genauso nutzlos wie Kinderkritzeleien. Ohne Himmelsrichtung, ohne jeden Maßstab oder Kleinigkeiten, die in der Karte der Bobe keine Rolle spielten.

Verloren lehnte sich Jakob an eine Litfaßsäule, die wie eine riesige Garnspule mit unzähligen Poster-Schichten so beklebt war, dass die letzten Poster die Säulenränder überragten. An manchen Stellen lösen sich die dicken Papierschichten von der Säule und durch diese geöffneten Wunden schimmerte Jakob das Leben vergangener Generationen entgegen.

In der Mitte der vor Jakob liegenden Leere stand ein Denkmal. Ein stirnrunzelnder Mann aus Kupfer mit einem Schnauzbart, bekleidet mit einem langen Mantel. Jakob identifizierte ihn als Lenin. Mit seiner hoch erhobenen Hand zeigte er in die Richtung einer Bäckerei. Der unbekannte Bildhauer sah wahrscheinlich seinen Auftrag als den Versuch, die hallende Leere des Platzes mit dem Monument auszufüllen. Zu diesem Zweck schuf er einen riesigen Sockel, der in seiner Größe den Lenin selbst mehrfach übertraf. Lenin, für den offensichtlich nur Reste der Materialien übriggeblieben waren, war kleiner als der Sockel, doch ausreichend groß, sodass Passanten nur seine Nasenlöcher bewundern konnten, wenn sie ihn nicht mit ordentlichem Abstand betrachteten. Eine Kupfertafel, mindestens drei Meter in der Diagonale, war mit viel kyrillischem Text, Monogrammen und eingravierten Schreibfedern geschmückt. Frische Blumen lagen zu seinen Füssen. Der Führer des russischen Proletariats schien hier große Popularität zu genießen, was eigentlich nicht zu der unfreundlichen Situation im Bus passte.

In diesem Moment war Jakob der Einzige, der Lenin seine Aufmerksamkeit schenkte. Jakob war sich nicht bewusst, dass er selbst langsam ins Zentrum des Interesses rückte. Die Wellen von Menschen, die von der Kirche kommend Jakobs Litfaßsäule langsam erreichten, umströmen diese Insel mit ihrem einzigen Bewohner, verlangsamten ihren Lauf und fragten einander wahrscheinlich leise: „Wer ist dieser Fremde? Was macht er in unserer Stadt?"

Endlich spürte Jakob die neugierigen Blicke auf seinem Rücken. Ohne einen klaren Plan machte er sich auf den Weg in Richtung des Denkmals. Nach ausgiebiger Bewunderung der filigran angefertigten Nasenlöcher traf Jakob kurzerhand die Entscheidung, dem Hinweis des proletarischen Führers zu folgen und ging dahin, wohin Lenins Hand deutete: in die Bäckerei.

Die Stadt hat sich verändert, und dagegen kann man nichts tun. Die Karte der Bobe stimmte nicht mehr, die alten Fotos konnten im einundzwanzigsten Jahrhundert keine praktischen Hinweise mehr geben, und die Zeit verging in Skolywka mit der gleichen Geschwindigkeit wie in Halle oder Leipzig oder anderswo, nichts schonend und niemanden bewahrend. Es war naiv, etwas anderes zu erwarten. Und es war herzlos von ihm, sich in dieses Abenteuer verstricken zu lassen. Er hatte der Bobe die falsche Hoffnung gegeben, ein Bruchstück von ihrer glücklichen Jugend in Vorkriegszeiten zurückzubringen, wiederzubeleben. Nun würde sie die bittere Wahrheit erfahren müssen: ihre Welt ist endgültig in Vergessenheit geraten und es gibt kein Zurück mehr. Und statt des alten Koffers mit den Teilen der Mitgift wird er ihr eine Packung Pralinen aus einer lokalen Konditorei mitbringen.

In der kleinen Bäckerei waren alle fünf Tischchen besetzt, doch als Jakob an der Türschwelle erschien, machte die Dame an der Theke eine leichte Handbewegung, und zwei Herren machten schnell ihren Tisch frei. Geschmeichelt lächelte Jakob die Dame dankbar an und entschuldigend den zwei Herren zu, die ihn freundlich und ein bisschen zu durchdringend beobachteten, und setzte sich an den Tisch. Wie gewohnt schob er seine Füße in den abgetragenen Schuhen und den klappernden Rucksack tiefer unter den Stuhl. „Einen Cappuccino, zwei Croissants und eine große Flasche stilles Wasser". Die Dame an der Theke hörte aufmerksam Jakobs langsamem Englisch zu, und verschwand ohne ein einziges Wort in der Küche.

Nach fünf Minuten bekam Jakob eine Tasse süßen, starken Kaffee und ein Brötchen auf einem kleinen Porzellantellerchen. Der Kaffee und das Brötchen mit Nuss-Zimt-Füllung waren so frisch, so duftend und so lecker, dass Jakob es vorzog, die Diskrepanz zwischen seiner Bestellung und den servierten Produkten zu übersehen. Mit jedem Schlückchen und jedem Biss kehrten seine Kräfte und die gute Laune zurück. Er genoss die leise Volksmusik aus dem alten Radio, die entspannte Sonntagnachmittags-atmosphäre und sogar heimlich die Aufmerksamkeit, die ihm von den anderen Cafébesuchern entgegengebracht wurde. Vorsichtige, neugierige Blicke in seine Richtung, leise Stimmen, in denen er das Interesse an seiner Person erriet. Jakob spürte die verbotene Euphorie eines Kolonialherren.

Um sich nicht wie ein nackter König in westlicher Selbstgefälligkeit in diesem einfachen Dorf- Café zu zeigen und um eine Entscheidung über seine zukünftigen Schritte zu treffen, fischte Jakob sein Fotoalbum aus den Rucksack und beugte sich nachdenklich über die alten Fotos.

Seine zufällige Wahl fiel auf das Hochzeitsfoto der Bobe. Ein verliebt aussehendes junges Paar stand nebeneinander im Jahr 1938 vor der Kamera im Fotoatelier Skolywka. Sie im langen weißen Kleid mit einem buschigen Blumenstrauß, er im schwarzen Anzug mit weißem Hemd und weißer Fliege, beide starren wie gebannt ins Objektiv. Das Foto begleitete eine lustige Anekdote, die die Bobe Jakob mindestens einmal pro Jahr zu erzählen pflegte und die fremden Augen ziemlich unauffällig erschien. Anstatt einander die Hände zu geben, oder irgendwie anders ihre Bindung und Zuneigung zu zeigen, zogen die hübsche Braut und der junge Bräutigam ihre Kleidung hoch, als ob die beiden sich in diesem Moment vorbereiteten, einen Knicks zu machen. Dabei fokussierte sich die Kamera auf den unteren Teil ihrer Körper, und nicht auf ihre Gesichter.

Diese für ein Hochzeitsfoto untypische Pose ließ sich leicht durch die wahre Absicht des Fotos erklären. Der alte Nierenstein, zugleich Brautvater und Hauptsponsor des jungen Paares, hatte selbst die beiden Paare festlicher Schuhe gefertigt und wollte sein Handelsgut im besten Licht zeigen sowie als weitere Werbung für sein Geschäft nutzen. Das war der Grund, aus welchem sich das Ehepaar als freiwillige Modepuppen vor die Kamera stellte. Der Fotograf war sich offensichtlich des Auftrages bewusst. Das Kameraobjektiv blickte ein bisschen an den zu Fotografierenden hinab, sodass die Köpfe genau den oberen Rand des Fotos einnahmen und die Schuhe möglichst mittig im Bild standen. Das Bild wurde in zwei Exemplaren bestellt, eins wurde in der am besten beleuchteten Ecke des Ladens aufgehängt, so hoch, dass die Besucher auf Höhe ihrer Augen zunächst die Schuhe bewundern konnten und erst danach alle anderen, weniger wichtigen Details der Schwarzweiß-Fotographie.

Das Schuhmodell des Bräutigams hieß „Budapester" und hat eine messingbenagelte Sohle, die die Zuschauer leider nicht sehen konnten. Was aber zur Schau gestellt wurde, war die feine ornamentale Lochlinienverzierung oberhalb der Schuhspitze. Die Lochlinien verliefen nicht entlang der Nähte, wie man es erwarten konnte, nein, sie formten auf der Schuhspitze eine echte Rosette, wie auf einem zentralen Kirchenfenster. Die Linien verflochten sich in florale Muster, in denen größere Löcher auf kleinere folgten und umgekehrt. Und natürlich waren es ein rechter und ein linker Schuh, weil der Fortschritt und die Mode selbst bis nach Skolywka gekommen waren und die gute alte Tradition, ein Paar Schuhe ganz ohne Unterschied zwischen dem linken und dem rechten Schuh zu fertigen, verdrängt hatten. Nicht alle haben diese Veränderung freilich begrüßt, früher konnte man beim Schuhmacher auch einmal nur einen Schuh bestellen, wenn der Alte sich nach der zehnten Renovierung als reparaturunfähig erwiesen hatte. Doch jetzt eroberte die neue Mode erst die alte Welt der Habsburger Monarchie und dann der polnischen Provinz und drängte die Menschen, sich jetzt Gedanken zu machen, in welche Schuhe sie ihre Füße kleiden sollten.

Aus Skolywka, aus dem elterlichen Haus brachte die Bobe ihre Vorliebe für gute Schuhe mit nach Deutschland. Schuhe waren ihre Leidenschaft. In Stadtzentrum verbrachte sie Stunden in Schuhgeschäften, sie scholt jedoch jedes neumodische Paar Schuhe, das ihr vor die Augen kam: dort war das Leder zu schlecht, da die Sohle zu dünn, hier der Absatz zu labil. Doch Jakob kannte ihre wahren Ambitionen: sie genoss den Ledergeruch, sie streichelte die Schuhnähte, sie klopfte leicht und vorsichtig an den Absätzen, atmete tief den Duft von Schuhcreme ein. Sie war keine Schuhmacherin und konnte nie eine werden. Ihre umfassende Kenntnis der traditionellen Schuhherstellung würden für immer nur ein merkwürdiges Hobby einer alten Dame bleiben, was Jakob eigentlich schade fand.

Die Schuhe aber, welche die Reisel doch dann und wann kaufte, schließlich kann man nicht barfuß herumspazieren, waren so mühsam und gründlich ausgewählt, und danach so liebevoll, gründlich gecremt, gebürstet und poliert, dass sie mehr musealen Exponaten ähnelten als alltäglichen Gebrauchsartikeln.

Und die berühmten Brautschuhe des Hochzeitsfotos, die Jakob von Darka zurückholen sollte, waren ein wahres Meisterwerk. Jedes Mal, wenn Jakobs aufmerksamer Blick auf die Schuhe fiel, tauchten vor seinen Augen neue Feinheiten durch die gelbliche Patina des alten Fotos auf. Im Unterschied zu den Schuhen des Bräutigams hat der Vater für seine Tochter ziemlich hohe Stiefelchen aus hellgrauem und weißem Leder in Kombination mit Atlas auf der Überstemme[20] angefertigt. Der Schnürverschluss mit zwanzig Lochpaaren war so hoch, dass die unschuldige Braut sich nicht getraute, ihr Kleid so hochzuziehen, dass auch noch der obere Rand des Stiefelschafts zu sehen wäre. Entlang jeder Nahtlinie wurden feine Lochlinien gearbeitet, die hinten auf der Ferse, oder im Schusterjargon: auf der Hinterkappe ein Monogramm formten: R. S. Reisel Sandler.

Der fünf Zentimeter hohe Absatz war ganz aus Leder gemacht. Dutzende Lederschichten wurden fest aufeinandergepresst und mit kleinen Nägelchen befestigt. Mehrere Nächte verbrachte der alte Nierenstein über die Absätze gebeugt, setzte mit einem Hämmerchen immer eine Schicht auf die andere. Leicht wie ein Federchen, elegant wie die der nobelsten Montmartre-Damen waren diese Schuhe eine Liebeserklärung des Vaters an seine Tochter. Der Wert dieses Hochzeitsgeschenks war unschätzbar, und das war allen bewusst. Reisel hatte sogar barfuß getanzt aus Angst, die Schuhe zu beschädigen. Sofort nach der Hochzeit wurden sie in eine Schachtel gepackt und unter dem Ehebett versteckt. Lange standen sie unberührt in ihrem Versteck, nur zur Brit Mila[21] ihres

---

20 oberer Teil eines Schuhs
21 Beschneidung im Judentum

Sohnes Moische hatte sie die Schuhe noch einmal kurz angezogen. Zum dritten Mal, diesmal aber nicht um sie anzuziehen, sondern um sie in einem Koffer sicher zu verstauen, hatte sie mit ihrem Vater die Schuhe im Ghetto aus der Schachtel hervorgeholt. Das geschah in der letzten Nacht, bevor Nierenstein erst eine Bleibe für seine älteste Tochter und ihren Säugling mit all seinem Besitz kaufte und dann selbst, wie fast alle anderen Familienmitglieder, mit seinem Blut die ukrainische Erde in Massengräbern tränkte.

„Ich konnte den Koffer nicht mitnehmen, Moische war zu schwer, ich konnte nicht alles allein tragen" schluchzte die Bobe, als sie Jakob zum ersten Mal von ihrem Leben im Hurban[22] erzählte, und sie vergoss, soweit sich Jakob daran erinnern konnte, echte Tränen. An Weinen und Schluchzen war Jakob in seiner Familie gewöhnt, große Schauspielerinnen der Schwarzweißfilme dienten seinen weiblichen Verwandten als Vorbilder. Mit Händeringen, Augenrollen und in Ohnmacht fallen, vorzugsweise aufs Sofa oder ähnliche weiche Gegenstände, wie Jakobs Arme, nutzten seine Mutter und Großmutter jeden Anlass, um ihre kleinen Theaterstücke vor Jakob aufzuführen. Doch zwölf Stunden vor der Abreise saß seine alte Bobe wie ein kleines Mädchen vor Jakob am Tisch und entschuldigte sich bei ihm in Tränen, dass sie es nicht geschafft hatte, ihres Vaters Erbe zu retten und zu bewahren. Schuld und Scham zeigten ihre gebeugten Schultern, ihre verschränkten Hände, ihre sich überschlagende Stimme, und zum ersten Mal fand Jakob keinen Grund, ihren Schmerz nicht zu glauben.

„Darka hatte mir versprochen, den Koffer zu behüten und zu bewahren, sie hatte mir versprochen, ihn mir zurückzugeben, sobald ich es ihr sage. Aber dann hat sie nur geschwiegen, alle Briefe blieben unbeantwortet. Erst jetzt hat sie sich gemeldet, und Jascha, ich möchte mein Köfferchen wiederhaben, und wenn du ihr Mädel nicht haben willst, bin ich damit völlig einverstanden. Lass sie links liegen, bring nur mein Erbe, Goldener, bring mir meines Vaters letzten Gruß. Es wird auch dein Erbe sein, Jascha."

---

22 „Holocaust" auf Jiddisch

Jakobs zukünftiges Erbe, dessen Inhalt laut der Bobe aus einem Paar alter Damenschuhe, einem Gebetsbuch ihrer Mutter, einem silbernen Löffel ihres Sohnes, zwei Locken, einer von der Mutter der Bobe und einer von ihrem Sohn Moische, den sie auf der Flucht aus der Ukraine verloren hat, zwei kleinen silbernen Shabbat-Kerzenhaltern und einem seidenen Halstuch bestand, hatte im einundzwanzigen Jahrhundert einen fraglichen Wert. Das aber hatte er ihr nicht gesagt, diesem kleinen alten Mädchen, der Tochter des verlorenen Volkes, nein. Er, überwältigt von den Offenbarungen, von den Tränen der Bobe, vom Tod und der Angst, die ihm zum ersten Mal in seinem Leben bewusstgeworden waren. Er schwor der Bobe, den letzten Gruß ihrer Familie nach Hause zu holen.

Vertieft in seine Gedanken, merkte Jakob nicht, wie ein Mädchen ein bisschen abgehetzt an der Tür des Cafés erschien. Mit großen Augen schaute sie Jakob an, traute sich aber nicht ihn anzusprechen. Stattdessen schloss sie sich der Gesellschaft dreier ihr bekannter Altersgenossinnen an, die zwei Tische entfernt von Jakob saßen. Obwohl die Freundinnen jedoch keine besondere Freude bei ihrem Auftauchen zeigten, nahm sie entschlossen eine Beobachtungsposition an ihrem Tisch ein und ohne die drei unzufriedenen Teenies zu beachten, durchbohrte sie Jakob mit Blicken aus ihren dunklen Augen. Nach gut zwanzig Minuten nahm sie ihren schon kalten Kakao, stand auf und machte sichtlich gespannt drei Schritte auf Jakobs Tisch zu.

„Can I sit here?"[23] Jakob zuckte erschrocken mit den Schultern und starrte verwirrt den hübschen Eindringling an. Der Nebentisch stand leer und er wünschte sich grade jetzt keine Gesellschaft zu haben, zeigte aber trotzdem ein bisschen verlegen auf den freien Stuhl neben ihm. Der Teenager, ungefähr sechzehn-siebzehn Jahre alt, hübsch, mit langen dunklen Haaren und Augen, die ihre Haarfarbe perfekt nachbilden. Sie schaute neugierig Jakob an. Auf Jakobs undeutliche Kopfbewegung antwortete sie mit einem nervösen Lächeln und setze sich ihm gegenüber hin. „Hi! My name is Sofia, and yours?" „Jakob".

---

23 Englisch: „Darf ich mich hierhersetzen?"

Dem Mädchen verschlug es die Sprache. Die nächsten fünf Minuten starrte Sofia Jakob nur an. Langsam fing er an, sich unter ihrem schweren Blick ungemütlich zu fühlen. Aber in diesem Moment, als er schon die erste Bewegung machte, um die Kellnerin zu rufen, erwachte seine unerwünschte Gesellschafterin: „Bist du vielleicht ein Tourist? Ein Höhlenforscher? Ihr fließendes Englisch brachte eine angenehme Abwechslung in seine heutige, bisher eher lahme Kommunikation: „Wir haben hier in der Nähe viele unterirdische Tunnel, Höhlen, wie Katakomben bei den alten Christen, weißt du, und deswegen kommen hier manchmal Touristen um dort hineinzukriechen. Bist du einer von denen?"

Verneinend schüttelte Jakob den Kopf. „Das dachte ich mir auch", sagte sie nachdenklich: „Du siehst auch nicht so schmutzig aus, wie die Maulwürfe." Wieder hatte Jakob nichts zu antworten.

Er fühlte sich überhaupt ungemütlich in der Gesellschaft junger Frauen, und die Altersgruppe zwischen dreizehn und achtzehn war sein Alptraum. Bei diesen laufenden Hormonbomben wusste er nie, in welche Richtung und aus welchem Grund sie detonieren würden. Sicherheitshalber legte er alle Besprechungsstunden mit seinen Schülerinnen so, dass er diese am besten in Anwesenheit anderer Kollegen und Kolleginnen oder mit ganz weit geöffneten Türen führen konnte. Und immer stand er unter dem Schutz seiner Lehrerautorität. Heute, außerhalb seiner Komfortzone, befangen von der Dreistigkeit und viel zu ungewöhnlich frischer natürlicher Weiblichkeit, die sich nicht hinter lila gefärbten Haaren oder einem Schädeltattoo auf pickeliger Haut versteckte, vermisste er die Sicherheit seines Lehrerzimmers.

„Welche Musik hörst Du gern? Hoffentlich nicht Rammstein? Die sind Satanisten. Als mein Cousin sie mal gehört hat, musste er nach der Beichte zwei Wochen fasten. Ich finde das zu wenig, aber unser Pope ist mit Jungs immer nachsichtiger als mit Mädchen. Das ist so, weil er Angst hat, dass sie sein Auto zerkratzen." Sie seufzte angesichts dieser Ungerechtigkeit der Welt und trank ein Schlückchen von ihrem kalten Kakao. Dass Jakob irgendwann einmal Rammstein in Schutz nehmen werde, war für ihn selbst eine Überraschung, doch er fühlte sich fast verpflichtet, diese Gruppe, die, wie es scheint, als einzige Repräsentantin moderner deutscher Kultur in der Ukraine wahrgenommen wird, zu rechtfertigen: „Sie sind keine Satanisten, sie provozieren nur, damit Menschen über bestimmte gesellschaftliche Probleme nachdenken und darüber sprechen." „Ach so…" zeigte das Mädchen ein höfliches Interesse in ihrem Gesicht: „Und wie ist dein Nachname?" Jakob entschied, nicht über den Fortgang des Gesprächs nachzudenken. „Sandler." „Sandler?!" Das Ausrufezeichen in ihrer Stimme war nicht zu überhören: „nicht Nierenstein?"

„Mach deinen Mund zu, sonst wird eine Fliege hineinfliegen" pflegte die Bobe Jakob immer zu ermahnen, wenn er aus Gewohnheit nach langjährigem chronischem Schnupfen seinen Mund offenhielt. Und er machte brav seinen Mund zu. Die Bobe war heute nicht da, und niemand konnte ihn auf sein nicht besonders ästhetisch verblüfftes Gesicht und den weit geöffneten Mund aufmerksam machen. „Ähhh…Warum denkst du, dass ich ein Nierenstein bin? Dass ich Nierenstein heißen sollte? Dass ich nicht Nierenstein bin? Woher kennst du überhaupt diesen Namen?" Er konnte aus seinen Gedanken keine normale Frage formulieren.

„Ich heiße Sofia, meine Oma hat auf dich gewartet." Genauso wie der Polizist sprach das freche Mädchen mit Jakob nun langsamer, mit lauter und deutlicher Stimme. „Meine Nachbarin hat mir gesagt, dass ein komischer unbekannter Mann, ein Ausländer, sich hinter unserer Litfaßsäule versteckte, also bin ich hierhergekommen."

„Woher sollte sie wissen, dass ich ein Ausländer bin?"

„Am Sonntag ziehen sich Menschen hier anständiger an."

Jakob schob seine Beine weiter unter den Stuhl.

„Komm," stand Sofia als erste vom Tisch auf: „Wir werden hier nicht ewig sitzen, oder? Bezahlst du auch meinen Kakao?"

Sogar wenn Jakob etwas zu erwidern gehabt hätte, hätte er es doch nicht formulieren können. Er stand auf, bezahlte, nahm seinen schweren Rucksack und folgte seiner, ihm aufgezwungenen Braut auf die Straße.

Vom Platz kommend steuerte Sofia die Kirche an. Ein paar Minuten gingen die beiden schweigend nebeneinander her. Jakob brach als erster das unangenehme Schweigen: „Ich habe eine alte

Postkarte von Skolywka, dort kann man eine Arkadenhalle sehen. Die gibt es nicht mehr, oder?"

„Sehr scharfäugig", die Kleine beherrschte Sarkasmus: „Im Zweiten Weltkrieg haben die Moskali sie abgerissen."

„Wer?"

„Na, die Russen."

„Warum sagst du Moskali? Heißen sie auf Ukrainisch so?"

„Na ja, das kann man auch so sagen. Alle sagen das so, weißt du? Eine Tradition." Sofia zeigte sich selbstsicherer als Jakob, der mit dem klappernden Rucksack einige Schritte hinter ihr lief, gleichzeitig wirkte sie etwas enttäuscht oder irritiert. Hatte sie sich Jakob anders vorgestellt? Jakob wiederum fühlte sich auf dieses Treffen, auf dieses Mädchen, die offensichtlich falsche Erwartungen an ihn hatte, vollkommen unvorbereitet. Er ist kein Menschen-Schlepper, und bestimmt kein Krimineller, der junge Mädchen, egal wie hübsch sie sind, verführt und von ihrem Zuhause wegbringt. Das Problem bestand darin, dass Jakob nicht wusste, wie das Gespräch zu führen war. „Und die Kirche haben sie abgerissen " fuhr Sofia ein bisschen sanfter fort: „wir haben sie aber wiederaufgebaut. Kann ich die alte Postkarte sehen?" Jakob gab ihr die kleine Postkarte. „Genau, der Glockenturm steht hier noch links vor der Kirche, jetzt steht er hinter ihr"

Es stimmt, wie konnte er das übersehen, er hat doch den Platz eine gute Stunde lang beobachtet. Sie erreichten das Kirchtor. „Sieht sie nicht wunderschön aus?" fragte Sofia ohne ihre Augen von der Kirche zu lösen, „fast besser als das Original... Und siehst du die Pflastersteine, schön farbig oder?"

Jakob musste zugeben, dass der Platz vor dem Eingang in die Kirche und mit einem engen Weg um sie herum wirklich wie ein buntes Kaleidoskop aussah. Gelbe, grüne, blaue, rote Pflastersteine bildeten Linien, die sich zu einem komplizierten Ornament vermischten. Der Kirche selbst mangelte es auch nicht an Farben. Das Dach glänzte goldfarben golden, so, dass es den Augen wehtat, es anzuschauen. Die Wände waren weiß-blau und über der Eingangstür war ein Bild mit einem Mann im langen, bunten, mit silbernen und goldenen Farben dekorierten Gewand gemalt. Alles zusammen sah sehr fröhlich aus, wie ein Lebkuchenhäuschen, allerdings vermied Jakob diesen Vergleich laut auszusprechen.

Sie umrundeten die Kirche und bogen in eine Nebengasse ein, die glücklicherweise während des Krieges von Bomben verschont geblieben war. Schöne zwei- und dreistöckige Häuser säumten beide Seiten. Jedes Gebäude stach mit seinem einmaligen Fenstergipsdekor in die Augen: Blumen, Sternzeichen, Weinreben stützten von allen Seiten die Fensterrahmen. Viele Gebäude besaßen kleine französische Balkone, auf die man nur zum Rauchen einen Fuß stellen konnte. Hier herrschte auch das Farben-Bacchanal, wahrscheinlich fühlt sich jeder Besitzer verpflichtet, sein Haus in einem anderen Ton zu bemalen. Manche Fenster und Türen waren teilweise zugemauert, um ihre Maße an moderne Rahmengrößen anzupassen. Enge graue Asphaltfußweg lösten mit bunten Pflastersteinen ab, was eine angenehme Erholung für die Augen hätte liefern können, wenn der Asphalt nicht einem Emmentaler Käse ähnelte, sodass alle Passanten eine Art von Reigentanz um die Löcher vollführen mussten. Eine Straße folgte der anderen, dreistöckige Gebäude den kleineren Villen, und die Villen einzelnstehenden Häuschen.

Jakob machte den zweiten Versuch, die Kommunikation wieder aufzunehmen. Dieses Mal fing er mit sehr einfachen Sachen an: „Sofia, ein sehr schöner Name."

„Danke."

„Und du sprichst sehr gut Englisch. Hast du es in der Schule gelernt?"

„Yep, unsere English Lehrerin ist vor drei Jahren aus den Niederlanden hierhergekommen. Sie ist in Saschko, unseren Autoreifen-Schmuggler verknallt und ist zu uns umgezogen. Hat sich schon taufen lassen und am Wochenende feiern sie Hochzeit, zu spät, alle haben schon ihren Bauch gesehen. Sie könnte ihn besser verstecken, wenn sie sich nicht immer in Jeans in die Schule schleppen würde. Ruslana hat schon mit ihr gesprochen, aber vergebens…. Na, wie sagt meine Oma, selbst Schuld…"

Jakob verstand nicht ganz, was genau im Leben der jungen Lehrerin schiefgelaufen sein sollte: ihr Umzug? Ihre Taufe? Ihr Geschmack? Er beschloss, sich auf einfachere Fragen zu beschränken:

„In welcher Klasse bist du, Sofia?"
„In der elften, letzten."
„Gefällt es dir?" Ein verwunderter und geringschätziger Blick war die Antwort auf seine Frage. Stimmt, die Fragen sollen einfach, aber zugleich nicht primitiv sein: „Deine Oma heißt Darka Bogun, stimmt es?" Sie nickte zustimmend.

„Wohnen du und deine Eltern mit deiner Oma zusammen?" Sofias besorgtes Gesicht bekam einen recht düsteren Ausdruck: „Ich lebe mit meiner Oma allein, wie Pippi Langstrumpf, ist das ein Problem für dich?"

Das war schon ganz schön aggressiv. Normalerweise drohte Jakob in solchen Situationen mit dem Besuch beim Herrn Direktor, doch jetzt war dieser Schutzschild nicht da.

„Das ist kein Problem für mich." Er schluckte ihre beleidigende Intonation runter. Na, wie man so schön sagt, wenn der Berg nicht zum Propheten kommt...: „Sofia, deine Oma, Darka hat eine wichtige Rolle im Leben meiner Oma gespielt, leider konnte meine Oma nicht persönlich hierherkommen, sie ist nicht bei bester Gesundheit, aber ich würde mich freuen, deiner Oma ihre Grüße auszurichten..."

„Kann sein. Meine Oma hat viele mutige Sachen in ihrem Leben gemacht. Sie war fünf Jahre in Sibirien, wusstest du davon?"

„Nein. Die Kommunikation zwischen deiner und meiner Oma war ..." Jakob suchte eine sanfte Formulierung: „nicht immer besonders stabil. Viele Sachen haben sie sich wahrscheinlich nicht erzählt."

„Hier wissen alle, dass sie meine Mutter im Arbeitslager geboren hat. Und deine Oma, was ist denn mit ihr passiert?"

Vor Überraschung verlor Jakob kurz die Konzentration und trat mit seinem rechten Fuß in ein Schlagloch. „Hat deine Oma nichts von meiner erzählt?" „Doch, dass du ihre alten Sachen abholen sollst und dass sie sich mit ihrem Kind bei meiner Alten versteckt hat, das war noch im Krieg, oder?"

„Genau. Hat sie dir auch gesagt, warum sie sich bei deiner Oma versteckt hat?"

„Nein, viele hatten bei meiner Oma eine Bleibe, alle unsere Partisanen, zum Beispiel, als die Sowjets zurückkamen. Nachdem

61

sie die Deutschen weggejagt hatten, ist mein Opa zu den Partisanen gegangen und bei ihm zu Hause haben sie einen Treff organisiert. Und meine Oma hat sich selbst monatelang im Wald versteckt. Und warum hat deine Oma sich bei meiner versteckt?" Jakob hatte das komische Gefühl, dass die Frage nur ein Akt der Höflichkeit gewesen war.

„Sie war Jüdin." War das nicht eine ausreichende Antwort? Jakob machte eine Pause, um Sofia die Zeit für die in Deutschland typische Reaktion zu geben: „Oh! Es tut mir so leid! Was für schreckliche Zeiten waren damals!"

Doch Sofia schwieg. Und dann drehte sie sich zu Jakob um: „Ja, ich höre dir zu, was wolltest du sagen? Sie war Jüdin, und?"

Nein, sie spinnt nur. „Sie war Jüdin" dieses Mal ergänzte Jakob seinen Satz: „Juden wurden hier verfolgt und vernichtet. Hast Du überhaupt etwas vom Holocaust gehört?" „Na klar, habe ich. Ich habe beste Noten im Geschichtsunterricht: Auschwitz, Buchenwald, Treblinka, Theresienstadt, Anne Frank", berichtete ihm Sofia stolz. „Und vom jüdischen Ghetto in Skolywka?" „Nein davon nichts, aber ich kann dir von unseren Partisanen erzählen."

„Wahrscheinlich später, danke." Jakob brauchte eine Pause, um die Welt wieder zu verstehen.

Fünf Minuten später standen sie vor einem Haus mit alter grauer Fassade, rostigem Drahtzaun, und einer dunkelrot gestrichenen Tür. Sofia öffnete diese und sie kamen in den Innenhof. Er wurde von allen möglichen Materialien, in allen möglichen Formen umgeben, einer alten Autotür, Holzstäben, Steinplatten, Holzplatten, Draht. Das wurde alles zusammen zu einer Art Zaun zusammengefügt. Die ganze Konstruktion hielt sich dank der hohen Flieder- und Holunderbüsche, die dicht von zwei Seiten des Zaunes wuchsen und eine Arte natürliches Gehege bildeten. Die innere „Füllung" war ein zusätzliches Hindernis, zusammen bildeten alle diese Schichten eine ziemlich unüberwindbare Barriere.

Das Mädchen klopfte an die Haustür, doch niemand kam ihr entgegen. „Oma ist nicht zuhause", sagte sie nachdenklich: „Sie ist bestimmt bei ihren Ziegen. Komm, das ist ganz nah. Deinen Rucksack kannst du hier abstellen." Jakob stellte seine Last auf die erste Treppe vor dem Haus und erleichtert richtete er seinen Rücken auf.

Er blickte sich neugierig um. Wo hat sich seine Bobe damals versteckt? Sie erwähnte einen Stall, ist es der da? Oder dieses kleine Häuschen? Wie könnte ein ukrainischer Stall aussehen? Wie sieht ein Stall überhaupt aus? Jakob drehte seinen Kopf in alle Richtungen in dem Versuch, ein passendes Gebäude zu finden. Doch nichts von dem, was er vor seinen Augen sah, passte zur Beschreibung der Bobe.

Ein runder Brunnen mit einem Zinkeimer stand in der Mitte des Hofes. Auf seinem geschlossenen Deckel schlief neben dem Eimer eine Katze. Eine Hälfte des Hofes lag im Schatten einer alten Linde. Unter dem Baum stand eine Konstruktion, die offensichtlich dazu bestimmt war, die Funktion einer Bank zu erfüllen. Sie bestand aus zwei großen Traktorreifen und einer darauf gelegten Reihe von vier bunten Plastiksitzen, wie man sie oft in Fußballstadien sehen kann. Unter den Büschen wuchsen dichte Brennnesseln als eine Abwehrlinie um die Befestigung des Hofes.

Abgesehen vom Vogelgezwitscher herrschte im Hof absolute Ruhe. Keine menschlichen Stimmen, kein Autohupen, kein städtischer Lärm drangen von der Straße in den Hof. Diese malerische Barrikade aus zusammengewürfelten alten Sachen zwischen Blumen und Brennnesseln, das improvisierte Bänkchen, die im Schatten der alten Linde schlafende Katze, schufen Traumbilder der Vergangenheit. Hier unter der Linde könnte die kleine Reizel mit ihren Brüdern und Schwestern gespielt, kaltes frisches Wasser aus dem Brunnen getrunken haben, auf den Baum geklettert sein, von hieraus auf den Ruf ihrer Mutter zum Essen zu kommen heim gerannt sein, von diesem Haus auf ihrem letzten Weg zum Erschießungsplatz abtransportiert worden sein.

Jakob wäre noch länger stehen geblieben, doch Sofia rief ihn: „Komm, folge mir, wir nehmen eine Abkürzung." Er erwachte aus seinen Tagträumen und ging zu Sofia, sie überquerten den Hof, bogen nach links ab, und verschwanden hinter dem dichten Flieder. Jakob beeilte sich, um Sofia nicht aus dem Blickfeld zu verlieren, bog ebenso wie sie ab und stieß an ein kleines Häuschen, dessen Geruch, sogar mehr als das typische Herzchen an der Tür, für sich selbst sprach. Die Brennnesseln auf seinem Weg, wahrscheinlich gut gedüngt, wurden dichter und bissiger. „Sofia, soll ich lieber hier auf deine Oma warten?" Doch sie ließ seine feige Bemerkung ungehört: „Komm, ich halte für dich die Pforte auf!", rief sie ihm aus der Tiefe des Brennnesselmeeres zu. Jakob traute sich nicht, weiterzugehen. Er stand einfach da, vor dem Klo, umgeben von bösem Gras und Gestank und konnte weder vor noch zurück. Endlich erschien Sofia wieder vor dem Herzhäuschen: „Was ist denn los, warum stehst du hier so herum?" Jakob sah wahrscheinlich so dumm und verloren aus, dass Sofia zum ersten Mal seit ihrer kurzen Bekanntschaft anfing zu lachen. „Was dachtest du denn, dass ich dich auf die Toilette führe? Schau mal, hier ist der Weg, er führt weiter zum Fluss, dort weidet meine Oma ihren Ziegen! Na, hab ein bisschen Vertrauen." Und in der Tat, ein dünner Pfad, unsichtbar aus der Höhe menschlicher Augen, zugewachsen von Brennnesseln, bog hinter dem Plumpsklo ab. Und frischer Ziegendung bestätigte Sofias Worte.

Die Brennnesseln, die Jakob vor sich sah, widersprachen all seinen Botanikkenntnissen. Oder die großen Botaniker waren einfach nicht bis hierhin gekommen. In die Amazonaswildnis schon, aber hierher, in die ukrainischen Moore noch nicht. Sonst hätten sie die Brennnessel nie im Leben als Gras klassifiziert, sondern als einen Baum, oder als eine baumartige Liane, einen riesigen Strauch, ein riesigen Lianen-Baum-Strauch, ein brennendes, glühendes bösartiges Lebewesen.

„Hier musst du dich tiefer bücken, im Flieder gibt es einen Durchgang." Mit diesen Worten tauchte Sofia in die dichte Fliederhecke, tief über den Ziegenkot gebeugt. „Komm, hab keine Angst, das ist Omas Partisanenpfad. Mein Opa war immer so zur Oma gekommen, als er bei der UPA war. Kennst du überhaupt die UPA?" Jakob schüttelte verneinend den Kopf. Er hatte ganz vergessen, dass sie ihn von hinten nicht sehen konnte. Sofia nahm sein Schweigen als die Bestätigung seines Bildungsmangels. „Die UPA waren die Ukrainer, die gegen die Sowjets gekämpft haben. Mein Opa war bei der UPA und meine Oma auch. "

„Sehr interessant," Jakob spuckte gerade eine Spinnwebe aus seinem Mund. Er versuchte sich auf Sofias Worte zu konzentrieren, deren Bedeutung ihm schon vollkommen egal geworden war. Er hatte Angst, hier zwischen dem Klo und den Brennnesseln allein zu bleiben. Bei diesen Gedanken machte er einen unvorsichtigen Schritt und landete direkt in einem Ziegenhäufchen. Er kämpfte mit Ästen und Blättern, hörte das Reißen seines T-Shirts, der Flieder schien unendlich zu sein. „Was haben dein Opa und deine Oma bei den Partisanen gemacht?" fragte er Sofias Rücken, bloß um die stechende, stinkende Realität zu dämpfen.

Unerwartet drehte Sofia sich um, sodass Jakob mit ganzem Schwung mit ihr zusammenstieß. Stolz schaute sie ihn an: „Mein Opa war im Krieg, erst bei Nachtigall, dann als ukrainischer Partisan gegen die Sowjets. Er hat noch bis 1949 gekämpft. Und als die NKWD[24]-Schweine ihn und seine Gruppe im Wald eingekreist hatten, haben sie sich bis zur vorletzten Patrone gewehrt, und die letzte Patrone hat jeder sich in seinen eigenen Kopf geschossen. Die Schweine haben keinen Partisanen lebendig gefangengenommen. Ihre Leichen haben sie dort am Platz unter den Bäumen liegen lassen. Sie haben uns verboten dahin zu gehen, unsere Jungs zu finden und zu begraben. Meine Oma hat das Verbot dieser Schweine nicht befolgt, sie war die erste, die in der nächsten Nacht in den Wald gegangen ist, sie wusste wo der letzte Kampf ihres Mannes gewesen war, und sie hat seinen Körper dort gefunden und allein begraben. Dann kam sie zurück und hat den anderen Frauen davon erzählt. Einen Tag später gingen alle Mütter, Töchter, Schwestern, Geliebten in den Wald, sie suchten nach ihren Jungs, und begruben sie unter den alten Eichen. Bis heute liegen sie dort, ich kann dir den Platz zeigen, wenn du willst, und morgen haben wir einen Gedenktag bei uns in der Schule..." Sie machte eine kleine Pause, atmete tief ein und sprach schnell den letzten Satzteil aus: „ich lade dich ein. Meine Oma wird dort auch auftreten."

„Du erzählst sehr emotional. Sofia, ich kann sehen, dass diese Geschichte für dich sehr wichtig ist." Um ehrlich zu sein, hatte Jakob nie in seinem Leben gehört, dass ein Teenager, fast noch ein Kind, so teilnahmsvoll über irgendwelche historischen Ereignisse, die ihm nicht persönlich passiert sind, berichtet hat. Was ihn aber an dieser Erzählung beunruhigte, war nicht die für einen Lehrer

---

24 „Nationales Komitee für innere Angelegenheiten", Vorläufer des KGB

ungewöhnliche Einbeziehung eines jungen Mädchens in die Geschichte, sondern das Wort „Nachtigall". Nachtigall, Nachtigall, was war denn mit diesem Vogel im Krieg? Warum nutzte Sofia das deutsche Wort? War das ein Name von...? Sie sagte, ihr Opa war bei Nachtigall.... Wie ein Ornithologe, oder was? Nein, das ergab keinen Sinn.

„Sofia", fing Jakob vorsichtig an, „ähh, ich kann mich in diesem Moment an ‚Nachtigall' schlecht entsinnen... War das eine Militäreinheit im Zweiten Weltkrieg, oder so?" „Klar war es das! Hast du davon nichts gehört, du bist doch Deutscher, hast du keinen Geschichtsunterricht in der Schule gehabt?" Na weißt du! Komm zur Vernunft mein Kind, ich bin selbst Geschichtslehrer, rutschte es ihm fast heraus, doch er biss sich auf seine Zunge, bloß nicht vergessen, wer hier überhaupt ein Erwachsener ist.

„‚Nachtigall' war ein deutsches Bataillon, in dem nur freiwillige ukrainische Soldaten gedient haben. Es wurde im Jahr 1941 von der Wehrmacht gegründet und sein Ziel war die Befreiung der Ukraine von den russischen Okkupanten. Die ukrainischen Soldaten sangen so herrlich, die Ukrainer sind überhaupt eine sehr gut singende Nation, du solltest unseren Kirchenchor hören. Kennst du Kvitka Cisyk? Auch nicht?" In Sofias Augen las Jakob den Abstieg seiner Reputation. „Also die Deutschen haben gehört, wie die ukrainischen Jungs in den Kasernen sangen und haben sofort beschlossen, das neue Bataillon „Nachtigall" zu nennen. Wie romantisch, oder?"

„Kann sein." In der Mitte des Flieder-Dschungels bekam Jakob fast instinktive Angst vor dieser stolzen Enkelin eines, wie er dachte, Nazi-Soldaten. Für einen kurzen Moment dachte er, dass es noch zu schaffen wäre, schnell zurück zum Toilettenhäuschen zu rennen, dann schnell mit einem Taxi direkt nach Lemberg in die Sicherheit der modernen Welt zu fahren. Seinen Rucksack könnten sie auch behalten. Den Pass hatte er in seiner Hosentasche und seine Fleischkonserven dürften sie in ihren Partisanenwäldern getrost verspeisen.

„Du stehst in den Brennnesseln, komm einen Schritt auf mich zu, ich halte den Ast" Sofia half ihm, auf den Pfad zurückzukommen. „Besser? Mach dir keine Sorgen, ich werde dein T-Shirt nähen.

Und wir sind fast da." Wahrscheinlich hatte Jakobs jämmerliches Aussehen bei Sofia Mitleid geweckt. Und Jakob entschloss sich, sich auf dieses Mitleid zu verlassen. Er folgte Sofia weiter auf dem Pfad. Ein Taxi könnte er immer noch finden, und außerdem würde er Sofia seine jüdische Identität nicht Preis geben. Sicherheitshalber. Man muss einfach didaktisch geschickt vorgehen: „Es war mir aber nicht bekannt, Sofia, dass die Wehrmacht die Befreiung der Ukraine von der russischen Besetzung als eines ihrer Ziele verkündete."

Von hinten sah er ihr Schulterzucken: „Unsere Soldaten hatten das als Ziel, und sie haben dafür gekämpft. Es war ihnen schließlich egal, wer die Waffen und die Koordinaten des Feindes lieferte." Plötzlich machte Sofia eine warnende Handbewegung. Erst dachte Jakob, sie würden von einer Schlange angegriffen, dann, dass Sofia ihm alte Partisanentricks zeigen wollte. Aber sie deutete auf irgendeine Stelle vor ihnen: „hörst du?" Alles, was er in diesem Moment hören konnte, war gedämpfte leises: bähh bähh. Ein paar Ziegen meckerten nicht weit weg von ihnen. „Hörst du Omas Ziegen?"

Sofia schrie über das Brennnesselmeer mit aller Kraft ihrer hellen Stimme: „Babo, Babo!"

„Was?" wunderte sich Jakob leise über die unerforschlichen Sprachwege dieser Welt: auf Ukrainisch heißt Oma auch „Bobe"? Jakob. „Das sind ihre Ziegen, außer ihr lässt hier niemand Ziegen weiden. Es bedeutet, dass wir fast am Ziel sind." Sie machte einen großen schnellen Schritt nach vorne und ein Fliederast zerrte am Ärmel ihrer Bluse. Sie fluchte auf Ukrainisch und befreite vorsichtig den Stoff von den dornigen Zweigen. Der Ast traf genau in den Ärmelteil, wo sich ein schönes gesticktes weißes Muster mit kleinen geometrischen Blumen befand. Dabei wurde die Haut zerkratzt und aus der kleinen Wunde tropfte das Blut auf die weißen Blümlein. Mit zusammengebissenen Lippen versuchte Sofia, die Bluse zu retten, sie krempelte den Ärmel so weit hoch, dass die Wunde den Stoff nicht berühren konnte. Die Bluse beunruhigte sie sichtlich mehr als die blutende Wunde. „Bähh" hallte es ganz nah bei ihnen. „Komm, es bringt nichts hier zu stehen, ich werde einfach heute meine Bluse und dein T-Shirt nähen."

Der Weg führte mal nach links, mal nach rechts, Jakob ging diesmal voran. Gut, dass der Pfad in den dichten Brennnesseln schon besser erkennbar war, dabei hielt er immer selbst die Äste, welche Sofia hätten behindern könnten. Sie folgte ihm schweigend. Er bahnte sich den Weg, er schützte das Mädchen vor den störenden Ästen, egal an welche verwirrende Version der Weltgeschichte sie glaubte und es fühlte sich sehr gut an. Das Gefühl machte seine Schultern breiter, seine Schritte sicherer und seinen Blick schärfer. Seine Haut verlor mit der Zeit die Sensibilität, und die brennenden Haare der Nesseln störten ihn kaum noch. Uralte Instinkte, die heutzutage völlig in Vergessenheit geraten waren, oder noch schlimmer, wie es bei Jakob war, in falsche Bahnen gelenkt wurden. Nur die Bobe dürfte das Objekt seines Kummers und seiner Sorge sein, und sie gedieh prächtig dabei. Und wenn eine Konkurrentin um seine Aufmerksamkeit in gefährlicher Nähe von Jakob auftauchte, unternahm die Bobe schnelle entschlossene Schritte, um sie aus seinem Leben fern zu halten.

Wie es zum Beispiel mit Monika, seiner Kommilitonin, passiert ist. Das Fach Geschichte machte ihr fraglos nicht so viel Spaß an der Uni wie Jakob. Sie wollte eigentlich an den Amazonas fahren, dort einen Reiseblog führen und unter Palmen im Ozean baden. Egal wie fantastisch und naiv ihr Lebensplan Jakob erschien, gern wäre er ihr überallhin gefolgt: in den wilden Dschungel, den tiefen Ozean, auf hohe Berge. Monika war selbstsicher und selbstbewusst, lustig und fröhlich, stets mit Ironie in der Stimme und Zigaretten zwischen ihren dünnen Lippen. Der süßliche Zigarettenduft zog in ihre blonden Locken, die von beiden Seiten ihr schmales Gesicht umrahmten. Jakob fand diese Eigenschaften eben wichtiger als ihre Fähigkeiten, einen Haushalt zu pflegen oder zukünftige Kinder zu erziehen. Dass er mit seinen Ansichten falsch lag, hat ihm seine Bobe schnell klargemacht.

Als er Monika nach ein paar gemeinsamen Kaffeetrinken in der Unimensa nach Hause eingeladen hatte, und sie dann zu allseitiger großer Überraschung dort seiner Bobe und Mutter vorgestellt hatte, war die Bobe zutiefst empört. Abgesehen davon teilte Monika, die in extra kurzem Minirock und mit extra roten Lippen erschienen war, die Empörung der Bobe gegen Jakob vollkommen. Eine Stunde lang saßen drei empörte Frauen mit zusammengepressten schmalen Lippen und blickten Jakob böse an. Als Monika sich schließlich verabschieden wollte und Jakob ihr seine Begleitung nach Hause anbot, fing die Bobe an, tief und schnell zu atmen und nach ihren Herztropfen zu suchen. So blieb Jakob zu Hause und Monika wurde allein, an einem dunklen frostigen Abend in ihrem Minirock heimgeschickt.

Die Bobe musste ganz dringend ins Bett, natürlich in Begleitung Jakobs. Sie lag da, ganz klein und ohnmächtig, und flüsterte leise: „Oj wej, du, meine Sorge, was tust du mir an? Einen schwangeren Kopf, tust du mir... Wozu habe ich dich gepflegt, großgezogen wie ein Zeder[25]? Wofür habe ich dich jeden Tag durch Schnee und Regen in die Musikschule begleitet? Wofür habe ich dich mit meinen letzten Kräften vor deinem bösen Sportlehrer geschützt, als er dir eine schlechte Note geben wollte, weil du nach Meinung dieses Goi[26] nicht schnell genug gerannt bist? Wer hat dir immer den Rücken gestärkt, damit du an der Uni ruhig lernen konntest, ohne dir Gedanken zu machen wo und was du zu Essen bekommst? Und was tust du? Du schneidest mich ohne Messer! Wen hast du nach Hause gebracht? Was ist das für eine Schickse? Haben deine Augen sie überhaupt gesehen? Haben deine Ohren ihre Worte überhaupt gehört? Sie will dich nur ausnutzen und dann wie einen Schmatte[27] wegwerfen! Ich kenne solch Schicksen, sie suchen sich einen Mann, dann Schwupps, sind sie schwanger und wollen, dass du das Kindl[28] auf deinen Namen schreibst und die beiden bei uns anmeldest, und ein Jahr später sitzen wir alle auf der Straße und sollen das Kindergeld von meiner Rente zahlen. Dass man in den Argumenten der Bobe keinerlei Logik zu suchen brauchte, wusste Jakob. Und er blieb still.

Seit jenem Abend sprach Monika nicht mehr mit ihm, bald wechselte sie das Hauptfach und verschwand somit aus seinem Blickfeld. Die Bobe ihrerseits entschied sich, die Sache mit Jakobs Zukunft in die eigenen Hände zu nehmen. Ihr kleiner Bekanntenkreis, der aus ähnlich betagten Immigrantinnen und Immigranten

---

25 Ein Nadelbaum aus der Familie der Kieferngewächse. Im Judaismus dienen Zedern als Symbol von Stärke und Stabilität.
26 Nichtjude, auch in abfälliger Form (auf Jiddisch)
27 „Wischlappen" auf Jiddisch
28 „Kind" auf Jiddisch

bestand, fing an zu wachsen. Sie saß lang und gern am Telefon und sprach mit anderen Besitzerinnen lediger Enkelinnen. Sie hörte ihre Klage an und klagte selbst. Dieses Tratschen mündete ab und zu im Erscheinen fremder Frauen in Jakobs Alter in der Küche der Bobe.

Die Bobe empfing die potenziellen Kahlas[29], servierte ihnen Tee oder Kaffee sowie, Kuchen oder Kekse, welche die Besucherinnen meist selbst mitbrachten. Sie tranken und tratschen bis Jakob aus dem Gymnasium nach Hause kam. Seine Großmutter stelle ihm dann ihren Gast vor, Jakob selbst brauchte offensichtlich keine Vorstellung, über ihn war schon alles erzählt worden. Den Inhalt der Erzählungen der Bobe konnte er aus den Fragen, die ihm die Frauen stellten, erahnen: „Kann ich Ihnen zur bevorstehenden Beförderung zum Direktor gratulieren?" – „Sie sind ein sehr hingebungsvoller Lehrer, wenn Sie Ihre akademische Karriere an der Uni für ihre Schüler und Schülerinnen aufgegeben haben!" – „Aus den Worten Ihrer Oma habe ich nicht ganz verstanden, woran genau forschen Sie gerade?"

Jakob berichtete kurz darüber, wie die Dinge bei ihm eigentlich lagen, die tatsächlich bei ihm liefen, und nach weiteren zehn bis zwanzig Minuten gespannten Schweigens verabschieden sich die Tanjas, Svetas und Rosas von der Bobe und ihrem armseligen Enkel und verschwanden auf Nimmerwiedersehen. Die Bobe legte sich mit hohem Blutdruck ins Bett, Jakob blieb bei der Kranken sitzen und hörte ihre Klagen an. Das gleiche wiederholte sich einmal aller paar Monate und es schien, als ob der Prozess selbst der Bobe Spaß machte. Deshalb störte Jakob sie nicht bei der Suche nach einer perfekten Frau.

Ein Schlag von Brennnesseln genau auf Jakobs Ohr, wahrscheinlich auf die letzte, noch nicht genesselte Stelle, brachte Jakob zurück in die Realität. Seine Arme waren rot, es juckte überall, und außerdem spürte er, wie leer sein Magen war. Seit dem letzten Kaffee war schon mehr als eine Stunde vergangen und das leckere Nuss-Brötchen hatte offensichtlich schon seine Energie spendende Wirkung beendet. Kein Mittagsessen war in Sicht, kein Hotelzimmer war gebucht worden, und den Koffer hatte er auch noch nicht

---

29 „Braut" auf Jiddisch und Hebräisch

wieder in der Hand. Ungewissheit, Hunger, Müdigkeit erschöpften ihn. Und die Brennnesseln nahmen kein Ende.

„Jakob!" Sofias Schrei erschreckte Jakob, „Ich sehe sie, ich sehe sie!"

„Deine Oma?"

„Nein, aber ihre Ziege, ich sehe sie!"

„Na mindestens etwas. Wir sind bestimmt wegen der Ziege da. Um sie mit frischen Brennnesseln zu füttern" schimpfte Jakob leise vor sich hin. Ohne seine Worte zu bemerken, überholte ihn Sofia und trat drei große Schritte nach rechts. Mit letzter Kraft wagte Jakob einen Sprung in die gleiche Richtung, um Sofia nicht aus den Augen zu verlieren und plötzlich befand er sich auf einer Wiese. Der von Brennnesseln freie Platz war das Ergebnis des Kampfes zwischen Menschen und Natur, und der kurzfristige Sieg des Menschen wurde nur durch regelmäßiges Mähen gesichert. Auf der Wiese wuchsen friedliche, harmlose Blümlein: Vergissmeinnicht, Margeriten, Löwenzahn. Drei kleine Ziegen, zwei weiße und eine schwarze, alle mit riesigen Eutern, weideten, zehn Meter von Jakob entfernt fast an der Ufergrenze. Fünf Meter weiter befand sich das steile Ufer eines Flusses. Die Großmutter war aber nicht zu sehen. „Babo! Babo!" rief Sofia laut. Der Gedanke, diesen Weg noch einmal, diesmal aber zurückgehen zu müssen, war für Jakob unerträglich. „Babo! Babo!" Er wusste selbst nicht, dass er noch so viel Kraft in den Lungen hatte und außerdem sogar Ukrainisch sprechen konnte. Er schrie lauter als Sofia, so laut wie bestimmt noch nie in seinem Leben.

„Tut euch etwas weh?" Ein Schatten löste sich vom Stamm einer der Bäume am Ufer. Eine alte Frau tat einen Schritt in ihre Richtung. Als Jakob sie erblickte, wurde ihm auch klar, warum die Greisin diesen Brennnesselweg ohne größeren Schaden passieren konnte. Sie war so klein, buckelig und ausgedörrt, dass die oberen Äste, die Jakob wieder und wieder aufgehalten hatten, sie nicht behindern konnten. Sie stützte sich mit beiden Händen auf einen Stab, der auch als ihr Laufstock diente. Ihr Kinn lag auf den gefalteten Händen am Ende des Stockes. Die Oma ähnelte einem dreifüßigen

Stativ einer Kamera mit dem Kopf im bunten Kopftuch als Objektiv. Der Stock hatte einen Astknoten, in welchem ein Einkaufsnetz mit kleinen noch zappelnden Fischlein hing.

Sofia zeigte mit ihrem Finger auf dem Fang und fragte etwas mit unzufriedener Stimme, die Oma zuckte nur mit ihren Schultern, ohne ihrer Enkelin zu antworten. „Sie darf jetzt keine Fische angeln, es ist in dieser Zeit verboten. Das letzte Mal hat sie eine Strafe bezahlt. Wenn es so weitergeht, dann wird ihr Hausschnaps schon im diesen Monat zu Ende sein." Jakob verstand die Verbindung zwischen dem Schnaps und dem Strafe zahlen müssen nicht und hatte auch kein Interesse, um Erklärungen zu bitten. Er plumpste wie ein schwerer Sack auf den weichen Blumenteppich und streckte seine Beine aus. Darka würde ihm seine Unhöflichkeit verzeihen, wie eine englische Königin sah sie nicht gerade aus und er brauchte erst einmal eine Pause. Sofia ging zu ihrer Oma und nahm ihr das Netz mit den kleinen Fischen weg. Dabei zeigte sie auf Jakob, auf ihre zerrissene Bluse und das Brennnesselgestrüpp. Jakob beobachtete das Gespräch zwischen der Bobe, und ihrer Enkelin und genoss das weiche zarte Gras und den warmen Wind auf seinem Gesicht. Endlich bewegte sich die Oma vom Fleck, drehte sich um und lief, sehr zu Jakobs Überraschung, der schon versuchte aufzustehen, in die ihm entgegengesetzte Richtung. Sie ging hinter den Baum, eine dicke alte Weide, die am Uferrand wuchs und kam bald mit einem weißen vollen Netz zurück. Langsam näherte sie sich Jakob mit Sofia an ihrer Seite. Jakob stand auf.

Als die alte Frau einen Schritt vor Jakob stehen blieb, musste sie ihren Kopf wie ein Spätzchen nach oben heben, um Jakob besser anblicken zu können. Schweigend schaute sie Jakob von unten her an. Er war schon dabei ihr die Hand zu reichen, als er verstand, dass sie keine freie Hand für ihn hatte, da sie offensichtlich ohne ihren Stock nicht stehen konnte. „Setz dich wieder hin, Jakob", sagte Sofia und nahm mit Eleganz einen Platz im Gras neben Jakob ein. Er folgte ihr ein bisschen verlegen und die beiden machten es sich neben den Füßen der Greisin mehr oder weniger bequem.

Ohne ein weiteres Wort zu sagen, reichte die Oma Sofia ihre Netze, aus welchen zuerst eine weiße kleine Tischdecke ausgepackt und ausgebreitet wurde, ihr folgte ein rundes dunkles Brot, eine Scheibe weißer Käse und zwei rote Paprika. Jakob spürte das Knurren in seinem Bauch. Ohne sich mit einer solchen Kleinigkeit wie Händewaschen aufzuhalten, stürzten sich Jakob und Sofia auf das Essen. Die Alte schloss sich nicht an. Sie ging zurück zum Baum und holte einen kleinen Metall-Eimer und einen Schemel, und im gleichen gemächlichen Tempo ging sie zu der schwarzen Ziege, setzte sich neben sie und fing an, sie zu melken. Weiße Milchstrahlen schlugen auf den Eimerboden. Nach zehn Minuten, als die letzten warmen Tropfen in den Milchschaum fielen, verließ sie die Ziege und kehrte langsam zu Sofia und Jakob zurück. Sie stellte ihr Eimerchen neben Jakob ab, durchsuchte ihr Netz und fischte eine Metalltasse heraus, die wahrscheinlich erst vor kurzem ihren Dienst als Ausbruchsinstrument bei irgendeinem Häftling aufgegeben hatte, so verbeult und zerkratzt war ihr Rand. Sie füllte sie bis zu Rande mit der schaumigen Ziegenmilch und reichte sie Jakob. In diesem Schaum, dick wie bei einem guten Cappuccino, schwammen verschiedene weder zu Milch noch zum Cappuccino gehörende Elemente: ein Grashalm, eine Eintagsfliege, ein weißes Härchen und noch etwas, wovon Jakob weder wissen noch erfahren wollte, was es war. Die Milch war nicht gekocht. Was könnte noch Unsichtbares in dieser Milch außer Fliegen und Grashalmen leben? Misstrauisch schaute Jakob die Milch an. Die beiden Frauen ihrerseits beobachteten ihn.

„Na komm schon." Sofia gab als Erste auf: „Ich möchte auch trinken." Die Alte verlor weiterhin Jakob gegenüber keinen einzigen Laut. „Was soll's, ich bin versichert. Für die Bobe" dachte Jakob, atmete jäh aus, und nahm einen Schuck als ob er Wodka trinken würde. Die warme Ziegenmilch schmeckte ganz anders als die Kuhmilch aus dem Tetra Pak: er spürte auf seiner Zunge die leichte Bitternis der herbstlichen Gräser, die Körperwärme der gemolkenen Ziege, die rahmige Weichheit und das Aroma Herbstapfel. Er machte die Augen zu und nahm einen größeren Schluck, dann noch einen und noch einen. „Probiere es mit dem Brot zusammen, das schmeckt noch besser." Sofia gab ihm eine knusprige duftende Kante. Sie hatte recht. Es war die beste Geschmackskombination, die er in seinem Leben gekostet hatte. Konzentriert, in den neuen

73

Geruch und Geschmack versunken, verspeiste Jakob die rohe Milch und das deftige Bauernbrot. Als er fertig war, fühlte er sich versöhnt, satt und beruhigt. Mit ehrlicher Dankbarkeit reichte er die leere Tasse der Oma zurück. Ihre Augen trafen sich und er sah zum ersten Mal ein Lächeln in den Falten ihres schrumpeligen Gesichtes. Sofia kicherte über seinen Gesichtsausdruck und er brach unerwartet für sich selbst in Lachen aus.

Sein Lachen klang fremd in seinen eigenen Ohren: röchelnd, schluchzend, hysterisch. Seit Beginn dieser Reise, sogar schon seit deren Ankündigung, machte sich Jakob viele Sorgen um seine Sicherheit, die Fahrt, die Dokumente und dachte dabei nicht an die Menschen, die ihm in der Ukraine begegnen würden. Erst im Bus fragte er sich, was er ihnen sagen würde, welche Fragen er ihnen stellen würde, ob er sie von der Bobe grüßen sollte oder nicht? Die Bobe hatte Darka keine Grüße ausgerichtet. Das war eigentlich vollkommen nachvollziehbar. Sie war nicht aus Barmherzigkeit in Darkas Stall untergebracht und mehr als zwei Jahren versorgt worden. Jakob Nierenstein hatte Darkas Mann, dem ukrainischen Polizisten, und laut Sofia auch Nachtigall-Soldaten, der den Eingang ins Ghetto bewachte, alle seine Ersparnisse gegeben. Das Geld und Gold sollten die Garantie sein, dass er Reisel mit Moische gefahrlos aus dem Ghetto in Sicherheit bringt und versteckt, bis die Gefahr vorbei wäre. So geschah es auch.

Mit welchen Worten sollte nun er, der Nachfahre einer Jüdin, die den Holocaust überlebte, deren unfreiwillige Gastgeberin grüßen? Danke? Wofür denn? Dass sie gierig genug gewesen war, ihr eigenes Leben für die Rettung einer jüdischen Mutter mit deren kleinem Kind aufs Spiel zu setzten? Dass sie ihren Mann nicht weggeschickt hatte, als dieser mit zwei Ghetto-Flüchtlingen an ihrer Türschwelle stand? Oder dafür, dass sie das einzige Erbstück der ihr anvertrauten hilflosen jungen Mutter, erst dann zurückgeben würde, nachdem sie ihren Nutzen daraus gezogen hatte? Damals im Bus entschied sich Jakob für ein lakonisches „Dankeschön für die Aufbewahrung des Koffers." Für das ganze Treffen waren maximal zehn Minuten vorgesehen, rasch ein paar Fotos vom Haus der Bobe, ein Mitbringsel aus einem Souvenirladen kaufen und dann schnell zurück nach Lemberg. Erledigt.

Jetzt saß er da, zu ihren Füßen, aß ihr Brot, trank die Milch ihrer Ziegen und lachte dazu wie ein Idiot. Er hatte grade mehr als eine Stunde mit ihrer Enkelin verbracht, mit derjenigen, die er, ganz im Sinne dieser archaischen Gesellschaft, als seine Braut nach Deutschland mitnehmen sollte. Er hätte sich gewünscht, mit der Fantasie dieser kranken Polizistenfrau nichts zu tun zu haben und ihrer Enkelin nie begegnet zu sein. Er war jetzt in die Falle von erzwungener Dankbarkeit getappt. Der Koffer war noch immer nicht bei ihm, es gab kein Foto und kein Souvenir in seinem Rucksack, und die Sonne ging langsam über diesem Fluss, seinem Ufer und über dem Brennnesselmeer unter.

Sein Lachen endete mit einem tiefen Seufzer. Doch das Eis war schon gebrochen. Von diesem Moment an sahen sie sich gegenseitig nicht mehr nur als Opfer und Verfolgte, die nach mehreren Generationen in diesen Rollen fest gefangen waren, sondern als zwei Suchende und zwei Gebende, als Vertreter ihrer Kulturen, als zwei Persönlichkeiten, die aus der Geschichte ihrer Völker heraustraten, als zwei Menschen, die sich durch Fügung des Zufalls am Ufer eines ukrainischen Flusses gefunden hatten, um ihr einfaches Essen zu teilen.

„Sofia, sag bitte deiner Oma, dass mir alles sehr gut geschmeckt hat, sag ihr, dass ich mich bei ihr herzlich bedanke." Sofia übersetzte zufrieden seine Worte. Die Alte nickte, sammelte ihre Tasse, die weiße Tischdecke, das Eimerchen ein, nahm ihre Ziegen, die ihr wie ein Hund überallhin folgten, schaute ihn an und sagte: „Lomir geyn aheym, s'iz shoyn shpet."[30]

Jakob blieb der Mund offenstehen, wobei die noch nicht zu Ende gekauten Brotreste sichtbar wurden. Er klapperte sprachlos mit seinen Augendeckeln: die Frau eines Ghetto-Wächters sprach ihn auf Jiddisch an.

Er hörte nicht, wie Sofia, nicht weniger überrascht als er selbst, nach der ihrer unbekannten Sprache fragte. Er überhörte die Antwort der Großmutter. Er saß nur da, sprachlos angesichts der unergründlichen Wege des Sprachenlebens.

---

30   „Lass uns nach Hause gehen. Es ist schon spät". Jiddisch

„Cool! Oma hat mir das nie erzählt! Ich wusste das gar nicht, dass sie eine Fremdsprache kann!" Sofia war stolz auf ihre Alte.

„Mir auch nicht."

„Warum sollte sie es dir auch erzählen?" erwiderte Sofia verwundert.

„Ich meinte meine Großmutter. Sie hat mir auch nie erzählt, dass Darka, ähm, deine Oma, Jiddisch kann. Wahrscheinlich hat deine es von meiner Oma gelernt, die mehr als zwei Jahre, die sie zusammen verbracht hatten, haben wahrscheinlich eine Rolle gespielt."

„Ich werde sie fragen." Doch die Oma war zu einem weiteren Gespräch am Flussufer nicht bereit. „Lomir geyn aheym", wiederholte sie und ging langsam mit ihren Ziegen das Ufer entlang. Jakob musste mit seinen Fragen noch warten. Er freute sich, dass sie nicht zurück durch die Brennnesseln gehen mussten, half Sofia aufzustehen und die beiden holten die Oma ein. Jakob nahm ihr Netz mit dem Geschirr und Sofia das zweite Netz mit den Fischlein. Die kleine Prozession mit der weißen Ziege an der Spitze und den zwei anderen Ziegen am Ende zog am engen Ufer entlang.

Sie machten einen Bogen, um die Brennnesseln zu umgehen und kamen von einer anderen Ecke in die Stadt. Dieses Mal konnte Jakob das modernere Skolywka betrachten, einfache aber gut gebaute neue Häuser, asphaltierte Fußwege. Kinder spielten mit Springseilen und Bällen, was Jakob in Nintendo-Zeiten als eine Kuriosität erschien, ältere Menschen besetzten die vielen umherstehenden Bänke...

Einige aus dem tratschenden Publikum grüßten die Oma und Sofia, winken ihnen zu, zeigten mal auf Jakob, mal auf das Netz mit dem Fisch. Die Oma winkte gleichgültig zurück, zuckte mit ihren Schultern, sie bemerkte im Unterschied zu Sofia, welche errötete und sich wünschte in diesem Moment vom Erdboden verschluckt zu werden, kaum ihre Spötter. Die beiden genossen offensichtlich keine besondere Achtung in der Hierarchie dieser kleinen Gesellschaft.

Sie kamen in der Dunkelheit nach Hause. Auf der Treppe lag Jakobs Rucksack. „Sofia, kannst du vielleicht für mich ein Taxi rufen? Ich würde jetzt gerne ein Hotelzimmer nehmen, am besten in der Nähe des Bahnhofs. Das Hotel muss nicht vier Sterne haben, es soll sauber und ruhig gelegen sein, das würde ausreichen. Ich brauche jetzt etwas mehr, ähmm, Komfort... Jetzt hole ich den Koffer ab und ein Paar Fotos vom Haus mache ich mit eurer Erlaubnis morgen früh, wenn es wieder hell wird. Ich habe meiner Oma versprochen, ein paar Bilder ihres damaligen Verstecks mitzubringen." Sofia schaute Jakob verwirrt an „Hier gibt es kein Hotel. Du kannst bei unserem Popen übernachten, aber er schläft schon. Warum willst du nicht bei uns bleiben? War es nicht so geplant?"

Von Sofias ursprünglichem Argwohn war keine Spur geblieben. Ihr gemeinsamer Weg erst durch die Brennnesseln, dann an den versammelten Nachbarn vorbei, die geteilte Tasse Milch, das alles zusammen schuf ein bestimmtes Gefühl von Zutrauen und Nähe, allerdings außerhalb des ursprünglichen Planes zweier einfältiger alter Damen.

„Kein Hotel?" Er hatte weder die Kraft sich zu wundern noch zu ärgern. Wahrscheinlich wäre es vernünftiger, bei dem Priester eine Unterkunft zu suchen, als bei Darka, deren Reputation seinen Werten zuwiderlief. Doch für Prinzipien war er in diesem Moment zu erschöpft. „Okay. Danke für die nette Einladung, ich werde sie gerne annehmen."

Sofia lächelte, und die Oma, die bestimmt alles verstanden hatte, öffnete zufrieden die Tür und ging als Erste hinein. Sie stellte ihren Eimer mit der Milch auf den Küchentisch, brachte Wasser aus dem Brunnen und mache Feuer unter dem großen Topf. Jakob beobachtet vom Tisch aus, wie schnell und flink die alte Frau sich mit ihrer Krücke durch ihre Küche bewegte, und schlechte Vorahnungen beschlichen ihn. Hätte der eben gegangene Weg nach Hause nicht doch kürzer und schneller sein können? Wahrscheinlich sogar so kurz und schnell, dass er jetzt schon mit dem Koffer und den Fotos im Bus nach Lemberg sitzen könnte?

Sofia deckte den Tisch. Die Oma stellte den großen dampfenden Topf darauf. Drin war eine aromatische rote Suppe. „Das ist Borschtsch, kennst du das Gericht?"

„Ich kenne Borschtsch nur als das Wort auf Deutsch, das die meisten Konsonanten in einer einzigen Silbe hat, probiert habe ich die Suppe aber noch nicht."

„Na dann wird es Zeit!" Sofia stellte eine volle Schüssel Suppe mit einem Löffel saurer Sahne und einer dicken Scheibe schwarzen Knoblauch-Brots vor Jakob auf den Tisch. Die herzhafte, dicke, sättigende Suppe schmeckte ausgezeichnet. Weiße Bohnen, trockene Pflaumen, viele rote Paprika und geriebene Rote Beete stillten den Hunger nicht schlechter als Fleisch und hinterließen dabei keinen schweren Magen.

Schweigend wie immer beobachtete die Alte, wie Jakob die Suppe genüsslich verspeiste. „Wer hat dieses Wunder gekocht?" Jakob wollte sich bei der Köchin bedanken.

„Ich" sagte Sofia: „Ich freue mich, wenn es dir schmeckt."

„Wow, ich habe noch keinen Teenager gesehen, der so gut kochen kann. Was kannst du noch in der Küche zaubern?"

Sofia errötete und fing an Namen von Speisen aufzuzählen, die Jakob mit Ausnahme von „Wareniky"[31] nie in seinem Leben gehört hatte. Die Oma bat um Übersetzung von Jakobs Frage, und als Sofia ihr über das Gespräch berichtet hatte, wandte sich die Alte an Jakob: „zi iz zeyer gezunt aun a gut meydl"[32] „Was hat die Oma gesagt?" Dieses Mal wollte Sofia Jakob in der Rolle eines Dolmetschers sehen. Jakob zögerte mit der Übersetzung. Sein unschuldiger Versuch, die Suppe zu loben, wurde offensichtlich falsch interpretiert, jetzt wurde ihm Sofia als was? als Köchin?, oder noch schlimmer, als gesunde Ehefrau untergeschoben? „Deine Oma lobt dich auch, Sofia." Vorsichtige Formulierungen hatten ihn mehr als einmal vor den dramatischen Auftritten der Bobe auf ihrer Küchenbühne gerettet.

„Wirklich? Es muss schon etwas Besonderes geschehen sein, dass sie ein gutes Wort für mich gefunden hat."

„Du hast das Lob völlig verdient, das steht hier außer Frage."

Die Alte sah wirklich nicht wie eine warme, liebevolle Oma aus, bei der ein Kind jederzeit Trost und Umarmungen finden könnte. Und Sofia erweckte auch den Eindruck, als ob sie sich sehr nach anerkennenden Worten und Lob sehnte. Diese Wehrlosigkeit,

---

31 Teigtaschen mit Fleisch, Kartoffeln, süßem Quark und anderen Füllungen.
32 „Sie ist ein gesundes und gutes Mädchen". Jiddisch

die oft durch jugendliche Frechheit durchschimmerte, war bei Sofia besonders schlecht getarnt.

„Sofia, frag deine Oma nochmal, wo sie Jiddisch gelernt hat? Das interessiert mich sehr. Ich verstehe Jiddisch zwar ein bisschen, aber sprechen kann ich es nicht, umso mehr wundert es mich, dass eine Ukrainerin so gut Jiddisch spricht." Sofia übersetze seine Frage. Die Alte zuckte mit ihrer rechten Schulter, die deutlich höher als die linke war. Sie antwortete und Sofia musste sich Mühe geben, alles schnell für Jakob zu übersetzten.

„Warum soll ich kein Jiddisch kennen? Alle unsere Nachbarn waren Zhydy.[33] Wir haben bei uns immer zusammen auf der Straße gespielt. Ich habe Salz und Stoff bei Zhydiv gekauft, bin mit Zhydamy in die gleiche Schule gegangen, habe auf ihren Hochzeiten getanzt und ihr Essen gegessen, und sie haben das Gleiche bei mir gemacht."

Wie soll dann das Schmiergeld von meinem Opa in dieses rosige Bild passen, dachte Jakob bei dieser idyllischen Beschreibung des gemeinsamen Lebens von Juden und Ukrainern in Skolywka. Das Wort Zhyd schmerzte in seinen Ohren, aber er entschied sich, darauf momentan nicht zu reagieren.

„Hat deine Oma meine Oma vor dem Krieg kennengelernt? Frag sie bitte."

Sofia fragte und übersetzte die Antwort: „Nein, habe ich nicht. Klar – ich habe sie schon früher gesehen, in Skolywka kennt jeder jeden der hier wohnt, aber sonst hatten wir nichts miteinander zu tun. Sie war die Tochter des Schuhmachers, des besten südlich von Lemberg. Er hatte Kunden aus ganz Galizien, wollte schon nach Lemberg umziehen, so hat man herumerzählt. Sie lief wie eine polnische Adlige durch unsere Straßen. Wieso sollte sie denn die Tochter eines einfachen Lehrers bemerken? Ihrer Familie ging es immer gut: unter den Österreichern, den Polen, den Russen. Obwohl, unter den Österreichern und Deutschen ging es uns auch nicht schlecht.

Franz-Joseph hatte schon mehr Respekt gegenüber Ukrainern als gegenüber Polen. Wir waren damals die Herren hier, haben den

---

33 Jude auf Polnisch und Ukrainisch (insb. im Westen des Landes).

Polen ihren Platz gezeigt. Mein Vater hat in der ersten ukrainischen Schule hier unterrichtet, es gab damals keine richtige Ausbildung für ukrainische Lehrer, er hat sich selbst mit verschiedenen Büchern ausgebildet, Pädagogik und Geschichte. Aus diesen Büchern hat er sein Wissen über die ukrainische Geschichte, hat erfahren, wie groß und stark unser Land früher war und was aus ihm nach all den Kriegen und Teilungen übriggeblieben war. Er hat dann seine Kenntnisse an seine Schüler weitergegeben. Dann kamen die ersten ukrainischen wirtschaftlichen und politischen Vereine nach Skolywka und er ist ihnen allen beigetreten. Uns verbot er, zu Hause Polnisch zu sprechen. Das war die Staatssprache, in der Schule mussten wir Polnisch lernen, haben auch mit polnischen Kindern gespielt, aber zu Hause nur Ukrainisch gesprochen. Es gab schon genügend, die so taten, als ob sie Franciszek und Katarzyna hießen und nur Polnisch konnten, doch mein Vater hat anders entschieden. Er hat sich zum ukrainischen Stolz, zur ukrainischen Unabhängigkeit von Polen und von Russen bekannt. Und uns hat er auch dazu erzogen, unseren Glauben und unsere Geschichte nicht zu verraten.

Noch unter Franz Joseph hatte mein Vater als Soldat für den Kaiser gekämpft. Als aber der gute Habsburger gestorben und auch das russische Imperium untergegangen war, haben viele Länder ihre Unabhängigkeit zurückgewonnen. Viele Länder haben das geschafft, wir aber nicht. Die Polen haben uns weiter behalten und im Osten diese kommunistischen Schweine. Die ukrainischen Soldaten haben umsonst gekämpft. Mein Vater war damals noch sehr jung und hat überlebt, aber sein älterer Bruder Mykola ist bei Lemberg im Kampf gestorben. Mein Vater hat Mykolas Uhr, die in dessen letzter Minute stehengeblieben ist, bis zum Ende seines Lebens an der rechten Hand getragen, ohne die Zeiger anzufassen.

Die Zhydy haben das Ganze aus ihren Kellern beobachtet. Und haben immer ihre Stimme in den Wahlen den Polen gegeben." Sie blickte Jakob kalt an. „Nie haben sie Interesse an einer unabhängigen Ukraine gezeigt, nie haben sie uns unterstützt." Jakob hörte ihr aufmerksam zu und bekam immer stärker den Eindruck, dass sie ihn weniger beschuldigte, als sich vor ihm rechtfertigte.

„Sofia, übersetze bitte deiner Oma, dass ich auf keinen Fall die Geschichte ihrer Familie, die bestimmt auch ihre schwierigen Momente hatte, unterschätze. Ich möchte nur bemerken, dass die Juden, genau gesagt jüdische Zivilisten, darunter auch meine Familie, sich nicht wegen eines guten Lebens oder aus Langeweile in Kellern versteckten. Im Ersten Weltkrieg sind auch manche meiner Vorfahren gestorben, nicht als Kämpfer, sondern als Zivilisten, getötet in ihren eigenen Betten."

„Niemand konnte damals seinem Tod entgehen, aber wir haben uns nicht vor ihm versteckt" war die Antwort der Oma.

Jakob fand das Pathos kindisch, fühlte aber, dass rationale Argumente hier nicht viel bewegen könnten.

„Ich bedanke mich ganz herzlich noch einmal für das sehr leckere Essen. Darf ich jetzt bitte den Koffer sehen? Ich habe davon schon so viel gehört. Ein unwillkürliches Seufzen entschlüpfte ihm: „und ziemlich viel erlebt, so dass ich jetzt wirklich neugierig geworden bin."

Sofia schaute die Oma fragend an. Die Alte seufzte Jakob hinterherlaufend.

„Er steht nicht hier" übersetzte Sofia die Antwort.

„Wo denn sonst?" Jakob hatte eine schlechte Vorahnung.

„Bei mir zu Hause."

„Sofia, also ich verstehe nur Bahnhof. Wo sind wir denn jetzt?" Sofia erklärte Jakob mit entschuldigender Stimme: „Oma meint ihr altes Zuhause, wo sie im Krieg gewohnt hat. Es wurde aber von den Sowjets in Beschlag genommen, als sie sie nach Sibirien deportiert haben. Seitdem lebt dort Petro Jatzyk. Ich wusste nicht, dass sie den Koffer nicht hier hat, Jakob. Es tut mir leid."

„Frag sie, warum sie den Koffer nicht schon früher an sich genommen hat?" Sofia übersetzte die Antwort: „Es war schwierig für sie, dorthin zu gehen. Petro hat sie den Sowjets ausgeliefert."

„Was machen wir denn jetzt?" Sofia übersetzte auch diese verzweifelte Frage.

„Wir werden gemeinsam dahin gehen" antwortete die Alte: „Die Zeit ist gekommen. Jeder wird jetzt seine Rechnung begleichen. Jetzt ist es aber Zeit schlafen zu gehen."

Sie stand als erste auf und Jakob hörte sie in den Hof gehen, die Ziegen grüßten sie mit lautem Meckern.

„Komm, ich zeige dir, wo du schlafen wirst." Sofia begleitete ihn in sein Zimmer. Alles stand bereit. Ein bezogenes Bett, ein leerer Tisch mit einem Stuhl. Sie hatten auf ihn gewartet. „Das Klo hast du schon gesehen. Nimm diese Lampe, wenn du nach draußen gehst. Hab keine Angst vor der Katze, sie denkt, dass sie ein Wachhund ist, kann Menschen anspringen. Aber tun wird sie dir nichts." Mit diesen Worten gab Sofia ihm eine alte Taschenlampe, lächelte ihn schüchtern an. „So schlimm ist es bei uns doch gar nicht... Wirst' es sehen..." Sie schloss die Tür hinter sich.

Jakob blieb allein. Er ließ seinen Körper kraftlos auf das Bett fallen. Er war so erschöpft, dass alle hygienischen Rituale ihm als übertriebene Ausschweifungen der westlichen Zivilisation erschienen, auf die er unter diesen Umständen leicht verzichten konnte. Er zog mit dem rechten Fuß seinen linken Schuh und mit linken Fuß den rechten aus, öffnete seinen Gürtel, dachte an den bevorstehenden Ausflug aufs stille Örtchen durch den dunklen Garten und versank in einen traumlosen Schlaf.

Ziegengemecker weckte ihn am nächsten Morgen. Schwaches Morgenlicht fiel durch den gehäkelten gelblichen Tüll der Fenstervorhänge. Noch im Halbschlaf, schaute sich Jakob, ohne den Kopf vom Kissen zu heben in seinem Zimmer um. Im Raum herrschten sanfte gedämpfte Farben vor. Alles, was er erkennen konnte, war alt und ziemlich mitgenommen. Der Teppich mit einem schlecht erkennbaren orientalischen Muster hatte so viele dünne Stellen, dass diese selbst ein eigenes Ornament bildeten. Verblichene grüne Tapeten, altes Holz des Schrankes und des Bettes. Eine mit dunkelroten Blumen bemalte Truhe stand in der Ecke. Auf der Truhe sah er ein schwarz-weißes Foto einer jungen Frau in Volkstracht und eines Mannes in schwarzem, mönchsartigem Gewand.

Es roch nach Staub, Knoblauch und frischem Brot. Jakob blieb im Bett und versuchte seine Gedanken und Gefühle zu ordnen. Ganz schnell wurde ihm klar, dass seine Gefühle, besonders die, die seinen physischen Zustand widerspiegelten, klaren Vorrang hatten. Egal wie groß sein Ekel vor dem Plumpsklo war, länger konnte er sein Grundbedürfnis nicht mehr ignorieren. Darüber hinaus störten ihn komische Stiche in seinem Rücken, manche taten weh, andere juckten dazu. Jakob setzte sich und spürte sofort zwei Stiche in seinem Po. Er fand zwei harte Sprungfedern, die drohten, durch den dünnen Stoff in seinen Körper einzudringen. Die Sprungfedermatratze war also an mindestens der Hälfte der Stiche schuld. Die andere Hälfte beunruhigte ihn aber mehr als die erste, denn sie bestand aus roten Spuren von mehreren Stichen auf seiner Haut, die zu besonderen zarten Stellen, wie zum Beispiel zur Kniekehle führten. Diese Stellen waren keine Stiche sondern Bisse und juckten wie verrückt. Zecken. Genau das hatte ihm noch gefehlt.

Jakob bekam plötzlich große Sehnsucht nach Luxusdingen. Seine asketische Lebensweise, mit welcher er als Aussteiger aus der Konsumgesellschaft in der Schule prahlte, hatte ihn hier in diesem Zimmer schnell an seine Grenzen stoßen lassen. Jakob besaß nicht viel, aber es waren gute Sachen: Eine „Concord"-Matratze, ein paar gut ausgewählte Ikea Möbel, eine moderne Lampe mit mehreren Lichteinstellungen. Minimalistisch aber modern, funktional und von guter Qualität. Hier übernachtete er in einem Museum, und er musste ganz schnell aus diesem Museumsbett aufstehen, wenn er nicht selbst bald als eine ausgeblutete Leiche zu dessen Exponaten gezählt werden wollte.

Jakob sprang aus dem Bett mit für ihn untypischem morgendlichem Schwung und zog schnell alle seine Klamotten aus. Sie waren so schmutzig und stanken dermaßen nach Schweiß und Ziegenmist, dass er entschied, sie in eine luftdichte Tüte zu packen und im erstbesten Mülleimer zu entsorgen. Er zog frische Sachen an, mit dem Vorsatz, dieses Mal ganz vorsichtig zu sein und sich in keine Abenteuer mit Brennnesseln hineinziehen zu lassen. Sehr eilig machte er die Tür zu, ohne aber die Taschenlampe zu vergessen.

Um aus dem Hause zu treten, musste er die Küche durchqueren, doch als er sie betrat, war sie schon voller Leben. Am Tisch saßen die Oma, Sofia und eine Jakob unbekannte Frau. Sie wunderte sich über sein Erscheinen sogar mehr als er sich über ihres. Die beiden bildeten einen extremen Kontrast. Er mit wilder Frisur, in hastig angezogenen zerknitterten Klamotten, mit Schuhen in der einen Hand und der Taschenlampe in der anderen. Und sie... Sie könnte jetzt an einem Abendempfang teilnehmen, so diskret, schick und herausgeputzt sah sie aus. Ein dunkelblauer kurzärmliger Kleiderrock aus festem Stoff war über eine weiße luftige Bluse mit sehr breiten Ärmeln gezogen. Die Manschetten und der Kragen waren mit feiner Stickerei dekoriert. Adlige Gesichtszüge, große dunkle Augen unter elegant gezogenen Augenbrauen. Eine Mähne von schwarzen, leicht lockigen Haaren umrahmte das blasse Gesicht. Die Frau war wahrscheinlich älter als Jakob, um ihre Augen bildeten sich leichte Falten.

Sie kam zuerst zu sich, stand auf und schenkte Jakob ein warmes Lächeln. Warm war wahrscheinlich das treffendste Wort, um sie zu beschreiben. Sie strahlte einladende, entspannte Wärme aus. Man sollte sich mit ihr immer sicher fühlen, dachte Jakob und reichte ihr seine Hand mit der Taschenlampe. Sie nahm die Taschenlampe und warf Sofia einen fragenden verwirrten Blick zu. „Ich Idiot! Idiot! Warum habe ich ihr die Lampe gegeben?" dachte Jakob wütend auf sich selbst. Seine volle Blase und das für ihn unerwartete Auftauchen der Schönheit in der Küche verwirrten seine Gedanken. „I am sorry. I forgot about the lamp in my hand."[34] Die Frau warf den zweiten Blick in Sofias Richtung.

„ Parle-vous France?"[35] fragte sie Jakob.

„Malheureusement, non", antwortete er, bevor ihm die Dummheit seiner Antwort klar wurde, „j'ai étudié français, mais je ne m'en souviens plus."[36]

Das hätte besser klingen sollen. Sofia, die mit Besorgnis das ganze Treffen beobachtete, ergriff endlich das Wort. Sie erklärte etwas auf Ukrainisch, zeigte dabei mal auf Jakob, mal auf ihre Großmutter und schlug dazwischen ihre Hände in einer entschuldigenden Geste vor ihre Brust. Jakob trat von einem Fuß auf den anderen und sehnte sich sehr nach einer europäischen und immer leicht zugänglichen Toilette. Länger konnte er nicht aushalten. Er murmelte etwas, was als Entschuldigung gelten sollte und rannte aus der Küche.

---

34 „Entschuldigen Sie. Ich habe die Lampe in meiner Hand vergessen." Englisch.
35 „Sprichst Sie Frankreich?" (Soll wohl heißen „Sprechen Sie Französisch?") Frz.
36 „Leider nein" und „Ich habe Französisch gelernt, aber es schon vergessen." Frz.

Als er zurückkam, wartete Sofia mit einem vollen Krug warmen Wassers auf ihn. Unter den aufmerksamen Blicken der drei Frauen wusch er sich Hände und Gesicht im Küchenwaschbecken. Sofia gab ihm ein Tuch und zeigte auf einen freien Platz am Tisch.

Er war schon zum Frühstück gedeckt. In der Mitte stand ein dampfender Teller voller Rührei mit geriebenem Käse und Schinken. Auf einem anderen Teller lagen Tomatenviertel, lange Halme Schnittlauch und dünn geschnittener geräucherter Speck. Ein Körbchen mit dicken hellgrauen Brotscheiben mit knuspriger Kruste stand halbeingewickelt in einem weißen Leintuch. Ein bisschen weiter befand sich ein Teller mit einem Berg von Quarkkeulchen, die nach Vanille und Rosinen dufteten. Alles sah sehr appetitlich und verlockend aus. Die Teller der drei Frauen waren leer. Die Großmutter winkte gab Sofia ein Signal und jene lud ein halbes Omelett auf Jakobs Teller, dann folgten Tomaten, Speck, Schnittlauch, bis sich fast das gesamte Speiseangebot auf Jakobs Teller befand. Er bedeckte seinen Teller mit beiden Händen, um das Nachfüllen des Essens zu stoppen und schüttelte mit dem Kopf. „Es reicht, danke Sofia."

Die Dame lehnte mit leichtem Lächeln Sofias Quarkkeulchen ab und fragte sie noch mal etwas auf Ukrainisch. Während Sofia ihr die Frage beantwortete, nutzte Jakob die Pause der weiblichen Aufmerksamkeit und machte sich ans Essen. Der volle Teller war aber ein Ding der Unmöglichkeit, alles war sehr lecker, frisch, duftend, herzhaft. Doch kein Mensch besaß solche Zauberkräfte, diese Unmengen auf einmal zu verspeisen, auch Jakob nicht. Er lehnte sich an die Stuhllehne und unterdrückte mit Anstrengung ein Rülpsen.

„Hat es geschmeckt?" Sofia wollte das Offensichtliche hören.

„Ja, danke Sofia. Warst du das wieder?"

Sie nickte zufrieden. Jakob entschied sich, das gefährliche Thema nicht weiter zu vertiefen.

„Sofia, kannst du mich vielleicht deinem Gast vorstellen?"

„Das habe ich schon gemacht. Und sie ist nicht mein Gast. Sie ist die stellvertretende Schulleiterin meiner Schule. Frau Ruslana."

„Und was macht sie so früh bei dir zu Hause?"

Jakobs Erfahrungen zufolge finden solche Besuche nicht grundlos statt. Und er hatte sich nicht getäuscht. Sofia errötete und biss sich auf die Lippe. „Ich habe die Schule geschwänzt. Nur einen Tag. Gestern. Es ist nicht schlimm, sie sorgte sich nur um mich. Aber jetzt habe ich ihr alles erklärt, es ist schon erledigt.

„Hast du ihr schon etwas über mich erzählt?" Jakob fragte sie und versuchte dabei gleichzeitig die Dame, die ihn mit Interesse betrachtete, galant anzulächeln. Sofia machte eine Pause. „Ja, eigentlich schon. Na, aber nicht alles, nicht von dem Koffer und von deiner Oma und von dir." Den Rest des Satzes führte sie in schnellem Tempo aus: „Ich habe gesagt, dass du ein deutscher Journalist bist, und hier ein Interview über meine Oma machen willst, wie sie gegen die Russen gekämpft hat und über ihr Leben in Sibirien und so…"

„Was? Welcher Journalist? Welche Zeitung? Warum soll ich deine Großmutter interviewen? Ich möchte meinen Koffer zurück, und das ist alles." zischte Jakob ins Sofias Ohr: „Zieh mich nicht in deine Geschichte hinein. Ich habe in meiner Schule genug solcher Sachen." Genug oder nicht, aber Jakob erinnerte sich noch sehr gut an seine letzte Erfahrung mit den Einfällen seiner jungen Schülerinnen. Vor ungefähr fünf Jahren wurde er von einer wütenden Mutter angegriffen, die ihre Tochter bei ihm zu Hause suchte. Die junge Ausreißerin hatte ihrer Mutter gesagt, dass sie bei Herrn Sandler einen Artikel für die Schülerzeitung vorbereiten sollte. Sie selbst hatte in Wahrheit ein Electro-Musikfestival besucht. Den letzten Zug hatte sie natürlich verpasst, womit auch die Suchaktion gestartet wurde, die zu Hause bei Jakob enden sollte. Die Sache endete für Jakob mit unbeschadeter Reputation, aber erhöhtem Blutdruck, und seitdem wollte er die Worte „Artikel" und „Schülerzeitung" in seiner Umgebung nicht mehr hören.

„Für Berlin Today" sagte Sofia: „Du schreibst einen Artikel für Berlin Today." Die beiden Frauen beobachteten mit Interesse das konspirative Geflüster. In den Augen der Großmutter las Jakob wachsende Unruhe. Ruslana stellte Sofia eine Frage, und die drehte sich noch mal zu Jakob um, sie sah verloren aus. „Frau Ruslana möchte wissen, ob du heute zu uns in die Schule kommen kannst. Ich hatte dir ja schon gesagt, dass wir einen Gedenktag durchführen. Aber sie will, dass du als Vertreter der deutschen Nation auch eine Rede hältst. Sie sagte, dass unsere Völker gemeinsam gegen die Russen gekämpft haben, und sie fände es passend, wenn wir auch gemeinsam heute daran denken."

„Was sagst du, Sofia?!" Jakob traute sich nicht, Frau Ruslana mit irgendwelchen Belehrungen zu stören, so unberührbar war sie in ihrem Kokon von Schönheit und allumfassender transzendenter Weiblichkeit, und so ließ er Sofia seine Empörung spüren: „Meine Vorfahren, oder meine Nation, wie du es selbst gesagt hast, versteckten sich im Keller, während deine Nation sie auf allen Straßen jagten. Und sogar, wenn ich gar keine Verbindung zu Ju... er unterbrach sich, warf einen Blick auf Ruslana, zu meiner Gruppe gehabt hätte, könnte ich als ethnischer Deutscher mich der Taten meiner deutschen Vorfahren nicht sehr rühmen. Wir machen das einfach nicht!" Ist zwei plus zwei nicht überall vier? Warum sollte er die offensichtlichen Sachen erklären?

„Du bekommst deinen Koffer heute sowie nicht. Ich muss ins Konzert gehen und die Oma auch, wenn du aber mitkommst, bekommst du deinen Koffer morgen, versprochen." Sofia hatte ihre eigenen Argumente, weit entfernt von den geschichtlichen Kalamitäten des Zweiten Weltkrieges. Jakobs fassungsloses Schweigen fasste sie als eine passive Zusage auf.

Sie wandte sich wieder an Ruslana und ihre Oma und nickte fröhlich. Die beiden lächelten zufrieden erst sie und dann Jakob an, die Alte sagte dabei „Vi schein"[37], was aber in der allgemeinen Aufregung unbemerkt geblieben war. Ruslana stand auf, kam zu Jakob, umarmte ihn und gab ihm einen Kuss auf seine Wange. Völlig entwaffnet empfing Jakob den ersten Kuss seit mehreren Jahren wie ein Holzklotz. Ruslana sagte etwas in mütterlich-tadelnder Intonation zu Sofia und verließ das Haus.

„Aza gute froy. Vi a mame."[38] Sagte die Alte.

„Jo, ams"[39]. Er merkte selbst nicht, wie er die ersten jiddischen Worte in seinem Leben herausgebracht hatte und aus welchen verborgenen Zonen seines Gedächtnisses er sie hervorgeholt hatte. Der Duft von Ruslanas Haaren umwehte noch seinen Kopf, vermischte

---

37 „Wie schön." Jiddisch
38 „Sie ist so eine gute Frau. Wie eine Mutter". Jiddisch
39 „Ja, das ist wahr". Jiddisch

sich langsam mit Küchengerüchen, die ihn noch ein paar Minuten zuvor anlockten und jetzt so unpassend erschienen.

„Zieh dich aus."

„Was?" Jakob spürte gerade eine viel zu deutliche Verbindung zwischen seinen Fantasien und Sofias unschuldiger Bitte in seinem Kopf: „Wie bitte?"

„Zieh dein Hemd aus. Ich muss es bügeln. Uns bleibt noch eine Stunde. Du bleibst bei meiner Oma und ich bügle dein Hemd und mache deine Schuhe sauber."

„Sofia, das ist sehr lieb, aber völlig übertrieben. Das Hemd sieht okay aus und meine Schuhe kann ich selbst in Ordnung bringen. Und findest Du außerdem nicht, dass ich eigentlich noch gar nichts gesagt habe, was ihr als mein Einverständnis interpretieren könnt, hier zu bleiben und unter falscher Identität dein komisches Schulfest zu besuchen?" Das Gefühl, nicht ernst genommen zu werden hatte Jakob viel zu oft, manchmal auch nicht ganz unbegründet.

„Denkst du, dass ich nicht bügeln kann?"

„Was? Sofia, hast du meine Frage verstanden?"

„Ich habe es verstanden, ich kann auch nur wiederholen, dass wir heute deine Tasche…"

„…meinen Koffer!"

„…deinen Koffer nicht abholen können. Und hast du meine Frage verstanden?"

„Welche Frage?"

„Denkst du, dass ich nicht bügeln kann?

Ich denke, dass du nicht richtig kommunizieren kannst, dachte Jakob, zog aber sein Hemd aus und gab es Sofia zusammen mit seinen wirklich sehr schmutzigen Schuhen.

Im Unterhemd, – ganz der Einfluss seiner Bobes (kein Tag ohne ein frisches Unterhemd, trotz Hitze und Schweiß) – saß Jakob barfuß mit der alten Partisanin am Tisch. Noch eine Nacht mit Zecken und Matratzenfedern zwischen den Rippen. Dieses Mal würde er jedoch klüger sein und die Toilette noch vor Sonnenuntergang besuchen und danach bloß nichts mehr trinken. Gut, dass sein Rückflug erst in zwei Tagen sein würde. Er fand die Situation in der er sich befand, schon komisch, aber nicht unangenehm.

Wahrscheinlich würde er Ruslana in der Schule noch mal treffen...
Wahrscheinlich sogar ins Gespräch mit ihr kommen. Wie sagt man auf Französisch: „Sie sehen bezaubernd aus"?

Die Großmutter saß weiter schweigend über ihren leeren Teller gebeugt, Sofia bügelte auf einem aus einem Stuhl und einem Tuch improvisierten Bügelbrett sein Hemd. Jakob merkte, dass ein kleines Regalbrett über dem Kühlschrank nur an einer Seite an die Wand geschraubt war, an der anderen Seite wurde es von einem Stapel Bücher gehalten, die vom Kühlschrank bis hoch zum Brett reichten. Auf dem Brettchen standen zehn Porzellanelefanten, die der Größe nach geordnet waren und ein schwarz-weißes Foto mit einer älteren Dame.

„Ich kann das reparieren." Bring mir bitte einen Hammer und einen Nagel, Sofia." Jakob wusste selbst nicht, warum er das gesagt hatte, und warum es so patriarchalisch, gönnerhaft klang. Waren das etwa seine eigenen weiblichen Verwandten, die zu Hause auf ihn warteten, um in ihm ihren Halt und Helfer zu finden? Jakob wunderte sich über das Schicksal, das ihn wieder in eine Küche mit zwei einsamen Frauen geführt hatte. Gleichzeitig sah er, dass im Unterschied zu seiner Bobe und Mutter, hier ein unsichtbarer, aber nicht weniger harter Kampf ums Überleben tobte. Das Haus zeugte von bitterer Armut, trotz des reich gedeckten Tisches, und der Spott der Nachbarn zeigte das Außenseitertum der beiden Ukrainerinnen in ihrer kleinen Welt, in Skolywka. Er wollte fragen, wo Sofias Eltern eigentlich sind, doch nichts deutete auf die Anwesenheit einer anderen Person im kleinen Häuschen, weder einer männlichen noch einer weiblichen. Und Jakob entschied sich die Frage nach Sofias Eltern nicht aufzuwerfen.

Jakob war schnell mit dem Brett fertig, er half der Oma ihre Elefanten vom kleinsten bis zum größten wieder zu ordnen und stellte das Bild vor den Rüssel des größten Elefanten.

„Wer ist das? Sie?"

Die Oma verstand seine Frage ohne Übersetzung: „Neyn. Meyne mame."[40] Sie schaute Sofia an, ein Signal für die Übersetzung. Jakob setzte sich wieder an den Tisch. Es wird jetzt bestimmt

---

40 „Nein. Meine Mutter." Jiddisch

eine lange Geschichte kommen. Die Alte konnte offensichtlich nicht anders: entweder schwieg sie wie eine Partisanin oder sie übergoss ihren Zuhörer mit unendlichen Erzählungen.

„Meine Mutter war eine sehr hübsche Frau" übersetzte Sofia die Worte ihrer Großmutter fleißig, mit zwei Händen mit dem Abwasch beschäftigt. „Groß, mit dunklen Augen, hohen Augenbrauen und sehr weißer Haut, sie hat sie immer mit saurer Sahne eingeschmiert, um die Sommersprossen zu bleichen. Ihre Zöpfe waren sehr lang, wie zwei schwarze Schlangen und so schwer, dass kein Kamm sie halten konnte. Egal wie fest sie ihn in die Haare steckte, lösten sich die Zöpfe aus der Frisur und fielen auf den Rücken.

Sie hat uns Kindern das Lesen beigebracht, mir und meinem Bruder Levko. Wir haben viel zusammen gelesen. Glaub nicht, wenn die Polen sagen, dass Ukrainer nur ihren Kühen Schwänze drehen können."

Jakob hatte so etwas von keinem Polen gehört, überhaupt keine Einschätzungen bezüglich des Bildungssystems in der Ukraine, nickte aber zu Omas Worten bestätigend.

„Wir haben alle ukrainischen Schriftsteller gelesen: Schewtschenko, Franko, Lesja Ukrainka, so, wie es sich eben gehörte."

Letzteres brauchte Sofia Jakob nicht zu übersetzen, denn sie selbst war der klare Adressat der Vorwürfe ihrer Großmutter.

„Unsere Mama hat für uns alles auch selbst genäht, und für unseren Vater auch, nicht nur genäht, sondern auch gestrickt, und Stoff konnte sie auch weben. Meine Mutter konnte das alles. Nur Schuhe, Mäntel und Lebensmittel wie Salz, Mehl, Zucker wurden noch gekauft."

Die alte Frau sprach langsam, die Hände über dem leeren Teller rieben die ausgemergelten Finger. „Meine Mama war sehr mitfühlend und herzlich. Wenn der Selnyk seine Frau wieder mal geschlagen hattet, kam diese immer mit ihren Kindern zu meiner Mutter gerannt und versteckte sich bei uns, bis der Alte wieder nüchtern war und zu sich kam. Wir schliefen in diesen Nächten alle zusammen in einem Bett: ihre zwei Töchter und ich, und Levko am Boden. Wir haben fast nie bei den Nachbarn übernachtet, nur ein paar Mal, wenn die ukrainische Fußballmannschaft gegen die polnische verlor, dann suchten viele Frauen eine Bleibe. Bloß nicht zu Hause zu bleiben.

Am Tag des Spiels gingen aller Männer auf die Wiese, wo die beiden Mannschaften spielten und alle Frauen in die Kirche, die Ukrainerinnen in die griechisch-katholische und die Polinnen in die katholische. Jede betete für ihre National-Mannschaft. Alle Männer waren damals Fußball verrückt geworden." Die Oma sprach weiter, doch Sofia hörte auf zu übersetzen. Sie zischte der Oma etwas Böses zu und klapperte mit dem Stuhl, der jetzt wieder seine ursprüngliche Funktion erfüllte.

„Lasst uns in den Garten gehen" sagte sie schließlich versöhnlich zu den beiden: „Dort wird es auch besser sein die Schuhe zu putzen, nicht, dass ich hier alles schmutzig mache."

Jakob folgte den beiden nach draußen. Der Garten lag ruhig in goldenem herbstlichem Licht, das sich in bunten Blättern spiegelte. Im Gras, das nie eine Mähmaschine gesehen hatte, scharrten Hühner. Die Oma setzte sich auf eine improvisierte Bank, Sofia bewaffnete sich mit nassen Schwämmchen, Lappen, Seife und säuberte Jakobs Schuhe.

„Wie ich schon gesagt habe, hatte meine Mutter goldene Hände. Im Winter saßen wir zusammen bei uns zu Hause in der Stube und stickten, strickten alle beim Licht einer einzigen Kerze! Könnt ihr euch das heute vorstellen? Bei nur einer Kerze! Und nicht nur ich mit meiner Mutter, sondern auch unsere Nachbarinnen, im Winter bis zu zwölf, dreizehn Mädels. Manchmal passten wir nicht alle in die Stube und dann saßen eine oder zwei im Flur und stickten weiter, bis Mitternacht. Und weißt du, niemand ist blind geworden. Ich sehe noch heute, welche Farbe die Gardinen der Flugzeuge haben, die auf dem Lemberger Flughafen landen oder abfliegen."

„Das ist wahr.", Sofia nickte zu Omas Worten: „Sie liest auch so."

„Wie ‚so'? Aus dem Fenster?"

„Na, sie stellt ein Buch auf den Tisch und geht mit ihrem Stuhl zwei Schritte weg, bis sie die Buchstaben sehen kann, dann setzt sie sich hin und liest. Wenn sie mit einer Seite fertig ist, steht sie auf, macht ein Schritt zum Tisch, blättert im Buch und setzte sich wieder hin. Sehr sportlich. Sie will sowieso keine Brille, sagt, dass sie sie verlieren wird."

„Frag sie, ob jüdische Mädchen auch dabei waren? In diesem Handarbeitskreis?"

Sofia übersetzte die Frage und die Oma schüttelte verneinend den Kopf: „Nein, nein. Sie machten so was nicht. Wir saßen dort und sangen unsere Lieder, die hätten sie nicht gekannt, was sollten sie damit anfangen? Die Straßen waren für alle, wir tratschen auch über den Zaun, aber die Häuser waren nur für uns. Wir wurden auch nicht in jüdische Häuser eingeladen, nur die Kinder spielten manchmal zusammen zu Hause, und ihre Mütter waren davon nicht besonders begeistert. Die Polinnen kamen auch nicht zu uns. Die haben ihre eigenen Lieder gesungen, ihre Ornamente gestickt. Bei uns zu Hause wurde nur Ukrainisch gesprochen, auf den Straßen sprach jeder mindestens ein bisschen auch eine andere Sprache, ich konnte auch Polnisch. Jetzt weiß ich nicht mehr, ob ich noch etwas sagen kann..." Sie schwieg eine Weile, vielleicht erinnerte sie sich an die polnischen Wörter ihrer Kindheit? Jakob bedrängte sie nicht mit seinen Fragen.

Unter den Polen ging es uns weder gut noch schlecht. Man sagte, in Lemberg, in Schowkwa, in ganz Galizien wurden Ukrainer wegen ihres Glaubens und ihrer Sprache verfolgt und bestraft, unsere Kinder konnten nicht an den polnischen Universitäten studieren, konnten keine guten Stellen im Staat bekommen, das ganze machte meinen Vater sehr traurig. Er machte sich Sorgen, was aus seinen Schülern werden sollte: Würden sie eine gute Stelle finden, werden sie zum Katholizismus überlaufen, um sich als Polen in Lemberg oder in Krakow durchzusetzen. Aber in Skolywka hatten wir nur wenige Polen, mehr Zhydy und denen war es egal, in welche Kirche du gingst und auch welche Sprache du sprachst. Hauptsache, dass du pünktlich zahltest. Ich persönlich habe keine schlechten Erfahrungen mit den Polen gemacht, und mit den Zhydy auch nicht.

Als die Moskali hier 1939 einmarschiert sind, dachten viele, dass alles nur noch schlimmer werden kann. Was Moskau mit sich bringt, haben viele von unseren Eltern in Jahren 1914 und 1915 schon gesehen. Als die Deutschen die Moskali aus Galizien vertrieben und die Ukrainer zum Gewehr gegriffen haben, sahen viele unserer Männer das als die letzte Chance, die Ukraine zu befreien. Mein Vater ist als einer der Ersten zusammen mit seinem Freund und dessen Sohn Slavko in das Bataillon Nachtigall eingetreten. Und viele andere auch. Ihnen wurde versprochen, dass wir, wenn die Sowjets erst geschlagen sind, unsere arme Ukraine zurückbekommen, die rechte und die linke Seite des Dnipro. Das Bataillon wurde in Krakau gegründet. Erst waren die Männer in Polen, dann ein Jahr in Deutschland zur Schulung. Meine Mama sah ihn erst wieder in Przemysl im Jahr 1941. Der Vater hatte ihr per Brief Bescheid gegeben, dass er in Premysl stationiert sei und sie sehen wollte. Von uns war das nicht weit weg. Meine Mama und noch ein paar andere Frauen, die ähnliche Nachrichten bekommen hatten, sind zu ihren „Nachtigallen" gereist.

Meine Mutter war dort nur zwei Tage, das hatte aber gereicht, dass Sie zu ihrem vierzigsten Geburtstag neun Monate später Olesia geboren hat, tot, Gott habe sie selig. Sie hätte den Krieg sowieso nicht überlebt. Mein Vater wurde dazwischen nach Lemberg geschickt. Er war derjenige, der gemeinsam mit Schuchewytsch[41] die Tore des NKWD[42]-Gefängnisses geöffnet hat und dort unzählige Leichen gesehen hat. Frauen, Männer, er hat dort seine Schüler gefunden, deren Schuld darin bestand, dass sie keine Kommunisten waren und Ukrainisch sprachen. Dort hat er seine letzten Tränen vergossen. Als Bandera[43] mit unseren Soldaten in Lemberg die Unabhängigkeit der Ukraine verkündet hat, hat mein Vater, der nicht mehr weinen konnte, gesungen. Doch es hat nichts gebracht. Hitler wollte nicht, dass die Ukrainer wieder stark werden und hat befohlen, unsere Jungs zurück nach Deutschland zu bringen. Da ist meinem Vater aber klargeworden, dass diese Stationierung in Deutschland zu nichts Gutem führt. Und deswegen ist er auch desertiert.

---

41 Hauptmann des Schutzmannschaftsbataillons und Offizier der Ukrainischen Aufstandsarmee (UPA).
42 Sowjetische Geheimpolizei
43 Stepan Bandera war ein nationalistischer ukrainischer Politiker und Partisanenführer.

Und er hatte recht. Das Bataillon wurde ausgelöscht und kaum einer seiner Kameraden ist mit dem Leben davongekommen.

Als er aus Deutschland zurückkam, wusste er nicht, was er machen sollte. Bei der Ordnungspolizei hatte er eine Stelle bekommen. Er hatte sich sehr gefreut, und wir auch. Die Zeiten waren schwierig, das Essen knapp und so eine sichere Einkommensquelle war nicht zu unterschätzen. Er war dann öfter nicht zu Hause, manchmal auch nachts. Aber wenn er nach Hause kam, brachte er uns immer etwas Gutes mit: Dosenfleisch, Zuckerhüte, meine Mama kleidete er wie eine Königin. Ich erinnere mich noch an einen Mantel, weinrot mit echtem Pelzkragen, Mama hat den Mantel nur in die Kirche angezogen. Mir hat Vater auch immer verschiedene Sachen geschenkt: eine Puppe, die zwar nicht neu war, aber sehr hübsch mit ihrem Porzellangesicht, feiner Kleidung, Schuhchen. Und an die Schokolade, die erste Schokolade in meinem Leben, die ich gegessen habe. Er hatte sie bei deutschen Soldaten eingetauscht. Und das Gehalt war gut, besser als das Lehrergehalt.

Aber er begann noch mehr zu trinken, dieses Mal mit anderen Polizisten und nicht vor oder nach einem Fußballspiel, die waren sowieso alle abgesagt. Später kam er immer seltener nach Hause, wir wussten nicht, wo er die Nächte verbrachte. Wir wollten davon wahrscheinlich auch nichts wissen. Alle wollten nichts wissen. Nachbarn scheuten sich, die Mädchen stickten nicht mehr zusammen, nach der Kirche gingen alle schnell zu sich nach Hause. Unser Club wurde geschlossen.

Mein Vater hatte Slavko, den Sohn seines Freunds, der nicht aus Deutschland zurückgekommen war, zu uns nach Hause gebracht. Er war verwundet, ich habe mich um ihn gekümmert. Drei Monate später haben wir uns trauen lassen. Er war nicht bei der Polizei, hat nicht mit den Deutschen gearbeitet. Er konnte aber in diesen Kriegszeiten seinen Platz im Leben nicht finden. Er wollte nicht mit meinem Vater Juden und Kommunisten durch irgendwelche Keller jagen. Er ist also einen Monat später zu den ukrainischen Partisanen gegangen. In Deutschland hatte er das Minenlegen gelernt, und sein Geschick und Können ist für unsere Jungs in den Wäldern sehr wichtig gewesen. Sie haben gegen alle gekämpft: gegen die Moskali und gegen die Deutschen. Mein Vater wusste, wohin mein Mann gegangen war, hatte aber nichts gesagt, hatte ihn, den Sohn seines verstorbenen Freundes nicht den Deutschen ausgeliefert. So lebten wir, meine Mutter kochte für die Polizisten, ich kochte für die Partisanen.

Ich habe ihnen nicht nur das Essen gebracht, sondern auch verschlüsselte Nachrichten übermittelt, Kleidung gewaschen und geflickt, Kugeln transportiert. Die Deutschen hätten die Polizistentochter nicht durchsucht. Die Deutschen haben dann aber immer öfter Polizisten gegen Partisanen eingesetzt, um die eigenen Kräfte zu sparen. Einmal wurde mein Vater mit seiner Abteilung in den Wald geschickt. Und er sagte mir genau, wo sie angreifen würden. Ich habe es meinem Mann weitergegeben." Die Alte machte eine Pause, sie rieb ihre Hände, als ob sie sie wärmen wollte, kein einziges Mal schaute sie Jakob und Sofia an. „Diesen Abend habe ich meinen Vater zum letzten Mal gesehen. Er ist nicht zurückgekommen. Meine Mutter sagte, ich hätte ihn umgebracht, sie hat mich dafür verflucht.

An seinem letzten Abend mit uns hat er deine Oma mit ihrem Kind zu uns gebracht, und eine große Summe Geld. Das Geld hat er in drei Teile geteilt, einen für mich, einen für meine Mutter und einen für meinen Bruder. Der war im Priesterseminarium in Lemberg, ich sollte den Teil meines Bruders aufbewahren. Für meinen und den Teil meines Bruders habe ich für die Partisanen all das gekauft, was sie eben brauchten. Und vom Geld meiner Mutter haben wir dann gelebt. Sie bekam von den Deutschen noch ein bisschen Geld, sie machte deren Wäsche und war dazu Witwe eines Polizisten. Unsere Nachbarn waren ausgezogen, niemand kam uns besuchen. Polizistenwitwe und Partisanenfrau, wir lebten wie zwischen Hammer und Amboss, geschützt und gefährdet gleichzeitig. Dass Reisel", – sie nannte zum ersten Mal die Bobe mit ihrem Namen, – „bei uns lebte, machte alles noch gefährlicher. Ich wollte sie nicht haben. Meine Mutter behielt sie aus Rache zu mir für den Vater, den ich den Partisanen ausgeliefert hatte.

Die ersten Monate habe ich sie nicht sehen wollen. Sie war auf dem Dachboden in unserem Stall. Das Kind weinte ständig, ich konnte das nicht aushalten. Ich hatte selbst keine Kinder. Meine

Mutter freundete sich aber mit Reisel an, kümmerte sich um das Kind, brachte ihm Milch. Sie brachte ihr Nachrichten, sagte ihr aber nicht, dass das Ghetto aufgelöst war und was mit allen seinen Bewohner geschah.

Im Jahr 1943 ist meine Mama auf den Markt gegangen, um Zucker zu kaufen. Dort wurde sie Opfer eines Bombenanschlags, ich konnte nur ihren Fuß finden. Ich habe ihn im Garten begraben. Dann bin ich zum ersten Mal auf den Dachboden hinaufgeklettert. Deine Oma saß dort mit ihrem Kind, das schmutziger und stinkender als der letzte Straßenköter war. Ich dachte: Ich schmeiße sie hinaus, damit sie nicht den ganzen Stall verpesten. Doch da hat deine Reisel so geweint und gebettelt, also sind sie geblieben. Freundinnen sind wir nicht geworden. Aber ich habe ihr heißes Wasser gebracht und heiße Milch und das Versprechen meines Vaters gehalten. Kurz vor dem Abzug der Deutschen, ist deine Oma auch weggegangen. Ihr Sohn war schwach, konnte selbst nicht laufen. Sie hat ihn getragen und mir den Koffer übergeben. Ich bin in dieser Hölle geblieben."

„Warum haben Sie nach dem Krieg nicht auf ihre Briefe geantwortet?" Die Alte lächelte bitter: „Na, sie hat wahrscheinlich eine falsche Adresse angegeben. Ich war sozusagen nicht zu Hause.

Erst hat der NKWD meinen Bruder gefangen genommen, denn er war in dreifacher Hinsicht schuldig vor der UdSSR, einmal als Theologie-Student, einmal als Sohn eines Kollaborateurs und einmal als Bruder einer Partisanenfrau. Er war schon mit Nora verlobt, du hast ihr Porträt wahrscheinlich auf der Truhe im Zimmer gesehen. Sie ist zu mir gezogen, als Levko festgenommen wurde. Gemeinsam war es einfacher, Not und Leid zu ertragen. Sie hatte ihre ganze Familie in den Wäldern verloren. Ein Monat später kamen aber auch wir an die Reihe. Die Schweine kamen in der Nacht. Und nahmen uns beide mit, mich und Nora. Sie haben die Tür aufgebrochen und uns an den Haaren aus den Betten gezogen. Sie sagten, wir hätten zwanzig Minuten zum Sachen packen. Es waren aber nicht einmal fünf. Ich bin in meine Hochzeitsschuhe geschlüpft, die standen am nächsten, mein Gott, wie ich es bereut habe. Ich fror an den geschwollenen Füßen und ein Absatz flog noch im Zug ab. Über das Nachthemd zog ich ein Kleid und darüber noch einen Mantel an. Die fünf Männer standen da und warteten nur darauf, dass wir uns vor ihren Augen ausziehen würden, wir haben alles einfach über unsere Hemden angezogen. Wir dachten, dass wir klüger wären. Noch zwei Stückchen Brot, eine Wurst, Halstücher, ein paar Kleider, das war alles was wir nehmen durften.

Nora hat die kleine Korallenkette mitgenommen, die ihr Levko zur Verlobung geschenkt hatte, aber einer der Männer, ich kannte seinen Namen, er war der Tischler aus dem Nachbardorf, hat ihr die Kette aus ihren Händen gerissen und in seine Hosentasche gesteckt. „Die sibirischen Wölfe werden deinen Schmuck im Schnee liegen lassen, du wirst für sie von anderem Interesse sein. Lass mich deine Kette aufbewahren", hat er ihr lachend gesagt. Ich höre immer noch, wie alle diese Schweine mitgelacht haben.

„Nora gab ihm eine ordentliche Backpfeife, sodass er in die andere Ecke flog und dort liegen blieb!" Sofias Augen leuchteten kämpferisch, sie rückte näher an Jakob, als ob man ihr selbst die Kette weggenommen hätte, stieß ihn an die Schulter und ähnelte in diesem Moment Prinzessin Xena, aber eben ohne deren Muskeln und sexy Rüstung. „Nora und meine Oma waren die besten Freundinnen, sie haben immer zusammengehalten und niemals geweint! Und wenn eine schwangere Frau im Zug nach Workuta ihr Kind geboren hat, haben Nora und die Oma in der Mitte der Taiga, in der Nacht selbst Holz gefunden, Feuer gemacht, Wasser gekocht, um das Kind und die Frau abzuwaschen und ihre letzten Hemden haben sie für Windeln gegeben!"

Die Oma, der Sofia so unhöflich ins Wort gefallen war, schaute ihre Enkelin mit traurigen, müden Augen an. „Oma, zeig uns das Foto, das du mir immer gezeigt hast! Das, wo Nora mit der Kette fotografiert ist. Das Foto mit der Kette, erinnerst du dich?" Die junge Xena wollte offensichtlich Jakob die hingebungsvolle Freundschaft beweisen. Und noch mal wunderte sich Jakob, wie stark Sofia sich in die Geschichte hineingezogen fühlte. Die Oma wirkte aber irgendwie weniger enthusiastisch. „Ich weiß nicht mehr, wo ich sie hingelegt habe, meyne teyere".[44] Sofia ließ sich aber nicht so leicht ablenken. „Ich weiß es. Das Foto liegt bestimmt in der Truhe neben Jakobs Bett, ich hole es gleich." Sofia warf Jakobs Schuhe ins Gras und eilte zurück ins Haus.

Die Alte blieb sitzen, sie starrte eine Weile auf den leeren Hocker, auf dem Sofia gerade saß und sagte zu Jakob in schlechtem Jiddisch: „Ikh hob ir dos gezogt ven zi iz geven kleyn. Vi a sheyne mayse. Ikh hab gevalt az zi zal zeyn shtalts mit emetsn. Ir mame …"[45] Omas Hände knüllten ihre Schürze: „Ir muter firt nisht keyn laytish lebn in Italye… men redt yente. shlekhte lshunus shporn nit iung aun nit alt. az nor sofya zol nisht hobn tsugehert in ir leben. Ikh hab zikh nebekhdikt… "[46]

Sofia kam ohne das Foto zurück. Stattdessen warf sie eine Zigarettenschachtel auf den Tisch. Aus dem kurzem aber emotionalem Gespräch zwischen der Oma und ihrer kämpferischen Enkelin verstand Jakob, dass Sofia erst heute entdeckt hatte, dass ihre Oma raucht. Sofia nahm die Schachtel, wedelte damit ein paar Mal vor der Nase ihrer Großmutter herum und steckte sie in die Hosentasche. „Das Foto ist nicht da," sie bemerkte endlich auch Jakobs Anwesenheit. „Es lag zusammen mit anderen Fotos bei Tante Stefa, sie hat sie ausgeliehen, als sie ein passendes Foto für des Grabstein des Onkels gesucht hat. Die Tante wollte ihn schön in Erinnerung behalten aber in den letzten dreißig Jahren hat er hundertvierzig Kilo gewogen, so hätte sein Gesicht nicht auf die Steinfläche gepasst. Ich werde sie jetzt holen gehen, die Tante lebt zwei Straßen weiter. Die Schuhe sind schon sauber, nur noch ein bisschen nass." Sofia rannte fast aus dem Hof. Ihre langen schwarzen offenen Haare schwangen im Takt ihrer eiligen Schritte.

„Jakob," es war das erste Mal, dass die Alte ihn mit seinem Namen angesprochen hatte, sie zupfte an seiner Hand, die kraftlos

---

44 „Meine Liebe/Teure" auf Jiddisch
45 „Ich habe es ihr erzählt als sie noch klein war. Wie ein schönes Märchen. Ich wollte, dass sie jemanden hat, auf den sie stolz sein kann. Ihre Mutter…" (Jiddisch).
46 „Ihre Mutter führt kein würdiges Leben in Italien. Das spricht sich schnell herum. Böse Zungen verschonen weder Junge noch Alte. Was hat Sofia in ihrem Leben schon hören müssen. Sie tat mir leid…" (Jiddisch)

auf seinem Schoss lag, ihr Jiddisch kehrte mit Schwierigkeiten zu ihr zurück und mit ebensolchen Schwierigkeiten versuchte Jakob, die halb vergessenen Wörter zu verstehen. „dem veytik hob ikh in zikh a lange tsayt getrogn, iz geven a vund in meyn harts, zi kan da nisht bleybn. Ir muter iz di takhter fun dem lager-vekhter, un zi iz a zunh. Alemen veyst es, zey lozn Sofya nisht lebn. Olena zey habn aoykh nisht gelazt lebn.[47] „Was ist mit Sofia?" Sofia kam deutlich schneller zurück, als sie es versprochen hatte. „Ich habe vergessen, dass sie bei ihrem Sohn in Lemberg ist. Komisch, warum meine Oma mir das nicht gleich gesagt hat…" Jakob entschied sich, den möglichen Grund dafür nicht mit Sofia zu teilen.

„Erzähl weiter Oma, wir haben noch Zeit"

Die Oma schaute Sofia, als diese sich wieder auf den kleinen Hocker hinsetzte, verärgert an, biss sich auf ihre dünnen Lippen und wusste wahrscheinlich nicht, wie sie anfangen sollte. Sie seufzte tief, wie vor einem Sprung ins Wasser und sagte zu Jakob: „Gut. Ikh vet zogn ir alts."[48] Sofia saß auf dem Hocker zu ihren Füßen und wartete, um zu übersetzen, Jakob schwieg und die Greisin webte ihre Geschichte weiter:

„Sie nahmen mich mit zum Bahnhof, dort standen viele Viehwagen, zu welchen kleine Gruppen von Menschen aus allen Teilen der Stadt strömten. Ich war eine der ersten dort, ich wurde auf den kalten Boden des Wagens geworfen." Sofia unterbrach ihre Übersetzung, sie fragte ihre Oma nach Nora. Die Antwort entfachte Angst in ihren Augen. „Was, Sofia, was hat deine Oma gesagt?" Jakob verlangte nach der Antwort. „Sie sagte, dass Nora später kam. Nein sie sagte, dass Nora später hineingetragen wurde. Blutig. Sie hat mir das früher nicht erzählt, sie hat mir früher etwas Anderes erzählt." Die Oma sprach weiter, sie schaute weder Sofia noch Jakob an, es war ihre Beichte, und die beiden Zuhörer sollten sie von ihren Sünden freisprechen.

---

47 „Ich habe den Schmerz lange in mir getragen, es war wie eine Wunde in meinem Herzen, sie kann hier nicht bleiben. Ihre Mutter ist die Tochter vom Leiter des Arbeitslagers, und sie ist 'ne Nutte. Alle wissen das und sie lassen Sofia nicht leben. Olena haben sie auch nicht leben lassen." (Jiddisch.)

48 „Gut. Ich werde Ihnen alles erzählen". Jiddisch

"Wir standen dort die ganze Nacht. Der Wagen füllte sich langsam mit anderen Menschen, viele weinten, manche waren geschlagen worden, manche in Nachthemden. Ich gab meinen Platz am Fenster einer Mutter mit zwei Kindern. Das Letzte, was ich durchs Gitter sehen konnte, waren Lichter nahe am Bahnhof gelegener Häuser, kleine gelbe Lichter, die festlich den Heiligabend beleuchteten. Es war kurz vor Weihnachten. Ich dachte an ihre Wärme, an heißen süßen Brei mit Honig und gemahlenem Mohn, ich dachte an in Rum getauchte Rosinen, an geriebene Zitronenschalen, die bei uns zu Hause zum Backen bereits vorbereitet worden waren und die jetzt in Kälte und Dunkelheit verderben würden. Wie ich aber Jahre später feststellte, waren alle meine Sorgen um den ungebackenen Kuchen umsonst gewesen. Zwei Stunden nach unserer Abfahrt war schon die Frau des Kommissars zu Besuch. Die alte Fotze." Die Alte bemerkte nicht die hochgezogenen Augenbrauen ihres Zuhörers, der an solche Eskapaden nicht gewöhnt war.

„Alte Schikse, meschuge sollst du wern un arumleufn iber di Gassn."[49] Die alten Flüche, die Jakob ohne jegliche Übersetzung bestens verstand, klangen so komisch aus dem Mund dieser alten Ukrainerin. Sie passten gar nicht ins Bild dieses Gartens, zu orthodoxen Ikonen und gestickten Handtüchern über den immer leuchtenden Ikonelampe in der Küchenecke. Diese Flüche gehörten zu seinem eigenen Zuhause, sie waren eng mit seiner Oma verbunden, die mit solchen Sprüchen häufig die nicht besonders ordentliche Nachbarin oder einen Postboten, der Briefe ins falsche Postfach zustellte, bedachte. Was für ihn wie ein Zeichen einer langsam versunkenen Zivilisation erschien, lebte aber weiter, tausend Kilometer von den ursprünglichen Sprachträgern entfernt in Sorgen und Traumata dieses fremden Volkes.

„Den ganzen Januar lang beförderten sie uns nach Workuta. Der Platz in den Wagen wurde mit der Zeit immer größer und größer. Keine Kinder schrien mehr, keine Alten stöhnen mehr unter den nassen Lumpen. Ein Mal pro Tag, meisten spät in der Nacht,

---

49 „Alte Schlampe, du sollst verrückt werden und durch die Straßen ziehen!" (Jiddischer Fluch)

machte der Zug einen Halt und wir begruben unsere Toten. Zuerst gruben wir flache Gräben in den durchgefrorenen Boden, doch mit der Zeit reichten unsere Kräfte nur noch dazu, die Leichen mit Schnee zuzudecken. Mit der linken Hand bedeckten wir die kleinen krummen Kadaver mit Schnee und mit der rechten stopfen wir Schnee in unsere Bäuche. Eine Tasse Wasser pro Tag und ein Stückchen Brot. Bei solcher Diät freust du dich bei jedem Gestorbenen. Du freust dich für sie, denn er ist von diesem Jammertal befreit und freust dich, weil du seine Tagesportion bekommen kannst. Eine Woche vor der Ankunft in Workuta ist die Mutter, der ich meinen Platz gegeben hatte, gestorben. Ihre Kinder noch früher. Ich habe sie erst am vierten Tag begraben. Zu früh. Noch eine Woche fuhren wir zu unseren Lagern, noch eine Woche hätte ich drei Stückchen Brot statt einem bekommen können. Ich hätte im Holzfällerlager Kraft gebraucht. Und die Körper lagen da in der Ecke und störten niemanden, es war so kalt, dass die Körper nicht verrotteten. Nur unsere Seelen.

Wir wurden an einen Ort, sechzig Kilometer von Workuta entfernt, geschickt. Die Baracken, in denen wir wohnten, hatten so dünne Wände mit so großen Spalten, dass jeden Morgen kleine Schneehäufchen entlang der Wände lagen. Später habe ich eine Hütte bekommen, sie wurde von anderen Häftlingen gebaut, die dort vor uns waren. Ich weiß. Ich weiß, dass ich früher etwas Anderes erzählt habe. Ich habe gesagt, dass ich unserem Lagerleiter einen Skandal gemacht hätte, mit der Axt vor der Nase des Lagerleiters herumgefuchtelt und deswegen meine Hütte bekommen hätte. Doch hätte ich meine Axt bloß leicht angehoben und in seine Richtung gehalten, wäre ich schon lange nicht mehr am Leben. Und wegen noch kleinerer Beschwerden verabschiedeten sich die Menschen von ihrem Leben. Wir waren nichts wert. Alle paar Wochen kamen Neue: Ukrainer, Tataren, Tschetschenen, orthodoxe und katholische Popen, Wissenschaftler, Studenten, Männer, Frauen, Gott weiß, woher all die Menschen kamen. Die ganze Sowjetunion wurde in Workuta versammelt. Und nur der, der um sein Leben kämpfen konnte, hat überlebt. Und der, der ein Held sein wollte, der starb als erster. Ich war keine Heldin." Tränen verirrten sich in die zahllosen Falten ihrer Wangen. „Ich habe alles gemacht, was der Lagerleiter von mir haben wollte. Solange ich noch Fleisch auf meinen Knochen hatte, und das Fleisch fiel im Lager schnell von den Weibern ab, war ich noch von Interesse für ihn. Als ich schwanger wurde, gab er mir die Hütte, aber nur für diese kurze Zeit, und dann sollte ich zurück in die Baracken. Nora hat nicht mal das bekommen. Sie hat in der Nacht eine Abtreibung gemacht, doch etwas ist schiefgegangen, sie wurde am Morgen tot neben der Baracke gefunden. Ich hatte mehr Glück. Er lies mich in Ruhe dort wohnen, und als ich Olena geboren habe, hat er mir die Hütte ganz überlassen. Das Kind hat er nie gesehen und nie sehen wollen. Er dachte, dass bald sterben würde, Säuglinge überlebten den Winter nicht. Doch ich habe meine Tochter an meinen Körper gebunden und schwor, sie nicht sterben zu lassen. Ich sang und tanzte für ihn, tat immer froh, ihn zu empfangen und bekam dafür mehr Essen und mehr Feuerholz. Das war aber nicht das Schlimmste, schlimmer waren die, die in den Baracken geblieben waren. Die sahen mich, wenn sie auf Arbeit gingen. Ich sehe ihre Augen voller Hass, Neid und Verachtung bis heute.

Es war so unerträglich, dass ich kaum bis zum Frühling gewartet habe, und dann bin ich weggelaufen. Es war mein zweiter Frühling im Lager. Olena war ein paar Monate alt. Ich hatte weniger Angst davor in der Taiga zu sterben als zurück zu den Baracken zu gehen, denn er hatte das Interesse an mir verloren, andere, jüngere Frauen kamen in sein Bett. Doch ich wurde gefangen und zurückgebracht. Die ersten zwei Wochen habe ich im Kerker gesessen, dann haben sie mich zurück in die Baracke gebracht. Ich habe alle nur erdenklichen Flüche, Gelächter und Geschimpfe gehört, die man sich vorstellen kann, wurde geschlagen, mit Kacke beschmiert, dann haben sie mich und mein Kind in Ruhe gelassen.

So habe ich drei Jahre lang gelebt. Als ich freigesprochen wurde und mit Olena hierher zurückkam, hatte ich kein zu Hause, keine Arbeit, keine Freunde mehr. Niemand wollte einen Häftling in seiner Nähe haben, noch dazu mit einem unehelichen Kind. In der Sowjetukraine wurdest du als politische Gefangene aus allen Lebensbereichen ausgegrenzt und als Lagernutte von allen verachtet. Da wurde mein Leben noch schwieriger, ich habe als Putzfrau im Tollhaus gearbeitet, dann habe ich dieses Haus fast mit eigenen

Händen gebaut. Olena hat wegen unseres Kummers sehr gelitten. Ihr wurde ihre Herkunft nie verziehen und nie vergessen. Deswegen ist sie schon am ersten Tag, als die Grenzen geöffnet wurden mit dem ersten Bus nach Polen und später nach Italien abgehauen. Aber es hat ihr kein Glück gebracht, sie hat dort damit Geld verdient, wofür ich hier immer verachtet wurde, mit dem eigenen Körper. Sofia hat sie mir mit anderen Leuten wie ein Paket hergeschickt, als die Kleine drei Monate alt war.

Jakob konnte sehen, dass Sofia am Ende ihrer Kräfte war und zusammenzubrechen drohte. Aber ehe er es irgendwie verhindern konnte, schrie sie ihrer Oma und Jakob entgegen: „Meine Mama ist keine Nutte! Das ist nur deine Schuld, dass sie weggelaufen ist! Du hast sie nie geliebt. Du bist immer so kalt wie eine Leiche. Und weil du niemanden liebst, möchte ich auch nicht mehr bei dir bleiben. Ich werde zu Mama fahren! Sie ist keine Nutte, sie arbeitet im Restaurant, und ich werde ihr dort helfen. Und du bist wie alle anderen hier. Du selbst wirst sowjetische Nutte genannt!" Das war Sofias letztes Argument, mit welchen sie zusammenbrach. Sofia rannte weinend ins Haus. Die Oma blieb sitzen, Tränen flossen in den Rinnen ihrer Falten. Jakob ließ die Alte allein und lief Sofia hinterher. Er fand sie in seinem Zimmer auf seinem Bett.

Er umarmte sie: „Das ist alles sehr traurig. Du fühlst dich jetzt sehr einsam und bist böse auf deine Oma. Aber ich bin mir sicher, dass sie dich sehr liebhat, sogar, wenn sie es nicht so richtig sagen kann, und deine Mama liebt sie bestimmt auch, genau so sehr, wie du sie liebst, weine nicht, es ist nur ein Missverständnis. Du hast eine sehr schöne, liebevolle Familie." Das Sicherheitsgefühl, der Glaube an die Liebe der wichtigen Bezugspersonen und ihre Zuneigung sollte in Sofia dringend wiederhergestellt werden. Um das zu verstehen, musste Jakob auch kein Pädagoge sein. Die einfachen, fast formelhaften Sprüche über Mutterliebe, Anerkennung der Kindersorgen und deren Legitimität haben immer magische Wirkung. Sofia, wie alle anderen Kinder, tragen immer das Lichtlein der Hoffnung an die Liebe zu ihnen, egal was passiert ist, egal wie schlecht und unwürdig sie in ihren eigenen Augen scheinen. Und dieses Lichtlein wollte Jakob füttern. Er saß noch lange mit Sofia im

Arm, sie beruhigte sich langsam. Plötzlich hörten sie Ruslanas Stimme, sie rief Sofia.

Sofia hob ihren Kopf, atmete tief ein und rieb ihre roten verweinten Augen. Sie antwortete etwas auf Ukrainisch, sprang vom Bett auf und eilte zur Tür. „Sofia, kannst du überhaupt ins Konzert gehen?" fragte Jakob vorsichtig. „Ja, kann ich. Es ist mir wichtig." „Ich ziehe mich um und komme in die Küche, warte dort auf mich und vergiss nicht, die Schuhe anzuziehen." Erst jetzt merkte Jakob, dass er barfuß war. Sofia verließ sein Zimmer und er zog das frisch gebügelte Hemd an. Sofia tat ihm sehr leid. Ihre Oma auch, und das war das Unheimlichste. Von wem sie das Kind bekommen hatte, war ihm völlig egal, er verstand auch nicht, warum sie so bösartig von ihren eigenen Leuten ausgegrenzt und verachtet wurde. Jakob störte, dass sich auf die tragische, aber klare und ziemlich einfache Rettungsgeschichte seiner Bobe nun neue unerwartete Schichten legten, die, was für eine Überraschung, die Grenzen zwischen Gut und Böse verwischten und alles komplizierter machten.

Auf dem Weg zu seinen Schuhen, die noch im Garten standen, musste Jakob die Küche durchqueren. Er war aber zu langsam, die Küche war schon voller Menschen. Zwei junge Mädchen in Sofias Alter saßen am Tisch und verspeisten die Reste der Quarkkeulchen, Ruslana erklärte der Oma etwas neben dem Küchenfenster. In der Mitte der Küche stand, mit einem Glas Kompott in der Hand, ein stämmiger Mann mit breit gestellten Füßen und in einem glänzenden Anzug, welcher mit dem Schein seiner Glatze im Einklang war. Er bemerkte Jakobs Erscheinen als Erster, mit zwei Schritten durchquerte er die kleine Küche und zu Jakobs großer Überraschung schloss er ihn in seine Arme. Das Kompottglas stieß an Jakobs Rippen. Seine Bärenumarmung ergänzte der Mann mit einer Rede in schnellem Ukrainisch, die er in Jakobs Ohr brüllte. Keiner erklärte sich bereit, die Rede zu übersetzen und Jakob begnügte sich mit zustimmender Mimik: Er nickte dem ukrainischen Minotaurus zu und versuchte sich aus seiner tödlichen Umarmung zu befreien.

Ruslana ließ die Oma allein am Fenster stehen und sagte dem Mann ein paar freundliche Worte, nachdem er Jakob freiließ. Während Jakob nach Luft schnappte, kam Ruslana zu ihm und küsste ihn wie einen alten Freund auf die Wange. Die Luft wurde nun bei

Jakob ganz knapp. Was für ein kussfreundliches Volk die Ukrainer sind, dachte Jakob und umarmte dieses Mal aus eigener Initiative Ruslana. Die Umarmung dauerte wahrscheinlich doch ein bisschen länger als es üblich war, denn sie befreite sich sanft, aber entschieden aus Jakobs Armen.

In diesem Moment betrat Sofia die Türschwelle. Sie trug eine weiße Bluse mit gesticktem Blumen-Perlen-Ornament. Zwei andere Mädchen, die Jakob höflich grüßten, aber scheinbar ohne die Absicht, ihn zu küssen oder zu umarmen, trugen nicht weniger reichlich mit kleinen Perlen verzierte Blusen. Große rote Mohnblüten umrankten Schultern und Arme des einen Mädchens, bei dem anderen bildeten hunderte kleine bunte Kreuzchen ein geometrisches Ornament auf der Brust. Ruslanas bestickte Bluse übertraf alle anderen: ihre Arme und den Ausschnitt zierten Vergissmeinnicht mit kleinen Perlen, in verschiedenen Blautönen gestickt. Lange dunkle Röcke und rote Korallenketten ergänzten das Bild der Ukrainerin. Sofias Großmutter war die Einzige, die in ihrem schwarzen Kleid geblieben war. Der stämmige Mann, der unter seiner Jacke aus glänzendem perlgrauem Stoff auch ein besticktes Hemd trug, winkte Sofia zu, näher zu kommen.

„Wir freuen uns immer, wenn wir ausländische Gäste in unserer Heimat begrüßen dürfen!", begann Sofia seine Rede zu übersetzen. Ihre gesenkten Schultern und die tonlose Stimme standen in spürbarem Kontrast zur gehobenen Stimmung und fröhlichen Sprache des Delegationsführers. „Ich erlaube mir, mich und meine kleine Delegation vorzustellen! Ich heiße Bogdan Petrowytsch Psjuk und ich bin der Leiter der Schulbehörde von Skolywka, Frau Ruslana mit ihren bezaubernden Schülerinnen kennen Sie schon." er machte eine Pause, nickte Ruslana zu, sie gab sein Nicken weiter und die zwei bezaubernden Schülerinnen, die Jakob aus dem Blick verloren hatte, tauchten hinter dem Rücken des Amtsleiters auf. Eine hielt einen Blumenstrauß, die andere ein riesiges rundes Brot, natürlich auf einem gestickten Tuch. Die beiden übergaben Jakob das Brot und die Blumen und küssten ihn aus einer Distanz von guten zwei Metern keusch auf die rechte Wange.

"Die interkulturellen, wissenschaftlichen und politischen Verbindungen zwischen unserem regionalen Zentrum und der internationalen europäischen Gemeinschaft wachsen schon mehr als ein Vierteljahrhundert sehr stark und erfolgreich und wir freuen uns, dass wir heute, am Gedenktag unserer heroischen Märtyrer im Zentrum der Medienaufmerksamkeit stehen. Wir würden uns sehr freuen, wenn ein Korrespondent der…", der Leiter schaute Sofia fragend an. "Berlin Today" führte sie seinen Satz mit farbloser Stimme. "Berlin Today" wiederholte er deutlich fröhlicher. "Dass ein Korrespondent der "Berlin Today" unser Fest in den Medien beleuchten wird." Die Dornen der Rosen stachen Jakob ganz böse in die Hand und das Brot, fest an seine Brust gepresst, verlor langsam seine ursprüngliche Form. Sofia schaute emotionslos auf den Boden, die Oma wickelte konzentriert ihr Kopftuch um ihren hoch gesteckten grauen Zopf. Hilfe würde offensichtlich nicht kommen. Jakob rieb seine Beine aneinander. Er wünschte eigentlich jetzt weit weg von hier zu sein. Fortgehen? Wohin? Ohne den Koffer, ohne seinen Rucksack. Das schien keine Option zu sein. Er fühlte, wie die Ereignisflut ihn mit sich riss und in einen wilden unberechenbaren Tanz wirbelte. Er schaute Sofia an. Traurig stand sie in der Mitte der Küche, ein einsames Kind. Jakob seufzte, hob seine Hand mit den Blumen hoch und sagte in dieser, für taube Idioten geschaffenen Intonation mit welcher man hier immer mit Jakob sprach, zum dicken Mann:

"Sehr angenehm, Sie und Ihre Kolleginnen und Kollegen kennen zu lernen. Ich würde mich freuen, am Gedenktag dabei sein zu dürfen." "Wunderschön!" Die kleine Delegation zeigte echte Freude. "Dann machen wir uns auf den Weg, solange die Liturgie noch nicht angefangen hat!" Mit diesen Worten wurde Jakob sanft aus dem Haus gedrängt, die Mohnträgerin gab ihm seine Schuhe, die sie, für ihn unbemerkt, aus dem Gras im Garten gefischt hatte. Unter ihrem kritischen Blick schlüpfte Jakob in seine Schuhe und nahm seinen Platz neben Ruslana ein.

Mit dem glänzenden Leiter der Delegation vorneweg wie Schulkinder jeweils paarweise, Jakob neben Ruslana, die zwei Mädchen und dann Sofia neben ihrer Oma als Abschluss, traten sie aus dem Hof. Auf der Straße warteten zwei weitere Männer auf sie.

Die beiden trugen ähnliche glänzende Anzüge und gestickte Hemden. „Unsere Gymnasiallehrer" wurden sie Jakob vorgestellt. Die beiden Männer begnügten sich diesmal zu Jakobs großer Freude mit Nicken und Schulterklopfen, ohne Umarmungen. Wahrscheinlich waren die stacheligen Rosen und das halb zerquetschte Brot in seiner Hand ausreichende Argumente, engeren Kontakt zu vermeiden.

„Liturgie?" Das letzte Wort gewann in Jakobs Kopf langsam an Bedeutung. „Er lächelte Ruslana möglichst freundlich an und versuchte, Sofia gleichzeitig über seine rechte Schulter und die Köpfe der zwei anderen Mädchen anzusprechen. „Welche Liturgie, Sofia? Ich will, flüsterte er leise, an keiner Liturgie teilnehmen! Davon haben wir nicht gesprochen!" „Es ist immer so" sagte Sofia hinter ihm: „erst die Liturgie, dann eine Rede, dann ein Konzert. Morgen werden wir deinen Koffer abholen, mach dir keine Sorgen, dann werde ich dich hier nicht länger festhalten." Der letzte Satz klang irgendwie verbittert, doch Jakob bemerkte ihren Sarkasmus nicht. „Hoffentlich" zischte er zurück, mein Rückflug ist in drei Tagen, ich darf ihn nicht verpassen." Sofia seufzte und verlangsamte ihre Schritte, so dass die zwei Lehrer sie und ihre Großmutter überholen mussten.

Einer der Gymnasiallehrer nutzte den Moment und zog vorsichtig an Jakobs linkem Arm: „I am a sport teacher. I like football very much. I like German football. I like Bayjarn Mjunchen. I am your friend. We watch football together. I play football. Does you love football?" Jakob versuchte, ohne das Lauftempo zu verlangsamen, eine freundliche Antwort zu formulieren. Doch Ruslana, die Jakobs Gespräch mit Sofia noch tolerierend übersah, drehte ihren Kopf in die Richtung des Fußballfans und sogleich verschwand er hinter den Rücken der Blumenmädchen.

Ruslana hakte sich bei Jakob sanft unter, und seine Schultern wurden automatisch breiter. Sie schenkte ihm ein süßes Lächeln und gab einer der Schülerinnen ein Zeichen, ihm seine Begrüßungsgeschenke abzunehmen. Die Brot- und Rosen- Gerüche, die sich in seiner Nase komisch vermischt hatten, machten Platz für Ruslanas leicht süßliches Parfüm. Er atmete tief ein. „J'aime ta ville. J'adore ton chemisier!"[50] Ihr Lächeln verwandelte sich in warmes Lachen, sie zeigte ihm zwei Reihen kleiner weißer Zähne: „Merci. Moi aussi."[51] Ihr Schulfranzösisch schien genau so frisch zu sein wie Jakobs, aber mit Sofia war nicht zu rechnen, sie schleppte sich langsam hinterher und bemerkte Jakobs krampfhafte Versuche, mit Ruslana ins Gespräch zu kommen, überhaupt nicht.

Gute zwanzig Minuten durfte Jakob Ruslanas Nähe genießen. Vorsichtig hielt er ihre Hand in seinem Arm. Er passte seine Schritte ihren Schritten an, sein Lauftempo ihrem. Sie war sehr zart gebaut, die Feinheit ihren Linien verdeckte aber nicht die atemberaubenden Kurven ihrer Hüften und Brüste, die Jakob für ein paar Sekunden, beim erforderlichen Ausweichen einer ihm von Gott geschickten Pfütze, kurz spüren konnte. Er hielt ihre Hand noch fester, zeigte den Weg ins Trockene und bekam reichlich dankbare Blicke und ein Lächeln zurück.

Sie erreichten die Schule früher als erhofft, gerade als er noch einen französischen Satz in seinem Kopf formuliert hatte. Die strategische Frage "Vous déjà allé en Allemagne?"[52] sollte ihm die Möglichkeit zu weiteren Gesprächen eröffnen und, wer weiß, wahrscheinlich auch zu weiteren Kontakten. Der Moment war aber schon vorbei. Kinderlärm einer Schulpause, den Jakob zweifellos überall erkennen konnte, erklang aus dem Gebäude vor ihnen.

Die Schule sah wie eine typische DDR-Schule in einem der Wohngebiete an den Stadträndern von Halle aus. Ein grauer Würfel mit einem asphaltierten Spielplatz. Ein hoher Drahtzaun verschärfte die Ähnlichkeit mit einer Justizvollzugsanstalt zusätzlich. Entlang des Zaunes im Hof lagen sorgfältig gestapelte Holzscheite. Die Schulkinder nutzten sie als Bänke, Tische, Klettergerüst, und einige als Liegen. Vor der Türe saß ein Wachmann auf einem kleinen Hocker. Wahrscheinlich ein pensionierter Polizist, dachte Jakob, das wäre passend zur Situation: Die Schule wie ein Gefängnis, der Wächter wie ein JVA-Beamter und er selbst wie ein Gefangener.

---

50 „Ich mag deine Stadt. Ich mag deine Bluse." Französisch
51 „Danke. Mir auch." Französisch
52 „Sie schon gegangen in Deutschland?" (Das sollte wohl heißen: „Waren Sie schon in Deutschland?") Französisch.

Matzewe in meinem Garten

Im Hof waren sie sofort im Zentrum der Aufmerksamkeit. Die Kinder vergaßen ihre Beschäftigungen und starrten Jakob an.

Es sah aber nicht nach einem Gefangenentransport aus, sondern eher wie das Auftauchen eines Schiffbrüchigen auf einer Ozeaninsel. Die Schüler begrüßten Bogdan Petrowych sehr förmlich und Jakobs Begleiterin, Frau Ruslana, sehr herzlich. Sie nickte und lächelte freundlich in alle Richtungen.

Der große Saal der Schule und die danebengelegene Schulkantine waren festlich geschmückt, es fehlten aber die für Schulfeste üblichen Luftballons, bunten Papiergirlanden und Kinderlieder. Bänder in schwarz-rot und gelb-blau umschlangen die Saalsäulen, gestickte Tücher hingen vom Rand der Bühne und an den Wänden waren die Porträts ernst schauender bärtiger Männer zu sehen. Eins davon, mit einem Mann in einem Pelzmantel, sah so ähnlich aus wie das gestrige Lenindenkmal. Ob Lenin überhaupt einen Pelzmantel trug, war Jakob unbekannt, aber andererseits wäre es im ukrainischen Winter nicht verwunderlich gewesen.

Im Schulsaal teilte sich die kleine Delegation in drei Teile, entsprechend der Schulhierarchie: Die Mädchen schlossen sich ihren Klassen in den mittleren Reihen an, der Sportlehrer und seine Kollegen fanden einen Platz in der vierten Reihe, Ruslana, Jakob und Bogdan Petrowytsch belegten die für sie reservierten Plätze in der ersten Reihe. Die Großmutter, die sanft, aber deutlich vom Sportlehrer zur hinteren Reihe geschoben wurde, warf Jakob einen vieldeutigen Blick zu: „Glaubst du mir jetzt?" Jakob las die Frage in ihren Augen und stellte sich zum ersten Mal in seinem Leben gegen das System. Er atmete tief ein und winkte der Alten zu, dabei zeigte er auf den Platz rechts neben ihm, wo noch frei war. Links von ihm, nah an seinem Herzen, saß Ruslana. Er übersah dabei die Schilder, die jeden Sitz in seiner Reihe schmückten. Mit für sie ungewöhnlicher Geschwindigkeit drängte Sofias Großmutter in die erste Reihe hinein und setzte sich neben Jakob. Das System, in Gestalt von Ruslana, versuchte die so nicht geplante Sitzbelegung des unerwünschten Gastes zu verhindern, doch Jakob entschloss sich, die Alte unter seinen Schutz zu nehmen und für sie zu kämpfen. Seine Geheimwaffen sollten ihm in diesem Kampf behilflich sein, deshalb machte Jakob schnell Welpen-Augen und schaute Ruslana flehentlich an.

Es entstand eine peinliche Pause. Ruslana gab als erste auf, schenkte Jakob und der Oma ein diesmal nicht besonders warmes Lächeln und gab ein Zeichen, einen weiteren Stuhl in die erste Reihe zu stellen.

Jakob bejubelte seinen kleinen Sieg, er hatte sich wie ein richtiger Mann durchgesetzt, und lächelte die Alte gönnerhaft an. Er schaute sich um, fokussierte Sofias stolzen und dankbaren Blick aus der vierten Reihe, der aber von vielen anderen neugierigen Blicken in seine Richtung begleitet wurde. Ihre Zahl wurde größer, während sich die Reihe füllte. Immer mehr Klassen kamen herein, nahmen ihre Plätze ein, jüngere Kinder vorne, ältere hinten, die Lehrkräfte am Gang.

Manche Lehrer und andere Gäste wurden Jakob von Ruslana vorgestellt. Sie kamen zu seinem Platz. Ruslana und er standen auf, sie küsste und umarmte die Neuankömmlinge, nannte Jakob ihre Namen. Dann begannen die Küsserei, das Schulter-Klopfen und die Umarmungen für Jakob und erst danach durfte er sich auf seinen Sitz zurückfallen lassen. Bis zum Anfang des Konzertes hatte Jakob mindestens zwanzig Leute auf diese Weise kennengelernt, die nur einen kleinen Teil der im Saal anwesenden Erwachsenen ausmachten.

Fast alle Besucher, die Jakob vorgestellt wurden und die, die ihn nur von Ferne erblicken konnten, trugen bestickte Hemden. Tausende winziger Kreuzstiche schmückten in monochromen Farben Kragen und Vorderteile von Herrenhemden, bunte Ornamente die langen bauchigen Ärmel der Frauenblusen. Jakobs Augen irrten durch dieses Stick-Labyrinth, wandelten in einem floralen Wirbelsturm: Rosen, große und kleine, verflochten mit Weintrauben und Mohnknospen, umschlungen von Weinreben und Weizenähren, reiche sommerliche Felder blühten auf jeder Bluse. Die Stickerinnen überboten sich in Geschick und in der Farbigkeit. Niemand erlaubte sich auf diesem Farbenfestival nur mit Jeans oder mit einem schlichten T-Shirt zu erscheinen. Sogar die kleineren Kinder trugen nicht weniger reichlich geschmückte Hemden und Blusen. Jakob, der sich sein ganzes Leben lang in grau-blau-schwarzem Polyester versteckt hatte, entdeckte plötzlich die entzückende Kraft der Stofftexturen, Ornamente und Farben. Es war bestimmt angenehm, diese Muster zu tragen, Kunstwerke, die geschickte Frauenhände in monatelanger Arbeit für ihre Liebsten geschaffen hatten.

Während Jakob die Begrüßung der ihm unbekannten Männer und Frauen mit nicht reproduzierbaren Namen verfolgte, schweifte sein Blick immer wieder zu der dünnen pulsierenden Ader an Ruslanas Hals. Ihr Duft, den Jakob schon als vertraut wahrnahm, durchdrang sein Hemd, eines ihrer Härchen lag auf seiner Schulter, er wollte es nicht abstreifen.

Die Aula wurde fast voll, nur ein paar der vorderen Sitze blieben frei. Ruslana schaute immer öfter besorgt zum Eingang. Die Kinder wurden langsam unruhig, die Lehrer mussten sich immer mehr Mühe geben, ihre Schüler zur Ordnung zu rufen. Der Sportlehrer, der offenbar auch für die Disziplin zuständig war, rannte von einem laut gewordenen Kind zum anderen, und sorgte für Ruhe. Jakob merkte, dass die Lehrer hier deutlich strenger mit ihren Schülern waren, als er das von seinem Gymnasium kannte. Er konnte ihre Zurufe nicht verstehen, aber die Intonation und Mimik zeigten deutlichen Unterschiede in der Kommunikationskultur zwischen den ukrainischen und deutschen Schulen an. Tief in seinem Innern widerstrebten Jakob diese Zeiten der Lehrerautokratie, die bei Max und Moritz so deutlich abgebildet wurden. Wenn es um Angst ging, dann immer vor Lehrern und nicht vor undisziplinierten, frechen Kindern und ihren hysterischen Müttern.

Es wurde plötzlich still, und diese unerwartete Ruhe weckte Jakob aus seinen nostalgischen Träumen. Jakob hörte schwere Schritte von zwei oder drei Personen und ehe er es geschafft hatte, sich diesen Schritten zuzuwenden, tauchte direkt vor Jakob ein riesiger, vollkommen schwarz gekleideter, orthodox aussehender Pope mit einem großen runden Medaillon an einer dicken goldenen Kette auf. Ruslana, die ihn stehend empfing, küsste seine Hand und deutete auf ihren Sitz. Er setzte sich neben den vor Überraschung stocksteifen Jakob und warf ihm einen fragenden Blick zu. Ruslana nannte ihm seinen Namen und Jakob hörte zum zehnten Mal den Titel der nichtexistierenden Zeitung Berlin Today. Der Pope lächelte ihn duldsam an und bot ihm seinen erhobenen Handrücken dar. Jakob starrte wie hypnotisiert auf die Hand, die Großmutter stieß ihn leicht in seinen Rücken. Die Blicke der ganzen Schule brannten auf Jakobs Gesicht. Willenlos beugte er sich leicht zu der Hand und küsste sie. Ohne seine Verlegenheit zu bemerken, zeichnete der Pope mit dem Zeigefinger ein Kreuz auf Jakobs Stirn. Ruslana winkte inzwischen einem Mädchen aus den hinteren Reihen zu, und als sie kam, zeigte Ruslana auf Jakob und sagte ihr ein paar Worte. Sie selbst nahm den letzten freien Platz am Gang ein, ungefähr zehn Sitze von Jakob entfernt.

Das Mädchen, wahrscheinlich aus der letzten Klasse, setzte sich direkt hinter Jakob, der Platz für sie wurde nach einem Blick Ruslanas schnell freigemacht. Das Mädchen flüsterte ihm ins Ohr: „Ich werde für Sie übersetzen." Und nach einer kleinen Pause: „Ich heiße Maritschka". Jakob, noch unter Schock von dieser unerwarteten Taufe, reagierte kaum auf seine neue Übersetzerin. „Neben Ihnen sitzt der Bischof der ukrainischen griechisch-katholischen Kirche, Vater Petro." Der Bischof stand inzwischen auf, alle taten es ihm nach, auch Jakob, dies aber erst nach zwei Anstößen, einem von hinten und einem von links auf seine Füße.

Der Bischof gab allen geehrten Gästen in der ersten Reihe seine Hand, segnete sie mit einem symbolischen Kreuz auf die Stirn, drehte sich mit dem Rücken zu den Zuschauern, zur Bühne und fing an zu singen. Alle Anwesenden folgten seiner tiefen Stimme. Monotoner gregorianischer Gesang erklang im Saal, zehn Sitze entfernt hörte Jakob Ruslanas Sopran. Kristallklar ergoss sich ihre Stimme über die gebeugten Köpfe. Jakob rieb seine Stirn in der Hoffnung, das unsichtbare Kreuz wegzuradieren. Davon würde er zu Hause bestimmt nicht erzählen, nicht einmal seine nicht besonders religiöse Bobe würde dieses Ereignis lustig finden.

Das Lied war sehr lang und es bot Jakob genügend Zeit, sich zu besinnen, und sich zu überzeugen, dass das Geheimnis dieser Küsserei mit ihm endgültig sterben würde, ohne zur Welt unter seinen Verwandten und Kollegen zu kommen. Den Bischof beschloss Jakob nicht zu bemerken. Er hatte eine irrationale Angst vor ihm. Nach diesem Gesang folgte ein anderer, in einer Art religiöser Meditation beugten sich Erwachsene und Kinder im Takt der Gebete. Jakob fand seine erste Liturgie insgesamt doch recht beruhigend, wenn nicht gar einschläfernd.

Dann war die Liturgie zu Ende und alle setzten sich wieder auf ihre Plätze. Jakob fühlte sich ziemlich ungemütlich neben diesem orthodoxen Riesen. Dieser entfaltete seine schwarze breite und lange Soutane und breitete sehr sorgfältig die Stoffbahnen auf die Schöße seiner linken und rechten Nachbarn aus, wie eine Braut am Hochzeitstisch. Die Betroffenen leisteten keinerlei Widerstand. Ganz im Gegenteil, der Nachbar des Bischofs, der Gymnasialdirektor, gab sich viel Mühe, all seine Bewegungen zu reduzieren, um den teuren Kaschmir nicht zufällig zu berühren. Jakob bekam auch eine ordentliche Kaschmirportion auf seinen Schoss.

Jakob merkte nicht, wie und wann Ruslana und der Schuldirektor verschwanden. Als sie plötzlich die Bühne betraten, schaute er verwirrt auf ihre leeren Stühle, die weniger als ein paar Sekunden zuvor besetzt waren. Noch überraschender fand er, dass die Festordnerin es geschafft hatte, sich so schnell umzuziehen. Sie kam in einem bestickten langen Kleid auf die Bühne. Nur von der ersten Reihe aus konnte man die feinen geometrischen weißen Ornamente ihres Kleides erkennen und bewundern.

Ruslana nahm ein Mikrofon und fing an zu reden. Mit ihren ersten Worten schaffte Ruslana es, ein Schulfest in eine Oscar-Zeremonie zu verwandeln. Sie klang erhaben und festlich, sie schaute ihren Zuschauern in die Augen, sie legte ihre Hand aufs Herz und nichts davon sah übertrieben oder unpassend aus. Als aber die Jakob zugewiesene Übersetzerin ihren Mund aufmachte, wurde sie von Sofia, die sich unbemerkt in die zweite Reihe geschlichen hatte, weggestoßen. Sie sprang auf, Sofia besetzte ihren Platz und als das Opfer von Sofias Eingreifen widersprechen wollte, wurde es ohne längere Erklärung vom Sportlehrer aus der zweiten Reihe weggeschickt. Jakob merkte kaum den kleinen Kampf zweier Teenies, war aber gewissermaßen nach Sofias Rückkehr erleichtert. Sofia, als ob sie niemals weggewesen wäre, übersetzte inzwischen fleißig:

„Ihre Exzellenz, sehr geehrte Vertreter unserer Stadtverwaltung, Herr Direktor, liebe Kollegen, und liebe Eltern und Kinder, herzlich willkommen zu unserem Gedenkabend für die Opfer des Sowjetregimes. Heute, wie jedes Jahr, versammeln wir uns, um unserer ermordeten, verhungerten, verhöhnten, erschossenen, vergewaltigten, in Kühlwagen nach Sibirien verschleppten Männer,

Frauen, Mädchen und Jungen, kleinen Kindern zu gedenken und sie zu ehren. Wir versammeln uns aber nicht nur um zu trauern, sondern um mit Stolz zu erwähnen, dass unser Volk trotz aller Herausforderungen, wie ein Phönix aus der Asche auferstanden ist, um das Licht Gottes, den christlichen Glauben, nationale Würde und Stolz in unseren Kindern zu verankern und die Früchte von internationalem Respekt und Achtung, nationalen Wohlstand und Sicherheit in diesen unsicheren Zeiten zu ernten! Die Schule ist immer ein Treffpunkt aller Generationen gewesen, und genau hier erfolgt die Weitergabe, der Erhalt und das Wiederbeleben unserer nationalen Geschichte, Kultur und der Sprache. Und dass sie sich heute so zahlreich versammelt haben, dass die Vertreter des Magistrats, dass unsere Mutter Kirche, unsere internationalen Gäste" – hörte Jakob richtig, dass sie die Mehrzahl verwendete? – „uns sich heute unserer Trauer, unserem Gedenken angeschlossen haben, spricht davon, dass unser Volk seinen Glauben, seine Macht, seinen internationalen Respekt nicht verloren hat, sondern einen ebenbürtigen Platz in der Reihe der starken, unabhängigen europäischen Länder besitzt. Darum lassen sie uns heute nicht nur trauern, sondern auch feiern, nicht nur die Opfer beweinen, sondern besingen, nicht nur an sie denken, sondern mit Stolz und Hoffnung unsere jungen starken zukünftigen Mütter und Kämpfer anschauen und unterstützen. Ich bedanke mich und übergebe das Wort unserem Herrn Direktor".

Sie beugte sich leicht mit der Hand auf dem Herzen und stieg von der Bühne, Jakob hatte selten einen so aufrichtigen, langen Applaus gehört. Alle nickten zustimmend. Die Oberkörper der zukünftigen Kämpfer und Mütter, derzeit nur pickeliger ungelenker Teenager, beugten sich nach vorne und ihre vom langen Sitzen vor Computern krummen Rücken richteten sich auf. Die verlaufende Schminke vergessend, schluchzten einige Mädel in ihre Papiertaschentücher. Sofia hinter ihm atmete tief ein und aus, wahrscheinlich um sich zu beruhigen. Die üppige Dame aus der Stadtverwaltung, die neben der Großmutter saß, putzte laut ihre Nase. Sofias Großmutter selbst hingegen blieb ungerührt.

Jakob fühlte langsam die gemeinsame Stimmung, seine Emotionen und Gefühle gehörten nicht mehr ihm allein. Er verlor allmächtig seine passive Haltung und fühlte sich, völlig absurd, zu denen gehörig, an die Ruslana ihre emotionalen Worte richtete. Es war ein süßes beruhigendes Gefühl, gemeinsam zu trauern und gemeinsam zu träumen. Und wenn er auch keine gemeinsamen Träume mit diesem Volk hatte, kostete es eben nichts, sie zu finden und sogar für einen kurzen Moment mitzuerleben.

Inzwischen beruhigten sich alle langsam, und der Direktor betrat im Glanz seines Anzuges die Bühne. Er gab den Lehrern die Zeit, die Kinder zur Ruhe zu rufen, breitete einen Stoß A4-Blätter vor sich aus und begann seine Rede. Nach zehn Minuten, von den mindestens acht der Auflistung der Schulmäzene gewidmet waren, hörte Sofia auf zu übersetzen. Die Lehrer gaben sich immer größere Mühe ihre Schüler unter Kontrolle zu halten. Es raschelte und säuselte, murmelte und giggelte, zischte und klapperte im Saal.

Jakob suchte nach Ruslana, aber sie kam nicht zurück zu ihrem Platz am Gang. Der Sauerstoff in der fast hermetisch abgeschlossenen Halle nahm langsam ab und zu den übrigen Geräuschen kamen Gähnen und Seufzen hinzu. Nach vierzig Minuten war der Schulleiter endlich mit seiner Rede fertig. Die halb betäubten Zuhörer applaudierten ihm pflichtbewusst, der Applaus wurde aber lauter und aktiver als Ruslana die Bühne wieder betrat und auf ein Zeichen von ihr wurden die Fenster geöffnet. Sie bedankte sich beim Herrn Direktor und deutete in Jakobs Richtung, was ihn tiefer in seinen Sitz rutschen ließ. Zu seiner großen Erleichterung erhobt sich sein hünenhafter religiöser Nachbar.

Unter lautem Applaus, der Würde seines Amtes bewusst, betrat er die Bühne. „Meine treuen Mitgläubigen in Christus", die ganzen christlichen Begriffe machten Sofia allmählich etwas Schwierigkeiten beim Dolmetschen: „Wie schon so richtig und treffend gesagt wurde, ist heute gleichzeitig ein trauriges und fröhliches Fest. Wir gedenken heute nicht nur der ermordeten, verhungerten, erschossenen und deportierten Laien, sondern auch hunderter Mönche, Nonnen und Priester, die ihr Leben für den christlichen Glauben geopfert haben. Die düsteren Zeiten der Katakomben-Kirche, so wie es noch im alten Rom üblich gewesen war, waren zurückgekehrt. Jede Kirche, jedes Kloster, jede Gemeinde kann heute von tragisch vermissten Brüdern und Schwestern berichten. Und trotzdem feiern wir heute, denn wir sehen, dass unsere heilige Mutter Kirche aufersteht, dass junge Priester, Nonnen, Mönche in ihren Schoß zurückkehren. Ich kann das mit großer Freude und Zuversicht behaupten. Wir wissen alle, dass sich unter uns heute in diesem festlich dekorierten Saal schon zukünftige Seminaristen befinden, die all meine geistliche und materielle Unterstützung bekommen werden." „Aha, und die Schlange ihrer potentiellen Bräute steht schon am Schultor", zischte Sofia leise: „Jede hier will die Ehefrau eines Priesters werden, das ist wie ein Jackpot, weißt du? Sie bekommen den ganzen Respekt ihrer Mitmenschen und über Geld müssen sie sich bis zum Ende ihres Lebens nie wieder Gedanken machen. Schlampen! Ich würde mir niemals wünschen, ewig mit sieben Kindern zu Hause zu sitzen. Ich möchte reisen und andere Länder kennenlernen." Jakob konnte Sofias Gesicht nicht sehen, doch in ihrer Stimme war der Neid auf die in der Schlange stehenden Bräute kaum zu überhören. Sofia schwieg. Sollte er ihr irgendwie zustimmen? Erwartete sie das von ihm? In der ersten Reihe war es aber gewiss ungünstig, tiefgreifende psychologische Gespräche zu führen und Jakob antwortete nicht.

Der Bischof sprach weiter, Sofia schwieg und Jakob versuchte, mit einem Seitenblick das Publikum besser zu verstehen. Er schaute die zukünftigen Priester und Kämpfer samt ihren zukünftigen Frauen an. Erstaunlich, wie einfach er sich die Kinder in den ihnen zugedachten Rollen vorstellen konnte. Zum Beispiel die Mädchen, schau sie doch an: Alle sehen wie eine aus: klassisch hübsch, lange Zöpfe, gut gebaut, mit slawischem ein bisschen rundem Gesicht mit frischen Rosa auf ihren Wangen. Alle trugen äußerst feminine Kleidung, nicht vulgär, aber betont weiblich. Jakobs Schülerinnen in Deutschland waren bunt gekleidet, alternativ, rebellisch, in irgendwelchen Gruppen auf ihre eigene Art und Weise aktiv. Von Freiwilligen in Tierheimen über Hobby-Models, Gothic- und Emo-Subkulturen bis Öko-Aktivistinnen bei Green Peace. Die, die hier vor ihm standen, waren eingehüllt in die Falten ihrer bestickten Blusen und Röcke, und rühmen sich der ihnen zugedachten Rollen. Sogar

Sofia, die andere Länder kennenlernen will, war genauso gekleidet und damit reif für die Rolle der Ehefrau eines Priesters.

Die Rede des Bischofs hatte genauso wie die des Schuldirektors eine einschläfernde Wirkung. Ein warmer Luftzug bewegte sanft die langen leichten Gardinen, berührte Falten dunkler Röcke, brachte Wortfetzen fremder Gespräche. Sofia machte keine Anstalten, um Jakob die Worte des Bischofs zu übersetzen, seine dicke Nachbarin gab leicht grunzende Geräusche von sich. Jakobs Hände ließen die Armlehne los, er entspannte seinen Rücken und die Beine, ließ seinen Kopf auf die Sitzlehne fallen. Er fühlte sich endlich unbeobachtet und konnte in diesem Moment frei atmen.

„Und jetzt bekommt unser deutscher Gast, ein Journalist einer großen deutschen Zeitung das Wort. Das wachsende Interesse der internationalen europäischen Gesellschaft, darunter besonders der Deutschen an der reichen ukrainischen Kultur und Geschichte, hat auch unser Skolywka, unser Gymnasium erreicht, was wir als Anerkennung unserer Opfergabe an die von kommunistischen Ketten freie Zukunft begreifen können."

Jakob hörte im Halbschlaf Sofias Übersetzung. Interessant, dass hier noch andere Deutsche anwesend sind, dachte er. Wahrscheinlich trinken wir später ein Bier zusammen...

„Wir alle wissen, dass die Deutschen auch Opfer der sowjetischen Okkupation gewesen sind, auch ihre Söhne und Töchter in KGB-Gefängnissen ermordet und gequält worden sind, und wir wissen außerdem, dass Deutschland heute eine wahrhaft globale politische und wirtschaftliche Macht geworden ist, als ein Symbol der Unbesiegbarkeit der Sehnsucht nach Freiheit und Frieden. Dementsprechend ist die deutsche Erfahrung für uns umso wichtiger. Bitte, Herr Sandler, kommen Sie zu uns und richten sie ihre Grußworte an uns." Jakob drehte sich zu Sofia um, in der Hoffnung, dass er einfach schlecht gehört hätte oder dass sie sich bei der Übersetzung einen schlechten Witz erlaubt hätte. Doch sie beendete nervös Ruslanas Satz und schaute ihn erwartungsvoll an. Dann deutete sie mit ihrem Kopf auf die Bühne.

Nein, nein, nein. Nein. Nein! Er merkte, dass alle seine Nachbarn ihn mit neu erwachtem Interesse anschauen. Die Ruhe im Saal wurde plötzlich unerträglich. Seine Hände wurden nass und die Beine weich. Seine letzte Rede hatte er zu seinem achtzehnten Geburtstag gehalten, und dabei waren die Bobe und die Mame seine einzigen Zuhörer gewesen. Und auf einer Bühne stand er bisher nur zwei Mal in seinem Leben, beide Male hatte er seine Diplomurkunden abgeholt, beide Male waren seine Auftritte auf Händeschütteln und „Danke" sagen begrenzt. Scheiße. Er stand langsam auf und machte einen kleinen Schritt in Richtung Bühne. Er hörte hinter sich ein Geräusch. Sofia kämpfte sich durch zwei Reihen zu ihm. „Ich werde für dich übersetzen. Mach dir keine Sorgen." Seine stolze Übersetzerin marschierte als erste zur Bühne und flog mit einmal die drei Stufen hinauf und war in einer Sekunde schon bei Ruslana. Ruslana, die Sofia auf der Bühne nicht erwartet hatte, ließ sich nichts anmerken. Sie ignorierte einfach ihr Erscheinen, vielmehr lächelte sie Jakob ermutigend an. Absurder ging es wohl nicht. Mit versteinertem Gesicht lief Jakob zum Mikrofon in der Mitte der Bühne. Halb zu ihm, halb zu den Zuschauern gewandt, applaudierte Ruslana und nahm ihren Platz in der ersten Reihe wieder ein. Sofia und Jakob standen vor dem Mikrofon.

„Sehr geehrte Damen und Herren, es ist eine Ehre für mich, diesen Gedenktag miterleben zu dürfen." Bei der Übersetzung ging Sofia viel zu nahe an das Mikrofon, sie berührte es fast mit dem Mund. Sofia und Jakob sahen fast wie ein Gesangsduo aus, das dem Publikum ein Liebeslied vorträgt. Die Übersetzung ließ Jakob noch ein bisschen Zeit, seine Gedanken zu ordnen. Die letzte Rede, die Jakob vor kurzen gehört hatte, war die festliche Rede eines deutschen Politikers im Bundestag am Gedenktag der Holocaustopfer. Diese Rede wurde dann in der Zeitung publiziert. Zu eigener Kreativität war er in diesem Augenblick total unfähig. Jakob hatte diese Rede noch laut der Bobe vorgelesen. Er konzentrierte sich auf den halbvergessenen Text und die Wörter tauchten langsam wieder in seinem Gedächtnis auf:

„Wir gedenken heute aller Opfer dieser verbrecherischen Ideologie, aller Menschen, die um ihre materielle, seelische und physische Existenz gebracht und ihrer Würde beraubt wurden, der Verfolgten, Gemarterten, Gedemütigten, Ermordeten, aller, die sich aus religiösen, politischen oder schlicht menschlichen Beweggründen dem Terror widersetzten und deswegen der Totalitären Staatsgewalt zum Opfer fielen. Wie gedenken auch der Überlebenden, derjenigen, die an dem Grauen der Unmenschlichkeit seelisch zerbrochen sind" mit diesen Worten deutete Sofia aus eigener Initiative mit ausladender Handbewegung auf ihre Oma, die ihr würdevoll und traurig zunickte. Jakob nickte ebenfalls großzügig, er spürte Sofias Atem an seiner Wange: „Wir leben heute in Deutschland in einer gefestigten selbstbewussten Demokratie. Sie ist uns aber nicht ein für alle Mal geschenkt, sondern muss täglich gestaltet, mit Leben erfüllt und auch verteidigt werden. Meine Damen und Herren, Erinnerung lebt vor allem von der Unmittelbarkeit des Erlebten. Mit den Zeitzeugen der damaligen Ereignisse schwindet der unmittelbare Zugang zur Vergangenheit. Umso wichtiger ist heute ein neues Format der Erinnerung. Ich freue mich, dass die Kirche, die Stadtverwaltung und das Bildungssystem dieses Landes sich dessen bewusst sind. Angesichts der braven jungen Männer und Frauen, angesichts der Zeugen des verbrecherischen Regimes..." Sofia deutete wieder auf ihre Oma, die mit einem weißen Taschentüchlein theatralisch ihre Tränen abwischte. Doch Jakob konnte sehen, dass ihre Goldzähne ein breites Lächeln zeigten.

Jakob stolperte kurz bis er seinen Erinnerungsstrang wiederfinden konnte: „Ich sehe hier heute ganz klar und deutlich: Die Deut... (im letzten Moment verschluckte er die zweite Silbe und rettete sich in einen kurzen Hustenanfall), die Ukrainer können sich ihrer jungen Generation von zukünftigen Kämpfern, Priestern und ihrer Frauen rühmen. Um damit ende ich und danke Ihnen, dass Sie mich eingeladen haben." Für die zwei letzten Sätze, seine eigene Improvisation, erntete er besonders lauten Applaus. Er nickte dankbar für diesen unerwarteten Moment seines Ruhmes, geschmeichelt und verlegen gleichzeitig. Sofia stand weiterhin sehr nahe bei ihm, wärmte sich in den Strahlen seines Ruhmes. Zusammen kamen sie wie zwei verliebte Sänger zurück zu ihren Plätzen. Ruslanas Blick, der jeden Lebenden beflügeln könnte, strahlte nur Jakob an. Mit breiten Schultern marschierte er zu seinem Platz. Sofia nahm ihren nicht mehr anfechtbaren Platz hinter ihm ein. Der Schuldirektor klopfte auf Jakobs Schulter, die Dame von der Stadtverwaltung applaudierte ihm noch einmal extra, dabei machte sie ein Gesicht, als ob sie ihm Luftküsse gäbe und durch die Sitzreihen ging ein leises Wispern.

Als der letzte Applaus verstummte, verkündete Ruslana den nächsten Programmpunkt. Ohne ein Wort zu übersetzen, blickte Sofia Jakob mit einem geheimnisvollen Lächeln an und verschwand hinter den Kulissen. Einige andere Mädchen folgten ihr. Jakob, wieder von allen in Ruhe gelassen, dachte über seinem verrückten Auftritt nach. Gewissensbisse schlichen sich in seine Gedanken, ließen ihn den Kopf schütteln, sich auf die Lippen beißen und die Stirn runzeln. Als die graden Reihen von Schülerinnen auf die Bühne stiegen, gab sich Jakob große Mühe, sich auf sie zu konzentrieren, in der Hoffnung, seine eigene Scham zu verdrängen.

Es muss wohl ein Schulchor sein. Sofia stand in der zweiten Reihe zwischen anderen Mädchen. Im Saal dämmerte es, die Sonne ging langsam unter, der noch vor kurzem warme Wind brachte jetzt herbstliche Kühle. Die Fenster wurden geschlossen und zwei Scheinwerfer beleuchteten die Bühne. Jedes Mädchen zündete eine kleine Kerze an, die sie mitgebracht hatten. Im gelblichen Kerzenlicht sahen die dreißig Schülerinnen mit ihren ernsten traurigen Gesichtern wie Madonnen auf Ikonen aus, wie bei Sofias Oma zuhause. Ruslana trat aus dem Schatten in die Mitte der Bühne. Sie sagte etwas, was ein Liedtitel sein konnte, drehte sich zum Chor und hob ihre Hände. Dirigentin war sie auch noch! Jakobs schlechtes Gewissen machte anderen, stärkeren Gefühlen Platz.

Es war still geworden, und der Chor begann seine erste Strophe. Es war eine ausgesprochen schöne, bezaubernde Melodie. Die Stimmen, zu einem harmonischen Ganzen verflochten, durchfluteten den Saal. Jakob verstand kein Wort, er ließ sich von diesen Stimmen und der Melodie einfach wegtragen. Er sah vor seinem inneren Auge ein Meer vor dem Sturm, graue Wellen, einen bleiernen Himmel und eine schöne Frau, schweigsam, traurig wartend, an der Mole stehen. Sie schaute das Meer an, den Horizont, sie lauschte und sie drehte ihren Kopf nach links und nach rechts und fing dann an, das Lied zu singen, um sich mit der eigenen Stimme zu beruhigen, um den Donner des sich nähernden Gewitters zu übertönen. In ihrem Lied klangen Angst und Hoffnung, Liebe und Trauer, und sie sang weiter vor sich hin. Hatte sie nicht Ruslanas Gesicht? War er nicht der, auf den sie wartete, und den sie so leidenschaftlich rief?

Plötzlich ertönte ein helles Solo, übertönte die anderen Stimmen, und erhob sich nach oben bis unter das Dach, durch die geschlossenen Fenster. Das war ein ganz anderer Klang: Lebensfroh, selbstbestimmt, stolz, fast kriegerisch. Jakob öffnete die Augen und sah Sofia singen. Das war ihr Solo, das war ihre Stimme, und dies waren ihre Augen, vor kurzen noch halb kindlich halb verführerisch, jetzt selbstaufopfernd und selbstvergessen. Sie war nur die Verkörperung ihrer eigenen Stimme, die ihre ganze Existenz in diesem Moment verwirklichte.

Es war ein Moment, wenn nicht religiöser, dann zumindest tiefer spiritueller Ekstase. Alles passte perfekt zusammen: die jungen Stimmen der Sängerinnen, das flackernde Licht, die Stille der verzauberten Aula. Sofia beendete ihr Solo, ihre Hände fielen an ihren Hüften herab, ihre Augen verloren ihr inneres Leuchten und verdunkelten sich. Sie trat einen Schritt zurück und verschmolz mit der Reihe ihrer Chorkolleginnen. Der Chor sang noch ein paar andere Lieder, manche mehr andere weniger traurig. Jakob merkte, dass jedes Lied mit „Oj" anfing. Dann war der Chorauftritt zu Ende. Die Mädchen und ihre Dirigentin erhielten verdienten Applaus, bestimmt verdienter als meiner, dachte Jakob. Die Schülerinnen kehrten direkt auf ihre alten Plätze im Saal zurück, ohne sich umzuziehen.

Sofia setzte sich wieder neben Jakob. Sie verbarg nicht ihren selbstbewussten, triumphierenden Blick, sie war sich ihrer neuen Kraft sicher. Ohne es zu merken, wusste sie, dass sie ab sofort mit anderen Augen gesehen werden würde. Jakob schaute sie wirklich bewundernd an: „Sofia, du hast eine tragende Gesangsstimme! Wunderschön! Wo hast du gelernt, so zu singen?" fragte Jakob laut. So laut, dass alle seine Anerkennung bemerken mussten. Wenn er schon in die Rolle eines ausländischen A-Promis versetzt wurde, dann konnte er das auch zu Sofias Gunsten nutzen. „Hier, wo denn sonst?" Bewusst beiläufig zuckte sie mit ihren Schultern. „Wir haben hier einen Schulchor und in der Kirche singen wir auch jeden Sonntag und bei allen Festen auch: Ostern, Weihnachten, Taufen,

Begräbnisse, zu den Tagen aller Heiligen: zum heiligen Andrei, Roman..." Sofia zählte weitere Anlässe auf. So viele religiöse Feste gab es hier, das war Jakob nicht bewusst. „... zu Mariä Geburt, Mariä Todestag, Mariä Auferstehung, Mariä Verkündigung." Sofia listete die Feste, bei denen sie sang, wie eine Operndiva ihre Gastrollen auf: New York, Paris, London, Wien. Jakob hatte schnell den Überblick verloren.

Ruslana blieb auf der Bühne, viel Applaus wurde auch ihr zuteil. Sie musste eine echt talentierte Chorleiterin sein, um ein solches Wunder zu schaffen. Sie bezauberte Jakob immer mehr. Sie kündigte die nächste Nummer an und nahm danach unter Jakobs gierigem Blick ihren Platz am Gang ein. Diesmal waren es Kinder der Grundschule, Mädchen, kleine Kopien erwachsener Frauen, in gestickten Blusen mit lackierten schwarzen Schuhchen und Jungen in gebügelten Hosen mit scharfen Bügelfalten und mit Fliegen. Ihre Leiterin, eine junge Lehrerin, die nervöser als die Kinder selbst war, wies ihnen ihre Plätze in den Reihen zu. Die Kinder sangen, dann wurde ein Tanz angekündigt

Die Mädchen kreiselten und drehten sich mit Spaß und Gefühl, viele auch mit sicherem Rhythmus, knicksten um die Jungs herum, welche eher nur Nebenrollen spielten. Sie blieben auf einem Platz oder machten einen Schritt nach links oder nach rechts, eine Art von lebendigen Tanzsäulen. Die Kinder waren mit ihrer Darbietung fertig und Ruslana war wieder wie eine Sonne über der Bühne aufgegangen.

„Meine lieben Mitbürgerinnen und Mitbürger." Sofia kehrte zu ihrer Rolle als Übersetzerin zurück: „Wir widmen uns in diesem Saal unserer Vergangenheit und unserer Zukunft. Alte und junge versammeln sich heute hier, um der Helden des Kampfes mit den Sowjets zu gedenken und aus ihrem Beispiel zu lernen, was Liebe zu unserem Volk, Mutterland, Gott und unserer Kirche bedeuten. Wir freuen uns alle, dass wir heute hier eine der letzten Heldinnen begrüßen zu dürfen. Ja, eine Heldin, denn auch Frauen waren ein Teil des Heldenkampfs, auch Frauen waren Opfer der kriminellen Diktatur und Frauen, die immer als das schwache Geschlecht dargestellt werden, die Frauen erleben in ihren Kindern, in ihrem Volk unsere Sprache, unseren Glauben wieder. Ich freue mich, heute hier

Darka Grygoriwna zu begrüßen! Ihr Mann kämpfte gegen die Sowjetarmee und starb einen heroischen Tod in unseren Wäldern. Sie selbst wurde zwei Mal nach Sibirien deportiert und ist doch lebendig zurück in ihr Land, zu ihrem Volk, zu ihrem Glauben gekommen. Jetzt werden wir ihre Geschichte hören. Darka Grygoriwna, kommen Sie bitte zu uns!" Ruslana winkte die Alte zu sich.

Jakobs Nachbarin stand auf und ging mit kleinen langsamen Schritten zur Bühne. „Das ist eine große Ehre!" hörte Jakob Sofias aufgeregte Stimme in seinem Ohr. Es schien, als ob Sofia ihren Ärger auf ihre Oma vergessen hätte. „Das war alles Frau Ruslanas Idee, ich habe sie nicht mal darum gebeten. Aber ihr gefiel auch nicht, dass meine Oma nur ausgelacht und beleidigt wurde, und das selbst von denen, die den Sowjets den Arsch geleckt haben." Bei diesen Worten nickte Sofia verachtend in die Richtung der Dame aus der Stadtverwaltung, die mit eng aufeinandergepressten Lippen unzufrieden Darkas Weg die drei Stufen hinauf zum Mikrofon verfolgte.

Nach endlosen fünf Minuten erreichte die Oma endlich ihren Platz vor dem Mikrofon. Ein Stuhl wurde bereitgestellt und das Mikrofon sorgfältig auf die richtige Höhe eingestellt. „Gott segne euch alle für euren festen Glauben an unseren Gott und unser Mutterland!" Jakob hatte keinen solch religiösen Anfang erwartet, die Alte machte auf ihn nicht den Eindruck eines tiefgläubigen Menschen, zumindest hatte sie Gott in seiner Anwesenheit noch nie erwähnt. Jakob schaute sich nervös um. Würde sie diese schreckliche Geschichte noch einmal erzählen? Ganz junge Schülerinnen und Schüler der dritten oder vierten Klasse saßen ganz vorn, direkt hinter der ersten Reihe, warum sollten sie das anhören müssen? Wäre es nicht vernünftiger, für diesen Gedenktag einer Altersbegrenzung einzuführen? Was werden die Eltern dieser kleinen Tänzer dazu sagen? Jakob suchte nach seinem letzten sauberen Taschentuch und reichte es Sofia. Ohne Tränen würde es bestimmt nicht abgehen. In dieser Situation war es das Einzige, das er tun konnte. Die Zuschauer schwiegen und die Alte begann ihre Erzählung.

„Meine Lieben! Ich freue mich sehr, heute hier in unserer, wie Ruslana schon richtig sagte, wunderschönen Schule zu sein, und eure klaren, durch Glauben und Weisheit beleuchteten Gesichter zu sehen. Ich bin aber gleichzeitig sehr traurig, dass viele andere unserer Mitbürgerinnen und Mitbürger, die alle ihr Leben für unsere Freiheit, für unsere Zukunft gegeben haben, die für ewig im kalten sibirischen Boden begraben sind, diesen schönen Gedenktag nicht miterleben dürfen. Ich gedenke meiner Mutter, meines Vaters, meines Mannes, und besonders meines Bruders. Niemand von ihnen durfte den lang erträumten Tag erleben, den Tag, an dem unsere Ketten, unsere Fesseln gesprengt waren und uns die von Gott geschenkte Freiheit angelacht hat." „Wo hat sie so sprechen gelernt?" unterbrach Jakob Sofias Übersetzung. „Stand sie jeden Tag an der Kirchenkanzel, oder was?" „Na ja von der Kanzel. Von unseren Popen, die lesen alle ihre Predigten so. Sehr gehoben, oder?" Sehr pathetisch, könnte Jakob antworten, doch er wollte Sofias kindliche Einschätzungen nicht verderben. Dazu konnte er sehen, dass dieses Gequatsche gut ankam. Sein hochwürdiger Nachbar nickte Darkas Worten bestätigend zu.

„Und ich?" Das Mütterchen stellte eine rhetorische Frage an ihre Zuhörer, und ließ dabei ihre Hände, die vorher auf ihrem Herzen lagen, kraftlos in ihren Schoß fallen. „Ich habe sie alle überlebt, ich habe oft unseren lieben Gott gefragt, warum er mich am Leben gelassen hat und nicht meinen Bruder, der ein gläubiger Mensch war, der bestimmt ein herausragender Pfarrer unserer griechisch-katholischen Kirche geworden wäre. Warum musste er – und nicht ich – sein Leben auf solch brutale Art und Weise hergeben?" Sie nahm aus ihrer schwarzen Tasche, einem Modell der sechziger Jahre, ein schneeweißes Taschentuch, schwang es durch die Luft und es schwebte kurz mit ausgebreiteten, feinsten gehäkelten Spitzenflügeln im sanften gelblichen Licht der Scheinwerfer, bevor es erst auf ihrem linken dann auf ihrem rechten Auge landete. Manche Lehrer samt ihren Schülern folgten dem Beispiel und trockneten ihre Augen mit griffbereitem Material. Auch Ruslana, deren Nähe Jakob zehn Sitze entfernt fast schmerzhaft reizte, nutzte ihr Taschentuch, das jenes der Oma in Pracht und Zier übertraf: Es war eher wie ein spitzenverziertes Stück Seide, auf denen fleißige Hände keinen Zentimeter Platz gelassen hatten, der solch banale Substanzen wie Nasensekret und Tränen empfangen könnte.

Sofias Oma trocknete ihr letztes Tränlein, legte ihre Hände in den Schoß und bedeckte sie mit dem weißen Batist ihres Taschentuches. „Aber ich habe auch viel erlebt und war oft an der Grenze zwischen Leben und Tod. Als die verfluchten sowjetischen Hunde mich festgenommen hatten, haben sie mir und den anderen Gefangenen weder Essen noch warme Kleidung gegeben." Jakob rutschte auf dem plötzlich unbequem gewordenen Sitz hin und her. Jetzt komm, bitte nicht noch einmal, bitte sei vernünftig, alte Hexe, sei vernünftig, niemand soll das hier hören, niemand hier soll für dein Leid bezahlen. Und diese Kinder sowieso nicht. Verirrte Gedanken flatterten wie graue Motten in seinem Kopf. „Wir froren im Zug nach Workuta, wir froren und hungerten in Holzfällerlagern, froren und hungerten in Sperrholzbaracken. Oh, meine Kinder, ich habe selbst Bäume gefällt, die drei Mal dicker waren, als ich selbst, nicht, weil ich viel Kraft hatte, nein, nur weil ich Angst hatte, weil ich wusste, wenn ich den Arbeitsplan nicht erfülle, werde ich selbst im Wald neben dem Baum liegen bleiben, wie viele andere Ukrainer dort für immer geblieben sind. Unsere Bewacher, diese verfluchten Hunde, kannten kein Leid, hatten keinen Glauben.

Ich erinnere mich an ein Mädchen, sie war zu langsam oder hat zu wenig gearbeitet, sie haben sie gezwungen im Januar die Schuhe und Strumpfe auszuziehen, hängten sie mit gebundenen Händen an einem Baum und gossen kaltes Wasser über ihre nackten Füße. So lange bis ihre Füße bis zum Knie von Eis bedeckten waren. Die Arme starb in der gleichen Nacht." Schluchzen und Wimmern ertönten um Jakob herum. Er atmete schwer und hoffte auf ein baldiges Ende. „Und ich will auch sagen, dass wir dabei immer unseren Glauben, unsere Liebe für unser Mutterland behielten, wie eine kostbare Perle, tief, tief in unseren Herzen, dort wo kein verfluchter Kommunist hineindringen konnte. Wir haben in unseren Baracken immer ukrainische Lieder gesungen, und zusammen gebetet. In einer Baracke waren ungefähr vierzig Frauen, und alle konnten so schön singen, dass jeder Dirigent, jede Konzerthalle in der Welt einen Vertrag mit dem Teufel geschlossen hätte, um so einen Chor zu bekommen.

Unsere Wächter standen in den Türen und hörten zu, wie wir sangen. Einmal ist sogar ihr großer Kommandeur gekomen, und der Schichtleiter, der an dem Tag im Lager war, verlangte von uns zu singen. Und der Kommandeur fing an zu schreien, dass wir das gar nicht dürften, dass es kein nationalistischer Hexentanz ist, sondern ein kommunistisches Arbeitslager. Doch wir fingen an „Stille Nacht" zu singen und er verstummte. Zwei Stunden sangen wir, mit lauter Stimme, zwei Stunden saß er unbeweglich auf seinem Stuhl. Dann stand er auf und sagte kein einziges Wort zu uns oder zu seinem Wächter und verließ die Baracke. Am nächsten Tag hat er uns einen ganzen Lastwagen mit Fleischkonserven und Weißkohl geschickt. Wie haben wir uns darüber gefreut! Besonders über den Weißkohl, wir alle litten an Vitaminmangel, denn unser Zahnfleisch blutete und unsere Zähne fielen aus schneller als die Bäume im Wald. Ich habe damals fast alle meine Zähne verloren." Dieses Geständnis schmerzte sie, sie biss sich auf die Lippen und schwieg eine Weile. Alle schwiegen mit ihr.

Ach, ich habe völlig vergessen, ich habe heute etwas mit hierhergebracht und wollte es euch zeigen" Die alte Dame kramte in ihrer Tasche. Sie fischte eine kleine Schatulle heraus, öffnete sie und mit strahlendem Gesicht zog sie vorsichtig eine kleine graue Kette mit bräunlichen Steinchen ans Licht. „Dort im strengen Winter habe ich diesen Rosenkranz selbst gemacht. Jeden Abend habe ich ein kleines Stückchen von meiner Tagesportion Brot behalten, ein Kügelchen aus der Krume gemacht und auf einen Faden von meiner Matratze gefädelt, eins nach dem anderen. Dieser Rosenkranz war in all diese langen Jahre meine Zuflucht. Ich betete jeden Tag, jeden Tag, immer wenn ich in den Wald gehen musste und nicht wusste, ob ich es schaffe, zurückzukommen.

Und dieser Rosenkranz gab mir Kraft und Hoffnung. Und als der lange sibirische Winter endlich vorbei war, und der Fluß Pechora eisfrei wurde, bin ich weggelaufen. Zu Fuß. Durch die Wälder. Ich hatte ein bisschen Brot mit und trank aus Quellen. Einen Monat lang irrte ich in der endlosen sibirischen Taiga herum. Dort gab es kleine Siedlungen mit anderen Häftlingen, viele auch aus der Ukraine, und dort versuchte ich Essen und Unterschlupf zu bekommen. Zwei Mal hatte ich Gluck, ich lernte gute Menschen kennen, die mit mir ihr knappes Essen teilten, doch beim dritten Mal hatte ich Pech. Es war eine gute Hütte, besser als viele andere, aus guten großen Holzstämmen mit großen gläsernen Fenstern. Ich war hungrig und krank, hatte meine Ängste und die Vorsicht vergessen und wollte nur einen Schluck heißen Tee und eine Schlafstelle auf dem geheizten Ofen. Die Frau stammte aus Jasznivka, ihr kennt das Dorf, vierzig Kilometer von Lemberg entfernt. Sie hat mich nicht weggejagt, mir Essen gegeben und mich schlafen lassen. Ich habe nicht bemerkt, wie verschlagen sie mich ansah, wie scheinheilig sie mich ansprach. Am Morgen bin ich dann in Gesellschaft von drei Männern aufgewacht, die Frau war nicht zu sehen, und die drei haben mich zur Polizei gebracht, und die haben mich wieder in meiner Baracke ausgesetzt. Dort bin ich noch Jahre geblieben."

Plötzlich unterbrach die krächzende, brechende Stimme eines Heranwachsenden Darkas Rede. Seiner Intonation nach musste es wohl eine Frage sein, außerdem hörte Jakob den Namen von Sofias Mutter Olena. Die hinteren Reihen, die mit den Abiturklassen, reagierten mit aufgeregtem Kichern, die erste Reihe begnügte sich mit einem schiefen Lächeln. Jakob hatte sich genau rechtzeitig umgedreht, um Sofia, die schon kampfbereit aus ihrem Sitz hochspringen wollte, an der Hand zu fassen und leicht aber deutlich auf ihren Sitz zurückzuschieben. Ruslana stand auf und sah sich um. Es wurde augenblicklich still.

Die Alte, die niemals auf Jakob den Eindruck einer Schwerhörigen gemacht hatte, sprach ungerührt weiter: „Ja, als ich hierher zurück kam war ich auch nicht auf Rosen gebettet. Ich kann mich noch sehr gut daran erinnern, welcher Empfang mir hier bereitet wurde..." Bei diesen Worten stand Ruslana, die sich grade eben wieder gesetzt hatte, ein Tick zu sprungvoll von ihrem Stuhl auf, so dass sich ihre schwebende elegante wellenähnliche Körperbewegung verlor, und mit zwei Schritten war sie wieder auf der Bühne. Sie ging zu der alten Frau, umarmte sie, küsste sie auf die Pergamentwange und ohne sie aus ihrer Umarmung zu entlassen, wendete sie sich den Zuschauern zu, die von dieser Szene wahrscheinlich sehr ergriffen wurden, denn die Taschentücher flogen mit doppeltem Schwung durch die Luft und Schluchzen erklangen von allen Ecken.

„Liebe Darka Grygoriwna, wir danken Ihnen für diese tragische, sehr persönliche, sehr lehrreiche Geschichte aus Ihrem Leben, die Sie uns heute anvertraut haben. Eine schreckliche Kluft des menschlichen Leids eröffnete sich heute kurz vor uns und wir alle spürten diesen fürchterlichen Atem unserer Vergangenheit. Es soll für uns für immer eine Lehre sein, es darf sich nicht wiederholen, wir bleiben auf unserem Land und sogar vertrieben kehren wir trotzdem zurück." Es wäre völlig überflüssig gewesen, noch etwas zu ergänzen oder dazu zu sagen, die ganze Aula versank in Applaus.

Jakob atmete erleichtert aus. Die Alte hatte eine schöne Geschichte erzählt, die Kinder können heute Nacht relativ ruhig schlafen. Hat sie das aus Mitleid gemacht? Aus Scham? Oder war die erste Geschichte nur eine Lüge, um ihn zu bewegen, sein Mitleid zu bekunden und Sofia in ihren verrückten Plan einzuwickeln? Jakob verlor sich in allen möglichen Verdächtigungen.

Die Kinder tanzten noch einmal. Dann kam ein alter Opa in einer für Jakob unbekannten Armeeuniform auf die Bühne, seine Brust war reichlich mit Medaillen geschmückt. Genau wie Sofias Oma wurde er kurz vorgestellt, dann bekam er einen Stuhl, setzte sich hin und fing an zu erzählen. Sofia stellte ihn Jakob als einen UPA-Veteranen vor. Er sollte über seinen Kampf gegen die Sowjets erzählen. Der Opa berichtete, mit wie vielen NKWD-Leuten er Kontakt hatte, wo und womit er sie bekämpfte, wo er sich vor ihnen versteckte, wenn sie nach ihm und seinen Kameraden suchten, welche Orte sie eingenommen und welche verloren hatten.

Seine Geschichte war durchaus heroisch, traurig und verdächtig einfach. Es war wie in James Bond Filmen: wir waren gute und sie böse und dazwischen gab es nichts, keine Fragen, keine Dilemmas, und keine dritte Seite, wie es sich im Krieg eben gehört. Nur wir gegen sie, einfach und effektiv. Seinen Aussagen fehlte es an Emotionen, an bestimmter innerer Überzeugung, an Darkas Omas persönlicher Dimension der Erzählung. Seine Worte klangen trocken und leblos, als ob ein enzyklopädischer Artikel wiedergeben würde.

Er sprach sehr lange und alle verloren allmählich ihr Interesse. Sofia übersetzte zunehmend oberflächlich. Als er endlich fertig war, applaudierten alle erleichtert und froh, ihm wurde geholfen aufzustehen, doch als er schon auf der vorletzten Stufe stand, erhob sich Sofias Oma von ihrem Platz, deutete mit dem Zeigefinger auf ihn und stellte laut eine Frage. Außer den letzten frechen Bemerkungen einiger Schüler war das die erste Frage aus dem Saal in dieser sehr frontalen Veranstaltung und es musste bestimmt etwas Ungehöriges gewesen sein, denn der alte Mann erstarrte, sein Gesicht verlor sein gewöhnlich demütiges Aussehen, es wurde rot und böse.

Es wurde still. „Was ist passiert?" flüsterte Jakob seine Frage über die Schulter des Bischofs. „Meine Oma fragte, wo er denn war, als all die Sowjets seine ganze Gruppe im Wald festgenommen hatten, und wie er sich kurz danach ein neues Auto leisten konnte. Und sie weiß wie er das geschafft hat. Und ich auch. Altes Arschloch." Sofias triumphierendes Zischen gefiel dem Bischof nicht, er machte eine unzufriedene Geste und der Sportlehrer begleitete seine rebellische Schülerin erneuet auf ihren alten Platz. Inzwischen war Ruslana schon bei dem alten Mann. Vorsichtig half sie ihm die letzte Stufe hinunter und bevor er etwas erwidern konnte, wurde er von einem kleinen Mädchen auf die Wange geküsst und bekam von ihrer kleinen Kameradin einen großen Strauß Gerbera fast ins Gesicht gedrückt und so zu seinem Platz begleitet. Mädchen der Tanzgruppe kreiselten noch einmal um ihre einsamen männlichen lebendigen Säulen und Ruslana erklärte das Konzert für beendet.

Die Zuschauer standen auf, bewegten ihre eingeschlafenen Beine und Arme. Die Scheinwerfer gaben grelles Licht ab. Es war schon dunkel und Jakob hoffte auf ein schnelles Abendbrot, das üppige Frühstück hatte seine Energie spendende Wirkung längst verloren. Morgen würde er aus Skolywka abreisen müssen, die letzte Nacht mit Zecken würde er schon überstehen, mit vollem Magen wäre es aber doch irgendwie leichter. Doch als er seinen Kopf in Darkas Richtung drehte, sah er sehr nah, zu nah vor sich die Dame aus der Schulverwaltung. Ihre knallroten Lippen und die Augen mit blauen Schatten sowie ihr schmales Lächeln gaben ihr den Ausdruck einer exotischen fleischfressenden Pflanze. „Sie sind zu einem feierlichen Empfang eingeladen." Die hohe Stimme hinter seinem Rücken gehörte seiner offiziell bestimmten Übersetzerin, die jetzt ihre Funktion wiederbekommen hatte.

Weder Darka noch Sofia waren zu sehen. Er stand zwischen zwei Fleischbergen, von beiden Seiten total blockiert. Er bedankte sich für die Einladung, sagte aber, dass er sehr müde sei, und sich vor der Abreise ein bisschen erholen wolle. Das Mägdelein übersetzte farblos seine Entschuldigung. Die beiden, säkularen und religiösen Mächte wedelten verneinend mit ihren Händen, die Entscheidung wurde aber von Ruslana getroffen, die Jakob von hinter dem Rücken des Bischofs Jakob ansprach: „Ich würde mich sehr freuen, wenn Sie sich unserer kleinen Gesellschaft bei dem Empfang anschließen würden. Nach dem Essen bringt unserer Fahrer Sie direkt zu Frau Darka, sie ist jetzt schon unterwegs nach Hause. Es war heute ein anstrengender Abend für sie, wir müssen dafür Verständnis haben." War Sofia denn mit ihrer Großmutter schon gegangen? Warum haben sie nicht auf mich gewartet? Jakob versuchte Sofias schwarze Haare in der Masse der anderen Schülerinnen zu erkennen. Vergeblich. Sein Nachbarplatz war auch leer. Na, eine halbe Stunde höchstens würde sicher nicht schaden, außerdem fühlte er sich ein bisschen unangenehm vor Darka Oma, weil er ihre offenbar nicht großen Ersparnisse in Anspruch nahm. Das kostenlose Abendbrot würde sowohl für ihr Budget als auch für sein Gewissen eine Entlastung sein. Er nickte Ruslana zu. Nur Ruslana. Von dieser fleischfressenden Blume durfte keine Rede sein. Und Ruslana nahm seine Hand.

Er bekam schnell noch die Schule gezeigt, dann machte die Gruppe von ungefähr zwanzig Auserwählten einen kurzen Marsch ins Restaurant, das hinter der Kirche am Marktplatz lag. Es war eine riesige leere Halle, in die mindestens fünfhundert Menschen hineingepasst hätten. Fenster gab es keine, alles war durch riesige Lampen mit Plastikkristallen erleuchtet. An einer Seite befand sich eine Bühne, auf der ein großer gedeckter Tisch stand. Ohne Bühnen konnten sie hier wohl nicht leben.

Viele Gäste verhielten sich so, als ob sie Jakob schon kannten, was er leider weder bestätigen noch verneinen konnte. Manche wurden ihm schon im Restaurant vorgestellt. Zum Beispiel sein neuer Nachbar, ein Mann, ungefähr in Jakobs Alter, der ein Vertreter der Jugendorganisation „Aufklärung" war und leidlich Englisch sprach. Zu Jakobs großer Enttäuschung war seine andere Nachbarin wieder die fleischfressende Verwaltungsdame. Sie leckte ihre Lippen ab und sagte zu Jakob: „Bon gorno ragazzi"[53]. Er rückte etwas näher an den Vertreter der Aufklärungsorganisation heran. Ruslana nahm den Platz zwischen dem Bischof und einem anderen auch sehr gut gepolsterten Mann ein, der sich viel zu unhöflich ihr gegenüber benahm. Er legte seine Hand auf ihre Schultern, als er den Bischof etwas fragte, und er goss ihr Weinglas voll, ohne sie zu fragen. Jakob konnte diese Familiarität kaum ertragen.

Während er mit eifersüchtigen Augen den dicken Mann durchbohrte, bemerkte er nicht, wie seine Nachbarin seinen Teller mit mütterlicher Liebe und Besorgnis randvoll füllte. Als er seine Aufmerksamkeit endlich auf seinem Platz lenkte, sah er die Speisen des halben Tisches auf seinem Teller: Sandwiches, Salate, Würste, Schinken, gefüllte Eier, Sülze. Es gelang ihm gerade noch, ihre Hand, die gerade ein großes Stück dampfende Blutwurst in seine Richtung transportierte, höflich, aber bestimmt abzuwehren.

Vor allen Gästen standen schon gefüllte Teller, doch niemand fing an zu essen. Endlich erhob sich der Bischof von seinem Platz, alle standen mit ihm zusammen auf und ein kirchlicher Gesang füllte die leere Halle. Ruslanas Stimme war wieder nicht zu überhören. Aber alle sangen mit, schön und richtig wie Ruslana oder falsch und laut wie sein rechter Nachbar. Sie bekreuzigten sich, der Pope machte ein Kreuz in der Luft, um die Wirkung des Gebets noch mal zu verstärken und gab allen das Signal zum Essen.

Nur Gott weiß wie die um Jakobs Gesundheit besorgte blauschattige Dame es schaffte, ihm noch ein Stück schwarzes Brot auf den Teller zu laden. Jakob kannte diese Brotsorte vom russischen Laden, wo seine Bobe ihre kleinen Kriege führte, es hieß so ähnlich wie „Baardinsky", und hatte einen sehr starken, herzhaften Geschmack. Höflichkeitshalber lobte Jakob vor der Dame das Brot: „Very tasty[54] Russian Baradinsky Chleb!" „Chleb" war eines der

---

53 (eigentlich: Buongiorno) „Hallo Freunde!" auf Italienisch
54 „Sehr lecker" auf Englisch

wenigen russischen Wörtern, wie „Spasibo"[55] und „Dostoprimechatelnosti"[56], die Jakob noch von seinem Schulunterricht kannte. Sie zog ihre gemalten Augenbrauen empört in solche Höhen, dass Jakob sofort klar wurde, wieder mal ins Fettnäpfchen getreten zu haben. Was war bloß diesmal falsch?

Sein rechter Nachbar gab die Antwort auf seine nicht ausgesprochene Frage: „Das ist doch ukrainisches Brot! Es ist besser!" Er sprach Englisch mit furchtbarem Akzent, aber immer noch besser als Jakobs verunglücktes Russisch. „Russisches Brot ist Scheiße." Der Sinn des letzten Satzes war der Dame offensichtlich auch klar und sie juchzte bestätigend dem Nachbarn zu. Jakob gab ein langes „Aaaah" von sich, dessen Bedeutung immer schon frei interpretierbar war und damit jeden befriedigen konnte. „Am besten ist aber der ukrainische Schnaps! Russischer Wodka macht krank, Zirrhose – wissen Sie?, aber der ukrainische Horilka[57] tötet alles was schlecht ist: Viren, Bakterien, Pilze, Hefen, Anaerobe und Aerobe..." die letzte zwei Worte waren Jakob unbekannt, aber sein Glas war schon mit Horilka randvoll gefüllt und die leichte Kondensation an seinem Rande zeigte, dass es auch richtig temperiert wurde. Die Dame bekam ihr Glas auch randvoll gefüllt. Doch just in dem Moment, als Jakob endlich eine Gabel voller Salat in den Mund stecken wollte, erhob sich der Herr Direktor. Er sprach einen langen Trinkspruch aus und deutete dabei mal auf Jakob, mal auf den Bischof. Diesmal blieben alle sitzen, mit Wodkagläschen in den Händen. Jakob hatte keine andere Wahl, als sich dem gemeinsamen Warten anzuschließen. Um die Übersetzung für Jakob kümmerte sich niemand mehr und Jakob wog sich in heiligem Unwissen. Als der Schulleiter fertig war, tranken alle ihre Gläser aus, die Männer in einem Zug, die Frauen nippend. Horilka, das geschmacklich von gutem Wodka nicht zu unterscheiden war, hatte Jakob niemals gutgetan, auf leeren Magen definitiv nicht. Er setzte sich und versuchte schon den starken Alkohol nachträglich mit Essen zu neutralisieren.

---

55   „Danke" auf Russisch
56   „Sehenswürdigkeiten" auf Russisch
57   „Gebrannter", ein Schnaps mit einem Alkoholgehalt von 40% öder noch stärker

Jakobs Nachbarn, nicht weniger hungrig als Jakob, beschäftigten sich auch mit ihren Tellern. Die Verwaltungsdame vergaß aber weiterhin nicht, Jakob regelmäßig neue Portionen auf den Teller zu laden. Der rechte Nachbar fühlte sich für Jakobs Glas verantwortlich. So waren beide Gefäße immer voll. Juri so hieß Jakobs Nachbar, erzählte, dass er eigentlich Biologielehrer sei, aber seine berufliche Beschäftigung betrachtete er nur als ein notwendiges Übel, wie ein unvermeidliches Opfer eigener Kräfte und Zeit, um das normale Leben zu ermöglichen.

Jakob, der starkes Mitleid mit dem unglücklichen Lehrer spürte, tröstete ihn, er konnte plötzlich dessen Gefühle und Gedanken völlig nachvollziehen. Darüber hinaus klagte Jakob – überraschend für sich selbst – über die Ungerechtigkeit seines Lebens, das ihn, einen eigentlich geborenen Akademiker und Intellektuellen zwinge, langweilige Hausaufgaben zu prüfen, von welchen alle beteiligten Gruppen: die Schüler, deren Eltern und er selbst, nur kotzen konnten. Jurij seufzte und goss ihm sein Glas wieder mit Horilka voll. Wie weiche Butter ergoss sich das Getränk in seinen Magen.

Von draußen hörte er einen Hahn krähen. Wie spät es sei, fragte er gerade seine Nachbarin, die soeben ihre Jacke auszog. Sie lächelte ihn sehr freundlich an und hängte kokett das Kleidungsstück auf seinen Stuhl. In diesem Moment kam eine Musiktruppe in den Saal.

Zwei Geigen, ein Akkordeon, eine Flöte und ein unbekanntes Schlaginstrument spielten zusammen eine muntere Volksmelodie, die viele der Gäste als Einladung zum Tanzen begrüßten. Ruslanas Nachbar zerrte sie zur Tanzfläche, ihnen folgten andere Paare. Es war wie ein Walzer, aber viel schneller. Die Tanzpartner hoben bei der Drehung ihre Partnerinnen hoch in die Luft, was nicht bei allen Tänzerinnen physisch möglich war. Ruslana flog gut einen Meter hoch und landete, als ob nichts passiert wäre auf dem Boden und machte schnelle kleine Pirouetten mit ihrem Partner, dessen Übergewicht sein Rhythmusgefühl und seine Geschwindigkeit gar nicht zu beeinflussen schien. Jakob spürte den großen Wunsch, Ruslana genauso hoch in die Luft zu werfen und dann ihre dünne Taille wieder zu fangen. Als er sich schon erhob, und sein Gleichgewicht wieder unter Kontrolle hatte, fühlte er eine Hand auf seiner Schulter. Ein unbekannter Mann stand vor ihm. „Hallo ich heiße Jewgenij, ich bin der Restaurantbesitzer. Schmeckte Ihnen alles?" Er sprach Jakob auf Englisch an.

Jakob, mental schon mit Ruslanas Taille in den Händen auf dem Tanzboden, murmelte etwas Unklares. „Ludotschka hat Ihnen einen Espresso gebracht, er soll die Wirkung des Alkohols ein bisschen bremsen..." Hinter dem Rücken des Restaurantbesitzers trat eine hübsche Blonde mit einer kleinen dampfenden Espressotasse hervor. „Seien Sie vorsichtig" sagte der nette Mann und ging zu den anderen Gästen. Jakob nahm die Tasse, stellte sie auf den Tisch und stand zum zweiten Mal auf, doch der Tanz war schon beendet und die verschwitzten Partner nahmen wieder ihre Plätze am Tisch ein.

Enttäuscht fiel Jakob auf seinen Stuhl. Mitleidig goss ihm Jurij ein neues Glas ein, Jakob stieß mit der einzigen lebendigen Seele an, die ihn verstand und trank das Glas in einem Zug aus. Jurij, der Jakobs Aufmerksamkeit jetzt völlig für sich hatte, erzählte, dass er nicht einfach so sein Leben in der Schule versauern wolle, nein er wisse, worin der Zweck seines Lebens besteht. Eigentlich liebe er Kinder, er hasse einfach sie zu lehren. Der Sinn und Zweck seines Lebens liege in seinem Aufklärungs-Verein. „Sexuelle Aufklärung ist wichtig." Jakob nickte seinen Worten anerkennend zu. „Was? Nein, das machen unsere Popen." Juri wischte die dumme Bemerkung mit einer herabwürdigenden Handbewegung weg: „Wir sind so wie die Scouts, nur besser, wir klettern nicht wie diese Affen auf den Bäumen, wir klären auf, wir beschäftigen uns mit unserem kulturellen und historischen Erbe, und manche Kontakt-Sportarten gehören auch dazu. Wir haben sogar eine eigene Zeitung, dort schreiben wir über unser Vaterland, über unsere Geschichte, über unsere Aktivitäten. Wir haben auf eigene Kosten selbst ein Denkmal für unsere Soldaten aufgestellt, und wir feiern alle Gedenktage und pflegen die Soldatengräber. Wir machen alles, was ihr in Deutschland eben nicht macht. Schau mal, was ich auf meinem Herzen tätowiert habe, Jurij riss sein Hemd auf. Jakob las: „Zvoboda abo Zmert", „Ist das ein geheimer Code?" Er stellte die Frage so deutlich, wie er es nur konnte.

"Das bedeutet Freiheit oder Tod! Und ich meine das ernst und meine Jungs auch. Wie klettern nicht wie diese Affen-Scouts auf Bäume, nein, wir schaffen es zu zweit gegen fünf zurecht zu kommen. Und dass ohne irgendwelches Zeug. Das Zeug können wir schnell selbst herstellen, nichts kompliziertes, einen Schmetterling, einen Kampfring." Jakob nickte ihm zu: "Schmetterlinge habe ich auch gesammelt, ich habe sie mit Nadeln aufgespießt"... Und Jakob weinte nachträglich vor Scham und Leid wegen der von ihm getöteten Schmetterlinge, der kämpferische Biologe weinte mit. "Junges Leben", sagte er weinend, "wir dürfen nicht zulassen, dass sie wie Schmetterlinge getötet werden!" Schluchzend umarmte Jakob seinen Kollegen. Beide beweinten ein schwieriges Schicksal, ohne zu verstehen wessen. Die Verwaltungsdame schnarchte leise an der Stuhllehne.

Er spürte, dass jemand seinen Leidensgenossen Partner im Unglück aus seinen Armen wegzerrte. Statt Jurijs Gesicht tauchte Ruslanas Silhouette verschwommen vor ihm auf. Der Biologielehrer verschwand, als ob er nie da gewesen wäre. Hinter Ruslana stand die hübsche Kellnerin mit einem Tablett voller Fleisch und Kartoffeln, und einer großen Tasse Espresso. Sie stellte alles vor Jakobs Nase ab, räumte den kalten alten Espresso und das schmutzige Geschirr weg. Ruslana setzte sich neben Jakob und streichelte seine Hand. Mit der anderen Hand schob sie ihm die heiße Kaffeetasse hin. Jakob spürte nicht weniger starke und deswegen nicht weniger gefährliche Gefühlsschwankungen. Dieses Mal kullerten Glückstränen über seine Wangen. "In Deutschland essen wir keine Kartoffeln zum Kaffee, aber hier mache ich alles für dich!" Ruslana hörte aufmerksam seinem betrunkenen Deutsch zu und streichelte weiter schweigend seine Hand. "Du verstehst mich nicht! Je t'aime! Je t'iame!! Jakob entschloss sich seinen Konkurrenten mit Gesang zu übertreffen und begann das Lied "Komm lieber Mai und mache" zu singen. Ruslana zeigte sich nicht besonders beeindruckt und er wagte die mutigste Tat seines Lebens. Er sah ihre wunderschönen Augen an, sie waren ein Ozean der Liebe, Ruhe und Besinnung. Alle Madonnen der Welt sollten von ihrem Gesicht abgemalt werden. Und er wollte ein Baby-Jesus auf ihrem Schoss werden. Oder einen mit ihr machen. "Ruslana, Ruslana, verstehen Sie mich?" Sie neigte ihr Kopf näher zu ihm. „Ruslana, Ruslana..." oh Gott, was für ein Name, den konnte er endlos wiederholen. „Ruslana, hören Sie mich: Ich bin Jude." Hinter seinem Rücken weinte eine Geige und er fühlte, dass er sich jetzt übergeben würde. Das Letzte was er sah, war das Gesicht der blonden Kellnerin, die seine Lippen mit einem Tuch abwischte, und Jakob fiel in einen schweren, dunklen Schlaf.

Die Tapeten waren blau, neu und unbekannt. Sollte das bedeuten, dass er nicht bei Sofia zu Hause war? Oder ging bei diesem Kopfschmerz die Fähigkeiten verloren, Farben zu unterscheiden? Alles war zu hell, zu weiß, zu deutlich. War er im Krankenhaus? So wie er sich fühlte, musste er in der Pathologie sein. Jakob lag in seinen gestrigen, stinkenden Klamotten in einem fremden Bett. Jeder weitere Gedankengang wurde aber von einer Übelkeitswelle unterbrochen und Jakob musste sich unmittelbar auf die Suche nach der nächsten Toilette machen. Er sprang auf, riss die Türe auf und sah vor sich die gleiche Restauranthalle, genau die gleiche, in der er gestern gegessen hatte. Das internationale Zeichen für Herrentoilette leuchtete aus der anderen Ecke.

Nach einer inneren und äußeren Reinigung fühlte er sich deutlich besser. Jakob spülte sein Gesicht und den Mund mit kaltem Wasser, steckte sein Hemd wieder in die Hose und in diesem Moment verstand er, welches Geständnis er gestern gemacht hatte. Eine Angstwelle überflutete ihn.

Er steckte vorsichtig seinen Kopf aus der Toilettentür und beobachtete den Saal. Er erwartete einen Mob von lokalen Bewohnern mit Ketten und Fackeln und mit diesen geheimen Waffen mit Schmetterlingen. Der gestrige lokale Führer würde bestimmt gleich mit seinen Jungs kommen, und die oberen Positionen auf den Bäumen waren bestimmt schon von aufgeklärten Scouts belagert. Es war aber ruhig und halbdunkel im leeren Restaurantsaal. Nein, leer war es doch nicht. An einem kleinen Tisch unter der Bühne saß ein Mann und zählte Geld.

„Guten Morgen", sagte er freundlich. Er sprach Englisch, „oder soll ich Boker Tov sagen?"[58] Er lächelte, als ob es ihm riesigen

---

58 „Guten Morgen" auf Hebräisch

Spaß machte, Jakobs Verlegenheit zu beobachten. Jakob antwortete nichts, er starrte nur den Mann an und hatte buchstäblich keinen einzigen Gedanken im Kopf. Es wäre eine perfekte Meditation gewesen, wenn denn dieser Zustand nicht durch einen Schock provoziert worden wäre. „Setzen sie sich hier hin, wollen Sie eine Tasse Kaffee haben? Eine Paracetamol-Tablette? Etwas zum Frühstück? Meine bescheidene Kneipe ist nicht koscher, aber nach dem, was ich gestern gesehen habe, lässt sich ihre Hingabe zum Judaismus als sehr gemäßigt einstufen." Es schien, dass der Mann kein Wort ohne Sarkasmus seinen Mund verlassen ließ. Jakob ging zum Tisch und setze sich dem Mann gegenüber.

„Also Jakob", sagte der Mann, ohne ihm seine Hand zu reichen: „Ich bin Jewgenij, Jewgenij Samojlenko. Und Ihr Nachname?" Er machte eine Pause und schaute Jakob an.

„Sandler", antwortete Jakob. „Haben wir gestern miteinander gesprochen?"

Jewgenij lachte: „Wahrscheinlich könnte man unser gestriges Gespräch als indirekte Kommunikation bezeichnen" Dann drehte er seinen Kopf in die Richtung der Restaurantküche: „Ludotschka! Kaffee! Espresso?" Das war eine Frage an Jakob.

„Ja, bitte." „Einen Espresso!" Er wiederholte Jakobs Antwort für die unsichtbare Ludotschka.

Nach ein paar Minuten erschien die blonde Kellnerin im Saal. Die gleiche, die ihm gestern Espresso serviert hat. Sie stellte den Espresso für Jakob und eine Zigarettenschachtel für Jewgenij auf den Tisch. Bei Tageslicht sah sie noch zarter aus. Die langen Haare hatten die Farbe von Weizen und die blauen Augen bildeten einen reizenden Kontrast zu ihren Locken. Ludotschka schaute Jakob an, sagte was zu Jewgenij, drehte sich um und verschwand in der Küche. „Sie bekommen ein neues Hemd und sogar eine Hose, wenn sie die passende Größe findet. Ich habe ein kleines Kleidungsgeschäft, dort gibt es bestimmt etwas Passendes.

„Das ist sehr lieb", bedankte sich Jakob ziemlich undeutlich. „Was habe ich gestern erzählt? Wem? Dem Biologen? Oder Ruslana?" Jewgenij verstand vom ersten Blick in Jakobs Augen, welche Antwort ihm wirklich wichtig war.

„Ruslana haben Sie wenig erzählt, besonders davon, wovon Sie besser geschwiegen hätten. Und wenn schon, dann hat Ruslana ein unschätzbares Talent, nur das wahrzunehmen, was die zerbrechliche Balance dieser Welt nicht ins Wanken bringt. Auf alles andere reagiert sie mit sanftem Kopfschütteln. Ein Jude auf dem UPA-Gedenktag? Dass passt nicht zusammen, also existiert es nicht, vergessen. Eine sehr überlebenswichtige Strategie, muss ich gestehen. Sie hat alles, was Sie gesagt haben, einfach ignoriert, und sie wird bestimmt niemandem davon berichten, sie war schließlich die Initiatorin, Sie zum Fest einzuladen. Und über eigene Misserfolge, und sie waren ihr Misserfolg, entschuldigen Sie bitte meine Direktheit, spricht man sowieso ungern. Und wenn das Geständnis Ihrer ethnischen Angehörigkeit sie auch wahrscheinlich überraschte, dann waren doch Ihre ziemlich aufdringlichen Zusicherungen der ewigen Liebe für sie alltägliche Routine. Entschuldigen Sie bitte noch mal, ich möchte nicht Ihr Herz brechen, und ich verstehe durchaus ihre Neigung, aber sie gehört zu dieser Welt, zu dieser Gesellschaft und zu ihrer Familie, wie eine Göttin zu einem heidnischen Stamm. Und glauben Sie mir, sie ist nicht unglücklich in ihrer Rolle."

Der zweite Teil, welchen Jewgenij als „ethnische Zugehörigkeit" benannt hat, interessierte Jakob aber gerade in diesem Moment mehr als seine Liebeserklärung. Seine Liebe für Ruslana schien ihm jetzt ein bisschen übertrieben. Ruslana ist eine wunderschöne Frau, aber er kannte sie überhaupt nicht, und hatte auch keine Pläne, in diesem Dorf noch eine Affäre mit einer verheirateten Frau anzufangen. Und wenn sie wirklich so göttlich weise war, wie Jewgenij sie beschrieb, dann würde sie zu seinem gestrigen Benehmen die Augen verschließen.

„Was meinen Sie mit meiner „ethnischen Zugehörigkeit?" Das war wahrscheinlich nicht die beste Fragestellung, aber ihm fiel gerade nichts Besseres ein.

„Ah, davon habe ich am meisten mitbekommen." Als Sie weder ansprechbar noch transportabel waren, hat Ruslana Sie mir übergeben. Das passiert oft, wissen Sie, wenn meine Besucher nicht mehr auf ihren eigenen Beinen stehen können, und entweder nicht nach Hause wollen oder nicht können, dann bleiben sie in einem von meinen Zimmern und schlafen, bis sie sich am Morgen wieder besinnen. Als ich Sie ins Zimmer geschleppt und ins Bett gelegt hatte, haben Sie über ihre existenziellen Sorgen sehr emotional, ich kann sogar sagen, affektiert berichtet. Ich muss gestehen, es war sehr spannend, ich kann sogar sagen: sehr lehrreich."

Ludotschka kam zurück, ohne Wechselsachen aber mit einem Glas Wasser und Kopfschmerztabletten. Jewgenij steckte sich eine Zigarette in den Mund. Jakob schluckte zwei Tabletten, sein Gesprächspartner schien sehr gesprächig zu sein. „Wir sprechen uns hier mit Vatersnamen an, wissen Sie das?" Jakob schüttelte möglichst vorsichtig den Kopf.

„Also ich heiße zum Beispiel Jewgenij Samojlenko, typisch für die Ukraine, oder? Mein Vatersname ist aber Moisejevich. Ich bin so zu sagen Ihr Mit-... Wer denn? Mit-...? Mitbürger? Mitgläubiger? Mit-...? Ach, sagen wir doch: Mitleidender." Er lachte über seinen eigenen Witz. „In einer kleinen Stadt, wissen Sie, ist es egal, wie Sie heißen, alle wissen sowieso, wo, mit wem und wofür Ihre Oma über Ihre Sünde beichtet. Ich bin hier so etwas wie ein Hausjude, nicht, ohne für den gemeinsamen Wohlstand, das muss ich schon sagen.

Sein sarkastisches Seufzen unterbrach Ludotschka, die mit einem Haufen neuer Kleidungsstücke wieder in der Küchentür erschien. „Kommen Sie, genug geredet, nehmen Sie das alles, gehen zurück in Ihr Zimmer, suchen Sie sich etwas aus, und dann machen wir einen kleinen Spaziergang durch die Stadt, ich zeige Ihnen eine andere Seite der Geschichte von Skolywka."

„Ich möchte mich für Ihre Hilfe bedanken, aber ich habe heute etwas ganz Dringendes zu erledigen, ich wollte eigentlich heute zurück nach Lemberg fahren... Ich habe einen Flug nach Deutschland." Jakob erinnerte sich langsam an den ursprünglichen Zweck seines Besuches.

„Wann haben Sie denn den Flug? Und wohin genau? Nach Dortmund?"

„Ja. Morgen um elf."

„Dann haben wir noch einen ganzen Tag vor uns! Es ist erst um elf, also noch vierundzwanzig Stunden auf dem ukrainischen

Boden und Sie wollen dieses einzigartige Erlebnis in einem Hotelzimmer bestimmt nicht vergeuden! Sie können heute den letzten Bus von Skolywka nach Lemberg nehmen und morgen frisch und munter nach Hause fliegen!" Jakob fühlte sich viel zu kaputt, um über die Logistik nachzudenken. Es würde schon irgendwie gehen. Er nahm seine neuen Sachen und ging zurück in seine Ausnüchterungszelle. Schon an deren Türe wurde er noch mal von dem Restaurantbesitzer angesprochen: „Und Jakob, darf ich Sie so nennen?"

„Ja, bitte?"

„Jakob, die Dusche befindet sich ihrem Zimmer gegenüber."

Na ja, das war deutlich genug. Seinem Kopf ging es schon besser und die Welt wurde langsam heller. Wenn es stimmte, was Jewgenij sagte und er jederzeit einen Bus nehmen könnte, dann würde er doch noch ein bisschen länger bleiben. Aber nur ein bisschen. Wenn außerdem hier schon ein Jude unbehelligt lebte, dann würden diese aufgeklärten Jungs ihn auch nicht verfolgen und man konnte hoffen, dass kein eigens für seine Person organisiertes Pogrom stattfinden würde. Nicht zum ersten Mal bekam er das Gefühl, dass sein Schicksal Fahrt aufnahm und er, wie ein gefangener Passagier, nicht mehr bremsen konnte.

Die von Ludotschka ausgesuchten Sachen passten ihm einfach perfekt: die khakifarbene Hose, das hellblaue Hemd, die legere Leinenjacke, das modisch geschnittene nahtlose Unterhemd, sogar die Boxer Unterhose. Und Ludotschka hatte ihn bloß sitzend gesehen. Er rechnete, wie viel das alles zusammen kosten könnte und seufzte, egal, seine alten Klamotten waren sowieso nicht mehr anziehbar, der Geruch wäre ein ausreichender Grund, sich vom Rest der Menschheit abzusondern, ungeachtet seiner ethnischen Zugehörigkeit.

Nach dem Duschen, dem Espresso und 500 mg Paracetamol sah das Leben besser aus. Jewgenij wartete an der seitlichen Ausgangstür auf ihn.

„Na, ich sehe, es geht Ihnen schon besser."

„Danke", antwortete Jakob, „Ich werde alles zurückbezahlen. Wo gehen wir hin?"

„Auf gar keinem Fall! Es wird mir mein Herz brechen! Na, wohin? Ich werde dich jetzt zu Darka bringen. Sofia war schon vor

Matzewe in meinem Garten

Sonnenaufgang hier, hat sich Sorgen um Dich gemacht. Und auf dem Weg werde ich Dir ein paar „Dostoprimetschatelnosti" zeigen, ich habe mich kaputtgelacht, als du gestern Ruslana dieses Wort präsentiert hast. Wahrscheinlich wolltest du sie mit deinem Russisch beeindrucken." Jewgenij lachte vor dem errötenden Jakob. „Mir hast du gestern über deine Bobe erzählt, eine interessante, aber banale Geschichte, fast jeder überlebende Jude hat so eine Leiche im Keller. Meine Geschichte ist ähnlich, nur ohne Happy-End. Oder soll ich meine Anwesenheit auf dieser Welt, als Einziger von einer ehemals 18-köpfigen Familie als Happy-End werten? Da bin ich mir nicht sicher." Eine rhetorische Frage, die keine Antwort verlangte und Jakob ließ sie in der Luft hängen. „Komm Jakob, ich bin heute, so zu sagen, dein Begleiter im Reich der Toten." Jewgenij winkte Ludotschka, die gerade den Tisch abräumte, zum Abschied und die beiden Männer gingen aus dem Restaurant hinaus.

Draußen schien die Sonne. Die Luft war warm, gefüllt vom Geruch gefallener Blätter. Das Licht war herbstlich golden. „Gefällt dir mein Restaurant? Eigentlich ist es eine Hochzeitshalle, bei uns geht man nur für Hochzeiten und Begräbnisse ins Restaurant. Alle anderen Lebensetappen sind das Geld nicht wert." Das Gebäude des Restaurants bestand aus zwei separaten Konstruktionen, die sich eine gemeinsame Wand teilten. Die erste Konstruktion war eine riesige moderne Halle, wie ein Lager, ein großer grellrosa Würfel, ohne jegliche architektonischen Besonderheiten, ohne Fenster, mit einem flachen Dach. An seiner Wand klebte eine alte Villa. Vom Marktplatz aus war sie unsichtbar, völlig hinter dem rosa Monster versteckt. Die Villa war hellbeige, bestimmt aus dem neunzehnten Jahrhundert, gebaut im Jugendstil, mit wunderschönen Türen mit kleinem Vordach. Die Türen selbst waren aus Glas, auf welchen zum Überdach hochkupferne Lianen kletterten.

Die Fassade wurde von runden, fließenden Linien dominiert, mit Bogenfenstern, auf deren Spitzen Gipsvasen voller herabfallender Früchte und Blumen standen. Das Haus hatte zwei Stockwerke, jedes mit fünf Fenstern. Das mittlere Fenster reichte über zwei Stockwerke bis zum flachen Dach. In diesem zentralen Bleiglasfenster schlängelten sich Wasserlilien auf langen Halmen vom ersten Stock bis zur Dachbalustrade. Die Villa war in einem sehr guten

Zustand, gepflegt, frisch verputzt, mit einem kleinen Garten, in dem Jakob zum ersten Mal hier in Skolywka Pflanzen sah, die mit dekorativer Absicht eingesetzt waren: Rosen, Lilien, Astern, Chrysanthemen. Normalerweise wählten die Einheimischen solche Pflanzen aus, die den Magen füllen können und nicht solche, die nur den Blick auf sich ziehen. Vor ihren Häusern wuchsen Zwiebeln, Petersilie und Kartoffeln. Selten standen vor ihren Türen hohe bunte Malven. Die Villa war umzäunt, der Zaun wurde aber im Unterschied zu anderen Häusern nicht aus Betonblöcken oder aus Metalldraht angefertigt, sondern aus dünnen geschmiedeten Metallstreifen, welche das blumige Ornament des Tors wiederholten.

„Ein sehr hübsches Haus!" Jakobs visuelle Wahrnehmungskanäle erholten sich langsam von der gestrigen Überdosis Horilka. „Ist das alles echt? Es sieht wie originelles Art Niveau aus."

„Ja, es ist so. Alles original, authentisch, sogar das Glas im Fenster des Wintergartens. Das Haus ist sehr gewissenhaft gebaut. Ich gebe mir nur ein bisschen Mühe, das Ganze in Ordnung zu halten, mal neuer Putz, mal eine neue Röhre."

„Gehört die Villa Ihnen?"

„Jetzt ja, ich habe sie vor fünfzehn Jahren für wenige Groschen von unserer Stadtverwaltung gekauft. Sie brauchten damals einen neuen Bus, um gemeinsame Ausflüge machen zu können. Weißt du, grillen, angeln, und ähnlicher Kram. Das Haus stand verlassen da, ohne Putz, von Buchen völlig zugewachsen. Ich habe es gekauft und wie du – können wir per du sein? – also wie du sehen kannst: gut versteckt." Lächelnd zeigte Jewgenij auf die rosa monströse fensterlose Restauranthalle. „Aus den Augen, aus dem Sinn, wie man bei uns so schön sagt."

„Und dass du es mit dem, ähhhhm..." – Jakob wusste nicht, wie er das Restaurantgebäude nennen sollte, „mit dem Restaurant verbunden hast, da hatte niemand etwas dagegen? Ist das nicht eine gewisse Verletzung des historischen architektonischen Erbes?"

„Um Gottes Willen," Jewgenij amüsierte sich sichtbar über Jakobs Staunen, „bevor mein Restaurant in Skolywka eröffnet wurde ist, haben alle ihre Feste in Zelten gefeiert, in den eigenen Gärten, und gib zu, das ist schon ziemlich altmodisch geworden. Darüber würden alle Hochzeitskataloge und jede Fernsehsendung berichten. Junge Bräute und Mütter mit frisch getauften Kindern wollen nicht mehr zwei Nächte davor und zwei Nächte danach ihre Häuser putzen und zweihundert Gäste, denn in einem kleineren Kreis feiert man hier nie, bekochen. Schon gar nicht, wenn auch ihre Freundinnen in Lemberg ihre Feste in Restaurants feiern. Oder alle diese Promi-Hochzeiten im Fernsehen. Du darfst die Rolle dieses schwarzen Kastens nicht unterschätzen. Mein Restaurant war die Erlösung, nicht eine Verletzung der Bauordnung, und außerdem schau dich mal um, welches Haus hier ist denn keine Verletzung des historischen architektonischen Erbes?"

Jakob gab hier Jewgenij Recht. Viele andere alte Häuser auf der Straße rufen nach dem Besuch eines Inspektors der Stadtplanungs- bzw. Denkmalschutzbehörde. Viele Fenster waren durch Plastikrahmen missgestaltet, zahlreiche Satellitenschüsseln auf jedem Dach machten die mindestens hundert Jahre alten Fassaden auch nicht ansehnlicher. Noch dazu waren die Häuser in hässlichen Farben gestrichen: schweinchenrosa, knallgelb, neonblau. Die gleichen Farben, die in aus feinsten Perlen gestickten Blumen auf ukrainischen Blusen so lebensfroh und interessant aussahen, hatten hier den gegenteiligen Effekt.

Im Tageslicht merkte Jakob noch einmal, wie riesig der Marktplatz war. Das Magistratsgebäude, das Lenindenkmal in der Mitte des Platzes, die runde Litfaßsäule und Jewgenijs rosafarbenes Restaurant sahen wie zufällig auf dem gleichen Platz zusammengewürfelte Teile aus, die miteinander historisch und stilistisch nichts zu tun haben. Der Platz selbst war mit schwarzem, rundem, glitzerndem Kopfstein gepflastert, der bei Nässe bestimmt sehr rutschig sein würde. Die Stadt wirkte menschenleer.

„Und wo sind denn alle?" Jakob vermisste nicht so sehr die Anwesenheit der lokalen Bewohner, er wollte vielmehr wissen, ob nicht etwas passiert war, während er in seinen Rausch ausschlief.

„Sie sind in ihren Gärten, jetzt ist gerade Erntezeit, späte Sorten von Äpfeln und Birnen, Pflaumen und anderes mehr" beruhigte ihn Jewgenij.

Was ist denn Skolywka überhaupt, fragte sich Jakob: Ist es eine Stadt? Mit ihrem alten Rathaus, und Gymnasium, mit einem hässlichen, aber großen Restaurant, mit schicken alten Villen und einem gepflasterten, riesigen Marktplatz, sogar mit einem eisernen Lenin. Oder ist es doch ein Dorf, in dem die Bewohner ihre Vorgärten mit Kartoffeln schmücken, sie gemeinsam ernten und den zufälligen Besuchern solche Aufmerksamkeit schenken, dass sie schon nach den ersten paar Stunden nach frischer Luft und Freiheit schnappen müssen? Die Bobe hatte Skolywka immer Schtetl genannt, wahrscheinlich hat sie bis heute recht, es so zu nennen. Ein Dorf mit städtischen Ambitionen, aber ohne die dazu nötigen Mittel, ohne Kultur und eben ohne Juden. Kann ein Schtetl ein Schtetl sein, wenn dort nur noch ein Jude übriggeblieben ist? Aber davon abgesehen sah es nicht so aus, als ob Skolywka außer den seriösen demographischen Veränderungen die anderen Eigenschaften eines Schtetl abgegeben hätte.

Jewgenij führte Jakob weg vom Restaurant und seiner Villa. „Wem gehörte deine Villa früher, war sie immer in städtischem Besitz?", fragte ihn Jakob vorsichtig.

„Das ist eine sehr gute Frage!" lobte ihn Jewgenij, was, wie alles, was sonst von seinen Lippen kam, so sarkastisch klang, dass jegliche positive Bedeutung völlig profan wirkte. „Hast du diese Blumenornamente gesehen? Erinnerst du dich daran, welche Blumen am häufigsten auf der Fassade abgebildet sind?"

„Lilien? Wasserlilien?", antwortete Jakob unsicher.

„Genau. Das Liliental- Haus. Familie Liliental war vor hundert Jahren eine der reichsten, eine der gebildetsten hier. Es war eine typische Geschichte: Der alte reiche Jude mit dem Namen Liliental war ein guter Geschäftsmann, hatte ein eigenes Vermögen mit Weizen, Wachs und Pferden gemacht, außerdem fertigten zwanzig Menschen für ihn Bürsten aus Schweinborsten an. Eine damals typisch jüdische Beschäftigung in der Gegend. Hat gutes Geld gemacht, der Alte. Er wollte aber natürlich nicht, dass seine geliebten Söhne ihr Leben in düsteren staubigen Lagerhallen verbrachten. Deswegen wurden sie alle drei nach Wien geschickt. Einer wurde Rechtsanwalt und der andere Arzt. Nur der jüngste, das schwarze Schaf, wollte Künstler werden. Auch dieser Wunsch wurde ihm erfüllt. Mit einem Drittel des väterlichen Erbes wanderte er nach Paris aus, um dort sein Leben zu genießen.

Alle hatten ihn abgeschrieben. Doch gerade er hat das beste Los gezogen. Nur er hat den Holocaust überlebt. Die beiden älteren Söhne sind nach ihrem Studium zurückgekehrt, alle mit Diplomen, gut ausgebildet, sehr angesehene Herren mit Manieren von Absolventen der Wiener Universität. Sie haben hier Partnerinnen gefunden, zwei reiche Kaufmannstöchter, die schön Klavier spielen und Deutsch sprechen konnten. Mit Hilfe ihrer Schwiegerväter haben die beiden Lilientalsöhne ihre eigenen Praxen eröffnet. Sie sind erst sehr später aus Skolywka geflüchtet, um den Nazis zu entkommen, doch sie wurden unterwegs irgendwo in Polen erwischt, festgenommen und nach Auschwitz deportiert. Das Ende muss ich dir nicht erzählen, du bist ein kluger Jingl, kannst selbst zwei plus zwei addieren.

Mein Haus gehörte dem ältesten Sohn und noch eine hübsche Villa des mittleren Sohnes ist unbeschädigt geblieben. Sie ist jetzt im Besitz des Leiters der lokalen Polizeiabteilung, aber du kannst sie nicht sehen, denn er hat einen Betonzaun drum herum errichtet, als ob er sich vor einem Luftangriff fürchtet.

Die zwei Brüder waren hier aber nicht ganz allein, damals am Anfang des zwanzigsten Jahrhunderts, war das so etwas wie ein Pflichtprogramm: Die jüdischen Kaufleute, Bankiers, reichen Handwerker, die für ihre Kinder eine gute Bildung, das heißt Jura oder Medizin, wünschten, schickten diese nach Wien. Die ausgebildeten Anwälte und Fachärzte kamen zurück in ihr Schtetl und brachten ein Stückchen Wien mit. So sind hier die ersten Theater, Musiksalons und Parks entstanden. Meistens von Juden gegründet und besucht. Denn wenn Ukrainer vom Morgen bis zum späten Abend die Erde pachteten, wozu hätten sie einen Park gebraucht?

Aber nach einem langen Tag im Büro tat ein kurzer Spaziergang gut, nicht zu vergessen auch die potenzielle Möglichkeit, Kunden zu treffen, die neuen Kleider der Ehefrau zur Schau zu stellen oder die letzten Nachrichten zu erfahren.

Die Juden waren hier nicht die einzige Intelligenz. Die Polen verstanden langsam, dass die Zeiten der Sarmaten[59] mit glänzenden Säbeln längst vorbei waren, und dass Macht und Einfluss nicht auf Landgütern konzentriert waren, sondern in Wahllokalen. Entsprechend wuchs auch die Zahl der gebildeten Polen, die es als gute Redner schaffen konnten, die Wahlen zu gewinnen. Frag bloß nicht, wer gegen wen. Zwei Männer reichten im damaligen Galizien schon, um eine Partei zu gründen. Und die Juden, immer noch hypnotisiert vom Traum der Emanzipation und Gleichberechtigung, haben diese neue politische Dimension ihres Lebens irgendwie verpasst. Sie waren eigentlich immer absolut mit Franz-Josef zufrieden und wünschten sich praktisch nichts Anderes.

Unsere Vorfahren wollten nur, dass man sie in Ruhe ihre Geschäfte, ärztliche oder juristische Konsultationen durchführen oder in Werkstätten über alten Schuhen die Rücken krumm machen lässt. Die meisten waren arm wie Kirchenmäuse, weißt du, aber das, was Ukrainer und Polen sahen, waren die hübschen reichen Häuser der Lilientals und ähnlicher Bürger. Und das ließ manchen sehr schlecht schlafen. Du weißt wie es ist... Heute auch noch." Manchmal verschwand der sarkastische Ausdruck aus Jewgenijs Gesicht, dann sah er alt und müde aus. Als ob Jewgenijs Sarkasmus nur sein Schild und Schwert wären, nur sein Lächeln zeigte die bittere Weisheit eines alten Fuchses.

„Also hast du die Villa absichtlich hinter dem rosa Monster, entschuldige, hinter dem Restaurant versteckt?"

„Na, erstens ist das bitteschön kein Monster, sondern eine fröhlich-festliche Einrichtung, und zweitens überschätzt du meine Tarnmöglichkeiten. In einer kleinen Stadt kannst du die eigene Unterwäsche nicht vor den Nachbarn verstecken, geschweige denn ein Gebäude. Natürlich wissen alle hier, wo ich wohne, aber sie sehen jedes Mal, wenn sie auf den Marktplatz kommen, nicht die Lilient31-Villa, sondern ein Restaurant. Dann gehen ihre Gedanken hoffentlich in eine andere Richtung, weg von meinem Besitz.

---

59 Sarmaten, mehrere Stämme iranischer Reitervölker, die im südlichen Teil der heutigen Ukraine und im Süden des europäischen Teils des heutigen Russlands siedelten.

"Wenn du dir so viele Gedanken darüber machst, was die Menschen hier sehen und was sie über dich denken, möchtest du dann nicht auswandern? Wahrscheinlich ist es hier doch für..." Jakob hatte immer ungern das Wort „Jude" in den Mund genommen, „für unsere Gruppe unsicher." Dass er damit seinen gestrigen kämpferischen Sause-Partner meinte, wollte Jakob nicht erwähnen. „Hast du gehört, was Menschen hier über die Nazis sagen? Sie vergöttern sie fast! Und dieses nationalistische Gequatsche, für so etwas bekommst du bei uns Probleme mit der Polizei." Jakob fand endlich eine Person, der er seine Ängste zeigen konnte und sie brachen wie ein vereiterter Abszess auf.

„Das hat meine Familie schon gemacht. Meine älteste Tochter wohnt jetzt in Jerusalem, hat dort studiert, ist jetzt in der Armee. Sie arbeitet in einer Militärgruppe, die eingesetzt wird, wenn bei einem Bombenanschlag Menschen ums Leben kommen. Dann kommt sie mit ihren Kollegen und kratzt die Menschenreste vom Boden, bis sie alle Teile des Körpers wieder aufgesammelt haben, erst dann dürfen die Familienangehörigen den Toten begraben. Alles ist nach Halacha geregelt.[60] Der Tod muss dort auch koscher sein, weißt du. Komisch, aber meine Tochter ist mit ihrem Leben und mit ihrer Arbeit völlig einverstanden. Ich hätte es nicht geschafft, so zu leben und zu arbeiten."

„Wie alt sind deine Töchter?

„Beide werden bald dreißig. Sind schon erwachsen, haben ein eigenes Leben. Ich habe auch mal da, mal dort gewohnt, mal in Israel, mal in den USA, aber es war mir alles zu kompliziert, zu unsicher. Mein Leben hier ist nicht schlecht, ich habe mein eigenes Füllhorn. Ich habe meine Villa, Ludotschka, und wenn mir langweilig wird, kann ich immer ein paar schöne Reisen ins Warme machen."

„Aber ist das Leben hier nicht ein bisschen", Jakob suchte die passende Beschreibung: „Nicht ein bisschen zu ähmmm, ungemütlich?"

Jewgenij lachte laut. „Was? Denkst du immer noch, dass hier Pogromschiki mit Strohgabeln auf den Straßen schwärmen und nach Juden suchen?"

---

60 Halacha ist der rechtliche Teil der Überlieferung des Judentums.

Jakob schaute sich das potentielle Pogromfeld an: Einzelne Passanten, oft mit großen vollgepackten Taschen, eilten in ihre alltäglichen Sorgen vertieft durch die Straßen. Sie grüßten die beiden Männer, richteten ihren Blick auf Jakob und verschwanden aus ihrem Blickfeld. Es war sonnig, Wind trieb Scharen welker Blätter durch die Gegend. Die Männer bogen in eine Seitengasse ab. Wie hier häufig, wechselte sich die städtische Landschaft mit der bäuerlichen schon mit der ersten Seitenstraße ab. Niedrige einstöckige Häuser, vor jeder Tür lauerte eine alte Frau wie ein Wachhund und glotzte die Passanten an, mit den meisten wechselte sie ein, zwei Worte. Jewgenij nickte ihr freundlich zu, sie nickte zurück. Hühner pickten das Gras in den Gräben entlang der Straße und flüchteten vor den Rädern der seltenen Autos. Jakobs gestrige Ängste schienen ihm langsam wirklich übertrieben gewesen zu sein. Wahrscheinlich sah er die Ukraine immer mit den Augen seiner Bobe? Hatte er ihre Ängste, ihre traumatische Erfahrung einfach internalisiert? Übergestreift wie ein eigenes Unterhemd?

Alles, was er bisher über die Juden in der Ukraine in Büchern oder in Zeitungen finden konnte, waren schreckliche Geschichten über den Holocaust und Pogrome, und keine davon hatte ein Happyend. Seine Bobe war die Ausnahme, wenn man den Tod der ganzen Familie, inklusive ihres Sohnes als ein Happyend ansehen könnte. Hatte er nicht doch ein bisschen mit seinen Ängsten übertrieben? Siebzig Jahre durften doch nicht umsonst gewesen sein. Wenn Deutsche ihre Schlussfolgerungen aus dem Holocaust gezogen haben, warum nicht auch die Ukrainer? Der herbstliche Wind trieb buntes Laub durch die sonnigen Straßen von Skolywka und es gab keine Anzeichen eines wütenden Mobs mit Mistgabeln. Jakob hob sein Gesicht zum blauen Himmel und atmete tief ein und wieder aus.

„Besser so. Oder?" Jewgenij beobachtete ihn wie ein Arzt einen Genesenden. „Heute früh bei mir im Restaurant sahst du wie ein Soldat im Schützengraben unter Bomben aus. Na und, du bist eben ein Jude und was soll schon sein? Schließlich bist du jedenfalls kein ganz exotischer Vogel in dieser Gegend, ich habe es dir hier leichtgemacht." Wieder ein Lächeln. „Und außerdem, sag mir Jakob, wo ist es jetzt auf der Welt für uns sicher? In Israel? Wo du bereit sein musst, auf dem Weg nach Hause einen Stein von religiösen oder nationalistischen Fanatikern durch deine Frontscheibe geworfen zu bekommen? Oder in Deutschland, wo du nicht weißt, ob in einer Synagoge oder auf der Straße ein blonder Neonazi oder sein dunkelhaariger Kumpel dir mit einem Messer zwischen die Rippen sticht? Und in den USA sind sie alle einfach verrückt, sie grinsen dich alle an, fragen wie es dir geht, ohne die Antwort hören zu wollen. Dort bist du nur ein Geldmacher, und wenn du kein Geld machst, dann bist du ein Außenseiter. Ich habe hier meine Welt, und hier ist es nicht riskant. Ich bin so etwas wie ein Hausjude. Ich habe dir schon gesagt, sie kennen mich alle, ich kenne sie alle, sie leihen Geld von mir, um ihren fünfzehnjährigen schwangeren Töchtern eine Hochzeit auszurichten. Natürlich nur, wenn sie es schaffen, den nicht viel älteren zukünftigen Vater rechtzeitig zu schnappen. Oder schnell eine Kirchenchorsängerin, eine zukünftige Frau eines Priesters nach Lemberg in eine Frauenklinik zu bringen, und sie ein paar Tage später liegend abzuholen.

Und ich rolle für sie einen roten Teppich vor der Restauranttür aus und decke die Tische mit Soja-Kaviar, damit sie ihren Gästen ihre Großzügigkeit zeigen können. Wir profitieren voneinander, es war immer so, und es wäre so geblieben, wenn nicht ein paar Irre das ganze zerbrechliche Gleichgewicht, den zerbrechlichen Friedenspakt, den wir vor tausenden Jahren abgeschlossen hatten, auf dem Kopf gestellt hätten und alle mit ihrem Hass angesteckt hätten. Es hat niemandem genutzt.

Der Hass hat viel Schaden angerichtet. Viele helle Köpfe waren für immer für die Welt verloren, und die, die überlebt haben, wollten mit der Ukraine nichts mehr zu tun haben. Und die Einheimischen mit den Juden noch weniger. Frag Sofia oder Ruslana, auf welchen Künstler, Wissenschaftler, Politiker, die aus dieser Gegend stammen, sie stolz sind. Du wirst eine lange Liste von ukrainischen Nachnamen präsentiert bekommen, die du in deinem Leben noch nie gehört hast. Sie werden dir mit Schaum vor dem Mund von ihren genialen Intellektuellen, Wissenschaftlern und Künstlern berichten, und klagen, dass diese nur wegen der Ungerechtigkeit dieser Welt noch immer nicht zum lebendigen Weltkulturerbe erklärt worden sind. Aber wir wissen, du und ich, dass jedes Volk seine

Helden und seine Märtyrer braucht, und wenn es eben keine gibt, dann werden schnell welche ausgedacht. Frag aber Ruslana und ihr treues Gefolge mal nach Joseph Roth, Billy Wilder, Martin Buber, all diese Namen, die echte Weltgeschichte geschaffen haben, und du bekommst nur ein verwundertes Kopfschütteln.

In Deutschland ist es anders, ich weiß. Dort redet ihr nicht gern über eure nationalen Helden, und über den Nationalismus überhaupt nicht. Ihr singt ein anderes Lied: über die eigene Schuld, über die eigene Verantwortung und über euer großzügiges Leid. Mit gutem Geld bezahlt Deutschland seine Schuld ab, und trotzdem zündet deine Mutter die Schabbatkerzen nur hinter dicht geschlossenen Gardinen an, nicht wahr? Und ich hier? Der Staat bezahlt mir nichts. Niemand fühlt sich mir gegenüber schuldig. Die verschwundenen jüdischen Nachbarn spielen hier keine Rolle, egal, ob der eine oder andere Großvater beim „Verschwinden" mitgeholfen hat, oder im Gegenteil sein Leben riskiert hat, um die Juden zu retten. Heute ist alles egal. Und ich finde es besser so. Weißt du, es gibt nichts Schlechteres als erzwungene Dankbarkeit. Hat das nicht Margareth Atwood gesagt? Erzwungene Großzügigkeit finde ich nicht viel besser.

Hier mache ich, was ich will, ich bin hier der Richter, die Bank, der Berater. Egal was in ihrem Leben passiert, sie kommen in mein Restaurant, in meinen Laden, sie fahren mit meinem Bus einmal pro Tag nach Lemberg. Ich bin hier ein Fürstchen, und woanders nur ein Würstchen. Also bleibe ich lieber hier. Außerdem denke ich mir, dass die Zeiten sich ändern werden, nicht nur deine Großmutter wird ihren einzigen Enkel in ihren Geburtsort schicken, wenn sie vor ihrem Tod noch etwas über ihr altes Leben oder ihren früheren Besitz erfahren will. So wird eine neue Tourismusbranche entstehen, und ich, sieh mal einer an, stehe schon mit dem roten Teppich und koscherem Essen an der Gangway der Flugzeuge." Jewgenij genoss offenbar seine zukünftigen Erfolge.

„Hast du wirklich keine Angst, dass paramilitärische Truppen mit einem lokalen Biologielehrer mit großen Führungsambitionen dich nicht doch eines Tages angreifen werden?"

„Angreifen? Mich? Ich denke nicht, dass sie sich dafür gut genug organisieren können. Mit welcher Begründung? Der Restaurantbesitzer im Nachbardorf, entschuldige, in der Nachbarstadt, ein ethnischer Ukrainer, hat die gleichen Preise wie ich. Jakob, schau dich nur selbst um, man kann heutzutage in der Ukraine nicht den Juden die Schuld an allen Missständen geben. Aus vielen Gründen: Erstens, weil man keinen Juden finden kann. Viele Ukrainer haben in ihrem Leben noch keinen einzigen Juden gesehen. In Lemberg wohnen einige, alle über siebzig. Ich bin einer der wenigen, die nicht ausgewandert sind. Alle anderen sind entweder zu alt oder zu mächtig, dass man Ansprüche erheben könnte. Zweitens sind hier viele andere Feinde noch in frischerer Erinnerung. Hast du gestern gehört, wer hier das absolute Böse ist? Die Russen. Entspann dich, die Zeit der Pogrome ist vorbei. Sie haben ihre Mistgabeln gegen ein Facebook-Profil getauscht. Sie prügeln einander heute nur noch virtuell. Und lass uns dafür beten, dass es auch so bleibt."

Sie kamen aus der engen Gasse auf einen Platz. Er hatte fünf ungleiche Seiten, angedeutet durch niedrige, schiefe Häuser. In den Ecken des Platzes wuchsen große alte Linden, deren Schatten sich gegenseitig überlappten. Die Linden und die nasse Wäsche, die im Wind auf Wäscheleinen in den Höfen flatterte, verliehen dem grauen Platz Farbe. Die Gebäude hatten den grauen Ton einer Zementfabrik, graue Kopfsteine lugten aus dem Asphalt heraus. Der Asphalt wurde hier irgendwann einfach über die Pflastersteine gelegt, und war im Laufe der Zeit abgefahren worden. Die Steine, die sich deutlich langlebiger erwiesen, brachen durch die Asphaltreste wie Schneeglöckchen durch den Schnee. Die gleiche Dauerhaftigkeit wie die Steine zeigte auch das Gras. Das Unkraut wucherte überall, wo Steine und Asphalt einen Millimeter Boden frei gelassen hatten. Hühner, die hier bestimmte städtische Leistungen erfüllten, säuberten die Asphaltspalten. Mit Ausnahme von Jakob und Jewgenij waren diese gefiederten freiwilligen Helfer die einzigen Lebewesen auf dem Platz.

Die längste Seite des Platzes nahm ein großes zweistöckiges Gebäude mit einem flachen Dach ein. Der erste Stock war völlig durch hohen Flieder und Holunder verdeckt. Jewgenij ging, ohne

Jakob ein einziges Wort zu sagen, zu diesem Gebäude, und blieb vor einem Busch stehen, winkte Jakob heran und fischte einen Schlüssel aus seiner Hosentasche. „Lass uns eine kleine Pause machen. Es dauert nicht lange, und du wirst es nicht bereuen." Mit diesen Worten bückte Jewgenij sich und verschwand zwischen den alten Fliederbüschen. Jakob blieb eine Weile stehen. Seine Wünsche interessierten wohl niemanden.

Dieser Einbruch in ein altes Haus schien ihm ein Kinderspiel zu sein. Versteckspiel für die Jüngsten und „Probier doch mal dran zu ziehen, das Zeug kommt voll gut, Mann" für die etwas Größeren. Außerdem war sein letzter Ausflug in die wilde Natur, Jakob erinnerte sich zitternd an die Brennnesselhölle, kein angenehmes Ereignis.

„Komm schon! Hab keine Angst. Oder denkst du, dass ich meine Klamotten jetzt zurückhaben will? Oder noch etwas Spannenderes?"

Jakobs Verlegenheit amüsierte Jewgenij weiterhin. „Wenn ich dir sage, dass ich ein bekennender Heterosexueller bin, wirst du dann schneller sein? Jakob wurde rot, das war das dritte Spiel, welches er sich im Unterschied zu den ersten zwei erspart hatte.

„Ich wollte nur fragen, ob wir uns hier legal aufhalten dürfen" murmelte er verlegen vor sich hin und versuchte ganz vorsichtig, um das neue Hemd nicht kaputt zu machen, sich durch die dichten Büsche den Weg in die Richtung von Jewgenijs Stimme zu bahnen. Eine graue Straßenkatze sprang wie ein Blitz vor seine Füße. Jakob erschrak sich, rannte durch die Büsche ohne auf die Kleidung achtzugeben und stürzte zu Jewgenij. Der versucht grade die gelben Blätter aus den Haaren zu schütteln: „Sei vorsichtiger, das ist kein Schulhof, hab Respekt, Jingle."

Jakob schaute sich um. Sie standen im Hof des Gebäudes. Wahrscheinlich war hier vor längerer Zeit ein Zaun gewesen, die Reste von kleinen Säulen standen noch da, aber zwischen ihnen wuchsen nun Büsche. Das Gebäude selbst war grau, wie alle anderen am Platz, aber zwischen den Spalten abfallenden Putzes konnte man hellblaue Farbe erkennen. Die Wände waren dicht und solide gemauert. Die Fenster verrieten, dass es kein Wohnhaus gewesen sein konnte. Da waren großen Arkadenfenster, auf beiden Seiten ihrer Spitzen standen oben zwei Löwen auf ihren Hinterpfoten, in ihren vorderen Pfoten hielten sie ein Dreieck. Die Figuren waren beschädigt, aber noch zu erkennen. „Na? Was für eine Beharrlichkeit? Ich weiß nicht genau, wer und auf wessen Befehl sich so viel Zeit genommen hat, um mit einer Leiter jeden Stern so abzuschlagen, dass nur Dreiecke übriggeblieben sind. Sehr anständig."

Jakob hatte aufgehört, Jewgenijs Sarkasmus wahrzunehmen. „Waren das Davidsterne?" „Natürlich, die sind noch da, aber nur bruchstückhaft so zu sagen im 2D-Format."

Und es stimmte, die Gestalt von abgehackten Sternzacken war an der Wand noch zu erkennen.

„Wer hat das gemacht? Die Nazis? Und was ist das für ein Gebäude? Eine Synagoge?"

„Ja, sehr gut erraten! Und nein, die Nazis haben das Haus nicht zerstört, es war wahrscheinlich eines der weniger Häuser, in denen man Nahrungsmittel, Papier und andere trockene Waren lagern konnte, ohne dass sie nass wurden. Der Boden hier ist sehr feucht und die Synagoge wurde absichtlich sehr hoch gebaut, damit das Wasser nicht eindringen konnte. Solche Dinge wussten die Deutschen sehr zu schätzen und die Sowjets eigentlich auch, sie haben hier ein Archiv und ein Papierlager eingerichtet. Und jetzt braucht wahrscheinlich niemand mehr den trockenen Boden unter den Füßen. Und die Sterne, das haben die Zeugen Jehovas getan. Passte nicht in ihr Weltbild, glaube ich. Vor zehn Jahren war hier ihr Bethaus, bis sie in ein neues umgesiedelt sind, es ähnelt meinem Restaurant sehr. Und Dreiecke symbolisieren Gottes Auge und was weiß ich noch. Also halten jetzt die Löwen die Dreiecke, Gottes Augen in Stereo-Format. Für mich halten sie aber weiterhin Davidsterne. Das ist wie in Mathe: Schreibe drei, sechs im Sinn." Jewgenij zwinkerte verschwörerisch.

Die Fassade des zweiten Stockes war auch reichlich mit kleineren Löwen geschmückt, die Tiere hatten aber mit der Zeit ihre majestätischen Mähnen verloren und sahen jetzt alle wie alte Katzen aus. Es gab insgesamt sechs Fenster auf der Straßenseite und in der Mitte, zwischen den sechs Fenstern, befand sich eine von Rosen und Ranken umsäumte Barockmuschel. In ihrer Mitte waren hebräische Buchstaben zu sehen. Eine Hälfte war verschwunden und die andere war schlecht lesbar. Jakobs schwaches Hebräisch reichte nicht, um das zu entziffern und Jewgenij kam ihm gern zu Hilfe. „Ah, hier steht das Übliche: Gebaut im Jahr 1742, renoviert im Jahr 1903 und das da ist der Segen." „Und das haben die Zeugen Jehovas nicht abgehauen?"

„Nee, das nicht, fragt mich aber nicht warum, ich könnte höchstens mal meine Putzfrau fragen, sie ist nämlich eine von denen. Wenn du es unbedingt wissen willst. Ich habe mich dafür nicht wirklich interessiert, nach welchen Prinzipien sie einen Teil des historischen und kulturellen Erbes zerstören und einen anderen verschonen. Komm, ich zeige dir das Haus von innen.

Jewgenij bog um die Synagoge und öffnete eine niedrige, aber sehr dicke Holztür mit eisernen Beschlägen und einem schweren Schloss. Sie traten ein. Es war halbdunkel, das Licht kam nur aus den Fenstern der zweiten Etage. Die Fenster im ersten Stock waren mit Sperrholz verschlossen. „Das habe ich veranlasst," sagte Jewgenij, „offene Fenster sind immer wie eine Einladung, und die Gäste hier sind nicht von der besten Sorte, statt Blumen hinterlassen sie oft leere Spritzen und Bierdosen. Jetzt kommt zwar kein Mensch mehr, aber ich habe hier andere Gäste: Fledermäuse, Ratten, Tauben und Katzen als Ende der Nahrungskette. Kennst du den Witz über Fledermäuse in einer Synagoge?" Jakob kannte überhaupt keine Witze, weder über eine Synagoge noch über Fledermäuse.

„Zwei Rabbis klagen einander: „In meiner Synagoge leben Fledermäuse, ich kann sie nicht los werden, ich habe schon alles ausprobiert, und nichts hilft." „Ah, weißt du, bei mir fühlten sich die Fledermäuse auch wie zu Hause, aber ich bin sie losgeworden. Und weißt du wie? Ich habe sie zum Judaismus bekehrt und Bar Mitzwa gefeiert, und danach sind sie nie wieder zurückgekommen." Jewgenij lachte laut über seinen eigenen Witz, und Jakob, egal wie unpassend es in diesem Moment erschien, konnte sich auch ein Lachen nicht verkneifen. So standen die beiden lachend im schwachen Licht der verlassenen Synagoge, in einer Wolke von Federn, Taubenkot und Staub von abgehackten Sternen.

Das Lachen endete mit Husten und verlegenem Schweigen. "Was ist das für eine Bühne?" fragte Jakob überrascht. Bühnen waren eher ein ungewöhnliches Element in Synagogen und außerdem war es eine sehr komische Bühne: aus ungefärbtem Sperrholz, so dünn, dass Jakob sich nicht vorstellen konnte, welcher krasse Rabbi in welcher religiösen Ekstase es wagen würde, dort hinauf zu klettern. Durch die Spalten zwischen den Sperrholzbrettern war die Leere zu sehen, wohin der Auftretende in jedem Moment zu fallen riskierte. "Ah, die Bühne ist doch nicht echt, die wurde später von den Zeugen Jehovas hier eingerichtet", Jewgenij schüttelte geringschätzig den Kopf. "Die Rabbis wollten doch nah an ihren Menschen sein, mit ihnen tanzen, singen, sie umarmen, die brauchten keine Bühne. Komm, ich zeige dir, was noch authentisch geblieben ist."

Und er verschwand zwischen zerbrochenen Bänken und kaputten Schränken "Warum kaufst du das Gebäude nicht?" fragte Jakob in Jewgenijs Rücken, "die Liliental-Villa hast du doch auch gekauft".

"Um Gottes willen!", hörte er von vorne. "Was soll ich mit der Bude machen? Ein Hotel? Noch ein Restaurant? Schau es dir doch selbst an, das Dach droht jeden Moment herabzustürzen, und ohne Dach macht der erste Regen alles nass, der Wind bringt Samen und in zwei Monaten bekommst du hier einen kleinen Wald. Die Renovierung wird ein Vermögen kosten, und das Geld werde ich nie wieder zurückbekommen. Abreißen darf man das Haus auch nicht, es gehört zum historischen Kulturerbe, also ist es billiger, einfach abzuwarten, wann es von sich aus zerfällt und verrottet. Wenn nichts mehr zu retten ist, kannst du das Grundstück sehr preiswert erwerben und etwas Neues bauen. Eine Spielhalle zum Beispiel, die machen gute Geschäfte. Ich denke, so in ungefähr in zwei Jahren wird der Magistrat es versteigern. Doch es ist für mich sowieso nicht von Interesse, eine Spielhalle im Nachbardorf habe ich schon und mehr schaffe ich sowieso nicht zu managen. Alles, was hier zu retten war, habe ich gerettet, abfotografiert, eine Freske habe ich sogar abgebaut und mit nach Hause genommen. Sie hängt jetzt bei mir im Wohnzimmer.

Weißt du, wenn ich darüber nachdenke, ist dieser Platz hier, diese ruinierte Synagoge, in diesem von Gott vergessenen ukrainischen Skolywka, der sicherste Ort für Juden auf der Welt. Du solltest das in Betracht ziehen, Jakob. Wäre es für dich nicht eine schöne Idee für eine Umsiedlung? Wo findest du einen sichereren Platz als in der ukrainischen Provinz? In Israel? Mit Steinen, Bomben und Raketen von den „lieben Nachbarn"? Oder in Europa? In Deutschland vielleicht? Am Bahnhof, grade aus einem Zug aussteigend? Eine Rohrbombe, wo war sie denn? Ich kann mich gerade nicht an den Namen der Stadt entsinnen....[61] Wie nett, nicht wahr? Dann war der Chemieunterricht zumindest für einen doch nicht umsonst gewesen. Oder In Frankreich? In Lyon oder in Paris, vielleicht in der gleichen Straße wie Ilan Halimi wohnen?"[62]

Jewgenij redete sich in Rage. Seine Gleichgültigkeit und Gelassenheit waren verschwunden, wie welke im Herbst herabgefallene Blätter unter den starken Windböen des nahenden Winters. Und an der ungeschützten Oberfläche trat in Erscheinung, was vor hunderten von Jahren unter der andauernden Verfolgung bei vielen tiefe Wurzeln geschlagen hatte: Angst.

„Und hier, hier bist du in Sicherheit?"

Jewgenij schüttelte wieder staunend seinen Kopf: „Jakob, du glaubst mir immer noch nicht, oder? Was hast du zuletzt Schlechtes über das Leben der Juden in der Ukraine gehört? Was hast du überhaupt über die Juden in der heutigen Ukraine gehört? Seit dutzenden Jahren ist hier kein Jude eines gewaltsamen Todes gestorben. Keine Bombenanschläge, keine verbrannten Synagogen, keine Messerangriffe. Einmal in fünf Jahren werfen ein paar betrunkene Jungs eine Matzewe[63] auf den Boden oder bemalen meine Fenster mit Hakenkreuzen. Doch ich habe im Unterschied zu dir und zu allen Juden in Europa und in Israel keine Todesangst. Meine Tochter hat in Israel schon gelernt, mit der Angst umzugehen. Weiterleben.

---

61 Jewgenij meint den Wehrhahn-Anschlag in Düsseldorf im Jahr 2000.
62 Ilan Halimi war ein französischer Jude marokkanischer Herkunft, der im Januar 2006 von einer Gruppe muslimischer Einwanderer entführt und zu Tode gefoltert wurde.
63 Grabstein

Meine jüngere Tochter lebt in Frankreich, hat einen Freund, auch ein Jude. Er geht überall mit seiner Kippe[64] hin, setzt sie aber nie auf, trägt sie immer in seiner Hosentasche. Und hier bin ich frei. Ich kann die Kippe aufsetzen, und niemand wird mich etwas fragen, ich kann eine riesige Menorah[65] auf meinem Fenster und eine Sukka[66] in meinem Hof errichten und es wird mir nichts passieren.

In Europa geben sich die Länder Mühe, ihre jüdischen, christlichen und muslimischen Bürger in einem mehr oder weniger lenkbaren Bündel zu halten, und gib zu, es geht immer wieder schief und jede Gemeinde zieht in eine andere Richtung. Hier kümmert sich der Staat gar nicht um seine multikulturellen Mitbürger, kein Gequatsche über Toleranz, Akzeptanz und Verzeihung oder so etwas. Die alten Nachbarn, die im Krieg gegeneinander gekämpft haben, haben sich gegenseitig nie um Vergebung gebeten, genau wie ihre Kinder und Enkelkinder. Sie lernen einfach, vom Anfang an nebeneinander zu leben, tun so, als ob nichts passiert wäre. Historisch war es immer so. Im alten Rom, in Persien, in Franken, überall kämpften Menschen so gnadenlos gegeneinander, erschöpften eigene demographische Ressourcen, viele Männer starben und dann besannen sich die Überlebenden, bis ein neuer Krieg ausbrach. Das ist ein natürlicher Weg des Lebens. Die Menschen lernen aus eigener Erfahrung wieder miteinander zu leben, und nicht aus dem Schulunterricht." Jewgenij lächelte Jakob müde an: „Ach, vergiss dieses Gerede, ich habe hier einen gewissen Kommunikationsmangel." Noch ein trauriges Lächeln. „Wir können uns vorstellen, dass ich dir das alles erzähle, nur, weil ich davon träume, in Skolywka ein neues Jerusalem zu gründen und suche jetzt grade aktiv nach Gleichgesinnten."

Ein neckisches Lächeln erschien auf seinen wulstigen Lippen: „Stell dir nur vor: Wir würden eine neue Synagoge eröffnen, du und ich. In irgendeiner modernen Art, eine moderne Kongregation,

---

64 Kipe oder Kippa ist eine Kopfbedeckung männlicher Juden.
65 Menorah: siebenarmiger Leuchter, eines der religiösen Symbole des Judentums
66 Sukka oder Laubhütte, ist in der hebräischen Bibel die Bezeichnung für eine aus Ästen, Zweigen, Laub, Stroh und Ähnlichem erstellte Hütte, die für das siebentägige Laubhüttenfest gebraucht wird.

zum Beispiel Synagoge der letzten heiligen Tage in Galut. Wir werden unsere Tage bei der Übersetzung der ukrainischen Nationalhymne ins Hebräische und Jiddische verbringen und in unseren Gottesdienst einführen, Ludotschka stickt uns Kippas mit dem Davidstern, kombiniert mit dem ukrainischen Dreizack[67], das gleiche Zeichen wird am Portal zur Synagoge stehen. Der Eintritt wird dickes Geld kosten, wir wollen uns doch nicht gegen Stereotype einsetzen, oh nein! Wir werden sie reichlich ausbeuten. Wie zum Beispiel in Lemberg. Das war leider nicht meine Idee. Warst du schon im Restaurant 'Die goldene Rose'?"

Jakob schüttelte verneinend den Kopf. „Ein pseudojüdisches Restaurant, von Juden weder gegründet noch besucht, deren Hauptmerkmal darin besteht, dass keine Preise in der Speisekarte angegeben sind. Man muss einfach handeln. Die Kellner, alle ethnische Ukrainer, fangen von extraorbitanten Preisen an. Dabei versuchen sie es sich „jüdisch" zu benehmen, zeigen sich geizig, schlau, in gewissem Masse charmant. Die Schlange wartender Gäste steht dort schon ab dem früheren Nachmittag. Einheimische und Touristen wollen einen Juden sehen und ihn beim Handeln überbieten. Und dabei leckeres Boefstroganoff mit Sahne schmecken.[68] Sehr koscher, nicht wahr? Das soll uns als Beispiel dienen, sage ich dir, aber was bringt es, fremden Gewinn zu beweinen. Komm, ich zeige dir jetzt die zweite Etage. Dort können wir unsere Pläne weiter schmieden." Und Jewgenij machte eine theatralisch einladende Handbewegung zur engen Wendeltreppe, die sie nach oben führte.

„Diese Etage, die für Frauen gebaut wurde, ist in besserem Zustand erhalten geblieben als die erste."

Sie stiegen auf der engen Treppe nach oben. Die Treppenstufen waren aus altem Holz und knarrten unerträglich sogar unter dem relativ mageren Jakob, unter Jewgenij heulten sie ihren Kaddischgesang[69] so verzweifelt, als ob sie jetzt zusammenbrechen

---

67 Der goldene Dreizack, „Trisub" ist das ukrainische Staatswappen.
68 Eine der wichtigsten Komponenten des Koscher-Haltens ist die angemessene Trennung von Fleisch und Milch, zum Beispiel man darf nicht Milch oder Milchprodukte gleichzeitig mit Fleischgerichten verzehren.
69 Kaddisch ist eines der wichtigsten Gebete im Judentum.

würden. Jakob dachte mit Angst an den Abstieg, so schrecklich war dieses Treppengeräusch.

Endlich erreichten sie den zweiten Stock. Hier stank es genauso nach altem Papier, Staub und Taubenkot, aber es war, dank der näher liegenden offenen Fenster, deutlich heller. Sie befanden sich auf einer inneren Balustrade mit einem hohen ornamentalen Holzzäunchen, das den Raum von dem unteren Gebetsplatz abgrenzte und die Besucherinnen der Synagoge vor dem Hinunterfallen bewahrte. Von hier aus waren plötzlich die Fresken unter dem Dach zu sehen. Von unter waren diese fast unsichtbar, hier traten sie ans Licht. Es waren Malereien, überwiegend mit tierischen und pflanzlichen Motiven. Auf dem Jakob am nächsten gelegenen Fresko trugen zwei Bären einen riesigen Weinstock voller reifer Trauben. Die Tiere marschierten auf den Hinterbeinen und die gigantischen überdimensionalen Weintrauben hingen aus dem Rebstock bis zu ihren Füßen. Die Bärengangart war von der menschlichen nicht zu unterscheiden und ihre Schnauzen ähnelten den bärtigen Gesichtern gut genährter Beamter eines lokalen Amtes.

Das nächste Fresko stellte einen Vogel mit einem langen Hals und einer prächtigen Krone aus Federn auf dem Kopf dar. Der Vogel hatte lange rote Beine und dunkelblaues Gefieder, er bog seinen Hals so, dass sein Schnabel nach oben gerichtet und geöffnet war, als ob er den Himmel anstatt eines sättigenden Frosches verschlingen wollte. Die Fresken bildeten einen Kreis mit einzelnen runden Elementen, in deren Innerem immer ein Tier abgebildet war. Manche Bilder waren schon kaum noch zu sehen, andere hatten einen besseren Zustand. Das am besten erhaltene Bild war genau in der Mitte der Kreise, oben, dort wo sich früher vermutlich Bima[70] befand: ein goldener Löwe, ein großer Kater, mit einem langen dicken Schwanz, der um seine Vorderpfoten geschlungen war. Er saß wie eine gewöhnliche Hauskatze und nur die goldene, schwach leuchtende Mähne verriet den Betrachtern, dass sie den König der Tiere beobachten durften. Er hatte genau wie die zwei Bären ein sehr menschenähnliches Gesicht.

---

70 Bima ist der Platz in einer Synagoge, von dem aus die Tora während des Gottesdienstes verlesen wird.

Die Nase, Augen und sogar die Lippen waren zweifellos anatomisch gesehen Adamskindern nachempfunden, er hatte dermaßen individuelle Gesichtszüge, individuelle visuelle Eigenschaften, als ob der Maler ein menschliches Porträt vor einer Löwenkulisse gemalt hätte.

„Der da", Jewgenij zeigte auf den Löwen: „ist der alte Liliental selbst, als Löwe natürlich, denn anders durfte es nicht sein. Wie du weißt, sind menschliche Abbildungen im Judaismus verboten. Wie konnten aber nun die Juden einen der Hauptsponsoren ihrer Synagoge ehren und loben und dabei auf der sicheren Seite der Halacha bleiben? Diese Lösung war gut, findest du nicht? Alle hier sind Tiere.

Die beiden Bären sind Herschons Brüder, die haben die Welt in das Schtetl gebracht, damit meine ich die ganz greifbare, und unendlich verlockende äußere Welt. Die englischen Stoffe, die ungarischen süßen koscheren Weine, Perlen und Korallen, französisches parfümiertes Wasser. Manche Sachen aus der Liste wurden in ihren Kellern hier in Skolywka von fleißigen Frauenhänden hergestellt, aber manche waren echt, so hatten sie alles, für jeden Geschmack und Geldbeutel. Sie brachten, verzeih mir meine dichterische Schwäche, das köstliche Pläsier und Behagen nach Skolywka und damit auch die süßen Versprechungen eines besseren Lebens, genau wie es Moses' Spione dem Volk Israels brachten.

Und dort in der Ecke, schon fast abgefallen, siehst du ein Reh? Das war der alte Hirsch, er war im Magistrat tätig, hat auch viel für die Gemeinde gemacht. Die Haupttätigkeit des Alten bestand darin, dass er ständig versuchte, die neuen, durch die Polen ausgedachten steuerlichen Belastungen für Juden, zu lindern oder abzuwenden. Er war sozusagen ein Lobbyist des 19. Jahrhunderts. Spannend das alles, oder? Diese Abbildungen meine ich. Alle diese Widmungen habe ich in einer alten jüdischen Zeitung in Lemberg gefunden. Und nicht nur das. Ich las nicht nur darüber, was lokale jüdische Gemeinden auf ihre Synagogen malen, was sie zelebrierten und was sie beweinten, wirklich sehr spannend, das kannst du mir glauben. Ich dachte damals, dass ich mit diesen Geschichten Touristenhorden bespaßen werde. Es ist mehr als zehn Jahre her und du bist der Erste, dem ich das alles erzähle. Egal."

Jewgenij wandte sich ab. „Komm, bevor Darka noch für dich eine Suchanzeige aufgibt." Die knarrende Treppe sang noch mal ihr Sterbelied. Wer weiß, ob sie menschliche Füße in ihrem Leben noch einmal tragen würde, dachte sich Jakob.

„Und deine Verwandten sind auch hier dargestellt?" wollte er wissen. „Ach, was redest du?!" Jewgenij wedelte ablehnend mit den Händen: „Meine Väter waren arm wie Kirchenmäuse, sie konnten nur beten, Kinder machen und staubige Schweineborsten bearbeiten. Tanzen und singen konnten sie auch." Ergänzte er sich selbst nach einer kurzen Pause. „So oder so habe ich nichts von ihnen geerbt. Meine Großväter habe ich nie kennengelernt, nur eine Oma hat die Shoa überlebt, war sogar in Maidanek. Ich erinnere mich an sie als an eine lebensfrohe, freundliche und liebevolle Frau. Ich war der Sinn ihres Lebens, ihr einziges Enkelkind, der einzige Nachwuchs in der Familie, in der es zwölf Schwestern gab, aber nur eine von denen hat ein Kind bekommen, und dies unehelich.

In der sowjetischen Ukraine war das auch kein Geschenk des Schicksals und es war den fortschrittlichen sowjetisch gerechten und untereinander gleichen kommunistischen Kameraden gar nicht egal. Ein unehelicher jüdischer Junge mit dunklen Augen und lockigem Haar, mit einem Geigenkasten auf dem Rücken. Ich war die lebendige Personifizierung ihres Hasses. Das machte stark und lehrte, das Leben besser zu organisieren und zu sichern. Die Geige passte aber leider nicht besonders gut in diese Überlebensstrategie. Obwohl ich meine erste Levis' Jeans genau in diese Geige gestopft hatte, als ich von meiner ersten Gastrolle aus dem uns freundlichen sozialistischen Äthiopien nach Hause kam.

Ich bin damals nicht nur mit einer neuen Levis' zurückgekehrt, die ich sehr gewinnbringend weiterverkauft habe, sondern auch mit dem festen Wunsch, nie mehr zurückkehren zu müssen. In Äthiopien war ich einfach ein Hellhäutiger. Den anderen Musikerinnen und Musikern aus Kuba oder aus Argentinien war die Länge der Haut auf meinem Penis auch scheißegal. Damals wollte ich emigrieren. Doch bald änderte ich meine Meinung. Du hättest sehen sollen, mit welchen Augen meine vormaligen Verfolger, die auf jeder Komsomolsitzung über die Gefahr für die reinen Sitten der kommunistischen Jugend durch den verfaulten westlichen Kapitalismus in Gestalt von Jazzmusik, Jeans und Camel-Zigaretten faselten, plötzlich meine Hand schüttelten. Anders als vorher, plötzlich bemüht freundlich waren sie bereit, nach meinem Musikschulunterricht auf mich zu warten, um meine kapitalistische Ware zu beäugen und mir diese von ihrem letzten Geld abzukaufen.

Dann war ich plötzlich ein wichtiger, respektierter Mann. Ich habe die Jeans verkauft, und meine Oma bekam einen neuen Mantel. Nach der zweiten Gastrolle habe ich meine alte Geige auseinandergebaut und dieses Mal mit Seidentüchern vollgestopft, dafür hatte ich die goldene Uhr meines Großvaters verkauft, sein Hochzeitgeschenk. Tücher passten am besten in die Geige und kosteten genau so viel wie eine Jeans, besonders wenn sie oben mit „Chanel" beschriftet waren. Die Chanel-Schildchen hat meine Oma eigenhändig gestickt und auf die Tücher genäht. Sie fand meine Idee auch sehr toll, meine Mutter versuchte uns etwas über die kommunistischen Sitten und Moral zu predigen, sie war übrigens eine überzeugte Kommunistin, aber sie hatte auch die Nase voll vom ständigen Spott und der Diskriminierung durch ihre Kameraden.

Sie war Schulbibliothekarin, machte aber in der Schule alles, was ihr gesagt wurde, von der Vertretung des Physiklehrers für ein halbes Jahr bis zum Wischen des Bodens und der Organisation von Schulfesten. Sie war die ganze Schule in einer Person. Und das alles für ein lächerliches Monatsgehalt. Sie war eine hingebungsvolle Kommunistin, aber trotzdem sagten ihre Kollegen jedes Mal, wenn in den Nachrichten über das feindliche kapitalistische Israel berichtet wurde, zu ihr: „Schau mal, was Deine wieder tun, die haben keine Gewissensbisse, diese jüdischen Schweine, oder?" Am Ende war sogar ihr klar, dass sie hier immer fremd bleiben würde, egal wie gut sie Marx kannte und noch so proletarisch wäre. Als ich mit meinen Tüchern gekommen bin, hatte ihr kommunistischer Schwung schon lange nachgelassen.

Meine Oma hat meine unternehmungslustigen Projekte mit ganzer Kraft unterstützt. Nach allen Versteckoperationen konnte meine Geige nur noch quietschen und Gastrollen eigneten sich schlecht als Schmuggelwege. Ich brauchte etwas Besseres, Sicheres. Meine Oma hat an ihre einzige überlebende Schwester, die in

Holland wohnte, einen Brief geschrieben. Sie war allein, ohne Kinder, hatte aber ein gutes Einkommen, und sie war voller Nostalgie nach ihrer Kindheit, Sie fühlte sich ihrer Schwester gegenüber, die in der Sowjetunion geblieben war, schuldig, und wollte helfen. Sie hatte zügig auf die Zeilen ihrer Schwester geantwortet, sowohl per Brief als auch materiell, ihr Päckchen war voll mit allem, was ich gut weiterverkaufen konnte. Später habe ich noch dutzende, wenn nicht hunderte Pakete aus Holland bekommen.

Es dauerte noch Jahre, bis die Sowjetunion zerfallen war. Olena und ich...", Jewgenij bemerkte Jakobs fragenden Blick: „Darkas Tochter. Wir reisten als erste über die Grenze nach Polen und noch weiter. Sie nach Italien, ich in die USA. Ich habe dort ein paar Jahre gelebt und gearbeitet, ich habe dort das Leben entdeckt, es genossen, es eingesaugt. Ich war nur ein Unbekannter, einer von vielen auf den Straßen, und alle anderen waren mir unbekannt. Das hat sich später als ein gewisser Nachteil erwiesen. Stell dir vor: Du bist einer von Millionen, und du musst mit diesen Millionen um dein Brot kämpfen. Und der Kampf war weder gerecht noch leicht, so wie in der UdSSR, aber anders, in der UdSSR entschieden deine Partei- Verbindungen alles, in den USA das Geld. Und dazu ist mir immer diese falsche Freundlichkeit auf die Nerven gegangen, ich konnte eben nicht als ein guter alter Freund zu fremden Menschen gehen, nur um ihnen einen Staubsauger zu verkaufen.

Hier brauche ich diese Maske nicht, alle kennen mich, alle wissen, was sie von mir bekommen können, ich kenne alle, ich weiß, was sie brauchen, was sie wollen. Noch dazu kann man auch hier sehr gut leben, es sei denn, du kannst dir dein Leben ohne Broadway nicht vorstellen. Hier ist alles preiswert, sehr vertraut, berechenbar. Außerdem lag damals meine Oma im Sterben, ich wollte bei ihr und bei meiner Mutter bleiben. Kurz und gut, bin ich Ende der neunziger Jahre hierher zurückgekehrt, an den Ort, von dem ich mir selbst versprochen hatte, ihn nie wieder mein Zuhause zu nennen. Mein Kapital, so bescheiden in den USA und so üppig hier, war völlig ausreichend, um ein Business anzufangen, Lilientals Villa zu kaufen und zu reparieren.

Die letzten Tage ihres Lebens hat meine selige Mutter in dieser Villa verbracht. Sie war schwer krank, hatte Brustkrebs, starke

Schmerzen und wog so viel wie ein zehnjähriges Mädchen, aber sie lachte und weinte vor Freunde, als sie wie eine Königin die Marmortreppe zum ersten Mal hinaufstieg und ihre neue Küche sah, die so groß war wie vorher ihre ganze Wohnung. Nur noch einen einzigen Wunsch hatte sie, stolz Enkel im Kinderwagen durch unsere Straße zu schieben. Den habe ich ihr auch erfüllt. Ich wollte auch Kinder haben und sie wachsen sehen, der Vater sein, welchen ich selbst nie gehabt hatte. Eine Frau findet man hier schnell, und bald haben Lusia und ich zwei Mädchen gezeugt, kurz nacheinander. Meine Mutter hat es noch geschafft, sie im Kinderwagen herumzufahren, bis sie endgültig bettlägerig geworden ist. Sie ist gestorben, als meine Töchter zwei und drei Jahre alt waren. Kurz danach hat sich meine Frau, eine hundertprozentige Ukrainerin, sich als Jüdin bei der israelischen Botschaft gemeldet und ist mit meinen Töchtern nach Israel abgehauen. Sie lebt dort glücklich, heißt jetzt Or und arbeitet in einem Krankenhaus. Und ich bin hiergeblieben. Und wenn du Ludotschka gesehen hast, dann weißt du, dass ich Gott für das Abhauen meiner Frau nur danken kann." Jewgenij lächelte zufrieden: „Und außerdem muss doch jemand am Shabbat das Licht ausmachen, eine Shabbattgoimin würde in dieser Situation nicht schaden. Eine „Win-Win" Situation, sozusagen. Aber genug von mir geredet. Sag mal, wann hat deine Familie die sowjetische Ukraine verlassen? Und wie seid ihr in Deutschland gelandet?

„Meine Familie hat nur zwei Jahre in der sowjetischen Ukraine gelebt, noch vor dem Krieg. Auch meine Oma hat die ganze Familie verloren. Nur dank ihres Vaters, der Darka und deren Mutter bezahlt hat, konnte sie sich mit ihrem Kind bei ihnen verstecken. So haben sie den Krieg überlebt und…"

„Jakob! Jakob!" In der Mitte der Straße stand die unzufriedene Sofia, beide Fäuste an den Hüften, in ihrem Prinzessin Xena-Kämpferin-Modus. Doch ihre ganze Empörung galt nicht Jakob, sondern Jewgenij. Ein langer böser Monolog wurde ihm auf Ukrainisch vorgetragen, dem er aber geduldig mit leicht entspanntem Lächeln zuhörte.

„Hiermit übergebe ich dich deiner Begleiterin und für dich Verantwortlichen", zwinkerte Jewgenij Jakob zu, als Sofia endlich mit ihrer Klage fertig war. „Warum hast du mir nicht gesagt, dass

Sofia und du gemeinsame Pläne für die Zukunft haben? Ich hätte dir dann unterwegs ein schönes Grundstück zeigen können, sehr preiswert, oder wird Skolywka bald noch eine Schönheit an Deutschland verlieren?"

„Was? Was für ein Quatsch! Was hat sie dir erzählt? Das sind nur die verrückten Pläne ihrer Oma und meiner Bobe, zweier alter Frauen. Egal... lange zu erklären."

Das fehlte Jakob noch, Jewgenij jetzt die Träume zweier Greisinnen hier auf der Straße anzudeuten. Sofia, die ihren Monolog schon in einer Entfernung von über fünfzig-siebzig Metern und in Anwesenheit aller Nachbarn deklamiert hatte, hatte Jakob und Jewgenij erreicht.

„Sofia," Jakob versuchte höflich zu sein und nicht so sehr in eine belehrende Intonation hineinzurutschen: „Es tut mir leid, dass du dir Sorgen um mich gemacht hast, aber ich wäre sehr dankbar, wenn du erstens in meiner Anwesenheit mit Jewgenij englisch sprichst, zweitens, wenn du keine von mir unbestätigten Informationen weitergibst, und dies noch dazu so laut."

„Ich habe mir keine Sorgen um dich gemacht, Jakob, alle wissen, wo Männer nach einem Restaurantbesuch liegen und warten, abgeholt zu werden. Ich war böse auf ihn, weil er mir nicht erlaubt hat, dich abzuholen, jetzt haben wir den ganzen Tag verloren! Oma ist mit den Ziegen auf der weit entfernten Weide, kommt frühestens in drei Stunden zurück, das Essen ist schon lange kalt. Was sollen wir jetzt machen?"

Jewgenij antwortete ungefragt: „Ihr beiden könntet ins Kino gehen. Du hast unser 5D-Cinema noch nicht gesehen, so etwas darf man nicht verpassen." sagte er zu Jakob und Jakob las in Sofias Augen, dass sie Jewgenij sofort verzieh.

„Und wenn du willst, kannst du wieder in meinem Zimmer übernachten, heute Abend habe ich nur drei Tische für den Frauenchor reserviert. Und die Damen schaffen es, schon selbst nach Hause zu kommen, das Zimmer wird also auf dich warten, es sei denn, was ich natürlich auch gut nachvollziehen kann, du entscheidest dich bei Sofia zu bleiben." Jakob entschied sich die spöttische Intonation in Jewgenijs Stimme zu ignorieren. Mit dem letzten Satz sicherte Jewgenij sich Sofias Gewogenheit, verabschiedete sich von den beiden und verschwand um die Ecke.

„Na gut, dann gehen wir eben ins Kino," seufzte Jakob nicht sonderlich begeistert. Die Ungewissheit, Darkas Unzuverlässigkeit gingen ihm stark auf den Keks. Wann würde er endlich den Koffer bekommen, das konnte doch nicht so kompliziert sein. Morgen. Morgen sollte es endlich ein Ende finden. Morgen würde er bestimmt abfahren. Noch ein bisschen. „Okay. Dann eben Kino" wiederholte er, bloß um sich selbst zu überzeugen, zu beruhigen. „Ist es weit?"

„Nein, nicht weit, im Zentrum, sie haben gerade jetzt eine Vorstellung. Ich gehe mich schnell umziehen. Ein tolles Hemd und die Hose... Wo hast du sie her?"

„Ein Geschenk von Ludotschka." Jakob schüttelte den Staub der Synagoge von seiner neuen Hose, sie passte ihm wirklich wie maßgeschneidert.

„Sei vorsichtig mit dieser Schlampe, sie ist ... sie ist..." Sofia suchte nach einem passenden englischen Wort.

„Sie ist eine nette Frau, die sich nicht erlaubt, schlecht über andere Menschen zu reden." ergänzte Jakob Sofias nicht zu Ende ausgesprochenen Satz. „Geh, ich werde im Garten auf dich warten."

Er setzte sich neben die ewig schlafende Katze am Rande des Brunnens. Neben ihm stand ein Eimer mit frisch gepflückten Pflaumen, die Hälfte der schon entkernten Pflaumen lag in einer großen Kupferschüssel. Sofia ist heute offensichtlich nicht faul gewesen. Er nahm ein paar Pflaumen und steckte sie in den Mund. Sie schmeckten süß, fast schon ein bisschen gegoren. In einer Ecke des Gartens bemerkte er ein altes Fahrrad. Eine Kette war vorhanden, aber die Räder nicht im besten Zustand. Für eine kurze Strecke sollte es doch ausreichen. Er prüfte schnell das alte Fahrrad, trotz Quietschens, wie alle Mechanismen in Skolywka, erwies es sich aber als ein funktionierendes Transportmittel. Jakob krempelte seine Hosenbeine hoch. Ein bisschen Sport würde ihm heute nicht schaden, besonders nach all diesem Essen.

Zehn Minuten später erschien Sofia im Garten. Sie sah umwerfend aus, könnte Jakob sich vermutlich denken, hätte er überhaupt ein klitzeklein bisschen mehr über Sofia nachgedacht. So blieb ihre umwerfende Erscheinung von Jakob leider unbemerkt. Er hantierte am alten Fahrrad herum und bemerkte nicht, wie unwiderstehlich Sofia war.

Sofia war kein verwöhntes Kind, dessen Wünsche von der Mutter, Verwandten und Bekannten aller Grade, geschweige denn von Erziehungskräften, ihr vom Gesicht abgelesen und befriedigt wurden. Ihre Großmutter reagierte auf Sofia nur in zwei Fällen: bei Weinen und bei Lachen. Und ihre Frage war immer die gleiche: „Was ist los?" So bekam das kleine Mädchen ihre einzige Möglichkeit, mit ihrer Oma zu sprechen und ihre Gefühle mitzuteilen. Die sonstige Körpersprache, wie kapriziös zusammengepresste Lippen oder Augen verdrehen würden Sofia genau so viel Aufmerksamkeit bringen wie der Schnee vom vergangenen Jahr. Doch in dieser Situation konnte Sofia Jakobs Gleichgültigkeit jetzt nicht hinnehmen.

„Ha-Ha-Ha! Ha-Ha-Ha!" lachte sie mit weit geöffnetem Mund und mit zurückgeworfenem Kopf. Dabei passte sie auf, dass ihre Körperposition und der Klang ihres Lachens das Lachen von Scarlett O'Hara im Film Vom Winde verweht imitierte.

„Was ist denn mit dir los?" Ja, die alte Frage der Oma war schon wieder da. Jetzt musste Sofia sich schnell etwas ausdenken, denn die ehrliche Antwort hätte jetzt ein bisschen unpassend gewirkt. Sie zeigte auf sein rechtes Hosenbein, das ungefähr zwanzig Zentimeter vom Ende mit einem Schnürsenkel umwickelt war. „Was ist das denn? Hast du jetzt grade eine Hosentasche improvisiert? Da unten möchtest du deinen Geldbeutel einstecken? Wenn unsere Zigeuner dein Geld haben wollen, werden sie es auch dort kriegen. In diesem Fall wird aber der moralische Schaden größer sein als der finanzielle Verlust." Der Witz war ihr gut gelungen, fand sie.

„Wir fahren mit dem Fahrrad ins Kino." Der Witz war wohl doch nicht lustig, zumindest war Jakob nicht begeistert. In diesem Moment begriff Sofia den Zusammenhang zwischen dem hochgebundenen Hosenbein und der Drohung, mit dem Fahrrad ins Kino zu fahren. „Was? Meinst du das ernst?" Sie hob ihre Hände, so, als ob diese ihre schicke Kleidung bis jetzt verdeckt hätten. Es musste ihm doch klar sein, dass, wenn sie, in diesem neuen, bauschigen kurzen Rock mit dem Fahrrad führe, dies für die Nachbarn sehr amüsant wäre. Besonders für die, die am Straßenrand sitzend nur auf lustige Ereignisse warteten. Und ihre Schuhe?! Ihre neuen Schuhe aus glänzendem echtem Lackleder, derentwegen sie ihre Seele an den Teufel bzw. ihre Oma verkauft hatte, ihr Einverständnis gegeben hatte, dass sie beim Sozialamt als Waisenkind angemeldet wurde, damit Oma für sie Waisengeld beziehen könnte. Dabei hatte Sofia das Gefühl gehabt, ihre Mutter verraten zu haben. Als ob die Schuhe mehr wert wären als ihre Mama. Die Oma versprach, dass ihre Mutter, wenn sie zurückkommt, für diese Situation Verständnis haben würde und die beiden Sofia ganz schnell wieder abmelden würden. Doch bis dahin brauchten sie Geld und eine kleine Hilfe vom Staat wäre nicht schädlich.

Die neuen Schuhe glänzten in der Nachmittagssonne, bekamen den ersten Staub auf ihre lackierte Oberfläche und wollten sicher nicht Opfer der beschämenden Fahrt werden. „Warum soll ich jetzt Fahrrad fahren, wenn ich so schön angezogen bin?" Das Ende der Frage verschwand in Schluchzen und Kindertränen kullerten über ihre Wangen. Sie wischte sie mit dem Ärmel ihrer gestickten Bluse ab. Die feinen Blütenblätter der helllila in geometrischen Figuren stilisierten Hyazinthen wurden dunkler. „Wer fährt denn überhaupt mit dem Fahrrad ins Kino?! Schulkinder!" Sie stolperte, denn mit der letzten Silbe erinnerte sie sich daran, dass sie selbst noch ein Schulkind war, doch der schicke kurze Rock und ihre umwerfenden Beine sollten schließlich keinen Zweifel daran aufkommen lassen, dass sie nur formal zur Kategorie der Schulkinder gehörte. „Frauen fahren nicht wie irgendwelche Rotznasen Fahrrad!" ließ Sofia unmissverständlich Jakob ihre Einschätzung der Situation wissen.

Jakobs Blick zeigte intensive Denkarbeit auf dem Feld der interkulturellen Unterschiede. „Du möchtest nicht mit mir auf dem gleichen Fahrrad fahren?" war halb Aussage, halb Frage von Jakobs Seite. Denn er begriff überhaupt nicht, was an seiner Idee schlecht sein könnte. Wahrscheinlich ließ ein möglicher zu enger körperlicher Kontakt Sofia so reagieren. Sie schwieg erstaunt, und dann nickte sie leicht errötend mit noch nassen Wangen Jakob zu: „Wahrscheinlich ist das doch keine schlechte Idee..."

Fünf Minuten später saßen die beiden auf dem alten verrosteten Fahrrad, das für Jakob deutlich zu klein war. Ganz nah vor ihm saß Sofia mit einem Gesichtsausdruck, den Kleopatra bestimmt gehabt haben musste, als sie als Cäsars Trophäe nach Rom kam. Es war eine Mischung aus heroischem Leiden und dem Bewusstsein ihrer umwerfenden Schönheit. Der Ballerina-Rock wurde schnell gegen bequeme Jeans getauscht.

Der mögliche Mangel an Weiblichkeit, denn wer kann in Jeans schon weiblich aussehen, wurde mit einer doppelten Parfümdosis und mit einem Pushup-BH ausgeglichen, der mindestens zwei Größen zu ihrer bescheidenen Körbchengröße B hinzufügen sollte. Sofia erklärte Jakob den Weg und der trat in die Pedale. Dabei musste er auf die Hühner aufpassen, die keinen Respekt vor dem Straßenverkehr zeigten und immer, wenn ein Auto oder Fahrrad vorbeikamen, die gleiche erzieherisch wirkende Strategie zeigten: Erst sammelten sie sich alle, genau in der Mitte der Straße, warteten, bis die Gefahr so nah wie möglich war und der Fahrer schon das Geräusch der brechenden Knochen unter seinen Rädern ahnte, und rannten dann im letzten Moment mit lautem Gackern in alle Richtungen davon. Erst versuchte Jakob vorausschauend zu agieren und fuhr selbst um die Hühner herum. Doch so sah sein Fahren wie das eines Betrunkenen aus, und Sofia forderte Geschwindigkeit und Wind im Haar. Das mit dem Wind war keine schlechte Idee, denn Jakob erstickte in einer Wolke des süßen Aromas, das Sofias Haaren entströmte. Der Wind würde den Geruch zumindest ein bisschen mildern, wenn nicht gar mit Gottes Hilfe zerstreuen. Also riskierte Jakob ein Hühnerleben und fuhr schneller.

Vor dem Kino standen zwei Bänke. Die waren mit auf die nächste Vorstellung wartenden Zuschauern besetzt, welche die Zeit mit Tratschen und Knacken von Sonnenblumenkernen verbrachten. Das Kino selbst war ein altes Gebäude im pseudomauretanisch orientalischen Stil, geschmückt mit fantasiereich ineinander verschlungenen Linien, die dem arabischen Alphabet ähnelten. Das Ornament war schon dutzende Male verputzt worden, sodass die zahlreichen alten Putzschichten die feinen Linien unter sich fast begraben hatten. Alle geschoßhohen Fenster waren zugemauert. Nur ein kleines rundes Fenster, wie in einem gotischen Dom, blieb in seiner ursprünglichen Form erhalten. Der farbige Wahnsinn, der auf den Straßen von Skolywka vorherrschte, hatte sich hier aber etwas zurückgehalten. Die Wände des Kinos waren in einem hellblauen Ton gestrichen, dünne weiße Linien umrahmten die alten Fensterschächte.

Jakob hielt das Fahrrad an und Sofia stieg ab, wie Kleopatra von einem Kamel. Sie stand schweigend da und beobachte, wie Jakob mit einer alten Eisenkette das Fahrrad an einer Laterne festmachte. Ihre Oma nutzte diese Kette sonst für ihre Ziege Maschka, die immer wegrannte, um sie am Baum festzubinden. Danach befreite er sein Bein von den Schnürsenkeln und ließ die Hosenbeine wieder herunter. Er bemerkte den auf seine Hose gerichteten Blick Sofias „Das war, damit die Hosenbeine nicht in die Fahrradkette geraten, hast du das noch nie gesehen?"

„Kindern sind ihre Hosenbeine egal, und bei uns fahren nur Kinder und Arme Fahrrad. Aber sogar die Armen würden lieber mit einem Taxi ins Kino fahren oder zu Fuß gehen! Alle schauen doch zu!" Sofia gelang es, diesen Satz, der mit mindestens sieben Ausrufezeichen ausgestattet war, so leise zwischen den Lippen herauszuzischen, dass ihn nur Jakob hören konnte. Dabei warf sie schräge Blicken auf die zwei Bänke mit den friedlich tratschenden Menschen, deren Hauptgesprächsthema bestimmt gerade ihr Erscheinen war. Sie fasste sich jedoch schnell wieder, kämmte mit den Fingern ihre zerzausten Haare, zupfte ihre Bluse zurecht und marschierte in Richtung des Eingangs. Jakob machte irgendwie einen Knoten mit der Kette, das rostige Eisen hinterließ hässliche rötliche Spuren an seinen Händen und er eilte hinter Sofia her. Er fand Sofias Reaktion gelinde gesagt ein bisschen übertrieben, denn was könnte normaler sein, als ein Fahrrad als Transportmittel zum Kinobesuch zu nutzen. Es war doch keine Oscar-Verleihung. Nach diesem stillen Dialog schüttelte er den Kopf, seufzte und tröstete sich mit den Gedanken, dass seine Probleme mit den interkulturellen Missverständnissen ihn letztlich doch weniger kosteten, als zum Beispiel James Cook, der von Aborigines auf Hawaii gefressen worden war. Doch als Jakob den Durchgang zwischen den zwei Bänken erreicht hatte, den Sofia gerade zwei Schritte vor ihm durchschritt, fühlte sich Jakob richtig ungemütlich. Das Getratsche hörte sofort auf und die beiden fühlten die schweren Blicke aller anwesenden Eingeborenen auf ihrer Haut. In diesem Moment wurde Jakob ultimativ bewusst, dass seine Socken Löcher hatten, dass sein Hemd zerknittert war und sein Drei-Tage-Bart ihn keinesfalls Brad Pitt ähnlicher machte, sondern die Kluft zwischen ihnen im Gegenteil endgültig vertieft hatte. Er fühlte leichtes Jucken überall auf seinem Körper und litt darunter, sich jetzt nicht kratzen zu können.

Unter diesen Blicken konnte er Sofias Ärger nun etwas besser verstehen, und sie tat ihm auch leid. Es würde niemandem leichtfallen, sich jedes Mal so öffentlich zur Schau zu stellen, fast nackt vor den Mitbürgern zu erscheinen. Er schaute Sofias stolz erhobenen Kopf an, sie lief zwischen zwei langen Bänken, voll und ganz in ihre Rolle der sich aufopfernden Kleopatra vertieft.

An der Kasse wurde ihnen mitgeteilt, dass alle Karten zu dem Marvel-Film ausverkauft seien und nur der 5D VIP-Saal noch vier freie Plätze habe. Jakob erinnerte sich an Jewgenijs Rat, den 5D Saal zu besuchen und außerdem dachte er, dass das eine willkommene Gelegenheit sei, die Niederlage Kleopatras ein bisschen wettzumachen, besonders da der Preis für das VIP-Ticket ein Viertel vom deutschen Ticketpreis war, so kaufte er zwei Tickets und überreichte sie Sofia mit einem schmeichelnden Lächeln. Die unterlegene Kleopatra nahm die Opfergabe mit wohlwollendem Kopfnicken.an. Ein potenzieller Konflikt weniger und die dicken Wolken über seinem Kopf wurden zerstreut. „5D! Habe ich noch nie gesehen, das muss bestimmt etwas Cooles sein" schwärmte Jakob noch ein bisschen. Sie war seine Ariadna, seine Dolmetscherin in diesem fremden Land, und er wollte nicht ihr Wohlwollen riskieren.

Er kaufte am kleinen Kiosk noch Cola und Popcorn, erfreut, dass die moderne globalisierte Welt ihm wenigstens diesen kleinen Gruß aus seinem altbekannten Alltag gesendet hatte.

Der VIP-Saal befand sich im zweiten Stock, dahin führten zwei halbrunde Marmortreppen, bedeckt mit zwei, vor vielen Jahren einmal roten Teppichen. Eine schöne geschmiedete Balustrade mit feinen Eisenstangen und pflanzlichen Ornamente säumten beide Treppenseiten. In gleichen Abständen vom Zentrum der eleganten Flechten wurden abstrakte Eisenblümchen dargestellt. Sofia zeigte Jakob eine Blume, die wie alle anderen vier Blütenblätter hatte. Sie ähnelte eher einem Viereck mit zwei aufgesplitterten Seiten, wie zwei Fischschwänze rechts und links.

„Kommt dir das nicht bekannt vor?" Sie klopfte leicht mit dem Finger an die Blumen und Jakob sah kleine Rachezeichen in ihren Augen. Die Fahrrad-Blamage würde sie ihm wohl doch nicht vergessen. „Nein", gestand Jakob: „Ich habe keine Ahnung, ist das Jugendstil?"

„Das ist Art-Sowjetiko," antwortete Sofia, „du hast aber keine Fantasie, okay, ich gebe dir einen kleinen Hinweis: Wenn du dir noch zwei Dreiecke vorstellst, eins oben und eins unten, was würdest du sehen?"

„Ein Sechseck," Jakob fand Blumen mit sechs Blütenblättern hübscher als mit vieren, aber er respektierte die Freiheit der Kreativität und war gerne bereit, einem unbekannten Künstler die viereckige Blume zu verzeihen, doch Sofia nahm sich die Balustrade und die viereckigen Blumen offenbar viel zu sehr zu Herzen. Jakob schaute sie an, wie ein Vater ein Kind anschaut, das nicht deutlich erklären kann, was es vom Vater wollte: geduldig. Und die rachelüsternen Blicke in Sofias Augen verblassten, sie zuckte mit den Schultern und wandte sich mit gespielter Gleichgültigkeit von Jakob ab und setzte ihren Lauf die Marmortreppen hinab fort.

Der Teenie ging Jakob langsam doch auf den Keks. Auch wurde ihm klar, dass das unberechenbare, nicht logisch erklärbare Benehmen pubertierender Geschöpfe auf dieser Erde keine Grenzen kennt und respektiert. Die ukrainischen und die deutschen Heranwachsenden benahmen sich gleichermaßen Übel.

Der kleine VIP-Saal, mit höchstens zwölf Plätzen war schon dunkel und auf dem kleinen Bildschirm, der nur ein bisschen größer als manche modernen Riesenfernseher war, liefen schon die ersten Szenen. Sie suchten ihre Plätze und fielen in tiefe niedrige Plüschsessel. In der Mitte der ersten kurzen Einleitungsszene, die nach Jakobs Meinung in der modernen Kinematografie immer kürzer werden, um die Zuschauer direkt in die Mitte des Konfliktes zu werfen, verschwand die Hälfte des Bildschirmes im Schatten einer menschlichen Silhouette.

Ein Kinoangestellter lief in seiner ganzen Körpergröße unter dem unzufriedenen Gemurmel der Zuschauer durch den Saal zum Bildschirm. Der Mann verdeckte mit seinem Schatten Superman, der gerade dabei war, jemanden heroisch zu belehren, zur Hälfte, und das große S auf seinem Schild verwandelte sich für einen kurzen Moment in ein C. Es dauerte ein paar Sekunden bis der Schatten zu normaler menschlicher Größe schrumpfte, da der Mann die kleine Bühne mit dem Bildschirm erreicht hatte. Er machte sich am großen Ventilator zu schaffen, der direkt unter der Bühne stand. Superman sprang in die Luft und flog mit wehendem Mantel und mit hoch gestreckter Hand hinter dem Feind her. Im gleichen Moment blies der Ventilator alle sich im Raum befindliche Luft in die Gesichter der Zuschauer. Vor Überraschung klammerte sich Jakob an der Sessellehne fest und Sofias Haare peitschten ihm mit einem Mal in die rechte Gesichtshälfte. Jegliche Flüssigkeit von seinem Gesicht wurde unmittelbar weggeweht, er blinzelte hilflos mit trockenen Augenlidern und schluckte die trockene Luft herunter. Der Mann, getrieben vom Rückenwind, kehrte in die hinteren Reihen zurück. Jakob, weiterhin krampfartig in die Armlehne gedrückt, verfolgte seinen Gang mit verzweifeltem Blick.

Der Kinomitarbeiter blieb am Rande der vierten Reihe stehen und beugte sich zu den Sesseln, brüllte kurz vor sich hin und zog einen metallischen Hebel zu sich heran. Alle vier Reihen setzen sich in Bewegung. Sie wackelten hin und her, entsprechend der Richtung in welche er den Hebel zog. Der Mann verfolgte konzentriert den Film und versuchte, im Takt mit Superman die Sessel zu schütteln. Alle Zuschauer starrten mit ausgetrockneten Augen die Leinwand an. Sofias Haare peitschen nicht nur in Jakobs Gesicht, sondern auch in die Gesichter der Zuschauer hinter ihnen, die erstaunlicherweise keinen Mucks machten.

Jakob wurde schwindelig. Er brauchte dringend festen Boden und Ruhe. Auf wackligen Füssen, die auf dem Weg zum Gang von wild tanzenden Sesseln angestoßen wurden, kam er aus dem Saal heraus. Er schaffte es bis zur Treppe, wo er sich niederließ und sich an die kalte und unbewegliche Balustrade lehnte. Er wartete mit geschlossenen Augen, bis die ihre Feuchtigkeit zurückgewannen. Nach drei-vier Minuten, fühlte er sich kräftig genug, die Augen wieder zu öffnen. Das Erste, was er erblickte, war die künstlerische eiserne Blume, die sich jetzt in seiner Augenhöhe befand. Er sah zwei kleine Erhöhungen auf dem oberen flachen Blumenteil. Sofia hatte Recht. Es waren Reste von den oberen Blumenblättern. Symmetrisch zu den oberen fand er unten zwei weitere, nicht zu Ende abgesägte oder abgeschliffene kleine Hügelchen.

Und dann stand der heutige Superman vor Jakobs Augen. Das Schild mit einem C, das in Wirklichkeit ein S war, die viereckige Blume die in Wirklichkeit eine sechseckige Blume war... Aus einem S ein C, aus einem Viereck ein Sechseck, aus einem Mann ein Superman, ein König, ein Symbol... Jakob sprang auf und eilte zurück. Gott sei Dank war der Ventilator schon abgeschaltet, nur der arme Mann, dem zu Beginn seiner Arbeit wahrscheinlich nicht mitgeteilt wurde, dass die Arbeit im Kino so eine physische Herausforderung sein würde, bewegte weiter den schweren Hebel. Jakob sprang über zwei Sessel und landete direkt neben Sofia. „Was war hier früher? In diesem Gebäude?"

„Was?" Sofia beugte sich zu Jakobs Mund. „Wie bitte?"

„Was war hier früher", schrie Jakob, lauter als der Superman.

„Na endlich, besser später als nie. Die Sowjets haben die Sterne abgesägt, kreativ oder? Rebranding so zu sagen.

„Warum haben sie das gemacht?"

„Keine Ahnung, woher soll ich das wissen?". Der Superman hatte grade einen schwachen Moment mit seiner hübschen bösen Gegnerin und Sofias Aufmerksamkeit driftete von der staubigen Geschichte der alten Synagoge hin zu bunten Kaugummipapierchen der Hollywood-Liebe.

Jakob blieb noch eine Weile sitzen. Hinter ihm keuchte der Mann, der die zwei anderen Dimensionen, oder das, was er unter Dimensionen verstand, herstellte: Geruch mit dem Ventilator und Berührungen durch die Sesselbewegungen. Der Superman rettete die Menschheit, und Jakob rettete sich wieder vor dem Lärm und den Luftbewegungen hinein in ein Kinofoyer mit süßem Bier und karamellisiertem Popcorn. Er lehnte den Vorschlag der Kassiererin, es sich auf dem einzigen roten Plüschsofa bequem zu machen, ab und setzte sich auf die erste Treppenstufe. Er trank das Bier, lauschte den gedämpften Tönen vom Supermann-Schlamassel, die sich auf groteske Weise mit Hahnenschreien von draußen vermischten und zählte die Sterne auf der Balustrade. 12. Jakob fantasierte über die Bedeutung dieser Zahl. Im Judaismus hat alles irgendeine Bedeutung. Und in einer aschkenasischen Synagoge, und das hier musste doch eine Synagoge gewesen sein, war eine symbolische Bedeutung aller Gegenstände einfach unvermeidlich. Zwölf Monate, zwölf Sternzeichen, zehn Gebete, zwei Brüder, sieben Tage, vierzig Jahre, zwölf Stämme Israels!! Ja! Das war es! Die zwölf Stämme Israels. Jakob freute sich, wie einer von seinen Schülern über eine gute Note. In der Entdeckungsrage suchte er mit seinem Blick andere versteckte Zeichen der untergegangenen Zivilisation. Treppe, Wände, Decke, eine Kasse, ein rotes Plüschsofa, nichts anderes erinnerte ihn an die vergangenen Zeiten der Psalmen und Gebete.

Der Film war zu Ende. Sofia erschien als Erste am Ausgang. Mit zusammengekniffen Lippen und gesenktem Blick wirkte sie ein bisschen beschämt. „Du hast nichts verpasst Jakob," sagte sie, „der Superman hat alles gewonnen".

„Was für eine Überraschung" ergänzte Jakob. „Warum haben die Sowjets das gemacht, die David-Sterne abgesägt meine ich, die waren doch keine akuten Antisemiten, oder?"

„Das weiß ich nicht, aber ich weiß, dass sie auch einen Teil des alten jüdischen Friedhofs dem Erdboden gleichgemacht haben, das haben sie aber mit allen Friedhöfen gemacht. In unserer Kirche war früher ein Lager für Buchdruckerkunst der Stadt Lemberg, das weiß ich ganz genau. Die Kirche war dann überhaupt nicht mehr für Gottesdienste geeignet. Nur die Wände blieben erhalten, und sogar von diesen wurden die Fresken abgekratzt, keine Bleiglasfenster mehr, keine Mosaiken und Ikonen. Die Ikonen wurden Jahren später bei unserem lokalen Polizisten in Schowkwa gefunden. Er wollte sie in seinem Kofferraum nach Polen schmuggeln. Sie hängen heute wieder auf der Ikonostasis. Du solltest die heilige Sofia mit ihren drei Kindern, Liebe, Hoffnung und Glaube einmal sehen, sie ist mein Liebling. Der Maler war ein Mönch, lebte in einem Kloster neben Jaworiw ich fahre zweimal pro Jahr dorthin zu

Recolection. Weißt du, was das ist? Wir leben zwei Wochen in einem Kloster, beten, arbeiten und singen zusammen. Mit „wir" meine ich die Schüler der Abschlussklasse und die Seminaristen." Das plötzliche Erröten ihrer Wangen verstand Jakob nicht und um ehrlich zu sein, hatte er auch nicht die Absicht, sich künftig mit der lokalen christlichen Geschichte vertraut zu machen, genau so wenig wie mit den abgekratzten Fresken der einheimischen Kapelle.

„Komm", sagte er und stand auf, die kleine Zahl der Zuschauer aus dem 5D-Saal verschwand langsam und sie blieben allein im Treppenhaus. Nur die Kassiererin blieb hinter der Kasse stehen, ohne Scham genoss sie die willkommene Abwechslung in ihrem leeren Kinofoyer.

Die zarte Nachmittagssonne und ein warmer Wind besänftigten Sofias Laune, im leichten Dämmerlicht verloren die Blicke der Nachbarn ihre Schärfe und ihre neugierigen Stimmen machten Platz für Vogelgezwitscher, Hühnergegacker und Geräusche der alten Pedale. Auf den Straßen liefen Kühe zum abendlichen Melken auf ihre Höfe, jede Kuh bog ganz selbständig durch das geöffnete Tor in ihren Hof, begrüßt durch ihre Herrin und bellende Hunde. Sofias Parfümwolke hatte sich verflüchtigt und Jakob, schon ziemlich verschwitzt, genoss die idyllische Ruhe und das pastorale Bild des kleinen Örtchens, das jetzt ganz offen sein dörfliches Gesicht zeigte.

„Na, das war nicht so schlimm, oder? Die Welt ist nicht untergegangen und du wurdest nicht ostrakiert.[71] Jakobs Müdigkeit wurde in seinen Wörtern spürbar.

„Ostra..., was?" Sofia stieg von dem alten Fahrrad und schaute zu, wie Jakob es in den Stall schob.

„Ne, das Wort kenne ich nicht."

„Egal. Ich meinte nur, dass Fahrrad fahren das Normalste alles Normalen auf der Erde ist. Es ist schnell, modern und billig, und wenn du unbedingt protzen willst, dann kannst du dir ein Litespeed Blade kaufen."

---

71 Ein Scherbengericht (Ostrakismos) war ein Verfahren im antiken Griechenland, um bestimmte Bürger aus dem politischen Leben der Stadt zu entfernen.

„Was kaufen? Ist das eine Marke oder ein Modell? Und womit kann man überhaupt mit einem Fahrrad protzen? Mit einem rosa Körbchen vorne und einem roten Lämpchen hinten?"

Jakob schüttelte resignierend den Kopf und ging ins Haus.

Die Oma war immer noch nicht zu Hause. Sofia kündigte ein schnelles Abendbrot an und nach zwanzig Minuten standen dampfende Piroggen halb versunken in geschmolzenem Schweinefett mit goldgelb gebratenen kleingeschnittenen Zwiebeln auf dem Küchentisch. Dazu gehörte eine volle Keramikschüssel mit saurer Sahne, daumengroße Holubtsi, mit Fleisch gefüllte Kohlblätter und das einzige Gericht, das den Namen Abendbrot rechtfertigte: Die Sülze, die aber im Unterschied zur deutschen Variante aus einem größeren Anteil gelierter Brühe bestand. Die Sülze war oben von scharf duftendem Meerrettich bedeckt, sodass es in Jakobs Nase schon kitzelte, obwohl er die Sülze noch nicht mal auf seinem Teller hatte.

Er wusch die Hände im alten, kleinen, hängenden Waschbecken, so einem, wie es Jakob manchmal in Sommerlagern sehen konnte. Es war eine Art Eimer, der an der Wand befestigt wurde, mit Wasser gefüllt, das unten durch ein kleines Loch fließen konnte. Das Loch wurde von einem dünnen Metallhebel abgesperrt. Wollte man seine Hände waschen, musste man den Hebel nach oben ziehen und das Wasser floss auf die Hände, und versiegte, sobald man den Hebel aus den Händen nach unten fallen ließ. Im Unterschied zu den einfachen Plastikkonstruktionen der Sommerlagervariante war dieses Waschbecken aus Gusseisen gefertigt. An seinem Rand schlängelten sich ornamentale Blumen und es stand etwas wahrscheinlich auf Polnisch Geschriebenes, wenn Jakob die Tilden der polnischen Buchstaben richtig identifizieren konnte.

In der kleinen Küche war es warm und gemütlich. Sie aßen Piroggen und tranken Beerenkompott. Jakob schaute die alten Fotos von Omas Verwandten an. „Möchtest du, dass ich dir auch meine Fotos zeige? Von meiner Oma?" fragte er Sofia.

„Okay, warum nicht", sagte sie allerdings ohne großen Enthusiasmus. Jakob brachte sein kleines Album in die Küche und setzte sich neben Sofia hin. „Warum sind sie alle zerrissen? Hat das deine Oma gemacht?"

„Nein, das war die Grenzbeamtin, die meine Oma nach Deutschland ausreisen lassen hat. Als Oma ein Jahr nach dem Krieg erst kurz in Rumänien war und dann nach Deutschland ausgewandert ist, musste sie viele Grenzen überqueren. Mitte der 1940er Jahre waren manche Grenzen noch ziemlich durchlässig. Wo ein Land endete und wo ein anderes begann, war für keinen mehr klar. Doch als meine Oma endlich an dem Ziel ankam, das ihr als das Endziel angegeben wurde, überquerte sie die letzte Grenze in ihrem Leben, die deutsche Grenze. Als die russischen Soldaten ihr Gepäck durchsucht hatten, haben sie im Köfferchen dieses kleine Fotoalbum gefunden. Nicht dieses, ein altes, die Fotos waren auf schwarzen Kartonseiten von beiden Seiten mit festem Schuhkleber angeklebt. Um die Seiten noch stabiler zu machen, hat Oma noch vor dem Krieg je zwei Seiten zusammengeklebt und erst dann die Fotos darauf geklebt. Und das haben die russischen Grenzsoldaten bemerkt. Zwischen zwei geklebten Seiten hätten Geldscheine, Geheiminformationen, verbotene Abdrücke von Geheimakten sein können.

Die dicke russischsprachige Dame in Zivil hat meiner Bobe, also meiner Oma, das Album weggenommen und versucht, die Seiten auseinanderzureißen. Doch der Kleber löste sich nicht und sie riss jede Seite in mehreren Stückchen zusammen mit den Fotos heraus. Der gute Schusterkleber, der Sohlen und Absätze auf den gnadenlosen ukrainischen Pflasterstraßen zusammen halten sollte, löste sich nicht von den Papierseiten, und die Dame, die sich mit Towarischtsch[72] ansprechen lassen wollte, zog mit doppelter Kraft die schwarzen Seiten in entgegengesetzte Richtungen. Das Papier zerriss dabei in Stücke und zusammen mit ihm zerrissen auch die Familienfotos. In jeweils zwei, drei Teile zerfielen Hochzeiten, die Einweihung des neuen Geschäfts namens „Sandlers Schuhe" auf der extra dafür frisch gemalten Fassade, Roseleins letztes Foto vor ihrem Hungertod im Lemberger Ghetto. Zwischen den Seiten fand die Genossin nur Kleberreste und ein paar Kritzeleien mit alten Notizen, wann und wo dieses oder jenes Foto gemacht wurde, und wie alt die kleine Rosa auf der Hochzeit ihrer älteren Cousine war. Bis

---

72   „Genosse"/„Genossin" auf Russisch

zu der letzten Seite hat die fleißige Genossin sich durchgearbeitet. Jede kaputte Seite zerriss das Herz der Bobe, und den beiden war das völlig klar.

Nach dem Durchsuchen hat meine Bobe schweigend und niedergeschlagen alles aufgesammelt, die Reste ihrer Welt, die zum zweiten Mal zunichtegemacht wurden. Kein Wort hat sie zu der „Towarischtsch", die sich schon ein nächstes Opfer in der Menschenreihe aussuchte, gesagt. Ich weiß nicht genau wann, aber meine Mama sagte mir, dass sie die Fotos erst kurz vor meiner Geburt wieder in Ordnung gebracht hat."

„Hat sie diese Geschichte selbst erzählt?"

„Ja, sie hat mir viel erzählt, aber über das Leben während des Holocaust hat sie erst am letzten Tag vor meiner Abreise nach Skolywka berichtet."

„Meine Oma hat mir auch viel erzählt, auch über den Krieg. Aber über deine Oma – deine Bobe, richtig? – über deine Bobe nichts. Jetzt weiß ich überhaupt nicht mehr, was davon wahr war und was nicht. Du hast sie selbst in der Schule gehört und bei uns zu Hause. Woran soll ich glauben? Warum macht sie das? Warum hat sie mir etwas anderes erzählt?"

„Sofia, ich würde dir gerne eine Antwort geben, habe aber leider keine. Wahrscheinlich war es ihr zu peinlich, über so etwas zu erzählen oder sie wollte dich genau wie meine Bobe mich, vor schlechten Gefühlen schützen. Außerdem sprechen Menschen nicht gern über für sie traumatisierende oder einfach peinliche Erfahrungen."

„Ich würde lieber mit meiner Mama leben, hier fühle ich mich so, als ob ich in der Vergangenheit steckengeblieben wäre. Die Oma spricht nur über die Vergangenheit, über ihre Geschichten. Das normale heutige Leben interessiert sie gar nicht. Wenn ich bloß wüsste, dass meine Mama mich sehen will…" Sie rührte nervös die saure Sahne in der emaillierten Schüssel. Ihre langen Haare verbargen ihr Gesicht vor Jakob, aber er konnte Tränen in ihrer Stimme hören.

„Sofia, wahrscheinlich kannst du selbst mit deiner Mutter sprechen. Hast du zu ihr Kontakt?"

„Nein, und die Oma auch nicht. Meine Mama schickt ab und zu Briefe oder Päckchen durch eine ihrer Freundinnen. Ich denke, dass sie Angst vor Oma hat. Wenn ich selbst mit ihr sprechen könnte, hätte ich alles erklärt, alles. Wie sehr ich sie brauche... Wie schwierig es ist, hier zu leben und allem zuzuhören, was die Kühe über uns tratschen."

„Weißt du eigentlich, was du studieren willst? Was Du eigentlich werden willst?"

„Was? Nein. Warum?"

„Sofia, ich weiß nicht, wie ich dir helfen kann, deine Mutter zu finden und mit ihr zu sprechen. Was aber Skolywka betrifft und dein Leben hier, da ist die Lösung ziemlich simpel. Das ist doch dein letztes Schuljahr. Wenn du weiter studieren wirst, an einer Uni zum Bespiel, wirst du von hier weg in eine große Stadt ziehen, und dort bestimmt neue Freunde finden, spannende Sachen lernen. Die Welt ist größer als Skolywka."

„Ja, denkst du denn, dass ich das nicht weiß? Ich habe einen Fernseher, du, Klugscheißer."

Jakob entschied, den letzten Satz zu ignorieren.

„Ich kann dir sagen, Jakob, die Welt außerhalb von Skolywka ist nicht nur größer, sondern auch teuer. Wenn es nicht so wäre, dann wären hier nicht nur die Alten und Frau Ruslana geblieben."

„Warum denn Frau Ruslana? So ein unerwartetes Beispiel. Ich dachte, du vergötterst sie, und dann kommt plötzlich so etwas."

„Ich vergöttere sie nicht, sie ist einfach sehr nett zu mir, sie passt auf mich und Oma ein bisschen auf. Aber sie gehört irgendwie hierher. Wie eine Ameisenkönigin, oder so. Ich kann das schlecht erklären. Wenn etwas passiert ist, gehen alle zu ihr. Wenn es nicht um Geld geht, wegen Geld gehen sie zu unserem Zhyd."

„Zhyd darfst du nicht sagen. Das ist eine Beleidigung."

„Ich meinte nicht dich. Ich meine Jewgenij."

„Ich weiß, wen du meinst. Aber du darfst das Wort überhaupt nicht verwenden. Wie „Moskali", so nennt ihr hier die Russen, stimmt's? Das ist auch wie eine Beleidigung... Die haben nichts Anderes verdient" zuckte Sofia mit ihren Schultern.

„Dann musst du mich auch Zhyd nennen, ich bin Jude genauso wie Jewgenij."

"Aber du...", Sofia suchte nach Unterschieden, "du hast kein Geld. Oder zumindest weniger..."

Jakob seufzte. "Das spielt doch keine Rolle. Du darfst einfach nicht alle Menschen wegen irgendwelcher ethnischer, religiöser oder egal welcher Angehörigkeit ausgrenzen und dazu noch beschimpfen. Du hast es grade selbst gesagt, nicht alle Juden haben Geld, wie ich zum Beispiel." Jakob fand es schon komisch, vor jemandem sein Recht, Jude zu sein und dabei kein Geld zu haben, zu verteidigen.

"Bei euch. Bei uns allen. Hatten deine Bobe und ihre Familie Geld?" Sofia gab nicht auf.

"Ja, bis sie alles deinem Großvater gegeben hatten, danach hatten sie nichts mehr." Jakob schlug stark zurück.

"Ich hätte nichts von ihr genommen... Ich sage nicht, dass das, was er gemacht hat, richtig war. Bin ich seinetwegen schuldig, oder was? Warum ist sie nicht einfach weggefahren?"

"Das war nicht möglich. Alle Juden wurden im Ghetto eingesperrt. Deine Frage wundert mich ein bisschen. Was weißt du über die Juden in deiner Heimatstadt im Zweiten Weltkrieg?"

"Ist das eine Prüfungsfrage, oder was? Ich frage dich doch auch nicht, was du über die UPA in Skolywka weißt, oder?" "UPA? Ukrainische Partisanen? Die sind nicht Teil meiner..." Jakob wusste selbst nicht, warum er das gesagt hatte.

"Nicht Teil deiner Geschichte? Und Juden nicht der Teil meiner. Warum soll ich wissen, was für dich wichtig ist? Du kennst doch meine Geschichte auch nicht." Sofia nahm die Schüssel mit den Piroggen und warf ein paar auf Jakobs Teller. Ohne sich zu bedanken, schob er zwei schon lauwarme Piroggen in den Mund.

"Setz dich Sofia, und beruhige dich" sagte er, noch kauend: "Ich wollte dich nicht beleidigen. Verstehst du, jedes Mal, wenn ich den Mund aufmache und etwas von meiner Geschichte erzähle, antwortest du mir mit Geschichten über eure Partisanen. Ich habe den Eindruck, dass meine Geschichte (Jakob wollte schon fast sagen: "meiner Gruppe", atmete dann aber tief ein) "meines Volkes für dich nicht von Interesse ist."

"Das stimmt nicht. Du bist es, den nichts anderes außer diesen Zh... Juden interessiert. Ich habe gesehen, wie du dich in der Schule gelangweilt hast. Du hast die Augen immer so gerollt, als ob wir dich mit Zitronen gefüttert hätten. Ich zeige dir, dass du dich täuschst. Komm erzähl jetzt, ich werde zuhören!"

Jakob fand diesen Befehl schon komisch. „Ich kann so nicht erzählen, du meinst es nicht ernst."

„Ich meine es total ernst und du spielst jetzt eine beleidigte Leberwurst. Lass Dir bitte nicht die Worte aus deiner Nase ziehen."

„Gut, wie du willst", Jakob fühlte sich irritiert, unter Zwang hatte er noch nie über persönliche Sachen gesprochen. Womit sollte er anfangen? Er suchte nach möglichen Anknüpfungspunkten.

„Okay, okay, ich weiß. Die Sowjets, die du so verflucht hast, haben auch eine Rolle in der Geschichte meiner Familie gespielt, aber eine andere als bei deiner Oma.

Im Jahr 1939 kamen sowjetische Soldaten ins Stetl. Ich meine, nach Skolywka, egal. Und manche Juden, und apropos Juden, es gab sehr viele Juden in Skolywka, ich weiß nicht genau wie viele, aber die Bobe sagte, mehr als Ukrainer und Polen zusammen. Deswegen hieß Skolywka Stetl, was so etwas wie ein jüdisches Städtchen bedeutet. Ihr Ehemann war ein Jude, und er war Kommunist. Und soweit ich verstehe, ging es Kommunisten und besonders Juden unter den Polen nicht besonders gut. Also ihr Mann, er hieß Mark, gehörte zur jüdischen kommunistischen Partei, die in Skolywka einen kleinen Außenposten hatte. Er las Marx und Engels, hast du etwas von ihnen gehört?"

„Die mit den Bärten?"

„Ja, so kann man sie auch beschreiben... Also Mark erzählte meiner Bobe, einer damals jungen Frau, mit flammenden Augen von Proletariern und über ihre zukünftige Herrschaft, achtete dabei aber darauf, dass diese Erzählungen nicht zu Ohren seines Schwiegervaters kamen. Denn mein Urgroßvater war ein selbständiger Unternehmer und hatte zwei Lehrlinge, und er hatte Angst vor Kommunisten. Es sprach sich herum, dass sie alles, was sie haben wollten, in Beschlag nahmen und ihretwegen in Russland alle arm geworden sind. Mit überprüften Informationen war es damals, wie du siehst, nicht besonders gut.

Mark träumte also heimlich vom Sieg der Weltrevolution, half aber trotzdem ganz fleißig im Laden seines Schwiegervaters, lernte die Schuhmacherei, und zeichnete sogar ein paar Muster für ein neues Budapester Schuhmodell. Im Auftrag seines Schwiegervaters fuhr er manchmal nach Lemberg, das nun Lwow hieß..."

„Lwiw, korrigierte ihn Sofia, „Lwiw – nicht Lwow. Lwow ist ein russischer Name. Du bist doch nicht in Russland, oder?"

„Ja, ja, entschuldige... Aber eigentlich hieß die Stadt damals weder Lviv noch Lwow, sondern „Lwów", also Lwuw gesprochen, es war so auf Polnisch, oder? Und für meinen Großvater, den alten Nierenstein, blieb die Stadt trotz der Zeitenwende sowieso immer Lemberg, fast wie für seinen Vater, für den war die galizische Hauptstadt „Lembrik". Denn so hieß die Stadt auf Jiddisch. Aber zurück zu Mark. Für den jungen Sandler war der Eintritt in die sowjetische Arme eine Möglichkeit, seine Stimme zu erheben und den sich nähernden Sieg des internationalen Proletariats, wenn nicht aktiv zu beschleunigen, dann mindestens mitzuverfolgen. Er war einer von denen, die die sowjetischen Panzer mit Blumen begrüßten und diesmal waren die ihn argwöhnisch beurteilenden Blicke seines Schwiegervaters nicht viel wert.

Die Russen, die eher wie eine hungernde Bande aussahen, waren leider von dem ideologisierten Bild eines belesenen, toleranten, zivilisierten proletarischen Weltbürgers, das offensichtlich nur in den Träumen des jungen Mark Sandlers existierte, weit entfernt. Sie plünderten, nahmen sich alles, was sie wollten und nannten dabei ihren Diebstahl nur „Konfiszierung des kapitalistischen Eigentums". Viele jüdische Händler und Handwerker fanden sich unverhofft in der Klasse der Ausbeuter und Kapitalisten wieder. Es reichte, einen Lehrling zu haben, um diesen hohen Status zu bekommen und dementsprechend alle Werkstätten mit allem Kram zu verlieren. Parallel wurden neue, treue Kommunisten gesucht, denn kein Staat kann ohne Beamte funktionieren und der jüngere Sandler stellte sich dafür zur Verfügung. Erst arbeitete er in der Verwaltung, er erstellte einen neuen Stadtplan, machte eine Bestandsaufnahme und wurde zu einem wichtigen Mann, der keinen Fuß über die Schwelle des Ladens seines Schwiegervaters setzen, geschweige denn einen schmutzigen Schuh in die Hand nehmen wollte.

Der alte Jakob schüttelte den Kopf, war aber froh, dass er seinen Laden dank der latenten Protektion seines Schwiegersohnes weiter behalten durfte. Er nähte wie früher Schuhe, diesmal aber nicht für polnische Adlige, sondern für sowjetische Offiziere und deren Frauen. Sie nahmen die Schuhe als Geschenk, bezahlen wollten sie nicht, er arbeitete nicht mal für ein „Danke", egal in welcher Sprache. Doch es war trotzdem besser, als das Schicksal seiner polnischen Nachbarn, Korallenhändler, die über Nacht spurlos verschwanden. Die neuen Towarischtschi[73] nahmen schon am nächsten Tag ihre Läden in Besitz, und erzählten dabei meinem Großvater, dass die Familie emigriert wäre. Was, wie meine Bobe sagte, Quatsch war, denn wer bitte schön emigriert ohne neue Schuhe, die grade fertig gestellt worden waren, und nun auf Abholung warteten? Außerdem war es nicht die einzige Familie, die so plötzlich für alle überraschend, sogar für die engsten Verwandten, „emigriert war", manche wurden mit Militärlastern abgeholt und dabei sahen sie gar nicht wie Emigranten aus, die sich auf ihr zukünftiges Leben im Ausland freuten. Das war der Anfang der Zeit, als die Menschen langsam aufhörten, Fragen zu stellen, erst anderen, dann im Kreise ihrer eigenen Familien, und dann sich selbst. Wozu denn auch, es gab damals wahrscheinlich keine gute, ermutigende Antwort.

Die Familie der Bobe blieb verschont, wie einige andere jüdische Familien auch, die beim besten Willen nicht zur Klasse der Ausbeuter und Kapitalisten gerechnet werden konnten. Die waren arm wie Kirchenmäuse und genau so zahlreich.

Zwei Jahre rühmte sich der Schwiegersohn seiner Taten. Zwei Jahre herrschte zwischen der jüngeren und der älteren Generation Nierenstein-Sandler kalte, erzwungene Dankbarkeit. Zwei Jahre genoss meine Bobe das Leben mit ihrem Mann und der Familie. Sie bekam ein Kind, einen Jungen, den sie später auf der Flucht aus Skolywka verloren hat. Nicht viel, oder? Als die Russen sich vor der deutschen Armee zurückzogen, ist Mark mit ihnen zusammen abgehauen. Er wollte einfach nicht bleiben. Was mit ihm weiter passierte, weiß niemand, besonders seine Frau nicht.

---

73 „Genossen" auf Russisch

Matzewe in meinem Garten

Als die Deutschen kamen, versuchte erst der Vater meiner Bobe, er hieß Jakob, ich wurde nach ihm genannt, mit seinen Schuhen, die neuen Herrschenden zu besänftigen. Und er hatte ein paar Bestellungen bekommen, für welche niemand bezahlt hat. Aber er fertigte Schuhe kostenlos in der Hoffnung, dass der Todesengel so seine Familie verschonen würde.

Doch Ende 1941 wurde in Skolywka das Ghetto gegründet, wusstest du das?" Sofia schüttelte verneinend den Kopf. „Nicht nur die Juden aus Skolywka, sondern auch die Juden aus den Nachbardörfern wurden ins Ghetto gebracht und dort eingesperrt. Am Anfang konnten die Juden noch frei aus dem Ghetto hinausgehen, um einzukaufen oder den Arzt zu besuchen, aber nicht länger als eine Stunde. Der, der sich verspätete, wurde erschossen. Doch als im Dezember das Ghetto mit Stacheldraht umzäunt wurde, und damit alle Wege versperrt waren, wurde ihnen sogar diese Stunde untersagt. Mehl, Salz, Seife sind knapp geworden, stattdessen kamen Typhus, Kälte und Hunger. Viele Familienmitglieder meiner Bobe sind an Typhus gestorben. Und keine Schuhe konnten den Todesengel mehr besänftigen.

Kurz vor der Auflösung des Ghettos, erfuhr mein Urgroßvater, dass einer seiner Nachbarn, dein Großvater, den Ausgangs des Ghettos bewachte. Der Nachbar war meinem Urgroßvater etwas schuldig: Als die Russen nach Skolywka kamen, war er ein politisch aktiver Mann, der sich plötzlich auf der falschen Seite der Geschichte befunden hatte, das hat deine Oma uns doch selbst erzählt. Und als die Kommissare ihn und seine Familie festnehmen wollten, ist er zu Jakob, meinem Urgroßvater, gerannt, damit er mit seinem Schwiegersohn spricht, dass er ihn, seine Güter und die ganze Familie unter seinen Schutz nehme. Und obwohl meinen Urgroßvater diese Bitte anwiderte, hat er mit seinem Schwiegersohn Mark gesprochen und um Hilfe für deinen Urgroßvater gebeten. Mark versprach, dass seine Familie und dein Urgroßvater selbst heil bleiben werden, so ist es auch geschehen. Er sollte aber, ich weiß nicht mehr genau, der Soldaten-Küche eine Kuh oder Ziege spenden, etwas in diesem Sinn...

Die Bobe sagte, dass er am Anfang mit dieser Entscheidung nicht besonders zufrieden war. Doch als zwei Häuser weiter eine ganze Familie mit Kindern und Alten vor den Augen der ganzen Stadt nur in Unterwäsche in eine Kutsche geladen und dann weggebracht wurde, nur weil sie ihre Kühe nicht der sowjetischen Bande geben wollten, hat er seine Meinung geändert. Dann war dein Uropa froh und dankbar. Genau zu ihm ist mein Großvater in der Nacht im Dezember gegangen, kurz vor der Ghettoauflösung. Er nahm alles mit, was er hatte, inklusive seiner zwei letzten Familienangehörigen, meine Bobe und ihren Sohn. Was weiter passiert ist, weißt du schon. Ich kann nur die Worte deiner Oma bestätigen, große Freundinnen sind meine und deine Oma nie geworden. Es ging beiden um das bloße Überleben, und dieser Kampf diktierte seine eigenen Regeln des sozialen Zusammenlebens...

Die graue Katze sprang auf das Fensterbrett und warf einen kleinen Metallteller, der zur Tablettenaufbewahrung diente, auf den Boden. Kleine weiße Kügelchen wurden auf dem alten Holzparkett verstreut. Und im gleichen Moment erklang plötzlich vor dem Fenster ein durchdringendes, zorniges Meckern von Omas Ziegen, beide schraken auf.

„Meine Oma ist da" sagte Sofia, und suchte auf Knien im Halbdunkeln unter dem Heizkörper nach den kleinen Tabletten. Ihre Haare reichten bis auf den Boden. Sie pustete auf jede Pille, die sie gefunden hatte und legte sie vorsichtig zurück auf das kleine Tablett. Ihr Teller mit den kalten Piroggen blieb unberührt. „Soll ich dir helfen?" fragte Jakob in Sofias Rücken. Sie zuckte nur mit ihren Schultern. Jakob trommelte mit den Fingern auf den Rand seines Tellers.

„Sofia, als ich hierhergekommen bin, wurde ich mit allem, was mir deine Oma erzählte, ungefragt und ungewünscht konfrontiert. Und ich muss zugeben, ich war davon nicht besonders begeistert. Doch jetzt finde ich es schon wichtig, die Geschichte auch aus einer anderen Perspektive kennenzulernen. Ungeachtet dessen, dass es auch manchmal ziemlich weh tut. Und ich finde es gerecht, dass du auch die andere, wenn du so willst, die alternative Seite erfährst, nur so können wir beide von unserer Begegnung profitieren, uns bereichern, verstehst du? Unsere Welt lässt sich nicht in Schwarz und Weiß teilen. Und ich bin mir bewusst, wie banal es klingt, aber genau das Gefühl, das hier in Skolywka genauso alles aufgeteilt ist, verfolgt mich überall. Nichts aber ist eindeutig. Jetzt nicht und früher auch nicht."

„Nichts außer deinem Holocaust..."

„Unser Holocaust Sofia, unserer, wir standen bloß auf entgegengesetzten Seiten."

„Ich war damals noch nicht geboren, Jakob." Sofia stand auf. Auf ihrem rechten Strumpf kämpfte sich eine Laufmasche ihren Weg nach unten. Sie fing sie mit zwei Fingern und humpelte, sie so festhaltend, durch die Küche. „Seit du hier bist, habe ich ständig das Gefühl, dass du hiergekommen bist, um uns zu beschuldigen. Aber Jakob, ich bin, ...ich war stolz auf meine Geschichte, auf meine Vorfahren. Viel mehr Sachen hatte ich nicht, um stolz zu sein, und du willst, dass ich mich schäme..."

Die Alte erschien an der Türschwelle. In ihren Händen trug sie ein Eimerchen Ziegenmilch. Sofia ließ die Laufmasche an ihrem Strumpf los und blickte zu ihrem Knöchel, bis sie unter der Schuhkante verschwunden war Sie nahm den Eimer und küsste dabei demonstrativ ihrer Oma auf die Wange, danach deckte Sofia noch einmal den Tisch und wärmte die schon lange kalt gewordenen Teigtaschen auf. Den Rest des Abends verbrachten sie in Stille. Selten tausche Sofia ein paar Worte mit ihrer Oma, Jakob zeigte kein Interesse an einer Übersetzung. Nach dem Abendbrot und dem unvermeidlichen Ausflug zum Toilettenhäuschen legte sich Jakob widerwillig auf die eisernen Federn der alten Matratze. Hätte er doch nur Jewgenijs Vorschlag, bei ihm zu übernachten, nicht so unbedacht abgelehnt. Er blieb angezogen im Bett liegen, mit dem Gedanken, besser verknittert als ausgeblutet aufzuwachen. Die graue Katze sprang durch das geöffnete Fenster seines Zimmers und machte es sich auf seiner Brust bequem. Jakob schüttelte den unwillkommenen Gast ab. Morgen musste er abreisen, morgen würde der letzte Tag sein, und wenn schon bloß aus dem einfachen Grund, dass er fast keine Unterhosen mehr hatte. Mit der mentalen Inspektion des Inhalts seines Rucksackes fiel er in einen traumlosen Schlaf.

Am nächsten Morgen, verknittert und zerbissen, aber von einem üppigen, leckeren Frühstück erfolgreich getröstet, stand Jakob im Garten und beobachtete, wie die Oma ihre Ziegen an der alten Linde in ihrem Garten festband. Sofia, wieder nicht in der Schule, kämmte nervös ihre Haare an der Türschwelle. Um acht Uhr morgens waren die drei schon auf der Straße.

Langsam gingen sie die Dorfstraße entlang. Die kleine Gruppe zog immer wieder Aufmerksamkeit auf sich, was aber hier, in dieser kleinen Welt, nichts zu bedeuten hatte. Lokale Seniorinnen und Senioren hielten hier Wache auf kleinen Bänken, die aus einem Holzbrett bestand, das mit seinen zwei Enden an zwei Hälften eines alten Traktorreifens befestigt war. Autoreifen waren offenbar das bevorzugte Recyclingobjekt in Skolywka. Aus Motorradreifen ließen sich elegante Schwäne fertigen: Eine Hälfte vom Reifen wird längs in drei Teile geschnitten, einen mittleren dünneren und zwei äußere breitere, die zwei breiteren Teile wurden weit nach außen gebogen, sie wurden Flügel, und das dünne mittlere Teil wurde von einer Seite vom Reifen abgeschnitten und nach oben gerichtet, es wurde zum Schwanenhals mit Schnabel. Der untere, nicht geschnittene Teil wird in den Boden gegraben, so, dass nur die Flügel mit dem Hals sichtbar bleiben und das Ganze wurde weißgefärbt mit einem roten Punkt für den Schnabel. Oft schimmerte ein Reifenschwan zwischen Blumenbeeten, die gleich aus bunt bemalten Reifen gefertigt wurden. Und niedrige Bänkchen, die sich auf die Hälften der größeren oder kleineren Reifen stützten, standen vor jedem Haus.

Die betagten Frauen und Männer saßen auf diesen improvisierten Bänken, tratschen miteinander, hatten dabei aber immer auch ein Auge auf die Passanten. In wenigen Momenten waren sie inspiziert, analysiert und klassifiziert: Nutte, Schlamassel, Gewehrträger, alte Jungfer, Erbsenzähler. Jeder war wie ein kleiner Enzyklopädieartikel: Mit jedem Passanten eröffnete sich die Geschichte einer Familie, von deren privatem und beruflichem Leben, von Erfolgen und Verlusten, und das alles binnen weniger Augenblicke auf der staubigen Straße, ohne mit dem Objekt des Interesses auch nur mehr als ein „Guten Tag" zu wechseln. Diese unschätzbare Fähigkeit wurde in Skolywka sorgsam von Generation zu Generation weitergegeben und beibehalten. Junge Mütter mit Kinderwägen, spielende Kinder jeden Alters, beteiligten sich am Geschwätz der alten Weiber, oder mit anderen Worten: am Aufbau eines gemeinsamen kommunikativen und sozialen Netzes. Und dort, wo die Information fehlte, kamen menschliche Fantasie, Ängste und Archetypen zu Hilfe. Jakob war genauso ein Fall. Seine jüdische Herkunft wurde schnell nach seinem Auftritt bei Jewgenij bekannt, was eine Welle von Vermutungen und unterschiedlichen Äußerungen nach sich zog. Was aber unklar blieb war, was genau er in Skolywka suchte? Und weil alle Juden ultimativ reich sein sollen, konnte er auch nur wegen finanzieller Gründe in Skolywka sein. Jakobs ausgetragene Vans wurden von gut mit modernen Trends vertrauten jungen Mütter eingeschätzt und bewertet, und alles andere, ein Hemd, eine Jeans wurden als Tarnung eingestuft.

Und während Jakob sich durch diese Welt mit echtem Entdeckergeist, wie Humboldt durch Lateinamerika bewegte, staunend über die lokale Flora und Fauna und deren kulturelle, für ihn exotische Ansprüche und Traditionen, sich selbst aber immer frei von deren Fesseln fühlte, schmerzte Sofia jeder neugierige Blick der Nachbarn. Es war alles anders gekommen, als erhofft. Die Oma hatte ihr nicht gesagt, dass Jakob ein Jude ist. Vor seiner Anreise war ihr auch nicht bewusst, welche Resonanz diese Tatsache in Skolywka hervorrufen könnte, welche Bedeutung alle seinem Erscheinen beimessen würden. Und sie war ungewollt ein Teil dieser gemeinsamen Aufregung geworden. In der Schule hatte sie gestern die blöde Kuh aus der 11-b jüdische Nutte genannt und auf dem Weg aus der Schule hatte sie gesehen, wie die Kellnerin, die mit dem dicken Restaurantbesitzer zusammenwohnt, ein Hakenkreuz von ihrem Fenster abkratzte. Das wollte Sofia bestimmt nicht. Außerdem zeigte Jakob keinerlei Absicht, sie mit sich nach Deutschland zu nehmen. Mit der Zeit zweifelte Sofia zunehmend an Omas Versprechen, dass alles schon entschieden sei und sie in Deutschland leben würde. Jakob wurde ihr als Prinz auf einem weißen Pferd versprochen, doch er erwies sich als ein ziemlich hilfloser, weicher, aber auch freundlicher Mann. Er war das erste Lebenswesen in Skolywka, das keinen Wert auf sein Aussehen und auf das Aussehen der anderen legte, der erste, der sein Leben nicht durch Erfolge und Misserfolge der Nachbarn bewertete, der wirklich versuchte, Sofia und ihr Leben zu verstehen. Dafür war Sofia sogar bereit, ihm die Lehrerintonation, in die er immer wieder verfiel, wenn er mit ihr sprach, zu verzeihen.

Jakob erwies sich Sofia gegenüber nicht als ein Märchenprinz oder als ein brutaler Macho, der sie aus Skolywka wegbringen würde und alle ihre Schmerzen in einem Rosen-Champagner-Ozean ertränken würde, sondern als ein Freund, der oft selbst Hilfe brauchte. Darüber hinaus musste Sofia mit leicht verletztem Stolz gestehen, dass Jakob ihrer unwiderstehlichen Ausstrahlungskraft gegenüber völlig gleichgültig blieb. Der kurze Rock und die Piroggen hatten das auch nicht geändert. Abgesehen vom verletzten Ego konnte Sofia sich Jakob auch nicht als Ehemann an ihrer Seite vorstellen. Statt lang erträumter Liebe und Lust, die sie mit Jakobs Ankunft in einen Wirbel von Leidenschaften und Abenteuern hineinziehen sollten, bekam sie Dispute über ukrainische Geschichte zu hören. Und, noch schlimmer, Zweifel an allem, was sie über die eigene Familie und sogar über das eigene Volk gelernt hatte. Jakobs Ankunft hat ihre vertraute Sicht auf das Leben stark erschüttert, und Sofia fühlte, wie das einfache Bild ihres Lebens einschließlich ihrer Geschichte auseinanderbrach.

Und sie spürte auch, dass sich mit jedem ihrer Schritte, den sie jetzt auf dieser Straße machte, die Kluft zwischen ihr und allen ihren Mitmenschen vertiefte. Das Beispiel der Kellnerin erschien vor ihren Augen. Man hatte sie schon „jüdische Schickse" genannt, als sie noch nicht mal in der alten Villa gewohnt hatte. Je schneller ein Dorf einen Menschen mit einem Spitznamen belegt, desto fester und länger bleibt dieser haften.

Wahrscheinlich war es noch nicht zu spät. Sofia dachte an die bevorstehende Klassenfahrt am nächsten Tag, eine Recollection in einem Kloster. Eine Woche Fasten, Gebete, Gesang an nächtlichen Lagerfeuern, Wandern in den Karpaten und keine Handys.

Die Schule organisierte diese Recollectionen zwei Mal pro Jahr, freiwillig für Jungen und obligatorisch für Mädchen, was bisher keinem Mädchen falsch vorkam, denn die religiösen Klassenfahrten waren nur zu ihrem Wohle gedacht. Das Lemberger Seminarium mit etwa fünfhundert noch unverheirateten Theologiestudenten, Seminaristen, die ihr Priester-Amt nicht als Single antreten dürfen, und sieben Jahre lang in ihrem Campus eingesperrt wurden, suchten fieberhaft nach zukünftigen Jimnist[74] nur genau zwei Mal im Jahr während der Recollectionen. Eine Jimnist hat ein schönes Leben. Ihr Mann ist eines der wichtigsten Gesellschaftsmitglieder: Angesehen, gut bezahlt, reichlich mit Geschenken von der kirchlichen Gemeinde bedacht, denn immer werden Menschen getauft, getraut und begraben. Und nichts ging ohne einen Priester und niemals kam er mit leeren Händen nach Hause. Und seine Frau stolziert in der Mitte des Fußweges und reagiert freundlich auf die Begrüßungsrufe anderer Passanten. Aber die Frau eines Priesters ist eben nur seine Frau: ihre tägliche Bestätigung sind christliche Familienwerte: demütig zu sein, sanft, hilfsbereit, kinderlieb. Nur mit kleinen Beschäftigungen könnte sie ihren kirchlichen Eifer bestätigen, z.B. als Ethik-Lehrerin, Verkäuferin im Kirchenladen, Leiterin einer Wohltätigkeitsorganisation, Leiterin eines Kurses „Familienleben für junge Familien". Wäre sie damit einverstanden? War es das, was sie wollte? Wessen Träume waren das überhaupt?

Sofia seufzte und warf Jakob einen Blick zu. Sein ungepflegtes Aussehen, das ihre modebewussten Freundinnen abschreckte, lenkte von seiner offenen Art ab, mit Menschen zu sprechen, seiner Neugier, seinem Humor, seinen interessanten Gedanken, und der Wahrnehmung des Lebens und der Menschen so, wie sie eben waren. Seine Entspanntheit, Gelassenheit, Freundlichkeit waren sehr verlockend, ganz anders, als in Sofias streng hierarchischer Welt mit einem Wust von Regeln und Normen, die nirgendwo geschrieben standen, sondern nur von den auf schattigen Bänken sitzenden und auf staubigen Straßen gehenden Greisinnen gepflegt und an die nächsten Generationen weitergegeben wurden. Wie kontrastierte das mit den blassen in schwarz gekleideten Seminaristen, die sie kannte, welche das Leben von der Theologie kaum zu unterscheiden wussten. Nein, sie würde nicht zur Recollection fahren, sondern zu Hause bleiben.

Sofia streckte ihren Rücken und machte einen Schritt auf Jakob und ihre Oma zu. Die beiden schwiegen. Die Oma genoss scheinbar die Aufmerksamkeit ihrer Nachbarn, sie war in einem Alter, wo

---

74 Die Frau eines griechisch-katholischen Priesters.

Tratschen und Gerüchte einfach eine Bestätigung waren, dass sie als Objekt des Geredes noch am Leben war. Und Jakob lief, versunken in seine Gedanken, ohne das Interesse der anderen zu merken.

Sie gingen über Hinterhöfe, abseits der Straßen. Plötzlich, als Sofia schon selbst die Orientierung verloren hatte, kamen sie auf die „Lesja Ukrainka- Straße". Das war früher die „Zolota"-Straße, sagte die Oma, hier befand sich das Haus deiner Eltern und auch meins, es steht noch.

Jakob schaute sich um. Viele Gebäude waren umgebaut worden, doch die alten Bauten waren unter den angebauten Balkonen oder Stockwerken noch zu erkennen. Jedes Haus hat eine Geschichte. Verstehen die Menschen das? Jakob schaute sich ein altes Annagramm am Eingangsportal des Hauses ihm gegenüber an: „M.R." Die Buchstaben waren unter dem dicken Putz kaum noch sichtbar. Wer war das? Mosche Rubinstein? Malka Rabin? Wer konnte das wissen? Verstanden die Bewohner dieses Hauses überhaupt, wessen Geist die Deckengewölbe ihres Zuhauses bewahrten?

Diese Straße, die Zlata Uliza,[75] die Goldene Gasse, sie war ein Teil des jüdischen Viertels. Juden lebten hier in fast jedem Haus. Der Kaufmann Hesekiel Anchmann verkaufte Weizen und sammelte das Geld, um ein Haus für seine älteste Tochter zu bauen. Sie war kleinwüchsig und dazu auf einem Auge blind, doch sie war das einzige Kind, das einzig überlebende von sechs Kindern, und er liebte sie. Er baute ein hübsches Haus mit Marmortreppen aus Italien, und er wartete auf Heiratsanträge. Und die Anträge kamen und er suchte für sein Töchterchen einen guten Mann aus, einen ausgebildeten jungen Jeschiwa-Studenten, talentiert und arm, aus einer alten Rabbiner-Familie. Die prächtige Hochzeit wurde gefeiert, und obwohl die Ehe kinderlos blieb, gründete das Paar eine neue Schule für arme jüdische Mädchen, in der sie nähen, lesen und rechnen lernten. Das Paar organisierte eine Shabbat-Tafel für Arme. Die Leibowitschamilie. Die Bobe erzählte Jakob, dass niemand sie hungrig verlassen durfte. Und der junge Mann, der ein Rabbi geworden war, hat auch die Ehe der Bobe geschlossen. War das sein

---

75 „Straße" auf Polnisch

Haus? Jakob stellte es sich vor. Oder das nächste? Oder jenes gegenüber?

„Es war eine jüdische Straße." Die Oma artikulierte seine Gedanken. „Die Polen lebten neben ihrem kościół[76] und Ukrainer neben unserer Kirche, die aber nicht hier war, sondern weiter nördlich. Hier gab es eine Menge von Geschäften und viele Kinder, und die Synagoge stand zwei Straßen weiter. Unser Zhyd hat sie dir gestern gezeigt, nicht wahr?"

„Jude, Jude und er heißt Jewgenij" Sofias genervte Bemerkung blieb unbeachtet, sie schaute Jakob entschuldigend an, er zuckte nur mit seinen Schultern, er hatte nicht die Absicht, die alte Frau zu belehren. Aber es war ihm schon angenehm, dass Sofia seine gestrigen Erklärungen doch ernst genommen hatte.

„Mein Vater und noch eine Familie waren hier die einzigen, die am Shabbat keine Kerze anzündeten." Die Alte lachte. „Das Land war billig hier und so hat es noch mein Großvater mit einem Schlag erworben. Wir hatten Kühe und meine Mutter verkaufte vom Haus aus Milch. Ich erinnere mich jetzt daran, dass viele Kinder auf den Straßen spielten, so viele, dass man nicht ungestört laufen konnte. Ich spielte mit den Nachbarkindern, so habe ich auch Jiddisch gelernt. Ich dachte, ich hätte es vergessen. Wie ihr seht, stimmt das nicht, alles ist noch da." Sie klopfte leicht an ihre Stirn. „Mit deiner Bobe habe ich auch Jiddisch gesprochen, sie sprach nur ein bisschen Ukrainisch und Polnisch. Mein Polnisch war schlecht, ich bin in die ukrainische Schule gegangen, dort haben wir nur oberflächlich Polnisch gelernt. Die Juden gingen alle auf polnische Schulen. Auf den Straßen war den Kindern die Sprache egal. Hauptsache, dass du rennen und springen konntest, und ein Stückchen süßer Chala[77] hattest, um es zu teilen. Viele Wörter haben wir gemeinsam, heute ist das niemandem bewusst. Weißt du zum Beispiel, was das Wort „Firanka" bedeutet?" Jakob schüttelte den Kopf. „Du solltest einfach besser zuhören. Polen und Ukrainer haben das Wort aus dem Jiddischen, und die wahrscheinlich aus dem

---

76   „Katholische Kirche" auf Polnisch
77   Typisches süßes Brot in jüdischen Gemeinden.

Deutschen. Es bedeutete „Vorgang", so hat es mir mein Vater gesagt und er sprach sehr gut Deutsch."

Es wäre noch besser gewesen, wenn er seine Deutschkenntnisse für etwas Besseres verwendet hätte, dachte Jakob über den Ghetto-Wächter. Sagte aber nichts. Wie oft, wahrscheinlich zu oft. Schon seit Tagen fragte er sich, ob er nicht doch irgendwie dieses nicht gepflügte Feld von Ignoranz und Aberglauben beackern sollte. Wäre es nicht seine historische Mission, die historische Gerechtigkeit wiederherzustellen, Aufklärungsarbeit für eine Erinnerungskultur zu leisten, die in allen zivilisierten Ländern schon gemeistert war? Bis zu diesem Moment war er ein ziemlich schlechter Aufklärer, nur Sofia schien ihre Wahrnehmung der ukrainischen Geschichte ein bisschen zu überdenken, vor allen anderen zeigte er sich als ein Feigling. Was für sein Leben ziemlich normal schien. Bei diesen Gedanken spuckte Jakob, als ob er sich vor sich selbst ekelte, auf die helle Bordsteinkante.

Sie bogen in einen engen Durchgang zwischen zwei Gärten ein. Rüben auf der einen Seite, Kohl auf der anderen. Hühner, die kein privates Eigentum achteten, kreuzten ihren Weg. Im linken Garten arbeitete neben einem Beet mit Paprika eine Frau. Sie nickte der Oma zu, tauschte mit ihr und Sofia ein paar Worte, plötzlich aber schrie sie laut auf und wedelte wie wild mit den Armen. Erschrocken erstarrte Jakob auf dem Platz, wo er stand. Bis er verstand, dass das Geschrei nicht ihm galt, sondern den fremden Hühnern, die Löcher in ein Auberginenbeet gescharrt hatten. Die Oma ging, unberührt von dem Geschrei, weiter. Jakob und Sofia verließen auch das Kampffeld. Sie kamen an Stallmauern, Malven und Kletterrosen vorbei. Der Pfad wurde so eng, dass Jakob die Stallwände links und rechts gleichzeitig anfassen konnte. Dichte, hohe Holunder- und Fliedersträucher, die nie in ihrem Leben eine Schere gesehen hatten, verbargen den engen Pfad fast vollständig. Die Büsche spielten vermutlich eine wichtige Rolle im Leben der Nachbarn, denn die Herrenhäuser, die hinter den Stallmauern kamen, blickten mit ihren Fenstern direkt in die Schlafzimmer der Nachbarhäuser. Ohne den grünen natürlichen Vorhang hätten die Nachbarn ihre Gardinen immer dicht schließen müssen.

Endlich traten die drei von dem Pfad auf eine breite Straße. Wie immer liefen Hühner vor ihren Füßen, Hunde bellten schläfrig die seltenen Passanten an. Die letzten Astern gemischt mit Petersilienbüschlein füllten die Luft mit einem süßlichen herbstlichen Aroma. Diese Straße hatte im Unterschied zu vielen anderen einen Fußweg. Normalerweise zogen sich tiefe Gräben entlang jeder Straße.

Jakob überprüfte schnell die Zeit, es war erst um neun. Er würde jetzt seinen Koffer holen, ein paar Fotos machen und locker seinen Bus nach Lemberg erreichen. Er hoffte sehr, dass auf dem Rest der Reise nicht schiefgehen würde.

Hinter ihn muhte es, Jakob drehte sich um und sah zehn Schritte von sich entfernt eine Herde Kühe. Ungefähr zwanzig Kühe mit Kälbern starrten ihn interessiert an. Die Hörner der ersten Kuh könnten locker ein paar Matadore in die Luft katapultieren. Kein Kuhhirt war weit und breit zu sehen. Zwei kleine Schulkinder, die grade im Garten mit ihren Rucksäcken Fußball spielten, ließen ihre Schultaschen kurz in Ruhe und schauten sich aufgeregt Jakobs mentales Duell mit der Kuh an. „Jakob, geh ihnen aus dem Weg", rief ihm Sofia laut zu. Sie stand zwanzig Meter weiter und wartete mit ihrer Oma auf Jakob. Jakob wollte erst instinktiv zu Sofia rennen, entschied sich aber dann, den Kühen nicht seinen Rücken zuzuwenden. Damit sie nicht wie Hunde Rücken und Hintern als laufendes Ziel wahrnehmen können. Vorsichtig und langsam machte Jakob einen Schritt zurück, ohne die matriarchalische Kuh mit ihren majestätischen Hörnern aus dem Blickfeld zu verlieren. Noch ein paar Schritte zurück und der Weg war frei. Langsam liefen die Kühe an Jakob vorbei. Eine nach der anderen bogen sie mit ihren Kälbern in ihre Höfe, die matriarchalische Kuh lief als letzte in den Hof einer kleinen Hütte, die nicht mal eine Satellitenschüssel besaß, eine echte Ausnahme in Skolywka.

Jakob folgte, noch nicht ganz wieder zu sich gekommen, dieser Prozession, um Sofia und die Oma einzuholen, als er plötzlich in einen noch warmen Kuhfladen trat. „Was für eine Überraschung", dachte er, „Sofia warte bitte, ich muss meinen Schuh jetzt irgendwie sauber kriegen, solange es noch nicht angetrocknet ist".

„Es" war eine dampfende grün-graue Masse, die fast bis zum Fußknöchel gleichmäßig auf seinem linken Schuh verteilt war. Sie stank zwar bekannt nach gedüngten heimischen Feldern, aber deutlich intensiver und damit auch unerträglicher.

Jakob hangelte sich zur nächsten Bordsteinkante, um die stinkende Masse abzukratzen, dabei wedelte er mit dem linken Fuß in der Luft in einem misslungenen Versuch, den Mist vom Schuh abzuschütteln. Er hörte ein Kinderlachen, das bestimmt nur ihn als Adressaten haben konnte. Wenn sie ihn erreichen, würde er sie bitten, ihm Wasser und ein Schwämmchen zu geben, um den Scheiß wegzuwischen. Aber bis dahin musste er zumindest die grobe Reinigung erledigen, sonst würde er unterwegs bestimmt ersticken.

Die gute, hohe, aus hellem Stein gehauene, Bordkante, sah aus wie ein Morsealphabet, lange Linien vor den Gärten, Pausen vor den Toren. Und weil die Gärten und die Tore auf der Straße nicht die gleichen Maße hatten, waren auch allen Linien und Intervalle unterschiedlich.

„Ich komme gleich!" schrie Jakob Sofia und ihrer Oma zu, die auf einer Bank auf ihn warteten und schon im Gespräch mit einer lokalen Großmutter waren. Jakob schrubbte seinen linken Schuh an der Kante. Nach ein paar Minuten beugte er sich, um den Schaden zu beäugen und merkte dabei, dass der abgekratzte Kuhfladen, der jetzt an der Bordkante klebte, eine Blume sichtbar werden ließ. Eine einfache Blume, aber zu deutlich, um ein Zufall zu sein. Es war nicht so, dass Jakob sich für Fladen und deren Formen wirklich interessierte, doch er beugte sich noch ein bisschen tiefer und in dieser Position rubbelte er seinen Schuh an der gleichen Stelle noch einmal. Der Mist sammelte sich in den Vertiefungen des Ornamentes und die Formlinien blieben hell. Ein kleines Blümlein war doch gut zu sehen, nach nochmaligem Reiben kamen Umrisse eines Blattes und ein Teil einer vermutlichen Vase zum Vorschein.

„Doch ein komisches Volk" dachte Jakob, „entweder gar keine Fußwege oder gleich Bordsteine mit Ornamenten, ein Land der Extreme, nicht weniger. Eine unverhoffte Dekoration, dort wo Menschen, wenn sie überhaupt hinschauen, dann um Kuhfladen abzustreifen." Er beugte sich noch tiefer und plötzlich sah er eine geometrische Form unter dem ornamentalen Blatt. Ein Dreieck? Es kam ihm irgendwie bekannt vor...Jakob richtete sich auf. Er schaute die zwei Gestalten an, die auf der Bank auf ihn warteten und in ein Gespräch vertieft zu sein schienen. Sie beachteten ihn nicht, und Jakob wanderte mit seinem Blick zurück zur Bordkante. Weiß, hoch, dick, kein Beton, guter Stein, die komische Kante verlief an beiden Seiten der Straße. Aus dem gleichen Material war auch der Fußweg gemacht, was aber unter der Schmutzschicht kaum zu erkennen war. Bis zum Ende zog sich die weiße Morsemitteilung. Längere und kürzere Stückchen, unterbrochen vor jedem Hauseingang. Auf einer Kante standen Kinder und wetteiferten, wer am weitesten von dort auf die Straße springen konnte.

Jakob hielt die Luft an und beugte sich zur Bordkante hin. Er zupfte ein paar grüne Wegerichblätter und rieb damit die geometrischen Linien ein. Eine Linie kreuzte sich mit einer anderen, Linien trafen sich und entfernten sich wieder voneinander. Wahrscheinlich war er einfach verrückt geworden, oder zu argwöhnisch? Traumatisiert von der eigenen und der fremden Familiengeschichte? Oder war das Buch Da Vinci Code doch keine gute Wahl als Lektüre für seine Ukrainereise? Jakob zupfte noch eine Hand voller Blätter und rieb hektisch weiter. Dort, wo die Bordkante in die Erde tauchte, kratzte er mit einem daneben gefundenen Glassplitter, mit seinen Nägeln, dann mit einem Bieröffner. Den trug er als Schlüsselanhänger immer bei sich, auch wenn er Bier nur einmal pro Monat und immer zu Hause, vor dem Fernseher trank. Jakob kniete im Staub und im Kuhmist. Die Buchstaben, dass konnte er ganz genau sehen, fingen leider unter der Vase an und verschwanden dann in die Erde. Jakob brauchte hier kein Hebräisch, um die zwei Buchstaben, die auf jeder Matzewe abgebildet wurden, zu lesen und zu identifizieren: eine Standardformel: פ"נ [78]

Die Steine konnten nur von einem jüdischen Friedhof stammten. Jakob setzte sich vor die Kante. Guter weißer Stein. Soweit er sehen konnte, erblickte Jakob die gleichen Kanten. Matzewen. Vergraben in der Erde. Manche tiefer, manche flacher. Von seiner Position aus sah er auf der benachbarten Kante, ohne sie erst mit Blät-

---

[78] Pej-Nun, (po-nitman) hier ist beerdigt... (Hebräisch)

tern freireiben zu müssen, zwei Hände zu einem Gebet gefaltet: Cohen: Die biblische Bezeichnung eines jüdischen Priesters. Und die gleichen Buchstaben.

Jakob, noch sprachlos, berührte vorsichtig die Stelle, die er gerade gesäubert, gerieben und frei gelegt hatte. Er streichelte den Stein, legte seine Hände auf die Matzewe-Wunden, seine Brust wurde eng, sein Atem schnell und oberflächlich. Die ersten Wörter, das war irre, kamen aus einer langen Reihe zusammenhangloser Worte, kamen auf seine Lippen. Jakob murmelte das Kaddisch. Das Gebet, das er fast vergessen hatte, das er nie richtig gelernt hatte, das er nie aussprechen wollte, das ihm immer fremd war. Fremd bis zum heutigen Tag. Jakob, ein Gefangener der Geschichte seines Volkes, machtlos vor tausenden Gräbern, vor Ungerechtigkeit, vor Wut und Leid. Er weinte das erste Mal in seinem Leben zum Kaddisch. Er wischte abwechselnd seine Tränen und den Kuhdung weg, er stieß mit der Stirn an die geplünderten Matzewe.

Jakob hörte nicht, wie Sofia zu ihm rannte, bemerkte nicht ihre Versuche, ihn hochzuziehen „Shtey aoyf, m'ken nisht baveynen alemen. Iz nit keyn enin vu kbrim zenen? Etlekhe ton nit hobn keyn..."[79] die Oma stieß Jakob mit ihrer Krücke, „Kum, laz zey nisht lakhn fun dir." [80]

Auch Sofia beunruhigte dieser Punkt am meisten. Nur die Skolywer Bürger, die jetzt in ihren Sterbebetten lagen, starrten Jakob nicht an. Doch wenn er auf deren Mitleid hoffte, dann war er hier falsch. Sofia schaffte es endlich, Jakob wieder auf seine Beine zu bringen. Sie schob ihm ihr Taschentuch zu, er musste schnellstmöglich sein Gesicht säubern. An seinem Ohr klebte Kuhkacke. Sie nahm den kraftlosen Jakob am Arm und zog ihn von der Kante weg.

„Was ist denn das?" zischte sie zu Jakob: „Warum weinst du? Was hat dir meine Oma gesagt? Was hast du ihm gesagt?" fragte sie ihre Oma, als Jakob nicht auf ihre Frage reagierte. Die Alte zuckte nur mit ihren Schultern.

---

[79] „Steht auf, alle kann man nicht beweinen... Ist es nicht egal, wo Gräber stehen? Manche haben gar keine." Jiddisch
[80] „Komm, lass sie dich nicht auslachen." Jiddisch

„Warum hat sie mich durch diese Straße geführt? Frag sie? Frag deine alte Hexe!" schrie Jakob plötzlich durch einen Vorhang von Tränen: „Was will sie?"

Sofia übersetzte blass und erschrocken die Frage und danach die Antwort. „Das ist der einzige Weg. Einen anderen gibt es nicht", hat sie gesagt. Wenn du ihr Haus sehen willst, musst du auch den Grabsteinen begegnen. Jakob, was bedeutet das? Ich verstehe nichts. Welche Grabsteine?" Sofia sah nicht weniger verloren aus als Jakob noch vor kurzem.

„Matzewen. Jüdische Grabsteine. Die liegen bei euch auf den Straßen, dienen als Fußwege. Wusstest du das nicht?"

„Ich weiß es nicht, ich glaube ich habe mal gehört, dass man alte Steine genutzt hat, um hier einen Fußweg anzulegen. Hier ist Moos, war immer Matsch, aber welche Steine man nutzte, wusste ich nicht. Ich wusste auch nicht, dass sie für dich so wichtig sind…"

„Wichtig? Für mich? Du sagst das so, als ob es ein Spielzeug wäre, das ich verloren habe. Wir sprechen über Vandalismus an tausenden alter Matzewen! Zerstörung des ganzen Friedhofes!" Jakob zog seinen Arm von Sofia fort. „Barbaren!"

Sofia trottete schuldbewusst hinter ihm her. „Es tut mir leid" wiederholte sie: „Beruhige dich, ich wusste das nicht. Wenn ich es gewusst hätte, hätte ich dich gewarnt."

„Was wusstest du nicht? Was weißt du überhaupt über die Menschen, die hier unter deinen Füßen liegen? Wolltest du denn etwas über sie erfahren? Wenn ich nicht plötzlich hier aufgetaucht wäre, um dich, wie ihr euch ausmalt, mit nach Deutschland zu nehmen?!"

Sofia blieb stehen. „Auf unserem Friedhof haben die Sowjets ein Fußballfeld angelegt und niemand weint. Wir gedenken unserer Toten in der Kirche und zu Hause. Und warum schreist du mich an? Ich war das nicht! Ich war damals noch nicht mal geboren!"

„Weil du auch ein Teil dieses Wahnsinns bist, Teil deiner beschissenen Kultur, wo nur deine goldenen Partisanen und Auswanderer etwas wert sind. Über die anderen, die auch hier gelebt haben, denkt niemand nach!"

„Das machst du auch nicht, du Klugscheißer! Du kommst hierher und forderst, dass ich deine Leute beweine. Mein Opa, meine Oma sind dir scheißegal!"

„Beweine? Beweine! Einen Ghetto-Polizisten soll ich beweinen? Spinnst du? Ich fordere, dass du und deine Bande nicht mit euren schmutzigen Füßen auf diese Gräber tretet, nichts mit beweinen!"

Sofia ballte ihre Fäuste und stampfte mit dem Fuß auf. Und dann trat sie an die Bordkante. Vom schwarzen Lack ihrer neuen Schuhe blieben schwarze, glänzende Linien auf den alten Matzewen. Jakob gab einen Ton, eine Mischung zwischen Gebrüll und Stöhnen, von sich, dann drehte er sich um und machte zehn entschlossene Schritte in die Sofia entgegengesetzte Richtung. Aber der enge Durchgang, durch welchen sie auf die Straßen gelangt waren, war zwischen allen Gärten und Gebäuden nicht mehr erkennbar. Scheiße. Er drehte sich noch mal um, suchte den Pfad, vergebens. Ein Ball landete vor seinen Füssen, zwei Jungs winkten ihm durch den Zaun zu. Jakob nahm den Ball und kickte ihn mit viel Kraft und Wut zurück. Der Ball flog hoch in den Himmel und landete direkt vor den Fenstern des alten Hauses, vor dem die Jungs standen. „Hi man, are you ok? Come in, chill out. You look creepy, man".[81] Der andere machte das Gartentor vor Jakob auf.

Jakob, bloß um seinen Lauf in die entgegengesetzte Richtung von Sofia und Darka fortzusetzen, trat ohne weiteren Gedanken in den Hof der beiden Fußballspieler.

„Hi" sagte der Junge, der das Tor vor Jakob offenhielt, auf Englisch: „Du bist der Journalist? Wir haben dich in der Schule gesehen. Warum schleppst du dich mit diesen zwei Verrückten herum? Die sind crazy." Er klopfte sich leicht an seine Stirn: „Ein Bier?" Der Junge war höchstens 14 Jahre alt, doch Jakob war nicht imstande, nach seiner Volljährigkeit zu fragen. Der erste Junge, nicht älter als sein Freund, gab Jakob und seinem Freund kalte Flaschen. Sie setzen sich auf die Bank, die vor dem Haus stand. Dazu stießen sie leicht den alten Opa an, der vor sich hinstarrte ohne die

---

81 „Bist du okay? Komm rein, entspann dich. Du siehst furchtbar aus." Englisch

Welt bewusst wahrzunehmen. „Er ist okay" sagte der erste Junge: „Ist aber nach dem Schlaganfall ein bisschen Ku-ku."

„Ku-ku?"

„Na, crazy, bei uns sagt man ku-ku. Sitzt hier und stört niemanden. Besser als die alte Darka. An Sofias Stelle würde ich sofort abhauen. Aber wir werden sowieso bestimmt von hier abhauen. Erst nach Lemberg und dann nach Deutschland. Wir werden dort Fußball-Profis werden, stimmt's Siryj?" Siryj nickte bestätigend. Jakob, der sich zwischen dem willenlosen Opa und den Jungs auf der engen Bank ein bisschen eingequetscht fühlte, trank die ganze Bierflasche in drei großen Zügen aus. Er freute sich über diese kleine Pause, und bemühte sich, die Straße mit den ihn schmerzenden Steinen und die auf ihn wartenden zwei weiblichen Figuren nicht zu bemerken. Er versuchte sich Zeit zu verschaffen, auf die Straße zurückzukehren, seinen Weg fortzusetzen, was, wie ihm inzwischen schon bewusstgeworden war, unvermeidlich war. Aber bis dahin, noch einen kleinen Moment, noch einen letzten Schluck Bier.

„Wollt ihr nicht hierbleiben? Priester oder Soldaten werden?" Die Jungs bemerkten nicht die Ironie in seiner Stimme.

„Was? Nie im Leben. Wir wollen Fußballspieler werden oder Gamer, professionelle Gamer. Die spielen Computerspiele und bekommen dafür dickes Geld, Mann. Oder Spiele programmieren. Geht auch. Aber Priester nicht, ich will nicht mein Leben lang die Kirche beweihräuchern und Beichten zuhören. Scheißleben." Er spuckte vor sich hin, die Spucke landete auf seine Hose.

„In der Schule wart ihr aber anderes gestimmt. Ich dachte die Kariere eines Priesters ist hier ein Traumjob."

„Na ja, aber nicht für alle und in der Schule..." Er suchte nach den richtigen Worten: „In der Schule sind die Menschen anders, als zu Hause."

Jakob nickte zustimmend. „Wisst ihr, welche Steine hier auf der Straße liegen?"

„Alte Platten, glaube ich, habe mich nie dafür interessiert. Sind sie irgendwie besonders? Darum bist du dort auf den Knien rumgerutscht? Es sah creepy aus. Noch ein Bier?" Jakob nickte.

„Und dein Opa? War der auch ein Partisan?"

„Na klar, hier waren alle entweder Partisanen oder sowjetische Huren. Meine waren zum Beispiel Partisanen. Eine dritte Option gab es nicht. Mein Vater sagt immer, du bist entweder mit denen oder nicht mit denen. Man kann nicht auf zwei Stöcken sitzen. Die alte Darka hat es gemacht, war da und dort, mit denen und mit den anderen. Niemand mag sie, auch meine Eltern mögen sie nicht. Mir ist sie egal. Deswegen schleppst du sie und Sofia hierher, um einen Artikel über sie zu schreiben?"

„Eigentlich nicht, ich habe hier eine andere Aufgabe, einen anderen Auftrag sozusagen." Jakob stand auf. Nach zwei Bier war sein schnelles Aufstehen nicht besonders gut mit dem Kopf koordiniert und um nicht umzufallen, ergriff er das, was seine Hand als erstes berührte und das war die Schulter des Großvaters. Er hob seinen Kopf und schaute Jakob mit seinen blassen, ausdruckslosen Augen an. „Entschuldige" murmelte Jakob und zog schnell seine Hand weg. „Tschüss Jungs, wahrscheinlich sehen wir uns in Deutschland mal wieder, danke für das Bier. Es ist aber besser mit Alkohol noch ein bisschen zu warten, bis 16 oder so." Er schüttelte zwei Kinderhände.

„Bye man! See you in Germany!" Seine Gastgeber klopften ihm auf die Schultern „Write something nice about us!" [82] die zukünftigen Gamer lachten, Jakob lachte mit und trat zurück auf die Grabsteine.

Sofia wartete direkt vor dem Tor auf ihn. Ihre Oma tratschte, als ob nichts geschehen sei, mit einer Gruppe alter Frauen auf den Bänken, die sich aus der gesamten Nachbarschaft bei ihr versammelt hatten. „Fertig? Können wir weitergehen? Oder noch eine Bierrunde?"

„Sofia, ich bin ungefähr doppelt so alt wie du, und noch dazu ein Gymnasiallehrer. Kannst du bitte deine Intonation wechseln? Ich gebe zu, dass ich wahrscheinlich in bestimmten Momenten, sozusagen, meine Emotionen zu stark zum Ausdruck gebracht habe..."

---

82 „Tschüss! Wir sehen uns wieder in Deutschland! ....Schreib etwas Nettes über uns!" (Englisch)

„Das interessiert mich jetzt nicht." Sofia beendete Jakobs schwachen Versuch, die Kommunikation fortzusetzen: „Komm, bevor sich hier noch die ganze Stadt versammelt." Sie zog ihre Oma aus dem dichten Kreis der grauen Köpfe heraus und ohne sie loszulassen, lief sie schnell mit erhobenem Haupt geradeaus. Jakob schleppte sich hinter ihnen her.

Noch nie schien Jakob eine Straße so unerträglich lang zu sein, er wünschte sich eine Kurve, eine Abzweigung, durchlöcherten Asphalt, Kopfsteinpflaster, oder gar nur Schmutz und Sand, alles, bloß nicht diesen soliden weißen Stein, ein Zeugnis der Trauer seines Volkes, unter den Autorädern. Er schaute die wenigen Passanten an. Alltägliche Menschen mit alltäglichen Aufgaben. Sie spazierten die Straße entlang, ihre Blicke waren nicht auf den Boden gerichtet. Das normale Leben gedieh auf der Straße. Sollte er jemanden dafür anklagen? War seine Reaktion übertrieben? Wie sollte er reagieren? Was sollte er unternehmen? Jakob dachte an die jüdische Gemeinde in seiner Heimatstadt. Sollte er sie kontaktieren und um Hilfe bitten? Was könnten sie tun? Hierherreisen und die Straße demontieren? Unbemerkt würde das bestimmt nicht gehen. Es würde internationale Aufmerksamkeit hervorrufen. Jakob hatte niemals gehört, dass eine jüdische Gemeinde so etwas unternommen hätte. Um ehrlich zu sein, hörte er überhaupt nichts, was die jüdische Gemeinde in seiner Stadt unternahm. Er wusste nicht mal, wo sie ihren Sitz hatte.

„Wie lange noch?" fragte er düster die Rücken der beiden Frauen. „Einbissel"[83] antwortete die Alte, sie war auch schon am Ende ihrer Kräfte, sie schlurfte mit den Beinen mehr als sonst und stützte sich mit dem Gewicht ihres ganzen kleinen Körpers auf Sofia. „Einbissel", „Einbissel" wiederholte sie, so leise, als ob es nur an sie selbst adressiert sein wäre: „Einbissel".

Endlich blieben sie vor einem Haus stehen. Zwei Matzewen, eine links, die andere rechts vor den Toren. Ein Reifenschwan im Vorgarten. Das zweistöckige Haus in Zitronengelb mit riesigem Dachboden unter dem Schieferdach. Der frühere Eingang war zugemauert. Seine Umrisse schienen noch durch die Farbschicht. Der

---

83 „Ein bisschen" auf Jiddisch

neue Eingang unter einem kleinen Plexiglasdach lud Besucher mit seiner offenen Tür ein. Flieder und Holunder umrahmten das kleine Grundstück von der Straßenseite her. Die beiden Nachbarhäuser waren Neubauten. Ein Foto vom Haus der Bobe konnte man vergessen. Besser so. Ein absurder Gedanke. Dass die Bobe die gebrochenen Matzewen auf dem Foto ihrer alten Straße erkennen könnte, war für Jakob unerträglich. Vor der Tür des Hauses war eine junge Mutter mit einem Kinderwagen zu sehen. Sie saß auf einem Klappstuhl und lackierte ihre Nägel. Die Oma öffnete die Pforte. „Jesu sei heilig" sagte sie zur Begrüßung. „Für ewig heilig" antwortete die junge Mutter, bewegte sich aber nicht vom Fleck.

Die Oma fragte etwas und die Frau antwortete. Sofia begann zu übersetzen. „Ist dein Opa zu Hause?" „Ja, er liegt im Bett, schon seit zwei Monaten, der Pope hat ihn gestern besucht, er sagte, bald werden seine irdischen Klagen zu Ende sein. Er will seit einer Woche nichts essen, und er erkennt uns fast nie, Juri noch manchmal, aber mich mit dem Kleinen gar nicht." Die Oma schüttelte den Kopf, „Zweiundneunzig… Gott möge uns allen so viele Jahre schenken."

Die Frau schaute sie argwöhnisch an: "Sie können sich auch nicht beklagen, so einen langen Weg bis zu uns hinaus zu schaffen. Das kann in ihrem Alter auch nicht jeder. Sind Sie mit einem besonderen Grund gekommen?" Sie stand endlich auf, und schaute Sofia und Jakob fragend an. „Hallo Sofia, warum hast du deinen Journalisten mitgebracht? Will er auch mit unserem Opa sprechen?"

„Sofia, sag ihr bitte, dass ich erstens kein Journalist bin, und zweitens, dass sich hier in diesem Haus meine Oma im Krieg versteckt hatte." Mit unzufrieden eng zusammengepressten Lippen übersetzte Sofia seine Bemerkungen. Das Gesicht der Frau veränderte sich in diesem Augenblick.

„Das ist eine alte Geschichte. Und was will er jetzt? Wir haben alle Papiere, das ist alles legal."

„Sag ihr, Sofia, dass mir ihre Papiere genauso wie das Haus mir völlig einerlei sind. Ich will nur meinen Koffer zurückbekommen, dann bin ich sofort weg." Sofia übersetzte, die Frau schüttelte argwöhnisch ihren Kopf. Sie schaute Jakob misstrauisch an, fragte Darka etwas. In ihrem Tonfall verschwand der letzte Funke von

Freundlichkeit. Darka antwortete und Jakob hörte Hass in ihrer Stimme. Sofia schwieg und übersetzte ihm kein Wort mehr. Die Alte lies Sofias Hand los und klammerte sich am Zaun fest, so als ob sie dessen fester Teil werden wollte.

„Sie will uns nicht uns reinlassen. Sie sagt, dass wir hierhergekommen sind, um ihnen das Haus wegzunehmen. Sie will nichts hören. Es tut mir leid, Jakob." Jakob drehte sich um: „Komm Sofia, wir können nichts dagegen tun, ich möchte sofort nach Lemberg abreisen, können wir hier ein Taxi finden? Ich hole bei euch meinen Rucksack und fahre weiter zum Bahnhof." Sofia nickte ihm müde zu: „Okay, aber ein Taxi findest du nicht, wir müssen zu Fuß gehen. Heul aber nicht wieder unterwegs" fügte sie böse hinzu.

„Mach dir bitte keine Sorgen, pass besser auf deine Oma auf, sie wird gleich auf unsere freundliche Gastgeberin losgehen und ihr in den Hals beißen." Die Alte sah wirklich so aus, als ob sie gleich über den Zaun klettern wollte, um die Frau mit ihren nackten zitternden Händen zu erdrosseln.

Doch in diesem Moment erschien eine männliche Gestalt in der Eingangstür. Ein beleibter Mann mit einem kleinen Bärtchen, in kurzen Hosen und altem T-Shirt. Er kam mit einem vollen Milchfläschchen heran.

Freundlich winkte er allen zu. Er reichte das Fläschchen der Frau, die erzählte ihm offensichtlich das Ziel von Jakobs Besuch und zeigte dabei mal auf Jakob mal auf Sofias Oma.

„Sie sind aus Deutschland? Hat ihre Familie früher hier gewohnt?" fragte der Mann Jakob freundlich auf Deutsch. Überrascht nickte Jakob ihm sprachlos zu. „Weshalb sind Sie hier, wenn ich Sie fragen darf?" Jakob wiederholte, schon halb abgewandt, seine Erklärungen. „Na, wenn wir uns keine Sorge um unser legales Erbe machen müssen, dann seien Sie herzlich willkommen. Wir sind ehrliche Menschen, haben nichts zu verbergen. Verzeihen Sie bitte Nadjas ein bisschen emotionale Reaktion: Darka…" er stutzte, schaute Sofia an und fuhr vorsichtig fort: „Es ist nicht immer einfach, mit Darka zu kommunizieren. Und Nadja will keine Probleme im Dorf bekommen, wir sind auch neu hier. Das Haus gehörte meinem Opa, wir wohnen eigentlich in Lemberg."

„Verstehe", antwortete Jakob: „Ich will bloß den Koffer meiner Großmutter haben. Sofias Oma sagte, sie habe damals den Koffer hier gelassen."

„Das kann sein. Der Opa schmeißt nichts weg. Sie sollten sehen, wie das Haus vor unserer Ankunft aussah, eine Müllhalle. Fragen Sie ihn selbst, wahrscheinlich liegt der Koffer auf dem Dachboden. Wo ist dann das Problem." lächelte der Mann und machte das Gartentor auf. Er reichte Jakob seine Hand, „Jurij. Sehr angenehm. Auf dem Dachboden haben wir vor der Renovierung eine Menge alten Kram gesammelt, wollten ihn jetzt besser sortieren, bevor wir ihn wegwerfen. Wahrscheinlich finden wir dort auch ihren Koffer. Wir wollen Fremden nichts wegnehmen, stimmt es nicht, Nadja?" Es war offensichtlich eine rhetorische Frage, denn Nadja verstand nur Bahnhof auf Deutsch. Aber sie schien doch ein bisschen beruhigt zu sein, sie nahm die Flasche und konzentrierte sich auf das gerade erwachte Kind.

„Wie gesagt, das ist das Haus meiner Großeltern. Und das ist meine Frau Nadja, sie ist jetzt mit unserem Ersten sehr beschäftigt. Kommt aber herein. Und wie heißen Sie? Ich meine, wie war der Nachname ihrer Vorfahren?" „Ich heiße Jakob Sandler, die Familien Sandler-Nierenstein wohnten vor dem Krieg im Nachbarhaus." „Wirklich? Wie interessant! Nie gehört. Die Häuser hier sind aber neu. Auf dieser Straßenseite stammen nur ein paar Villen noch aus der Vorkriegszeit, darunter auch diese kleine Hütte. Kommen Sie herein, kommen Sie herein. Wahrscheinlich wird mein Opa sich an früher erinnern. Er ist zwar schon ziemlich dement, aber an seine Jugend erinnerte er sich besser als daran, was er heute zum Frühstück gegessen hat. Er kann leider nicht laufen und sitzt tagelang vor dem Fernseher und langweilt sich. Er wird sich bestimmt über Gäste freuen." Er merkte, dass die Oma und Sofia völlig von dem Gespräch ausgeschlossen waren und stellte ihnen ein paar Fragen auf Ukrainisch. Die Frauen antworteten kurz und kühl, die beiden fühlten sich scheinbar in seiner Gesellschaft nicht wohl. Auf Jakob machte der Mann im Gegenteil einen sehr positiven, er meinte fast sagen zu können: einen zivilisierten Eindruck. Außerdem fand die Kommunikation in seiner Muttersprache statt und stellte eine willkommene Abwechslung zu den letzten drei Tagen dar.

Jakob und die Frauen machten ein paar Schritte in Richtung der Eingangstür. Sie gingen um die Ecke und Jakob entdeckte, dass das Haus nur von vorn gestrichen war. Von der Seite war es einfach betongrau. Verzeihen Sie uns diese bunte Mischung" lächelte der Mann etwas verlegen, wir restaurieren hier alles, ein Stück nach dem anderen. Die Wände warten noch darauf. Erst müssen wir hier eine neue Kanalisation installieren, die Zeiten des Plumpsklos sind schon vorbei, wissen sie, wir wollen auch hier ein Stück Zivilisation genießen. Ich lebe eigentlich mit meiner Familie in Lemberg, arbeite in der IT-Branche, das hier haben mir meine Eltern als Datsche übergeben. Wir kümmern uns um Opa und modernisieren langsam das Haus. Das war der Deal. Der Kleine muss auch an der frischen Luft sein, in Lemberg ist das eine Seltenheit, eine unschätzbare Seltenheit. Wir haben auch schon ein bisschen umgebaut, aber nur einen Teil. Die Tür zum Beispiel soll auch größer werden."

Drinnen war eine bunte Mischung aus alt und neu. Das Licht ging automatisch mit Hilfe von Lichtsensoren an, wie der IT-Programmierer stolz betonte. Die lange LED-Lampe, die sich wie eine Weihnachtsgirlande entlang des engen Flurs zog, beleuchtete einen aus Gips modellierten Kirschbaum voller rosa Blüten in Menschengröße vom Boden bis zur Decke. Die Decke war entsprechend in Himmelblau bemalt. Gips-Vögel schwebten im kalten blauen Licht der LED-Lampen und über dem Eingang zur Küche und zu einem anderen Zimmer hingen aus dem gleichen Gips gearbeitete voluminöse Kreuze, geschmückt mit gestickten Tüchern.

Der Gastgeber ließ seine Gäste ein paar Minuten länger die Schönheiten des Vorraums genießen, und bat sie dann, ihm in das nächste Zimmer zu folgen. „Alles Handarbeit", sagte er Jakob an der Tür, „Nadijka hat das Design selbst entworfen, Dmytro Kwitko, ein lokaler, aber sehr talentierter Künstler." Die Oma und Sofia nickten ihm bei dem Namen anerkennend zu, „Er hat das alles selbst aus Ton geformt und dann bemalt. Dort oben sind unsere Initialen in Blumen chiffriert: N.J.: Nadija und Jurij. Wir werden ihn später anrufen, um noch den dritten Buchstaben zu malen: T. wie Taras, unser Sohn.

Sie durchquerten noch ein Zimmer, das nach den in zartem Lila frisch geputzten Wänden roch. „Es wird unser Wohnzimmer sein, dessen Thema ist „Hyazinthenfeld", alles in Grün und Lila. Wir haben schon ein Sofa bestellt, echtes Leder, in grün. Rechts wird das Kinderzimmer sein, und dahinter das Elternschlafzimmer. Jetzt schläft Opa dort, wir sind keine Unmenschen, die ihre Großeltern im Herbst in der Sommerküche wohnen lassen. Er hat bei uns ein luxuriöses Leben.

Sie durchquerten das zukünftige Kinderzimmer, das momentan noch weiß und nackt aussah. Nur sanftes Herbstlicht strahlte durch einen alten feinen milchigen Vorhang, ähnlich einem Spinnennetz, aus dem Garten herein. Jakobs Augen entspannten sich im Augenblick dieser Stille wegen der schlichten Schönheit des Zimmers. Der Wind warf leicht zitternde Schatten der Blumen des Vorhangs auf den hellen, unlackierten Holzboden.

„Hier haben wir noch nichts gemacht, es kostet alles einen Haufen Geld, wir leben in der Ukraine, bezahlen aber wie in Deutschland. Übrigens, stimmt es, dass in Deutschland die Nahrungsmittel weniger als hier kosten?" Jakob, der bis jetzt nur ein Frühstück im Wiener-Café selbst bezahlt hatte, hatte keine Ahnung, wie die lokale Preisepolitik aussah und murmelte: „Es kann sehr unterschiedlich sein und hängt von der Inflationsrate ab."

„Klar!", nickte Jurij bestätigend: „Die Inflationsrate geht bei uns auch durch die Decke. Er blieb vor einer niedrigen geschlossenen Tür stehen. „Und hier wohnt der Opa. Seit Omas Tod steht er fast nie auf, und wenn, dann setzt er sich hinten in den Garten. Er ist auch sehr wortkarg geworden. Wir glauben, dass das vor allem mit dem Haus zu tun hat. Er mag die Änderungen, die wir vornehmen, nicht so richtig, geschmacklich, meine ich. Er gehört eben zur alten Generation, verstehen Sie...Auf jeden Fall sieht er, dass er jetzt bei uns wohnt und nicht wir bei ihm. Er sollte eigentlich für die Pflege und unsere Aufmerksamkeit dankbar sein. Auch ist er dement geworden. Er erinnert sich gar nicht an Nadja, obwohl sie die Einzige ist, die für ihn kocht und wäscht, ihn badet, ihm die Fingernägel schneidet. Ich muss sagen, das ist schon bitter. Sie sollten sich aber keine Sorgen machen, an alles was vor vierzig Jahren geschehen ist, erinnert er sich mit unglaublicher Genauigkeit."

Das geplante zukünftige Zimmer der Eltern war genau so schlicht, wie das noch nicht verschlimmbesserte Kinderzimmer.

Weiße Wände, kleine gehäkelte kamillenteefarbene Vorhänge. Der Großvater lag in einem weißen Bett, dünn und klein unter einem dicken Federbett. Weiße Stoppeln auf hohlen Wangen, scharfe Gesichtszüge, graue dünne Haare. Es roch nach Alter und Einsamkeit, und nach ungewaschenem Leib.

Sofias Oma stützte sich mit ihrem ganzen Gewicht auf ihre Enkelin, die unter deren Gewicht selbst eine Stütze suchte. Die Alte schaute mit glänzenden Augen ihren schwachen Nachbarn an, und es war kein guter Glanz. Sofia, die mit einer Hand versuchte, ihre Oma zu stützen, berührte mit der anderen das Erste, was sie finden konnte, nämlich Jakobs Schulter. Zu dritt standen sie mehr oder weniger stabil zusammen.

„Opa! Opa! Gäste kommen zu dir! Du hast Besuch!" schrie Jurij. Der Opa öffnete seine wasserblauen Augen, und schaute verständnislos die kleine Gesellschaft an. „Hallo Alter" sagte die Oma und Sofia flüsterte die Übersetzung, ohne den Kopf zu drehen in Jakobs rechtes Ohr. Sie stand so dicht neben Jakob, dass sie ihm einen Teil ihrer Last abgab.

„Habe dich lange nicht in der Kirche gesehen. Warum liegst du so faul hier herum? Lass mich auf dem Rand deines Bettes sitzen, es war ein langer Weg für meinen Knochen." Die Oma ließ endlich Sofias Arm los und fiel ziemlich unvorsichtig mit ihrem ganzen Körpergewicht auf die Füße des Liegenden. Der Alte konzentrierte seinen Blick auf die auf sein Bett gefallene Fremde und er schien die Realität teilweise wahrzunehmen.

„Wer ist da? Du, Hrygorivna? Wie geht es Olena? Wann ist die Hochzeit?" fragte er leise.

„Die Hochzeit wurde abgesagt, Olena ist abgehauen" antwortete die Alte kalt.

„Und die da? Die sieht wie Olena aus." Der Opa zeigte mit seiner Klaue auf Sofia.

„Nein, das ist ihre Tochter."

Das Weinen des Kindes drang durch das geöffnete Fenster. „Ich muss mich entschuldigen, Tarasyk ruft! Was wäre er ohne seinen Papa. Ich werde in einer Minute wieder mit bei Ihnen sein!" Der Gastgeber lächelte ein bisschen nervös: „Ich werde Nadja sagen, dass sie euch kalten Tee bringt, warm ist es heute, ich bin völlig verschwitzt." Jurij schlich aus dem Zimmer hinaus und die Stille kehrte zurück.

„Und wie geht es deinem älteren Sohn, Petro? Gut?" fragte Sofias Oma: „In welchem Jahr ist er nach Kyjiv gezogen, als frisch gebackener Fabrikdirektor? Hoch ist er aufgestiegen, und so schnell, nicht wahr? In welchem Jahr war das?" Anstatt etwas zu antworten, schloss der Alte die Augen zu und die Oma kniff verbittert die Lippen zusammen.

Eine lange und ungemütliche Pause entstand. Jakob nahm endlich Sofias Arme von seinen Schultern und gab einen Ton von sich, als ob er ein Husten unterdrücken wollte. Alle Blicke richteten sich auf ihn und einen kurzen Moment lang dachte er, dass die Oma ihm den Alten vorstellen würde und damit zu ihrem Anliegen zurückkäme. Doch die Anwesenheit Jakobs rief kein weiteres Interesse bei dem alten Mann hervor. Abwesend irrte sein Blick von Jakob zum geöffneten Fenster.

Und die Oma tat so, als ob sie Jakob nicht bemerkte. „Ich war vor kurzem auf dem Friedhof," sagte sie, eine kleine schwarze Fliege an der weißen Wand hinter Opas Kopf fixierend, „habe dort auch das Grab deiner Alten gesehen. Es ist schon ziemlich zugewachsen, mehr als die anderen Gräber. Will sich niemand darum kümmern, was? Es wäre nicht schlecht, wenigstens einen Flieder zu setzten, sonst wird es in paar Jahren völlig von Unkraut verdeckt sein. Erinnerst du dich überhaupt noch an Natalia? Eine starke Frau war sie, oder? Wer hätte sich vorstellen können, dass sie dir vorausgehen würde... erinnerst du dich an die Schuhe, in denen sie begraben wurde?"

„Sie hat mich wirklich überholt, die alte Schachtel. Hat mich in diesem Tollhaus allein gelassen." Seine Gesichtszüge blieben unbewegt, und sein Blick war wie vorher auf das geöffnete Fenster gerichtet, nur die geballten Fäuste und die böse Stimme belebten seine ganze verschrumpelte Gestalt. „Ihre Schuhe..." er schmatzte mit seinen leeren Wangen: „Ja, ihre Schuhe, das waren ihre Hochzeitschuhe. Sie hat sie vierzig Jahre lang getragen, aber immer nur ein- zwei Mal im Jahr, zu Ostern und zu Weihnachten, und ausnahmsweise zu Petros Taufe. Als die Ärzte ihr mitgeteilt hatten, dass der Krebs von ihrem Leib nichts übriggelassen hatte und alle

Zeitgrenzen für eine mögliche Operation überschritten waren, war es ihr Wunsch, in diesen Schuhen begraben zu werden. So habe ich es auch getan. Neben ihre Eltern habe ich sie gelegt, wie sie es sich gewünscht hatten. Sie wollte nicht mit mir zusammenliegen, die alte Hexe, sagte, dass sie schon im Leben genug von mir gehabt hätte." Er lachte und ein dünnes Speichelrinnsal floss in seine Mund-Nasen-Falte, in seinen Augen schimmerten Erinnerungen an die Vergangenheit.

„Ja, der alte Nierenstein machte gute Schuhe. Wie viel hast du damals für die Schuhe bezahlt, weißt du es noch?" Bei dem Namen wurde auch Jakob hellwach, das Gespräch näherte sich plötzlich seinen Interessen. Der Alte richtete seine Augen zum ersten Mal auf die Besucherin. Ihre Stimme wurde sehr leise und sehr sanft, was aber nichts Gutes bedeuten konnte. Es ähnelte mehr dem Zischen einer Schlange, die grade ein Kaninchen in Hypnose versetzt.

„Was habe ich denn bezahlt? Was sollte ich denn überhaupt zahlen? Du weißt doch selbst, was das für Zeiten waren. Du warst bei unserer Hochzeit dabei. Die Sowjets waren gerade ein paar Monate weg. Man wusste nicht, welches Lied die Deutschen singen würden. Schnappen sie uns oder lassen sie uns mitkämpfen, man wusste nicht, was der nächste Tag bringen würde."

„Ja, ja, das weiß ich" die Alte wischte mit ihrer Hand seine Worte weg wie eine Eintagsfliege. „Aber was hast du bezahlt? Was hast du für die Schuhe bezahlt?"

„Was hab' ich bezahlt, was hab' ich bezahlt." Der Liegende schmatzte genervt mit seinem zahnlosen Mund. „Der alte Schuster hat sich sein Leben mit den Schuhen erkauft. Und ich habe es billig verkauft. Sein Leben war damals nichts wert. Dass die Deutschen sich so mit den Juden verkracht hatten, gereichte uns nur zum Vorteil. Sonst wären noch mehr unserer Köpfe gerollt. Jeder machte, was er konnte. Weißt du noch, dass der Sturmbannführer Krause bei meiner Hochzeit zu Gast war, er saß direkt neben mir, auf dem Platz, auf dem mein Schwiegervater sitzen sollte, der hat mir das nie verziehen, die dumme Sau. Du hast es auch gesehen, du warst auch bei meiner Hochzeit, und dein Mann war auch da. Links von Krause saß er. Die beiden haben sich gut verstanden. Der Sturmbannführer hat auch mit dir getanzt, und es schien dir gut zu gefallen. Wir machten uns schon Sorgen, dass er unser Ehebett selbst in Anspruch nehmen würde." Noch ein dünnes Speichelrinnsal befeuchtete seine Wange. „Alte, was waren das für Zeiten. Die werden es nicht verstehen. Bemalen alles, was sie sehen, wie die Kinder im Kindergarten und streiten sich, wer als nächster die Flasche warm machen soll. Haben aus dem Haus eine Farbenfabrik gemacht. Der Alte spuckte aus, sein Speichel landete auf dem weißen Federbett in Höhe seiner Brust. „Flieder auf dem Friedhof werdet ihr anpflanzen, es dauert nicht mehr lange." Er schwieg eine Weile. Im Zimmer befand sich kein Stuhl, kein Sessel. Sofia schob Jakob zum Fensterbrett und setzte sich ins geöffnete Fenster. Jakob lehnte sich an den Fensterrahmen. So konnte Sofia, ohne sich auf die Fußspitzen zu stellen, für Jakob übersetzen.

„Wer weiterleben wollte, musste vernünftig sein. Ich habe es geschafft, viele andere nicht. Nierenstein, der alte Geizhals, hatte immer gehobene Preise, nur für die reichen Polen. Kein normaler Mensch konnte bei ihm ein beschissenes Paar Schuhe bestellen. Doch es kam die Zeit, da er seine Schuhe allen Interessierten schenkte, bloß um seinen Arsch zu retten. Ich hätte Schuhe für meine ganze Familie nähen lassen können und brauchte mich nicht mal zu bedanken. Doch ich habe nur welche für meine Alte bestellt, ich wollte auch gut zu ihm sein. Er hat mir die Schuhe selbst nach Hause gebracht, nicht mit einem Lehrling geschickt, selbst höchstpersönlich, und hat mir noch eine kleine weiße Ledertasche geschenkt. Die habe ich meiner zukünftigen Schwiegermutter gegeben, Gott sei Dank, dass der Teufel sie so schnell zu sich geholt hat, dass sie mein Leben nicht ganz verderben konnte." Das hellrosa Zahnfleisch sollte ein Lächeln andeuten, was bei Jakob aber nur Abscheu und Ekel erweckte.

„Geschenkt bekommen", wiederholte die Oma nachdenklich: „seinen Arsch hat er doch nicht retten können, nur eine Tochter von all seinen Kindern ist einer Kugel entkommen."

„Was weiß ich, wer von seiner Familie seinen Arsch gerettet hat oder wer nicht, sie waren alle gleich, so. Ich selbst bin dem Tod kaum entronnen."

„Wie du dem Tod entronnen bist, weiß ich schon selbst, das musst du mir nicht erzählen und auch wie du das Haus bekommen hast, weiß ich." Sie schaute zum ersten Mal Jakob an, sprach aber weiter mit dem Alten: „Denk nicht, dass ich etwas vergessen oder verziehen habe. Ich habe nur meine Rache an Gott übergeben. Er wird besser wissen, wohin mit dir."

„Erzähl keinen Scheiß, Alte! Als ich das Haus bekommen habe, war hier schon alles leer."

„Deine Frau hat noch von meinem Teig Weihnachtsbrot gebacken, im von mir vorgewärmten Bett geschlafen, so hast du das Haus bekommen." Jakob war beunruhigt, dass ihr Stock, den sie auf das Bett neben sich gelegt hatte, mit seinem Ende genau auf die Kehle des alten Mannes zielte. Ihre Hände, dürr wie Aasgeierkrallen, waren weiß geworden, wo sie den Stock in der Faust hielt. „Und ich weiß, wer meinem Bruder den Sowjets ausgeliefert hat, es war mir schon lange klar. Ich habe nichts vergessen und nichts verziehen, träum nicht davon."

„Man soll verzeihen, Alte, so hat Jesus auch gelehrt. Warum bist du gekommen? Mich zu belehren? Zu verfluchen? Ich wurde tausendmal verflucht, und alle die mich verflucht haben, sind schon tot. Oder möchtest du das Haus zurück? Das bekommst du nicht. Und du weißt das. Dein Bruder wäre früher oder später als griechisch-katholischer Priester an die Wand gestellt worden. Er wusste das, er war mir nicht böse." Seine Stimme war sehr leise geworden. Die Oma beugte sich nahe an sein Gesicht heran, von der Seite wirkte es wie ein Liebesbeweis. Nur ihr Stock, den sie nicht aus der Hand ließ, war immer noch auf seine Kehle gerichtet.

„Ich war bei ihm in der Zelle. Er hat mir verziehen." Der alte Mann drehte seinen Kopf zur weißen Wand. Die Oma fiel neben ihm auf sein Kissen, ihre Schultern und der Rücken bebten. Sofia sprang hoch und versuchte ihre Oma vom bespuckten Kissen zu lösen. Jakob traute sich nicht, die Anwesenden wieder auf das Thema Koffer anzusprechen.

„Der Schlüssel ist da! Der Tee ist da!" Jurij, rund und zufrieden, erschien in der Tür und brachte seine Ankündigung vor. Einmal auf Deutsch und dann auf Ukrainisch. Er wollte ein sehr guter Gastgeber sein. Sofia brachte endlich ihre Oma in eine mehr oder weniger aufrechte Position. Dabei fiel der Stock aus den Händen der alten Frau auf den Boden und rollte unter das Bett. Jurij war mit einem Tablett und mit Teetassen beladen. Sofia hielt die Oma fest, da blieb Jakob nichts weiter übrig, als den Stock aufzuheben. Unter dem Bett war es stickig und schmutzig. Der Stock wurde von einem emaillierten Nachttopf gestoppt. Vorsichtig ohne das gefährliche Gefäß anzufassen, zog Jakob den Stock unter dem Bett hervor.

Die Oma, weiter an Sofia geklammert, machte einen Schritt zur Tür: „Leb wohl Alter, wir sehen uns in diesem Leben nie wieder. Grüß deinen Sohn von mir, sag ihm, welchen Preis ich für sein schönes Leben bezahlt habe." Der alte Mann drehte seinen Kopf zur weißen Wand und schenkte seinen Gästen keinen Blick mehr.

Wie schön war es, endlich wieder an der frischen Luft zu sein. Nach diesem leisen Kampf, dessen unfreiwilliger Zeuge er geworden war, fühlte Jakob sich richtig erschöpft, fast erschlagen. Er hatte es nicht geschafft, seinen Schock über die mit Matzewen gepflasterten Straßen zu verarbeiten, nicht richtig zu trauern und zu weinen, wie es sich gehörte, wenn man einer solchen Tragödie begegnet, und in fremde, schmutzige alte Racheakte hineingezogen wird. Die Bobe und Sofias Oma verschmolzen in seinem verwirrten Kopf, wer zog einen Baumstamm aus dem sibirischen Schnee? Wer zog den Körper ihres Sohnes durch den gefrorenen Wald, ohne imstande zu sein, seine Leiche auf dem gefrorenen Boden liegen zu lassen? Wessen Haus ist das? Was sollte er machen?

Im Garten wurde ein kleiner Klapptisch aufgebaut, dort lud Jurij sein Tablett ab und stellte zwei runde Stühle dazu. Nadja servierte nicht besonders galant die Teller mit runden noch warmen Brötchen. Aus dem Kinderwagen lachte und brabbelte es friedlich. „Wir hoffen, dass sie noch ein bisschen bleiben können!", bot Jurij der Oma und Jakob die zwei Stühle an: „wir hatten doch noch keine Chance zu tratschen! Erzählen sie ein bisschen, wie geht es Ihrer Familie in Deutschland? Nicht schlecht, oder? Wann sind Ihre Vorfahren aus unserer Gegend emigriert?" Der freundliche Gastgeber wollte Jakob noch ein bisschen für sich haben.

„1944" antwortete Jakob düster: „Wir wohnen in Halle."

„Oh, wie interessant! Sind Sie, wenn ich fragen darf, Jude, stimmt's? So eine traurige Geschichte. Die Deutschen und Polen haben in Auschwitz ein richtiges Grauen angerichtet. Ich sage Ihnen, man kann den Polen nicht vertrauen, einerseits waren sie gegen die Nazis, andererseits haben sie doch selbst Juden ausgeliefert. Wir haben hier auch sehr unter Polen und Russen gelitten, aber das wissen Sie bestimmt, unsere liebe Darka hat alles am eigenen Leib erfahren und Sofia als Klassenbeste kann bestimmt alles gut erzählen." Er lächelte freundlich in die Richtung der beiden Damen, die nichts verstanden.

„Die Leiter werde ich gleich holen, den Dachboden kann man nur von draußen betreten. Sehen sie die Türen?" Er zeigte auf kleine sehr niedrige Holztüren, die zum Dach führten: „Es war damals üblich so zu bauen." Er stolperte, als er den bösen Blick der Oma bemerkte. Nadja nahm das Kind aus dem Kinderwagen und brachte es zum Tisch. Der Kleine winkte mit seinen Händchen und lächelte die Gäste und seinen Papa an. Sofias Großmutter blieb starr, mit dem Blick auf ihren Teller und das unberührte Brötchen sitzen. Jakob und Sofia lächelten schief.

„Und in welcher Beziehung stehen Sie zu Darka, wenn ich fragen darf?"

„Meine Oma hat sich während des Holocausts hier versteckt." Jakob bemühte sich, höflich zu antworten. "Wahrscheinlich kann ich Ihnen jetzt mit der Leiter helfen, um den Koffer vom Dachboden zu holen?"

„Oh wie nett, danke schön, aber machen Sie sich keine Sorgen, ich muss mich sowieso ein bisschen bewegen, hatte heute noch keinen Sport." Er klopfte sich an seinen Bauch und lachte freundlich. „Also Ihre Oma hat sich bei uns versteckt? Wie interessant! Ich habe noch vor ein paar Jahren eine Sendung gesehen, die könnte für Sie auch interessant sein... In Zowkwa, nicht weit von hier, war gerade eine ganze Truppe von Journalisten aus Kyjiw und aus Israel. Sie haben einen alten Mann gefilmt, er war „Gerechter unter den Völkern", kennen Sie das? Es ist ein Titel, den der Staat Israel solchen Menschen verleiht, die den Juden im Krieg geholfen haben. Und jetzt, dachte ich mir, wenn Sie schon da sind..." Er machte eine kleine Pause. „Man bekommt eine Auszeichnung und wird als geehrter Bürger Israels nominiert, und diese Aufmerksamkeit und Anerkennung und alles drum herum, wäre doch etwas Schönes für unseren Sterbenden, was denken Sie? Und wir schämen uns nicht, unser schönes Haus zu zeigen. Und wir hätten eine Win-Win-Situation: Dem Opa ein bisschen Freude und Ihnen eine gute Tat..."

Das war so unglaublich, dass Jakob Jurij mit geöffnetem Mund und völlig idiotischem Gesichtsausdruck wie gebannt anschaute. „Was hat er gesagt?" fragte Sofia beunruhigt, die im Stehen die ganze Zeit nervös allen anderen die ganzen Brötchen wegaß. Jakob bemerkte ihre Frage nicht. „Ich glaube, dass Sie mit der damaligen Situation und den Lebensumständen meiner Großmutter nicht ganz..., nicht ganz vertraut sind." Die Worte wollten sich nicht zu einer sinnvollen Verbindung fügen. Jakob sprach langsam. Was Jurij als eine nette Geste interpretieren könnte, entsprang einfach hinuntergeschluckter Wut. „Und der Titel „Gerechte unter den Völkern" wird nur denen verliehen, die das Leben der Verfolgten uneigennützig und unter Risiken für ihr eigenes Leben gerettet haben. Fragen Sie Ihren Großvater, ob das der Fall war. Darf ich bitte jetzt meinen Koffer haben? Ich möchte noch meinen Bus nach Lemberg erwischen."

„Ja, ja, gar keine Frage!" Jurij stellte seine Tasse Tee, die er eben im Stehen neben Sofia trank, auf den Tisch. „Fühlen Sie sich nicht bedrängt, es war eben nur eine Idee, und ich finde sie doch irgendwie nicht schlecht..."

Jakob starrte weiter auf seine volle Tasse. Sofia schmatzte laut mit dem letztem Stück Brötchen, dabei blickte sie nervös mal Jakob, mal ihre Oma an.

„Hier stand der Brunnen" sagte sie und zeigte auf den Platz, wo auf dem Rücken eines Reifenschwanes eine Pelargonie gemischt mit Knoblauch wuchs. Jurij folgte ihrem Blick und zuckte mit den Schultern. "Ach, was... Hier haben wir wahrscheinlich doch nicht viel zu besprechen." Er nahm die große Leiter, die an der Wand lehnte und stellte sie an die Dachtür. Er stieg die erste, die zweite Stufe hinauf, die Leiter ächzte und quietschte, während die Augen aller Anwesenden mit wachsender Unruhe seinem Weg die Leiter hinauf folgten.

Endlich erreichte er die Tür und öffnete sie mit einem Schlüssel. Das Schloss ließ sich nicht sofort öffnen. Bräunlicher Rost rieselte daraus hervor und hinterließ auf dem Boden einen kleinen rotbraunen Fleck, wie altes, angetrocknetes Blut. „Das Schloss hat meine Mutter beschafft, eines mit besonders vielen Umdrehungen, damit deine Oma Zeit hatte, sich zu verstecken, wenn doch jemand seine Nase hineinstecken wollte." Sofia übersetzte Darkas leise Worte für Jakob.

Inzwischen schaffte es Jurij, das Schloss zu öffnen und kletterte durch den kleinen Eingang. Früher hätte Jakob gerne eine Chance bekommen, einen Blick auf den Dachboden, auf dem seine Bobe sich versteckt hatte, zu werfen. Jetzt war sein einziger Wunsch, so schnell wie möglich diesen Hof zu verlassen. Die fünf Minuten, bis Jurij endlich wieder seine Hand aus der Tür streckte und mit dem Koffer wedelte, schienen Jakob eine Ewigkeit gewesen zu sein. „Gefunden! Gefunden! Drin liegen Sachen, die nicht unsere sein können, Ein Buch auf Hebräisch oder so."

Es wäre Jakob lieber gewesen, wenn der Koffer geschlossen geblieben wäre. Er stand auf und als Jurij noch drei Stufen von dem Erdboden entfernt war, riss Jakob ihm fast den Koffer der Bobe aus den Händen. Ein kleines leichtes Lederköfferchen, die Bobe musste wirklich sehr schwach gewesen sein, wenn sie nicht einmal das mehr hatte tragen können. „Danke, wir gehen jetzt." Mit dem Koffer in der Hand, ohne die anderen eines Blickes zu würdigen, ging Jakob entschlossen zum Tor. Weder hörte noch sah er, wie seine Begleiterinnen ihm still folgten. Er merkte auch nicht, dass die Welt plötzlich irgendwie neblig geworden war, und die Konturen der Menschen, Häuser und abgeschürften Matzewen sich in einem Hexenkochtopf miteinander vermischten. Er stolperte und fiel fast hin, im letzten Moment wurde er von einer schmalen Hand aufgefangen. „Ich bin da, weine nicht, ich bin da." Verwundert schaute er sich um und sah Sofia, die ihn festhielt. „Was hat er dir gesagt?" wollte sie wissen. „Warum weinst du?"

„Alles ist anders gelaufen, als ich es dachte, hier ist jetzt alles noch beschissener als im Krieg. Die Menschen hier sind beschissen.

Ich möchte nach Hause..." Und Jakob merkte nicht, wie er sein Gesicht in Sofias Haare vergraben hatte, die von seinen Tränen fast sofort nass geworden waren.

Die Oma stieß Jakob stark mit ihrem Stock in den Rücken. Sofia antwortete ihr etwas mit empörter Stimme, die Alte antwortete darauf. Sofia, noch mit Jakob an ihre Schulter, schrie ihre Oma fast an, die stieß ihre Enkelin an die Brust. Ein Nachbar, der wegen Jakobs Besuch sogar auf die neuen Folgen der im Dorf beliebten mexikanischen Seifenoper verzichtete, beobachtete die dörfliche Leidenschaft. Die zum Weiden zurückkommenden Kühe umströmten das kleine Trio. Die Alte brachte letztendlich Sofia und Jakob dazu, sich nach Hause zu bewegen. Die düstere kleine Prozession schleppte sich durch die schnell kühler werdenden Straßen.

Sofia zog die ganze Zeit Jakob an der Hand. „Du hast recht. Hier wohnen nur Schweine, Schweine. Sie alle sind nicht den kleinen Finger deiner Oma wert. Das in der Schule ist alles nur Bullshit." Die von ihnen vergessene Oma schleppte sich hinter ihnen her. Als sie endlich nach Hause kamen, brach die Dunkelheit über die Straßen von Skolywka herein. Im Haus war es sehr kalt. Jakob und die Alte saßen abwesend am Küchentisch. An den Bus nach Lemberg war nicht mehr zu denken. Jakob verlor das Zeitgefühl und er legte den Koffer auf seinen Schoss und streichelte unbewusste das alte raue Leder. Er kam nicht auf den Gedanken, den Koffer zu öffnen, im Gegenteil, als Jurij einen Blick hinein geworfen hatte, war den Koffer sozusagen unrein, entweiht worden und Jakob traute sich nicht in diese Wunde hineinzuschauen.

Sofia stellte einen Teller vor jeden hin und die drei aßen in Stille. Die Alte sagte etwas zu Sofia und diese übersetzte. „Sie will dir von ihrem Bruder erzählen, möchtest du das hören?" Jakob nickte. „Slavko?"

„Ja genau, der von Jurijs Opa den Sowjets ausgeliefert wurde."

Darka nahm ihre Krücke und stand auf. Langsam durchquerte sie die Küche und holte eine Schatulle aus der Schublade des alten Küchenschranks. Jakob erkannte diese als die Schatztruhe vom Schulabend wieder. Die Großmutter kam zurück und fiel fast auf ihren Platz. Sie atmete schwer, als ob sie jetzt gerade hierher gerannt wäre. In der Schatulle lagen alte Dokumente. Jakob erkannte

Hammer und Sichel auf einem ausgeblichenen blauen Siegel. „Hier steht, dass ich freigesprochen wurde. Freigesprochen oder selbst weggelaufen, niemand wollte etwas mit mir zu tun haben, alle hatten Angst. In Skolywka bin ich die Einzige, die so dumm war, zurückzukommen. Viele aus meiner Baracke sind dortgeblieben, sogar, als sie schon frei waren. Sie haben geheiratet, Häuser gebaut, Kinder geboren. Nur wenige kamen zurück, und die konnten ihre Schnauze nicht halten." Darka sagte noch etwas, was Sofia nicht übersetzen wollte.

„Das ist mein Bruder, Slavko. Das Foto wurde im Jahr 1947 gemacht, zu seinem Seminaristen- Abschluss. Es war am Tag seiner Verlobung. Slavko war mein älterer Bruder. Ich hatte auch andere Geschwister, aber die sind alle jung gestorben. Er war sehr nett zu mir, wenn die Mutter auf den Feldern arbeitete, kümmerte er sich um mich. Wenn die anderen Jungs Fußball kickten, spielte er mit mir mit Puppen. Er war sehr sanftmütig. Er wollte immer Priester werden. Er hat im Lemberger Seminar studiert. Was war das für ein Studium, nicht wie heutzutage ein Kuraufenthalt mit Vollverpflegung. Erst haben sie im Seminar studiert, dann als die Sowjets kamen, geheim in Kellern, dann wieder im Seminar und dann wieder in den Kellern.

Wer Gott dienen wollte, sollte bereit sein, sich von seinem Leben zu verabschieden. Slavko hatte den wahren Glauben und sein Glaube war ihm mehr wert als sein Leben. Unser alter Priester war schon so alt und blind, dass sich nicht mal die Sowjets für ihn interessierten. Slavko sollte nach seinem Tod seine Stelle übernehmen. Aber 1947 haben die Sowjets die griechisch-katholische Kirche aufgelöst und alle unsere Kirchen an die orthodoxe Kirche Moskaus übergegeben. Die Priester, die etwas dagegen hatten, wurden entweder nach Sibirien deportiert oder erschossen. Wie Slavko." Die Oma verstummte, sie nahm ihren aus altem Brot gemachten Rosenkranz und streichelte sanft die grauen kleinen Klümpchen. Jakob hörte ein kurzes, sich wiederholendes Gebet.

„Ich weiß nicht, wo er liegt. Meinen Vater habe ich im Wald gefunden, das halbe Gesicht war weg. Ich habe ihn auf der Seite liegend begraben, mit der heilen Gesichtshälfte nach oben. Ich konnte den leeren Schädel nicht sehen. Und meine Mutter habe ich unter dem Apfelbaum im Garten begraben, dort, wo sie jetzt ihr Auto parken. Slavko konnte ich nicht begraben. Und von mir werden nur trockene Blätter bleiben." Sie wischte mit der Hand durch die Luft Sofias schwachen Erwiderungen weg. „Shtil Kindele, ikh veys beser."[84]

„Erst haben sie Slavko festgenommen und ins Gefängnis von Lukianiwka gebracht. Ich wollte ihn besuchen, aber mein Gesuch wurde abgelehnt. Ich bin trotzdem nach Lemberg gefahren, und zu den Mauern des verfluchten Loches gekommen. Dort saßen unsere besten Männer und Frauen, manche waren noch sehr jung, gestrige Kinder. Priester, Lehrer, Ärzte. Man sagte, es war ein großes Kompliment in Lukjanivka festgehalten zu werden. Doch das Kompliment kostete einige die Freiheit und andere das Leben.

Ich bin zu diesem Knast gekommen und stand da wie ein verlorenes Kind und wusste nicht weiter. Meine Mutter war tot, mein Vater war tot, mein Mann war tot und mein einziger Bruder wartete hinter dieser Mauer auf sein Todesurteil. Ich betete: Gott, lass das nur einen schlechten Traum sein! Lass mich davon erwachen, zurück in Mutters Schoss kriechen, wieder sehen, wie mein lächelnder Vater weiße Säcke voll frisch gemahlenem Mehl aus einer Kutsche auslädt, wie Slavko mit leuchtenden Augen in unserer Kirche Psalmen singt, wie mein Mann stolz zwei Eimer voller Milch auf den Küchentisch stellt. Nach der Hochzeit melkte er selbst die Kühe, damit ich länger schlafen konnte. Er konnte Kühe melken, aber er schämte sich dafür. Es war keine Männersache, und er machte es trotzdem, damit ich nicht so früh aufstehen musste.

Und nun stand ich da vor den kalten Gefängnismauern, ein Waisenkind, ohne irgendeine Idee, was ich weiter machen sollte und wie ich Slavko überhaupt sehen könnte. Ich stand da und es fing an kalt zu werden, kalt und dunkel. Als ich noch klein war, sagte mir meine Mutter, wenn sie mich allein lassen musste, ich solle singen, um meine Angst wegzujagen. Der Teufel mag nicht, sagte sie, wenn Menschen singen, dann macht er die Ohren zu und rennt weg. So, sang ich immer, wenn ich Angst hatte. Also lehnte

---

84 „Sei still Kind, ich weiß es besser!" Jiddisch.

ich mich an eine Straßenlaterne und fingt an zu singen. Leise, bloß um mich selbst zu beruhigen.

Die Straße war leer, die Wächter standen weit weg und konnten mich nicht hören. Aber auf der kalten leeren Straße klang meine Stimme lauter als ich dachte. Und plötzlich hörte ich ein leises Echo meines Liedes. Jemand sang mit mir, eine Stimme, dann noch eine andere. Ich drehte mich um, aber keine Person war zu sehen. Dann begriff ich, dass die Stimmen von den kleinen Gefängnisfenstern herüberklangen. Das Gefängnis Lukjaniwka wurde noch unter den Habsburgern gebaut, die waren menschenfreundlicher als die Sowjets. Sie haben zugelassen, dass Gefangene durch die Fenster die Stadt und die Sonne und die Menschen auf der Straße sehen konnten. Und die, die dort saßen, haben mein Lied gehört, haben mitgesungen. Ich sang weiter, lauter und hörte, wie immer mehr Stimmen einfielen. Ein trauriger Chor entstand vor den alten Mauern. Ich wünschte mir so sehr, die Stimme meines Bruders zu hören, doch vergebens. Das Lied war zu Ende, aber seine Stimme habe ich nicht gehört.

Und dann kam mir die Idee, ein Lied zu singen, das nur wir beide kannten. Ich habe nach so einem Lied gesucht und erinnerte mich dann an eine alte Zhydowka[85], die auf unserer Straße Bürsten verkaufte. Sie ging von Haus zu Haus und bei uns bliebt sie immer länger stehen. Meine Mutter war nett zu ihr, gab ihr manchmal ein Stückchen Brot und eine Tasse Milch. Die Alte saß auf unserer Bank, flocht für uns kleine Figuren aus Stroh und sang dabei immer das gleiche Lied: Shlof main fegele, mach tzu ain egele, ai-lu-lu-lu, shlof geshmak main kind, shlof un zai gezund, ai-lu-lu-lu, shlof un cholem zis fun der velt genis, ai-lu-lu -lu.

Und ich fing an, das Wiegenlied zu singen. Eine Frau tauchte aus der Nachbargasse auf und zischte mir zu: „Jiddische Nutte, geh nach Hause" und verschwand eilig in einem Haustor. Sie dachte, ich wäre eine Zhydowka, versteht ihr?" Die Oma suchte zum ersten Mal Augenkontakt mit Jakob und Sofia, sie zog ihre Augenbrauen hoch und schüttelte den Kopf: „Eine dumme Kuh war sie, aber das

---

[85] Jiddische Frau. Polnisch, (west-)Ukrainisch.

war mir damals egal. Und ich sang diese Strophe einmal und immer wieder. Dann hörte ich eine Männerstimme. Er sang mit mir in der dunklen Nacht. Er sang besser als ich, sicherer, sauberer, doch es war nicht die Stimme meines Bruders. Wahrscheinlich saß dort eine arme jüdische Seele, hat seine Muttersprache gehört und geantwortet. Kurz danach kamen auch die Wächter und schickten mich fort. Sie waren nicht besonders böse, wahrscheinlich hat ihnen mein Konzert selbst Spaß gemacht. So bin ich, ohne meinen Bruder zu sehen oder zu hören, zurück nach Skolywka gekommen.

Ich habe ihn nie wieder gesehen. Ich bekam nur einen Brief: „Swjatoslaw Bogun wurde als Verräter des Vaterlandes verhaftet und zum Tode durch Erschießen verurteilt." Das Urteil habe ich aber nicht mehr. Ich habe das Dokument in meinem alten zu Hause gelassen, als sie mich festnahmen und ohne das Dokument kann ich keinen Rehabilitierungsprozess anstrengen. Ohne Verurteilung kann es auch keine Rehabilitierung geben.

Wo wurde er begraben? Was waren seine letzten Worte? Warum durfte ich ihm nicht den letzten Trost spenden?" Ein Kügelchen aus dem Rosenkranz zerbröselte zwischen ihren Fingern, sie wischte den ein halbes Jahrhundert alten Krümel vom Tisch in die linke Hand und schüttelte sie sich in den Mund. Dann küsste sie die leere Stelle am Rosenkranz, so wie Kinder ihre toten Eltern im Leichensack küssen und packte vorsichtig das Foto und den Rosenkranz zurück in die schlichte Schatulle.

Jakob schaute Sofia an. Sie saß wie hypnotisiert am Tisch, ihre Augen starrten ins Leere. Wer weiß, wo sie sich in diesem Moment mental befand. Stand sie gerade als junge Frau vor den Toren des russischen Gefängnisses und sang ein Wiegenlied des fremden Volkes, mit der Hoffnung die Stimme des Menschen zu hören, der schon lange in einem Massengrab lag? Oder träumte sie von ukrainischen Partisanen in gefrorenen Wäldern in ihrem letzten Kampf?

„Sofia!" Sie reagierte nicht. Ihre Oma saß genauso abwesend da. Jakob, für den die Geschichte bestimmt war, fühlte sich plötzlich in dieser Küche überflüssig. Er stand auf und räumte das Geschirr vom Tisch. Er wollte es abwaschen, aber am Waschbecken gab es kein fließendes Wasser und er suchte nach einem Eimer, um Wasser aus dem Brunnen zu holen. „Der Eimer steht schon dort" hörte er endlich hinter seinem Rücken Sofias Stimme. „Komm ich zeige ihn dir." Sie ließen die Alte allein in der Küche. Draußen war es stockdunkel und sehr kalt. Sofia drehte das Brunnenrad und Jakob trug zwei volle Eimer mit Wasser in die Küche. Den Rest des Abends erhitzten sie das Wasser, spülten das Geschirr, trockneten es mit bestickten Tüchern ab. Dabei achtete Jakob darauf, die Stellen mit den roten Kreuzstichen nicht nass zu machen, Das fand Sofia total süß und gab ihm schließlich ein schlichtes weißes Tuch zum Trocknen des Geschirrs.

Die gemeinsame Arbeit ersetzte die fehlende Kommunikation. Jakob wusste auch nicht, mit welchen Wörtern er auf die Geschichte der Oma reagieren konnte. Sollte er sie trösten? Über eigenes Leid erzählen? Er hatte aber nichts Vergleichbares erlebt und würde auch hoffentlich so etwas nicht erleben. Seine Bobe, eine junge Mutter mit auf der Flucht ins Unbekannte verstorbenem Kind könnte wahrscheinlich viel über ihr Leid erzählen. Aber sie war nicht hier und sogar wenn sie hier gewesen wäre, hätte sie keinen Wettbewerb der Lebensklagen angefangen. So begnügte Jakob sich damit, dass er der Alten noch eine Tasse heißen Tee kochte, ohne dabei Sofia zu Hilfe zu rufen. Er servierte ihn der alten Frau nebst einem Brötchen mit Butter und Marmelade. „Ich bleibe noch zwei Nächte, Sofia, selbstverständlich nur, wenn ihr nichts dagegen habt. Diese und die nächste. Dann werde ich einen Bus bis nach Leipzig nehmen, Jewgenij hat mir von dieser Möglichkeit erzählt. Gehen wir morgen zusammen einkaufen? Ich habe bestimmt schon alle eure Vorräte aufgegessen. Ich würde sie sehr gerne wieder auffüllen. Und wir können noch mal ins Kino gehen und deine Oma mitnehmen. Was meinst du dazu?"

„Sie war nie in ihrem Leben im Kino und wird auch nicht mitgehen und der Markt ist bei uns immer samstags, bleibst du bis Samstag?" Jakob seufzte tief. „So lange kann ich nicht bleiben. Es tut mir leid. Aber Sofia, darf ich mindestens als kleinen Dank ein bisschen Geld bei euch lassen? Ihr habt mich so gut alle diese Tage so gut versorgt."

„Nein, wir sind kein Hotel und wir nehmen kein Geld von unseren Gästen." Sofia wrang nervös die Bodenmatte über dem Eimer aus. „Geh schlafen, ich werde auch gleich fertig sein." Die alte Frau saß weiter unbeweglich am Tisch. „Ich werde sie später ins Bett bringen, sie sitzt oft so bis Mitternacht. Mach dir keine Sorgen."

Der enge Lichtstrahl unter den Türen schien wirklich bis Mitternacht in Jakobs Zimmer. Erst als Sofia leise ihre Oma zwang, ins Bett zu gehen, erlosch der schwache Strahl. Noch Stunden danach starrte Jakob schlaflos den Türspalt an, erst kurz von Sonnenaufgang versank er in einen Schlaf.

Morgens hörte er noch halb im Schlaf eine Männerstimme, die ihm bekannt vorkam. Ein grauer kalter Morgen, neuen rote Linien, die Druckstellen an seinem Körper und die letzte saubere Unterhose, alles sprach für seine schnellstmögliche Abreise. Die Gedanken an den täglichen Ausflug ins Plumpsklo durch die Küche, in der sich immer wieder fremde Menschen versammelten, waren an diesem Morgen besonders unerträglich. Und sogar die Tatsache, dass es dieses Mal kein Unbekannter war, sondern der sich freundlich mit der Oma und Sofia unterhaltende Jewgenij, verbesserte Jakobs Laune nicht deutlich. Seine gestrige Sentimentalität schien ihm übertrieben gewesen zu sein. Er wollte ganz klar weg von hier.

„Guten Morgen, Mister Journalist! Bis halb elf schlafen die wissbegierigen Journalisten doch sicher nicht!" Jewgenij war der Einzige, der den Witz lustig fand. „Der letzte Ausflug, bevor du unsere von Gott gesegneten Weiten für immer verlässt? Na, komm, mach nicht so ein langes Gesicht, ich gebe dir mein Ehrenwort! Ich zeigte dir heute das kulturelle Welterbe! Das achte Weltwunder! Ein magisches Artefakt! Atlantis!" Jewgenij sah aus wie ein Verkäufer billiger Reisen, a-la zwei Sternen „all-inklusiv" nach Ägypten. Jewgenij war sich seines Aussehens bewusst und er spielte mit Freude vor Jakob. „Und guck mal, was ich für dich habe!" Er wedelte mit zwei weißen Papierchen in der Luft. „Deine Busfahrscheine Und ja, in der Pluralform, du hast ganz richtig gehört. Einen nach Lemberg und den andere direkt nach Leipzig. Morgen um 9 Uhr geht dein erster Bus von unserem stolzen Hauptbahnhof ab. Wenn du möchtest, wird dein alter Bekannter Sergeant Storozhuk dich höchst persönlich mit Sirene und Blaulicht zum Bahnhof begleiten. Oder ich, dein alter Freund! Ich sehe, du sagst ja! Dann hau ruck aufs Klo und wir warten frisch und gut gelaunt auf dich am Frühstückstisch."

Während Jewgenijs Rede konnte sich Jakob nur auf die zwei in der Luft flatternden Bustickets konzentrieren. Die versprochene Erlösung flackerte vor ihm im grauen Licht seines Daseins und mischte sich mit dem Duft von frischem Kaffee und heißen Eierkuchen.

Eine Stunde später waren die beiden Männer auf der Straße. Denn die Eierkuchen, gefüllt mit Vanillequark und großen schwarzen Rosinen unter dem Zwetschgenkompott, verlangten Zeit und Aufmerksamkeit. Während des Frühstücks verteilte Jewgenij Komplimente mal an Sofia mal an deren Großmutter und sorgte so für gute Stimmung. Sofia stellte Fragen, die immer sehr freundlich und mit Humor beantwortet wurden. Jakob, der weiterhin kein Wort auf Ukrainisch verstand, genoss in Ruhe sein Frühstück und bewunderte Jewgenijs selbstbewusste, leichte Kommunikation. Egal wo und mit wem er sprach, er zeigte immer ein Lächeln, so als ob das ganze Gespräch, die ganze Kommunikation nur das Abspielen einer Hollywood-Komödie wäre.

Der Weg zum Friedhof lag abseits der wichtigeren Verkehrsadern von Skolywka, die das Haus der Oma mit der lokalen Zivilisation verbanden. „Früher", sagte Jewgenij: „Lag der jüdische Friedhof zwischen zwei Schtetln Skolywka und Visle, Der letzte Ort wurde aber völlig vernichtet. Heute gibt es nur noch eine Sackgasse, und hinter dem Friedhof erstrecken sich nur Weiden und Wälder."

Sie gingen zu Fuß. Für einen eineinhalbstündigen Spaziergang in der Natur wäre es laut Jewgenij schade um das Auto und das Benzin gewesen. Jakob war einverstanden, unter der Bedingung, dass sie nicht auf Straßen mit Matzewen gingen. "Wusstest du davon?" Die Frage: "Warum hast du mich nicht davor gewarnt?" sprach Jakob nicht aus. Jewgenijs Lächeln verflog.

„In unserer von traumatischen historischen Ereignissen sehr geprägten Gegend, gibt es ein sehr populäres Sprichwort: Je weniger du weißt, desto besser kannst du schlafen. Wer konnte erahnen, dass du die Bordkanten unter die Lupe nehmen wirst. Ich wollte damit nicht den Ruhm unserer schönen, weltoffenen Stadt ruinieren." Jakob überhörte den Sarkasmus.

„Kann man nichts dagegen tun? Die Matzewen zurück auf den Friedhof bringen, meine ich."

„Dazu müsstest du die Erlaubnis der Stadt bekommen, die Straße zu demontieren und du brauchtest noch dutzende andere Genehmigungen von jedem einzelnen Einwohner, um ihre Fußwege vor dem Tor abzubauen. Dabei müsstest du zwei Fragen beantworten. Die erste: Wer wird das Ganze bezahlen und die Straßen und Fußwege wieder pflastern? Und die zweite: Warum demontieren wir dann nicht die halbe Stadt, überall, wo die Sowjets ihre Parks, Wohnungen, Kinderspielplätze und so weiter auf ukrainische Friedhöfe, auf den ukrainischen Gräbern gebaut haben?

Aber, ich bin ein Optimist: Das kommt noch, Jakob, es kommt sicher noch. Ich habe heute mit Sofia gesprochen. Weißt du, worum sie mich gebeten hat? Sie fragte mich, ob ich ein Buch über Juden für sie hätte. Du verursachst hier einen tektonischen Erdrutsch, Jakob! Einen tektonischen Erdrutsch!" Jewgenij lachte, klopfte auf Jakobs Schulter.

„Wirklich? Dann hat diesen Erdrutsch niemand außer dir bemerkt, ich auch nicht, " äußerte Jakob verbittert.

"Gib dir Zeit und hier werden auch neue Narrative entstehen. Die Geschichte wird immer auch aus Grenzgebieten heraus geschaffen, das wirst du noch erfahren."

„Oder es ist nur ein Traum, wie deine Kongregation... Du bist ein Träumer Jewgenij, wenn ich dir das so direkt sagen darf."

„Hier darfst du alles, alles was dir deine Nachbarn und unser Sergeant Storozhuk erlauben." lachte Jewgenij.

„Mit dir kann man nicht ernst sprechen. Ist das nicht das Geheimnis deines Erfolges?"

„Jawohl, mein Herr" sagte Jewgenij auf Deutsch und zeigte den Pioniergruß.

Jakob seufzte: „Von mir aus, Hauptsache, du hast Spaß."

Die Straße war erfreulich leer, die seltenen Mütterchen schienen heute schläfriger als sonst zu sein. Jewgenij begrüßte fast jede, nannte sie bei ihren Namen und schüttelte mitleidig den Kopf zu ihren sich wiederholenden Beschwerden.

„Mir scheint, dass die alten Damen hier irgendwie allgegenwärtig sind, eine geheime Kraft dieser Gesellschaft. Oder ich fange an, verschwörerisch zu denken."

„Richtig. Wie könnte es anders sein, wenn die Männer hier zwanzig Jahren früher als ihre Frauen versterben, und die, die noch arbeiten können, versuchen, so schnell wie möglich in die Städte abzuwandern. Die gute Nachricht daran ist, dass alte Weiber sich der Organisation eines Pogroms unfähig erwiesen haben. Und normalerweise schmieden sie auch keine globalen Vernichtungspläne. Und wenn doch, dann gegen die Hühner der Nachbarn. Sei nett zu ihnen, frag nach ihrem mütterlichen Rat und du wirst unter ihrer ständigen Beobachtung lange und glücklich in Frieden leben." Der Durchsetzungswillen und die Durchsetzungskraft alter Damen war Jakob gut von zu Hause bekannt. Also nickte er von diesem Moment an wie Jewgenij jeder alten Dame auf jeder Bank zu.

Auf einer Bank saßen zwei Alte, jede an einem anderen Ende. Als sie Jewgenij und Jakob sahen, winkten sie ihnen, näher zu kommen. Eine bat Jewgenij um Hilfe beim Aufstehen. Während Jewgenij dieser Oma mit beiden Händen nach oben half, rückte die andere bis zur Mitte der Bank vor und blieb genau in der Mitte sitzen. Die Konstruktion der Bank verlangte solche komplizierten Manöver der beiden Frauen. Das Holzbrett lag unbefestigt auf zwei Betonklötzen und ein unvorsichtiges Aufstehen verwandelte die Bank in ein Katapult, das drohte seinen zweiten Passagier in den blauen ukrainischen Himmel hinaufzuschleudern. Jewgenij half dem rechten Mütterchen hoch, Jakob hielt mit seinem Gewicht das Holzbrett mit der darauf sitzenden Freundin, deren Gewicht offensichtlich gar keine Rolle in diesem Prozess spielte. Mit Ach und Weh richteten sie die alte Dame auf, die andere wurde in der Mitte der Bank in eine sichere Position gebracht. Sie begleiten die Oma über die Straße nach Hause und als Dank bekamen sie zwei Krüge frisch gemolkener Milch und zwei knusprige noch heiße Stückchen Brot, deshalb eilte die alte Dame eigentlich nach Hause zu ihrem Ofen.

Nach dieser fast einstündigen Pause machten sie sich gestärkt wieder auf den Weg. Die ersten Sonnenstrahlen an diesem Tag durchbrachen die dicke Wolkendecke und sie spazierten, vom warmen goldenen Vormittagslicht umhüllt, weiter. Die Häuser wurden seltener und die Gärten zwischen ihnen breiter. Das Kopfsteinpflaster wurde von einer unbefestigten Straße abgelöst und die letzten neugierigen Augen verschwanden aus Jakobs Gesichtsfeld. Zu seiner großen Erleichterung war keine Matzewe auf der Straße zu sehen. Die Bordkanten, die noch am asphaltierten Teil der Gasse zu sehen waren, erwiesen sich als billige, schief in den Boden gegrabene Betonplatten. Und die verschwanden auch schon nach zwanzig Häusern spurlos, zusammen mit den Regenwasserrinnen, sodass nur ein schmaler Streifen hohen Unkrauts den Weg von der Weide abgrenzte.

„Jewgenij, ich wollte dich eigentlich schon vorgestern fragen, was für ein Kerl auf dem Hauptplatz steht? Erst dachte ich, es ist Lenin, aber er passt irgendwie nicht, ähmm, ...nicht zum lokalen historischen Flair."

„Hier hast du völlig recht!" aus Jewgenijs Reaktion könnte man schließen, dass Jakob den Einwohnern von Skolywka gerade Lincoln oder den Berliner Bären als Zentrum des sozialen und kulturellen Lebens vorschlüge, so laut lachte er: „Lenin wäre hier bestimmt unpassend. Dieser Kerl heißt Schewtschenko. Er ist ein ukrainischer Nationaldichter mit Weltruhm, aber leider außerhalb der ukrainischen Grenzen ziemlich unbekannt."

„Ja, ich kann mich auch nicht an ihn entsinnen."

„Zerbrich dir darüber nicht den Kopf. Wie die Nationaldichter aller staatenloser Völker im vorletzten Jahrhundert besang er die Unsterblichkeit, den vergänglichen Ruhm, das Martyrium und die zukünftige Auferstehung seines Volkes. Und schau dich um: Seine Wünsche sind offensichtlich in Erfüllung gegangen." Mit einer theatralischen Geste lief Jewgenij im großzügigen Halbkreis auf die schattige ruhige Straße von Skolywka.

„Na, ich freu mich über seine Wünsche. Und wie sieht es mit Albträumen aus? Gibt es hier in Skolywka auch ein Denkmal für die ermordeten Juden?"

Könnte es etwas Logischeres in der Welt geben als das? Ein Denkmal der tausenden erschossenen Bewohner eines Schtetls, das vor dem Krieg fast ausschließlich jüdisch war? Er fragte eher aus Höflichkeit, um das Thema des Denkmals zu unterstreichen. Er hatte nicht die Absicht, das Denkmal zu besichtigen oder die aus

Bronze oder Kupfer gegossenen Figuren zu beäugen. Denkmale waren für ihn ein Zeichen des Sterbens der lebenden Geschichte, der lebenden persönlichen Erinnerungen. Er zog den vielen von freiwilligen und gezwungenen Besuchern besichtigten Memorialen und Komplexen die weniger informativen, aber deutlich lebendigeren Erzählungen seiner Bobe vor.

„Na klar gibt es hier ein Denkmal, ich habe selbst dafür gesorgt. Jewgenij überraschte Jakob immer wieder.

„Was, echt? Ein Denkmal geschaffen?" Jewgenij als Bildhauer wäre ein komisches Bild.

„Na fast, ich habe es organisiert, bestellt, bezahlt, installiert, eben nur nicht eingeweiht. Offiziell hat es unser Bürgermeister eingeweiht."

„Sehr großzügig." Das musste Jakob Jewgenij schon zugestehen. „Wie sieht es aus? Werden wir es sehen?"

„Nee, es ist nicht interessant und außerdem ist es, naja, sozusagen, nicht ganz regelgerecht eine solche Art von Denkmal geworden. Es ist deine Zeit nicht wert, das kannst du mir glauben…"

„Du sprichst in Rätseln. Jetzt möchte ich es aber sehen. Du hast mir deine Villa, die du restauriert hast, mit solchem Stolz gezeigt und das Denkmal, das auf deine Kosten geschaffen wurde, möchtest du mir nicht zeigen? Bist du darauf nicht zumindest ein bisschen stolz? Du hast auf deine eigene Initiative, mit deinem eigenen Geld ein Holocaust-Denkmal errichtet. Dafür bin ich dir wirklich dankbar, Jewgenij! Wozu denn diese unangemessene Bescheidenheit?" Um sein Lob noch zu unterstreichen, klopfte Jakob Jewgenij kräftig auf die Schulter und machte sogar einen ungeschickten Versuch, ihn zu umarmen. Das schien ihm Jewgenijs großzügiger Tat angemessen. Doch Jewgenij wehrte, was für ihn gar nicht typisch war, Jakobs ausgebreitete Arme ab und trat sogar einen Schritt zurück.

„Na, weißt du… Es gibt ein kleines Problem mit dem Denkmal…

„Ist es kaputt? Gab es Randalierer? Befindet es sich auf einem ungünstigen Platz? Ist es zu weit entfernt von hier?"

„Nein, das alles leider nicht."

„Leider nicht?! Das verstehe ich nicht."

„Ja. Weißt du, es ist…" Jewgenij schaute konzentriert auf die Spitzen seiner Schuhe: „Es ist ein Kreuz."

„Das meinst du aber nicht ernst, oder? Ein Kreuz als Holocaust-Denkmal? Das wäre sehr unkoscher." Jakob lachte: „Warum denn das? Hattest du keine andere Idee? Ein Stein wäre schon passender."

„Ein Stein wäre nicht genehmigt worden, ein Kreuz war der einzige von unserem Magistrat angenommene Vorschlag. Steine, Stelen, Balken, Kuben waren ihnen zu „geometrisch", Figuren waren zu dramatisch, hörst du, Jakob, Menschensilhouetten waren ihnen zu dramatisch, um damit an den Holocaust zu erinnern, und religiöse Symbole wurden als „der modernen ukrainischen Kultur und Tradition fremd" bezeichnet und aus all diesen Gründen verboten. Das Kreuz wurde aber stark empfohlen und durchgesetzt, dafür habe ich kostenlos ein Stück Land im Park bekommen, genau gegenüber dem Magistrat, und einen gepflasterten Weg zum Kreuz hat der Bürgermeister aus dem lokalen Budget bezahlt. Erst dachte ich mir, dass es eine verrückte Idee ist, doch als ich den Rabbiner von Lemberg kontaktiert hatte, bekam ich seine völlige Unterstützung und das Versprechen, das Denkmal höchstpersönlich einzuweihen… Er sagte mir: „Hauptsache, wir gedenken der tragischen Opfer, ihres tragischen Todes, wir verewigen ihn in einer materiellen Form. Es ist schon nicht mehr so wichtig, welche Gestalt unser Denkmal haben könnte." Ich fand seine Worte ziemlich rational.

Und so haben wir es dann auch gemacht. Der Bürgermeister hat mich doch noch gezwungen, die Höllen unserer Bürokratie zu durchlaufen. Weißt du Jakob, wie viele Dokumente du für zwei gekreuzte Metallbalken brauchst, die auf einem Quadratmeter eines von Gott vergessenen ukrainischen Städtchens stehen werden? Dutzende! Dutzende! Ich besorgte eine Unterschrift vom lokalen Stadtplanungsamt des Magistrats, vom Kulturministerium in Lemberg, ich schrieb eine Begründung, warum wir überhaupt ein Holocaust-Denkmal brauchen. Denn es war unseren verehrten Stadtvertretern nicht klar, warum ein Schtetl, das kein Schtetl mehr ist, ein Denkmal für Tausende seiner ermordeten Einwohner braucht. Und dann, als ich endlich alle nötigen amtlichen Kritzeleien gesammelt hatte – ach, und ich habe noch vergessen die Bestätigung der ästhetischen Angemessenheit des Kreuzes zu erwähnen – wollte ich nichts und niemanden mehr sehen. Ich beweinte den Holocaust, nur weil ich jetzt seinetwegen so leiden musste. Kannst du dir das vorstellen?

Am großen Tag der Einweihung waren alle da. Die Menschen hier, Jakob, die Menschen hier sind auf Denkmale irgendwie hungrig. Weißt du, was jeder neu gewählte Politiker hier als erstes macht? Er stellt einen Betonklotz für einen unbekannten Volkshelden in die Mitte irgendeines Spielplatzes und die Menschen gehen scharenweise zur Einweihung. Das ist auch einfach zu erklären, wenn du ein bisschen darüber nachdenkst: Straßen zu bauen, Müllprobleme zu lösen, Kriminalität zu bekämpfen, alles ist schwieriger als den Namen eines Dichters und dessen Kopf in Kupfer zu verewigen. Denn jeder, der lesen kann, wird den Namen des Beamten, nicht wesentlich kleiner als den Namen des Helden, auf dem Sockel zur Kenntnis nehmen: „Dieses Denkmal wurde von diesem oder jenem in diesem Jahr aufgestellt." Billig und effektiv.

Am Tag der großen Einweihung war die ganze Stadt anwesend, du hättest es auch sehen sollen, Jakob. Ein paar Tausend Ukrainer und zwei Juden: der Rabbiner und ich. Er war wie versprochen aus Lemberg gekommen. Er kam zusammen mit einem ukrainischen Bischof, übrigens deinem alten Bekannten und einem katholischen Priester. Die drei waren beste Kumpel. Und du würdest staunen, wie viel Gemeinsames sie haben. Ich habe ihre Gespräche mitgehört: zu wenig Geld, zu wenig Gemeindemitglieder, verdorbene Sitten und die guten alten Zeiten. Was aber die guten alten Zeiten betrifft, war ich mir der Ehrlichkeit des Rabbi nicht so sicher. Es sei denn, dass er unter den guten alten Zeiten die zwanziger-dreißiger Jahre meinte. Ihre Gesellschaft bereicherten alle Staatsbeamten, die von der Einweihung erfahren hatten. Ein lokaler Radiosender, zwei Fernsehsender aus Lemberg waren auch dabei. Ein Kirchenchor sang Psalmen, Kinder rezitierten Gedichte vom Frieden, Priester weihten und versprühten Wasser, der Rabbiner segnete, die Politiker kotzten ihre Reden und alle hatten Spaß. Außer mir. Ich dachte in diesem Moment: hey tu Potz[86], das ist dein Preis für die misslungenste Initiative des Jahres.

„Und was stand auf dem Kreuz geschrieben? Bloß die Namen der Herren des Magistrats?" „Nein, es steht in schöner Schrift für die kommenden Generationen hineingehauen: Wir gedenken hier aller Opfer des Zweiten Weltkrieges, die hier in Skolywka von russischen und deutschen Soldaten gequält und ermordet wurden. In ewiger Trauer, die Nachfahren." Das Pathos in Jewgenijs Stimme mischte sich mit Verachtung.

„Von russischen und deutschen Soldaten? Um ehrlich zu sein, ich finde die Idee mit dem Kreuz bescheuert genug, jetzt erscheint mir das Ganze aber völlig sinnlos. Es ist nicht mal klar, wem das Denkmal überhaupt gewidmet ist."

„Findest du? Das habe ich auch lange gedacht, bis ich einmal zufällig auf der Straße hörte, wie ein verliebter junger Mann seinem noch jüngeren Herzblatt ein Date vor dem jüdischen Kreuz vorschlug. Verstehst du, was das bedeutet? Diese zwei eisernen Balken sind also trotz allem ein Teil der lokalen jüdischen Geschichte geworden. Ich glaube, wenn man das Denkmal mit jüdischer Geschichte assoziiert, dann assoziiert man es auch mit der Schoa, mit dem Holocaust. Das bedeutet auch, dass ich mein Ziel doch erreicht habe.

Ich konnte dann irgendwie besser einschlafen, und die gekreuzten Balken stehen schon fünf Jahre dort, niemand hat sie beschädigt. Das Schlimmste, was bis jetzt passiert ist, war die Schmiererei am Denkmal, dass irgendeine Olia mit allen Willigen ins Bett gehe, ihre Telefonnummer wurde auch unter ihrem Namen veröffentlicht. Die Nummer erwies sich übrigens nach polizeilicher Überprüfung als die Nummer unseres Schuldirektors.

Du musst das auch verstehen Jakob, Tote konkurrieren genauso wie Lebende. Wer ist das größere Opfer? Und wer ist das größte? Wer hat seinen Abschied am dramatischsten inszeniert? Wessen Geschichte ruft mehr Tränen bei den Überlebenden hervor? Wusstest du, dass Märtyrer die kostbarste Ware für jede nati-

---

86 Schimpfwort. Jiddisch

onale Verwirklichung sind? Kennst du eine, mindestens eine Nation, (dein Deutschland werden wir dabei nicht mitzählen, denn dort sind alle nationalen Mythen nach der Hitlerzeit streng verbannt worden), die ihre Märtyrer nicht bis zur Heiserkeit besingt? Die Polen haben Katyn, die Franzosen die Revolution, die Russen Stalingrad und die Ukrainer haben Arbeitslager in Sibirien. Das hast du selbst neulich in der Schule gehört. Und jedes Volk verehrt seine Opfer, beweint sie, schwört, sie zu rächen, verspricht seinen Kindern, diese Opfer niemals zu vergessen. Die Menschen bringen Blumen, feiern Gedenktage, lesen Heldenbücher und dichten Heldenlieder. Und dann, stell dir vor, erscheint plötzlich eine Gruppe von Menschen, obwohl nein, falsch, ich schmeichle mir selbst, erscheint ein Verrückter und verlangt, dass eine andere nationale oder religiöse Gruppe diese ganze Verehrung, Trauer und Leid für sich beanspruchen will: die Juden. Auschwitz ist ein starkes Argument sogar gegenüber dem Hungertod. Doch das Volk, das erst seit kurzem nach der Sowjetzeit mit roten Rosen und Trauerliedern seine Helden besingen darf, will keine andere Gruppe auf dem Podest seiner Märtyrer sehen. Sie passen einfach nicht zusammen, wie zwei olympische Sieger mit Goldmedaillen auf einem Podest. Und du, als ein kluger Jingl [87], kannst dir den Rest schon selbst zusammenreimen.

Was wäre, wenn die Juden als Hauptmärtyrer wahrgenommen würden? Wie kann es sein, dass alle Nationalmythen die eigene Gruppe, nämlich das eigene Volk, im Fokus haben, aber plötzlich eine andere, völlig andere Gruppe als Helden, Märtyrer gilt? Das Land ist national, die Sprache ist national, die Geschichte ist national und die Märtyrer sollen plötzlich Fremde sein? Das kann nicht funktionieren, Jakob. Wir sind hier nicht in den USA und nicht in der Schweiz."

Eine Reihe fünfstöckiger Hochhäuser tauchte plötzlich wie eine Fata Morgana auf der Weide auf. Grau, vernachlässigt, in einer streng angeordneten leblosen Reihe, eine urbane Ausscheidung der sowjetischen Stadtplanung. „Der Friedhof ist gleich hinter den Gebäuden" und als Reaktion auf Jakobs hochgezogene Augenbrauen:

---

[87] „Junge" auf Jiddisch

„Was gefällt dir an diesem Symbol der zukünftigen schönen gerechten Welt der Diktatur des Proletariats nicht? Das sind ihre unrühmlichen Reste. Die Kommunisten waren dafür berühmt, dass sie an allen Orten, die mit Glauben oder Blut getränkt waren, mit Schaufelbaggern die Friedhöfe, Synagogen oder Kirchen dem Erdboden gleichmachten. Es sei denn, die Nazis hatten das noch vor ihnen geschafft. An diesen Stellen errichteten sie Stadien, Parks, oder, wie in diesem besonders rücksichtslosen Fall, ein Wohnviertel um ein großes Sägewerk. Das ist aber sofort nach dem Kollaps der Sowjetunion bis zum kleinsten Sägespan privatisiert worden, oder mit anderen Wörtern total ausgeplündert worden. Nur wenige Familien, die aus anderen Teilen des Landes hierhergebracht worden waren, sind aus Mangel einer besseren Alternative hier geblieben."

„Wovon leben sie denn heute?"

„Vom Land, wie viele hier. Auf Kinderspielplätzen haben sie Kartoffeln angebaut, leere Wohnungen dienen als Lagerräume für Saatgut und zwischen den gestaffelten Fassaden spazieren Hühner. Das Leben geht weiter, aber es bekommt seine natürliche Form zurück. Ein Dorf bleibt ein Dorf, Jakob, ungeachtet des Willens einer Partei. Das Viertel hier wurde auf eine unnatürliche Weise geboren und sobald es von seinem lebenserhaltenden System getrennt wurde, ist es gestorben. Aber du wirst mir jetzt nicht glauben, wer dieses Viertel noch am Leben hält. Na? Na? Eine Idee?"

„Das Sozialamt?"

„Wie langweilig Jakob! Nein, die Chassiden! Na, bist du überrascht? Ja stell deine Augäpfel zurück auf ihren Platz, du hast alles richtig verstanden.

Hier gibt es noch eine Gruft eines chassidischen Tzaddikes, und manchmal kommen Busse voller Chassiden hierher. Sie mieten hier für ein oder zwei Nächte Wohnungen und besonders wählerisch sind sie glücklicherweise für die Einheimischen auch nicht. Man darf leider aber ihr Erscheinen hier nicht überschätzen. Sie sind niemals nach Skolywka hineingefahren, haben niemals bei mir gegessen, nichts gekauft, nicht mal ein Glas Wasser bestellt. Dass ich ein zweimal zwei Meter großes Schild „Koscher" an das Restaurant gehängt habe, hat auch nichts genützt."

„Hast du wirklich koscheres Essen?"

„Jakob, alles lässt sich regeln" winkte Jewgenij ab: „Koschrut ist kein Gesetz, es ist nur das Ausmaß der Toleranz des heimischen Rabbiners, falls du hier überhaupt einen findest. Egal, die Chassiden würden sowieso nicht zu mir kommen. Sie bringen alles mit aus Israel und das Nötigste kaufen sie in Lemberg.

Sie suchen nicht mal nach dem Torschlüssel, was eigentlich eine weise Entscheidung ist. Unser lokales Schulamt, das aus unbekannten Gründen den einzigen Schlüssel vom Friedhofstor besitzt, gibt ihn nie und niemandem heraus. Wahrscheinlich hat man Angst, dass der Zustand des historischen Denkmals, das unter dem Schnee und Regen seine letzten Tage erlebt, bekannt wird. Die Chassiden kriechen durch die Löcher im Zaun, beten und tanzen um das Heilige Grab und verschwinden am nächsten Tag, als ob sie niemals hier gewesen wären. Mit dem gleichen Ergebnis für die Welt könnten sie bei sich zu Hause Läuse aus ihren Schläfenlocken auskämmen." Jewgenij trauerte offensichtlich um die für ihn verlorengegangenen Kunden.

„Auf jedem Fall kommen und gehen sie unbemerkt von den Bewohnern von Skolywka." Er schwieg eine Weile, „Aber weißt du was, Jakob, wenn ich sie sehe, beneide ich sie. Ihr Glauben macht ihr Leben wunderbar leicht. Sie wissen, was weiß und was schwarz ist, und die heiligen Bücher geben ihnen Antworten auf alle Fragen. Ihr Glauben ist der Fels in der Brandung, ihre Medizin, ihr sicherer Hafen, ihr Zufluchtsort, ihr Stolz, ihre Liebe, ihre Kalaschnikow, ihr Sieg. Und wir verirrten Seelen brauchen aber diese ganzen Dinge auch. Wir sehnen uns nach Stolz, nach Liebe, nach Gerechtigkeit, nach Heilung. Um aber all diesen Hunger zu stillen, müssen wir uns immer wieder für jedes bestimmte Leid und jede Not ein neues Mittel ausdenken. Wir suchen die Heilung in einer *magic pill*, Liebe im Sex, Zuflucht im Internet. Nichts ist bei uns fest, niemand ist seines Lebens sicher."

„War das nicht unser Preis für die Freiheit?" Chassidismus roch nach religiösem Fanatismus, was Jakob genügte, um seine Finger davon zu lassen. „Ja, Freiheit... Freiheit wirkt auf uns wie ein Vakuum, sie verführt und schüchtert uns ein. Und ich habe schon genug von jenen gesehen, die von diesem schwarzen grenzlosen Nichts verschlungen wurden."

„Du übertreibst Jewgenij, Verantwortung könnte unser Anker sein, Verantwortung für uns selbst, für unsere Geliebten, für unsere Gesellschaft, schließlich für unseren ganzen Planeten."

„Ja, ja, ich würde auch gerne daran glauben." Jewgenij zeigte auf den Zaun. „Na, bist du bereit auch mit mir durch das Loch im Zaun zu klettern? Worin bist du denn schlechter als ein frommer Chassid?" Wie immer überhörte Jakob Jewgenijs Sarkasmus, in Deutschland würde er ihm aus dem Weg gehen. Hier gab ihm Jewgenij ein eigenartiges Gefühl der Geborgenheit und Sicherheit, fast so irrational wie der chassidische Glauben.

Sie gingen durch das Viertel, das wie eine postapokalyptische Fantasie ihren Weg begleitete, liefen am alten Sägewerk und einem großen asphaltierten Parkplatz vorbei, auf welchem durch schwarzen Teer und Abraum schon Pappeln und Eschen wuchsen. Kinder spielten zwischen zwei räderlosen blinden Autos, ihre Mütter tratschen am Rande des Platzes. Hinter einem verrosteten LKW, der am entgegengesetzten Ende des Platzes stand. Jewgenij bog scharf ab, Jakob machte aus Angst, seinen Stadtführer aus den Augen zu verlieren, einen Sprung, um ihn einzuholen und krallte er sich in Jewgenijs weichem breiten Rücken fest. Der blieb stehen, ohne auf Jakobs Attacke achtzugeben, seine Aufmerksamkeit wurde völlig von der ungewöhnlichen Umgebung in Anspruch genommen, und auch Jakob blieb, wie versteinert, hinter Jewgenijs Schulter stehen.

Hinter dem hohen schmiedeeisernen Zaun erstreckten sich soweit sein Blick reichte, Reihen fast mannshoher heller Matzewen. Sie verliefen bis zum Horizont und verschwanden im dunklen Wald, dessen Spitzen von Sonnenstrahlen berührt wurden. Jewgenij kam schneller als Jakob zu sich und stieß seinen Gast leise in die Seite. „Hab ich dir zu viel versprochen? Dieser Kirkut ist der größte jüdische Friedhof Europas, ungefähr zwölftausend Gräber, davon ist leider nur noch ein Viertel heil. Also, was bedeutet schon heil...", seine Stimme verlor die angeberische Note: „Die Matzewen stehen noch, das war's. Regen, Wind und Kälte tun das ihre, aber der Mensch hat sie verschont. Drei Viertel liegen in Ruinen oder auf den Straßen. Ungefähr ein Drittel ist jetzt vollkommen zugewachsen, noch vor zehn Jahren konntest du den Waldrand gar nicht sehen. Jetzt kommen die Bäume mit jedem Jahr immer näher, verschlingen unsere Matzewen und, entschuldige meine Sentimentalität, unser Gedächtnis."

„Was?"

Jewgenij schaute Jakob geduldig an. Unvorbereitet konnte ein solcher Anblick einen in einen Schockzustand versetzen.

„Kirkut?" Jakob verlor die Fähigkeit, vollständige Sätze zu formulieren. Er konnte nur, wenn nicht einsilbige, dann nur Fragen aus einem Wort bestehend, aussprechen.

„Kirkut" antwortete Jewgenij mit etwas übertriebener Langmut: „Kirkut bedeutet Friedhof, und stammt vom deutschen Wort Kirchhof ab. Die Etymologie ist immer sehr spannend, nicht wahr?"

Nein, Jakob fand die Etymologie momentan gar nicht spannend. Er war von diesen Wellen aus hellem Stein, von den Rankenornamenten, uralten Buchstaben, von in Segnen ausgebreiteten Handtellern überwältigt. Die Abmessungen des Friedhofs waren immens. Kleine jüdische Friedhöfe verbargen sich in ganz Deutschland hinter dicken alten Mauern, kleine Flecken der Geschichte eines Millionen umfassenden Volkes, jede Matzewe datiert und dokumentiert. Sie hätten problemlos alle zusammen hierher gepasst und es wäre noch viel Platz frei geblieben.

„Komm", Jewgenij entschied sich, nicht zu warten, bis Jakobs Sprachfähigkeit zu ihm zurückgekehrt war. „Komm, solange es noch hell ist, die Zahl der hier gebrochenen Beine entspricht fast der Besucherzahl. Kaputte Matzewen liegen völlig unsichtbar unter hohem dichtem Gras, Hier ist nichts leichter als sich ein paar Knochen zu brechen." Mit diesen Worten steuerte Jewgenij gezielt auf die alten Fliederbüsche zu, die rechts vom hohen geschlossenen Tor wuchsen. An einer Stelle war ihre natürliche Hecke durchbrochen und ein großes Loch erschien im geschmiedeten Zaun. „Jakob! Jakob!" Jewgenij unternahm einen Versuch, Jakobs Bewusstsein zu erreichen: „Pass auf deine Füße auf! Jakob, hörst du mich?" Ein schwaches Nicken war die beste Antwort, mit der Jewgenij in dieser Situation rechnen konnte. Er winkte Jakob zu und drängte seinen stämmigen Körper durch den engen Friedhofseingang.

Schon beim zweiten Schritt rutschte Jakob zwischen zwei Matzewen aus. „Pass auf!" Zischte sein Begleiter wieder, „Der Krankenwagen fährt nur hierher, um den Tod zu bestätigen, andere Fälle sind mir zumindest nicht bekannt." Er zog Jakob mit seiner Hand wieder nach oben.

„Zwölf. Tausend." Jakob sprach weiter in einzelnen Wörtern. „Warum weiß niemand davon? Warum kommen nicht tausende Touristen hierher? Historiker? Erben? Nachfahren?"

„Na, schau doch mal, Du zum Beispiel bist ja hergekommen. Der Fortschritt schreitet mit nur kleinen Schritten voran. Und wer sonst sollte noch herkommen? Wen hast du jetzt gerade aufgezählt? Wissenschaftler? Was haben sie hier verloren? Sollen sie das Grab eines Schusters suchen? Den Anblick bewundern? Dieser Stein kommt in diesem Gebiet oft vor, es ist kein Marmor, und ja, die lokalen Bildhauer waren mit kleinen Ausnahmen nicht schlecht, aber auch keine Michelangelos. Und die Erben… Na versuch sie erst mal zu finden, und außerdem, wie viele Erben gibt es denn überhaupt? Die, die den Holocaust überlebt haben, die sind schon fast alle gestorben, und wenn nicht, haben sie Angst, hierher zu kommen. Die Juden haben sich selbst Löcher in den Boden am anderen Friedhofsrand gegraben, und die Nazis und die Polizei haben diese dann randvoll mit Juden gefüllt. Und jetzt wachsen dort Bäume und wilde Kartoffelrosen. Es ist gar nicht einfach, den Weg dahin zu finden. Ich habe es ein paar Mal geschafft und somit bin ich automatisch der Besucher geworden, der am häufigsten herkommt.

„Wahrscheinlich liegt dort auch mein Urgroßvater, er wurde hier auch erschossen. Wahrscheinlich war er einer von denen, die für sich selbst die Gräber schaufeln mussten. Ich würde gerne zu diesem Platz gehen, Jewgenij, nicht für meine Bobe, nein, für mich selbst." Jakob gewann seine Sprache und seine Entschlossenheit zurück.

„Es ist schwieriger als du denkst, so viel Zeit haben wir nicht, es wird bald dunkel. Pass aber verdammt noch mal auf, wohin du trittst!" Jakob rutsche zum zweiten Mal zwischen zwei Matzewen aus, eine war teilweise herausgerissen und auf eine andere Matzewe gestürzt. Das Dreieck zwischen den beiden war mit Kletterpflanzen zugewachsen und Jakob befand sich plötzlich wie in einem kleinen grünen Zelt.

„Bist du okay?" Jewgenijs Stimme ertönte von oben und brachte Jakob in die Wirklichkeit zurück.

„Ja, ja, alles ist gut! Wer hat diese Matzewe umgeworfen?" fragte er zurück.

„Teilweise Menschen, teilweise das Wetter und die Zeit. In diesem Teil des Friedhofs stehen sie noch mehr oder weniger unberührt. Diese in den Boden gesunkenen oder umgestürzten Steine stehen schon lange so, der Boden hier ist sehr nass, früher war hier Morast, aus diesem Grund kann hier auch keine schwere Maschine eingesetzt werden. Einen sowjetischen Bulldozer kann man bis heute zwanzig Meter von hier nur noch als ein niedriges verrostetes Häufchen sehen. Weiter oben, wo der Boden schon trockener war, haben die Nazis manches gesprengt, bis es sie langweilte, so viele Hektar mit Bomben zu beackern. Danach haben die Sowjets mit Schaufelbaggern Baumaterialien gesammelt, du weißt, was ich damit meine. Oder die Einheimischen haben die Matzewen einzeln, mal mit einem alten Lada, mal mit einer Pferdekutsche fortgeschleppt. Das ist die banale Geschichte eines Friedhofs in unserer Gegend.

„Und Wandalen? Hooligans und Neonazis? Jakob zeigte auf eine leere Bierdose: „Die stammt doch wohl nicht aus Sowjetzeiten."

„Neonazis?" Jewgenij wedelte abwehrend mit seinen Armen, „viele dieser Vögel haben wir hier nicht, und meist sind sie miteinander beschäftigt. Einen Feind zu haben ist für sie schon wichtig, doch zum Glück sind wir zurzeit nicht im Mittelpunkt ihres Interesses. Sie kommen hierher und bleiben bis zum Sonnenaufgang um ihren Mut, oder lieber ihren Wahnsinn, zu testen, springen hier rum, rennen auf Matzewen entlang, betrinken sich. Na ja, typische Jugendliche, ohne ein klares Ziel im Leben. Und sogar, wenn sie daran glauben, dass die Juden die Welt regieren, sogar wenn sie sich diesen Spuk von den Antisemiten zu Herzen genommen hätten, wem würden sie hier was mit ihrem Vandalismus beweisen?

Mir? Ich kenne jeden von ihnen, sie kaufen diese Bierdosen bei mir, und sie kennen mich. Wir sind harmlose Feinde, mein Freund."

„Ich möchte dich nicht enttäuschen Jewgenij, aber die gleichen Gedankengänge teilten viele mit dir, die jetzt in Massengräbern liegen. Ein harmloser Feind ist ein Euphemismus".

„Ein harmloser Feind lässt dich in der Nacht ruhig einschlafen, und im Unterschied zu dir, mein geachteter Deutscher, bevorzuge ich meine Nächte mit diesen einlullenden Gedanken zu betäuben."

Beide verstummten. Macht es überhaupt Sinn, über den kommenden Tod zu diskutieren? Messer-Attacke, Patronen, Bombenexplosion, überall der gleiche Schreck und das gleiche Leid. Jakob legte seine Hand in die Vertiefung der in die Matzewe gehauenen Hand. Seine Handfläche passte perfekt mit dem uralten Abbild zusammen. Durch den rauen hellen Stein fühlte sich Jakob zu den hier liegenden Zwölftausend hingezogen. Wie durch einen Elektroleiter spürte er durch die Berührung mit seinen zwei Händen das Leben und den Tod, die Geschichte seines Volkes, die Schicksale der hier Liegenden. Und das Schlimmste war, dass von den weit entfernten Friedhofsgrenzen ein unsichtbarer Strom derer, die namenlos, würdelos, menschenverachtend in Massengräbern lagen, zu ihm floss. Und dieser Strom war voller Angst und Schmerz.

Jakob Sandler, ein Gymnasiallehrer, vergaß sich, sein Leben, seine Arbeit, seine alltäglichen Sorgen. Er stand da, verloren in tausenden Geschichten und gleichzeitig überwältigt von einer einzigen, die alle anderen noch übertroffen hatte. Das war die Geschichte der mit getöteten Herzen in Vergessenheit gefallenen Menschen. Die Matzewen beschäftigten ihn, näherten sich, bedrängten ihn und aus dem Wald rückten formlose Schatten heran. Jakob holte Luft, er atmete schwer, seine zweite Hand fasste in die Leere, suchte nach Halt und Stütze und er fühlte, wie er zusammenbrach.

Ein starker Schlag auf seinen Rücken war das letzte, was er merkte.

„Jakob, steh auf Jakob!" Jakob öffnete seine Augen. „Wie geht's? Was tut weh?" Jakob, weiterhin leichenblass, setzte sich auf eine liegende Matzewe.

„Ich bin okay, keine Sorge. Mir war nur kurz schwindelig."

„Kurz schwindelig? Du stolperst über jedes Steinchen, kollabierst auf den ersten zehn Metern, dich würde ich nicht mit in den Kampf mitnehmen, " sagte Jewgenij: „Und als Sportlehrer würde ich dich auch nicht einstellen."

„Ich bin okay, danke", wiederholte Jakob leise.

„Bist du dir sicher? Ich wollte dir eigentlich ein paar besonders schöne Matzewen zeigen, aber wir können jetzt auch direkt nach Hause gehen."

„Ich kann noch weiter mitgehen." Jakob stand auf, „und ich würde hier gerne noch ein bisschen bleiben." „Na wie du willst, fall aber bitte nicht mehr um, das nächste Mal könntest du weniger Glück haben. Stell deinen Fuß hierhin, so, und dort kannst du dich festhalten." Jewgenij wies Jakob den Weg, wie der Bergführer einem Stadtmenschen. „Vor fünfzehn Jahren war ich so jung und naiv, dass ich eine Friedhofsführung vorbereitet habe, mit allem Drum und Dran, Logistik, Unterkünften, und mit der Führung über den Friedhof, als „Hauptattraktion" der Reise. An ein paar Sachen aus dem dreistündigen Programm erinnere ich mich noch. Kannst du jüdische Grabsteine lesen? Was steht hier? „Jewgenij zeigte auf die hebräischen Buchstaben, auf welchen Jakob grade saß.

Jakob runzelte seine Stirn: T'he ah tzerurah bitzror hahayyim, Seine/ihre Seele sei eingebunden in das Bündel des Lebens." „Na, dann bist du noch nicht völlig für die Welt verloren. „Jakob verdiente sich ein aufmunterndes Lächeln. „Und hast du noch andere Asse für mich in deinen Ärmeln?"

„Das da auf dieser Matzewe ist ein Davidstern..." nuschelte Jakob.

„Hm, diese Offenbarung könntest du auch für dich behalten. Obwohl, um ganz genau zu sein, ist ein Davidstern eine ziemlich neue Erscheinung. Wenn du die älteren Matzewen anschaust, wirst du keinen einzigen Davidstern finden. Erst im 19. Jahrhundert haben unsere kreativen Zionisten ihn als ein nationales Symbol interpretiert und auf ihre Fahne genommen. Rebranding, wenn du so willst. Und das, was du jetzt mit solcher Liebe berührt hast" Jewgenij zeigte auf die Hand an der Matzewe, neben welche Jakob gefallen war, das sind die Kohanim segnenden Hände. Sie zeigen den Segen beim Sprechen des Aaronitischen Segens: Jewarechecha

Adonai wejischmerecha und weiter so in dieser Art. Und das da ist eine Vase mit Blumen. Das hat zu bedeuten, dass hier eine Frau begraben ist. Auf Frauengräbern wurden symbolisch Gefäße dargestellt, obwohl es noch eine Version gibt, dass zum Beispiel ein Krug mit Wasser die Zugehörigkeit zum Levitenstamm zur Bedeutung haben könnte. Sie gossen Wasser auf die Hände der Kohanim, Priester im Tempel in Jerusalem. Such aus, was dir besser gefällt. Und hier..." Jewgenij ging vorsichtig ein paar Schritte weiter: „... Hier liegt ein Schuster, siehst du den kleinen Hammer und die Schere? „Die Matzewe, auf welche Jewgenij zeigte, war niedriger als die anderen, sie versank bis zur Mitte im weichen Boden. Jakob beugte sich hinunter und sah genau in die bemoosten Linien des alten Ornaments. Jewgenij nahm ein kleines Taschenmesser und säuberte das Bild. In die frischen Wunden des Steines legte Jakob seinen Finger an und folgte den ans Licht gekommenen Linien. Eine Schere und ein Hämmerchen. Unten verschlangen sich kaum erkennbare hebräische Buchstaben, eine Abkürzung von "פה נקבר", ('פ' נ) Hier ist begraben, die zwei Zeichen standen auf einem filigranen Blätterornament und der Rest verschwand unter Moos, einer wilden Ähre und den letzten bescheidenen Herbstblumen.

„Ich such den Nachnamen „Nierenstein", meine Vorfahren waren Schuster.

„Nierenstein? Wie nett. Man könnte vermuten, sie waren die ersten Chirurgen mit Spezialisierung auf Nierenerkrankungen." Eine Sekunde später unterbrach Jewgenij sein sarkastisches Gekicher. „Sorry, das war unschön von meiner Seite. Meine Alten waren wahrscheinlich auch so etwas in der Art von Schlagbaum oder Schmuggler. Die Sache ist die, dass ich im Unterschied zu dir nicht mal weiß, welche Nachnamen meine Vorfahren überhaupt trugen. Mein Vater hat unseren Familiennamen schnell gegen das fantasielose Petrov getauscht, den ich jetzt als Petrenko trage. Einfältiger Kerl. Weder Petrov noch Smirnov noch Ivanov konnten uns vor der fünften Spalte im Pass retten."

„Fünfte Spalte?"

„Ah, oh du glücklicher Unwissender, das war die Spalte im sowjetischen Pass, in die du deine Nationalität einschreiben lassen musstest. Und dies überdeckte alles anderes, du konntest zum Beispiel De Vole heißen, trotzdem würdest du aus der Uni geworfen und praktisch zu keinem staatlichen Dienst zugelassen. Na, aber warum spreche ich immer wieder von mir?

Wir haben hier andere interessante Sachen zu bewundern. Hier zum Beispiel, ein Löwe. Ein sehr populäres und verbreitetes jüdisches Symbol, wird mit König Davis assoziiert. Was? Was sagst du? Dass es eine Kuh mit großen Hörnern und einem besonders langen Schwanz ist? Dann bist du ein langweiliger und begrenzter Mensch, der keine Fantasie kennt und kein Mitleid mit dem Steinmetz hat, der in seinem Leben nichts außer Kühen und Ziegen gesehen hat und trotzdem Tausende von Löwen erschaffen sollte." Sie kletterten von einer Matzewe zur nächsten. „Und hier ein Hirsch. Guck mal, wie prächtig sein Geweih ist. Es bedeutet nur, hier liegt ein Hirsch, oder genauer übersetzt ein Tzwi oder ein Naftali. Oh! Hier, schau mal, ich dachte, dass ich diesen Grabstein nicht mehr finde: drei Hasen rennen im Kreis, einer hinter dem anderen her. Das hat zu bedeuten: Der Mensch, der hier liegt, war sehr gottesfürchtig, war also automatisch eine sehr gläubige, gerechte Person. Und das dort musst du aber schon selbst verstehen."

Jewgenij zeigte auf zwei Hunde, die zwei über einem Stock hängende Erdbeeren trugen. „Und diese zwei Kameraden hast du schon bei uns in der Synagoge gesehen. Zwei Aufklärer Moses' als Bären mit Weintrauben, als einer reichen Beute, egal was du darüber denkst. Alles hier ist symbolisch, symbolische Bären, symbolische Hasen, symbolische Hirsche, nur der Tod ist hier gnadenlos wahr. Diese symbolische Sprache der alten Matzewen ist verloren gegangen, wahrscheinlich wissen nur die Chassiden noch, was das hier alles zu bedeuten hat, doch sie behalten ihr Wissen für sich. Für den ganzen Rest der Welt sind das zwei komische Füchse, die Beeren tragen, wie auf der Werbung einer Marmeladenfabrik."

Die letzten Sonnenstrahlen berührten die Sockel der im Nirgendwo versunkenen Matzewen. „Es tut mir leid, Jakob, aber wir können nicht länger hierbleiben, sonst brechen wir uns alle Knochen, ich meine es ernst. Ich möchte dir noch das Grab des Tzadik zeigen und meine Lieblingsmatzewe, beides liegt auf dem Weg zum Ausgang. Deshalb machen wir keinen Umweg. Mehr kann ich

dir hier nicht zeigen. Die Massengräber sind zu weit weg und unzugänglich. Mehr kannst du hier auch nicht finden. Schau dich selbst an, du bist leichenblass und hältst Dich kaum noch auf den Beinen. Sei vernünftig. Viele Matzewen stehen halb im Boden versunken, du kannst keine Namen mehr sehen. Ich kenne, ehrlich gesagt, keinen einzigen Fall, dass jemand hier seine Vorfahren gefunden hätte und in Massengräbern sowieso nicht. Jetzt kurz vor Sonnenuntergang sehen deine Chancen auch nicht besonders gut aus."
Jakob musste zugeben, dass er wirklich nicht imstande war, in der Dämmerung hier nach Matzewen seiner Vorfahren zu suchen oder noch weiter über den Friedhof zu wandern. Außerdem, wie schrieb man Nierenstein auf Hebräisch? Wahrscheinlich war sein Urgroßvater auch gar kein Nierenstein, sondern irgendein Ben sowieso. Schließlich war Jakob zu erschöpft und schwach, um noch eine Suchoperation anzufangen. Ohne etwas zu erwidern, folgte er Jewgenij deshalb schweigend.

Ihr Marsch ähnelte gewissermaßen einer Klettertour. Langsam und konzentriert ertasteten sie mit Fußspitzen jeden Stein, jedes Moosinselchen ab, auf die sie treten wollten. Oft rutschten ihre Füße in nicht sofort erkennbare Spalten zwischen den im hohen Gras versteckten Matzewen. Sie stützen sich mit ihrem Gewicht auf den noch stehenden Matzewen ab und so, halb kletternd, halb hangelnd, bahnten sie sich den Weg zum Ausgang des Friedhofs, den Jakob noch nicht einsehen konnte.

Fünfzig Meter vom Zaun entfernt, öffnete sich plötzlich ein runder Platz mit einer ziemlich großen, schlichten Grabkammer. Ein weißes Häuschen mit vergitterten Fensterchen, rund und klein wie eine afrikanische Hütte, war frisch gekalkt. Um das Haus herum führte ein enger Pfad, das Gras war gemäht. An den Türen mit einer riesigen Menora hing ein großes Schloss. „Ab jetzt wird es einfacher. Es wurde noch einen Pfad bis zum Ausgang angelegt, den werden wir entlanggehen." Jewgenij tropfte der Schweiß von der Stirn. „Ein Tag im Leben eines Alpinisten, was? Und ich wollte ursprünglich reiche westliche Rentner hierherbringen. Wie dumm das gewesen wäre. In diesem Fall hätte der Friedhof dringend eine Erweiterung gebraucht. In manchen Zoos, weißt du, gibt es solche Hängebrücken, wo man die Tiere von oben beobachten kann. Hier müsste man sich auch auf einem Hängepfad bewegen, keinen Schritt links, keinen Schritt rechts. So wäre es auch im Versicherungsvertrag vorgesehen gewesen". Jakob setzte sich auf eine liegende Matzewe, die an der Grenze zwischen einem leerem, wie verzaubertem, Kreis und den dichten Matzewen-Reihen lag. Der Wald verschmolz hinter einer weiteren Seite des Friedhofs mit den Matzewen. Die steinernen und die hölzernen Spitzen ragten in den stillen rötlichen Himmel hinein. Jewgenij stand auf und trat in den Kreis. Er zeigte Jakob die Inschrift über der Tür: „Hier liegt Haim David ben Joseph mit seiner Frau Gitl." Frag mich nicht weiter, ich habe keine Ahnung, welche weisen Offenbarungen er und seine Gattin der Welt angekündigt haben. Auf jeden Fall erfreute er sich noch lange nach seinem Tod einer bestimmten Popularität bei seinen Fans."

„Wer kümmert sich um das Grab? Es wurde erst vor kurzen frisch gestrichen."

„Eine gute Frage, Jakob, ich habe leider keine Ahnung, aber nach allem, was ich weiß, gibt es in unserem ganzen Gebiet keinen einzigen lebenden frommen Chassid. Also vermute ich, dass sie sich einen Schabbes Goy[88] gesucht haben. Und statt Schabbat-Kerzen auszulöschen, streicht er jetzt das Grab eines schon lange in Asche verwandelten Tzaddikes. So, steh auf, es ist keine Zeit, sich hier so auf der Matzewe breitzumachen, ich werde dir jetzt etwas echt Wertvolles zeigen.

Ich zeige dir die Matzewe von Malka Babada, einer reichen Kaufmannstochter, die in der Mitte des 19. Jahrhunderts lebte. Ich muss sagen, eine echte Perle. Eine echte Perle! Ich habe im Lemberger Archiv herausgefunden, wer ihr Vater war: Er hieß Itzhak Babada, und er kam zu Napoleons Zeiten mit Kolonialwaren nach Skolywka. Er war ein Seehändler, doch Napoleons Kontinentalblockade hat ihm alle seine Handelswege versperrt. Napoleons Kontinentalblockade, sagt das dir etwas? Na, Herr Gymnasialprofessor? Napoleon hatte alle Wege versperrt und dann sind alle Kolonialwaren zum Schwarzen Meer, nach Odessa und weiter nach Norden

---

88 Ein Nicht-Jude, der am Schabbat von Juden angestellt wurde, um bestimmte Tätigkeiten zu machen, wie z.B. Kerzen anzünden oder Tieren Futter zu geben.

bis Skolywka gebracht worden und von hier weiter nach Wien, direkt in die kaiserlichen Paläste. So ist Skolywka überraschenderweise ein wichtiges Transitzentrum geworden, wenn auch nur für kurze Zeit. Und das war die Zeit, als Skolywka noch kein verschlafenes Städtchen war, sondern eine Handelsmetropole, ein jüdisches Kultur- und Religionszentrum, ein neues Jerusalem und so weiter. Herr Babada hat sich hier niedergelassen und Kinder gezeugt, eines davon hieß Malka, es steht nicht, woran und wann sie gestorben ist, aber ihr Vater hat an Geld für die sehr reichliche Verzierung ihrer Matzewe nicht gespart. Ein echtes Kunstwerk wurde aus hellem Stein angefertigt. Das musst du erleben! Leider können heute nur noch der Friedhof mit Malkas Grab und noch ein paar alte Villen diese stolze Vergangenheit bestätigen. Ja, schade, dass Skolywka mit der Aufhebung der Blockade seine Bedeutung verloren hat und dieses Mal leider endgültig. Ich denke mir, dass dieser Babada doch arm wie eine Kirchenmaus gestorben ist, mindestens habe ich diesen Namen nirgendwo anders getroffen." Jewgenij stand mit dem Rücken zum chassidischen Grab und sprach wie auf einer Bühne zu seinem einzigen Zuhörer.

„Ein jüdisches Atlantis, was?" ironisierte Jakob. Jewgenijs historischer Vergleich hatte auf Jakob eine beruhigende Wirkung, riss ihn aus den Gedanken über die, die namenlos ein paar Meter von ihm entfernt, in verzweifelten wilden Umarmungen für ewig miteinander verbunden lagen. „Na komm, lass uns das Grab deiner Malka besuchen." Er erhob sich von der Matzewe: „Mit solcher Spannung und Begier hast du noch niemals von einem Lebenden gesprochen, habe ich recht?" Jewgenij lachte, eher geschmeichelt als beleidigt über Jakobs ziemlich bissige Bemerkung.

„Du wirst mich besser verstehen, wenn du die Matzewe selbst gesehen hast. Ich habe übrigens versucht, sie zu konservieren, und du bist die erste Person, der ich das gestehe. Ich beichte dir, wie ultimativ, wie unmöglich dumm ich die Konservierung vergeigt habe. Ich dachte, wenn ich sie in einen festen wasserdichten Plastiksack einwickeln würde, würde sie besser vor Wind und Regen geschützt bleiben. Mit dieser dummen Idee habe ich sie fast zerstört! Das Wasser, das vorher in die Spalten und Rinnen gesickert ist, konnte im Plastiksack nicht verdunsten, die Matzewe war dementsprechend immer nass, und als der Winter kam, ist das Wasser in der Matzewe gefroren. Das Eis nimmt mehr Platz als Wasser ein. Ich schäme mich, dass mir dieses Schulwissen nicht bewusst war. Der alte Stein wurde fast gesprengt und ich habe noch Glück gehabt, dass ich es rechtzeitig bemerkte und die Hülle weggenommen habe. Du hättest sehen sollen, wie ich die Matzewe mit einem Fön trocken geblasen habe. Dazu habe ich die Verlängerungskabel von ganz Skolywka gesammelt. Sonst... Sonst wäre die Matzewe schon längst nur noch ein Sandhügel."

Mit gesenktem Kopf und hängenden Schultern, stand Jewgenij reumütig und beschämt da, wie ein mittelalterlicher Mönch mit Peitsche, bereit für die Buße.

„Ich vergebe dir deine Sünden im Namen des Vaters und des Sohnes und des Heiligen Geistes", Jakob entschied sich die mittelalterliche, zum Friedhof passende Atmosphäre nicht zu verderben: „Mein Sohn, du solltest dir keine Vorwürfe machen. Der Versuch, die Matzewe zu retten, ehrt dich und es ist nicht deine Schuld, dass du kein ausgebildeter Konservator bist, und ein bisschen dumm sind wir alle dann und wann." Jakob klopfte ihm leicht auf die Schulter: „Komm, zeig mir deine Perle. Ist sie wirklich deine Tränen wert?"

Ein schwaches dankbares Lächeln war die Antwort auf Jakobs Absolution. „Gut, lass uns das vergessen. Komm, sie ist nur ein paar Meter von Tzaddikes Grab entfernt, fast am Zaun. Jewgenij winkte ihn heran und verschwand hinter der weißen Grabkammer. Doch ehe Jakob, der sich jetzt ein bisschen wie ein katholischer Priester fühlte, ihm folgen konnte, hörte er Jewgenij schreien.

Mit zwei Sprüngen bewegte sich Jakob in Richtung Grabkammer. Währenddessen schaffte es Jakob gleichzeitig zwei Gedanken zu gebären: Erstens wie wird er Jewgenij zum nächsten Arzt schleppen und zweitens, Gott sei Dank, dass er jetzt nicht zwischen den Matzewen entlang rennen musste. Doch als Jakob mit chaotisch wedelnden Armen vor der Grabkammer bei Jewgenij anlangte, vergaß er alle seine Vermutungen und schrie vor Schreck.

Große weiße Sabbanas[89] flogen über ihnen in der Abenddämmerung. Jewgenij wehrte sich mit ausgebreiteten Armen, boxte mit weißen Gespenstern. Jakob rannte zu ihm und bekam eine der schweren nassen Ecken eines Lakens genau ins Gesicht. Reflexartig zupfte und riss er den nach Chemie riechenden, klebrigen Stoff von seinen Augen. Die Ecke zog den ganzen Rest hinter sich her und vor Jakobs Füßen landete ein großes Bettlaken. Inzwischen besiegte Jewgenij auch seine Windmühlen und stand fluchend genauso wie Jakob vor den heruntergefallenen nassen Wäschestücken. Kleinere weiße Geister in Form von Kinderschlüpfern, Frauenblusen und Kissenbezügen flatterten etwas niedriger, ungefähr einen Meter über dem Boden. Auf eine Wäscheleine aufgehängt, die zwischen zwei Matzewen gespannt war, wedelten frisch gewaschene profane Kleidungstücke im Wind. Auf einer flachen, kleinen, wahrscheinlich sehr alten Matzewe mit kaum noch erkennbaren Inschriften, stand eine Schüssel mit nassen Tüchern. Ein Tuch hing, halb herausgefallen, am Rande der Schüssel. Es tropfte in regelmäßigen Abständen auf den Grabstein. Die Tröpfchen sammeln sich in einem Rinnsal und flossen durch die in Segen ausgebreiteten Hände der Kohanim. Das Rinnsal verlor sich in der Mitte einer Inschrift, unten der war schon alles trocken.

Jakob merkte nicht, wie ihm plötzlich die Wut bis zum Hals stieg. Mit all seiner Kraft schmiss er die Schüssel von der Matzewe. Ein nasser Klumpen landete auf der benachbarten Matzewe und die Tücher rutschten langsam nach unten zu deren Sockel. Die Schüssel flog gute 10 Meter weiter in die graue Dämmerung.

Hundegebell kam zu ihrem Geschrei hinzu und eine weibliche Silhouette erschien zwischen den Matzewen. Beide Männer versteinerten vor Schreck, doch zu ihrer großen Erleichterung verwandelte sich der Geist schnell in eine reale, etwas zerzauste Frau in einem ihr zu großen blauen Männerhemd und in dunklen Hosen, die bis zum Knie in schwarzen Gummistiefeln steckten. In der rechten Hand hielt sie einen Eimer voller frisch gemolkener noch dampfender Milch. Diese sich auf einem jüdischen Friedhof verwirklichende Kolchosbäuerin bemerkte erst die herabgefallenen Flügel

---

89 Bettlaken

ihrer weißen Bettschwäne und erst später die zwei Männergestalten im Schatten der hohen Matzewen, welche gleich als Halterung für die obere Reihe der trockenen Wäsche dienten. Sie würdigte aber Jakob und Jewgenij kaum eines Blickes, ihre ganze Aufmerksamkeit galt den zu ihren Füßen liegenden weißen Flecken.

Langsam sank sie auf ihre Knie, der Eimer, den sie nicht aus der Hand ließ, stürzte auf die im dunklen Gras unsichtbaren Mazetwentrümmer und kippte um. Eine weiße Pfütze breitete sich auf dem Friedhofsboden aus, sickerte durch die Spalten der umgeworfenen Steine, durchtränkte die Bettlaken, strömte in kleinen Rinnsalen bis an die Füße der stehenden Männer heran. Vorsichtig, wie eine Leiche nahm die Frau ihre Wäsche vom Boden, oben weiß unten schon fleckig von grünem Grass, graubraunem Schmutz, von angeklebtem Moos und Grashalmen.

Wie Michelangelos römische Madonna Pieta kniete sie auf dem schmutzigen, mit Milch durchtränkten Boden. Sie beugte sich gleichmäßig vor und zurück und heulte leise vor sich hin.

„Was erlauben Sie sich?! Sie befinden sich auf dem Territorium einer historischen, kulturellen und religiösen Gedenkstätte eines ganzen Volkes!" Jakob hätte wahrscheinlich selbst seine Stimme nicht erkannt, so hoch und dünn war sie. Er quiekte auf Englisch, wie ein beleidigtes junges Mädchen diese unbekannte Kolchosbäuerin an, ohne zu wissen, ob sie die Sprache überhaupt verstehen konnte. „Ein dir fremdes Volk, das ihr selbst umgebracht habt, mit euren dreckigen Händen, die in ihrem beschissenen Leben außer Kuheutern und Strohgabeln nichts gesehen hatten!" Er wechselte ins Deutsche, ohne es zu merken: „Wandalen! Plünderer! Barbaren! Sogar diese Reste, diese erbärmlichen Wrackteile eines großen Volkes, eurer Nachbarn, eurer Ärzte und Professoren, könnt ihr nicht verschonen! Beschissenes Gewürm! Diese Steine standen hier zweihundert Jahre, bis eine dumme Kuh hier ihre nassen schmutzigen Unterhosen aufgehängt hat. Machst du das auf deinem Friedhof?! Machst du dass, du Fotze, auf den Grabsteinen deiner Omas, Opas, deiner Mutter? Du Bitch! Fotze! Nazinutte! Reicht es euch nicht mit den Grabsteinen meiner Vorfahren eure Straßen zu pflastern, reicht euch das nicht? Wollt ihr hier, auf den alten Knochen, eine Wäscherei aufmachen?!"

Dieses Mal hatte er keine Tränen, war nur von Wut zerfressen, und die Wut verdaute Jakob blitzschnell und suchte weiter hungrig nach frischen Opfergaben. Er rückte näher an die am Boden sitzende Frau. Sie krümmte sich zusammen, zog die nassen Bettlaken bis zum Hals, als ob sie sich unter ihnen zu verstecken suchte. Dann murmelte sie etwas Undeutliches, ihr Blick wanderte von Jakob zu Jewgenij, sie erkannte letzteren und wandte sich an ihn. Sie fragte und erklärte, schüttelte ihre nassen Sachen, zeigte auf ihr Häuschen, das hinter dem Zaun an dessen Eisenstangen angebaut war.

Erst stand Jewgenij unbeweglich da, hörte Jakob zu, versuchte seine wilde Mischung zweier Sprachen zu verstehen. Er erschrak über dessen Zorn und Schmerz, die wie ein bissiger, giftiger Schwarm von den Lippen des sonst so leisen Gymnasiallehrers kamen.

Doch als Jakob schon mit hoch erhobener Faust auf die unter der schmutzigen Wäsche fast begrabene, kniende Frau zuging, rührte sich Jewgenij vom Fleck und umschloss nach zwei Schritten Jakob mit seinen zwei Armen. Fest umklammert von Jewgenijs Händen warf sich Jakob in alle Richtungen. Sekunden oder Minuten, die einer Ewigkeit ähnelten, verflossen, bis Jakob seine Wut aus seinem verwundeten Inneren herausgelassen hatte. Er rutschte kraftlos aus Jewgenijs Händen. Jewgenij, völlig nass, setzte sich schwer atmend neben Jakob nieder. Die Frau blieb sitzen, hielt sich an der Wäsche fest, ihren Sicherheitsinstinkt übertrumpfend.

„Beruhige dich, Jakob!" Die Luft kam pfeifend aus Jewgenij Brust: „Such dir einen anderen Sündenbock, für diese Frau sind diesen Matzewen nur alte Steine, die wenigstens zum Wäschetrocknen gut sind. Sie ist überhaupt nicht aus dieser Gegend. Hast du ihr Haus gesehen? Die Frau hat nicht mal eine Waschmaschine, wäscht alles mit den Händen, und wir haben grade ihre Arbeit des ganzen Tages zunichtegemacht. Besinn dich. Komm, steh auf, es ist schon dunkel, wir müssen jetzt ein Auto finden, ich werde versuchen ein Taxi zu organisieren. Schluss mit dem Ausflug."

Er stand auf und suchte sein Handy in den Hosentaschen, dann rief er einmal, und dann noch einmal, und noch einmal jemanden an, sprach mal freundlich, mal bedrohlich, aber offensichtlich ohne sichtbares Ergebnis. Inzwischen zog die Frau ihre Wäsche zu sich hin, alles, was sie von ihrer sitzenden Position aus erreichen konnte. Mit einem großen Berg weißer Tücher, die ihr Gesicht fast vollständig verbargen, stand sie auf. Dabei versuchte sie so leise und unauffällig zu sein, wie nur ein riesiges weißes Gespenst auf einem dunklen Friedhof sein konnte. Jakob blieb sitzen. Die Frau stand jetzt vor ihm, ohne ihn durch ihre Bettlaken zu sehen und er sah nur ihre schmutzigen Gummistiefel, an denen ein hängendes schnell grau werdendes, Badetuch klebte.

„Komm, ich habe ein Auto gefunden, es wird in zehn Minuten hier sein. Genau so lange, wenn nicht mehr, brauchen wir bis zum Parkplatz, beeil dich." Jewgenij machte sich auf dem Weg zum Ausgang, Jakob erhob sich und folgte ihm. Sie nahmen den gleichen Weg, auf dem die Frau zu ihnen gekommen war. Sie gingen an ihrem Haus vorbei, einer kleinen Hütte halb aus Ziegeln, halb aus Schiefern. Der fest an seine Hütte angebundene Hund bellte sie an und aus einem kleinen schwach beleuchteten Fenster mit undurchsichtigem Glas hörten sie eine leise erschrockene Stimme: „Mama?"

Eilig entfernten sie sich, ohne ein Wort zu sagen und ohne zurückzuschauen. Jakob lief dieses Mal vornweg, zehn Schritte vor Jewgenij. Er rannte zum Licht der näherkommenden Gebäude, fort von seiner Wut, seinem Schmerz, seiner Scham.

Jakob schwieg im Taxi, das sich als Sergeant Storozhuks Polizeiauto erwies, er schwieg am Tisch bei Sofia und ihrer Großmutter und zeigte dabei auch kein Interesse am Hauswein und am mit geräucherten Pflaumen geschmorten Lammschenkel. Nach mehreren Versuchen Sofias, Jakob ins Gespräch einzubeziehen, räumte sie den Tisch mit Jakobs unberührtem Teller ab und befahl ihm, Wasser aus dem Brunnen zu holen. Er tat, was ihm befohlen wurde und nach einem schlichten „Gute Nacht" zog er sich in sein Zimmer zurück. Der schmale Lichtstrahl unter der Tür begleitete ihn wie gestern in den Schlaf.

Die gewendeten Unterhosen und Socken fühlten sich eher bedingt sauber an. Den Rest seiner Sachen stopfte er irgendwie in den Rucksack. Aus Konservendosen hatte er zunächst eine Pyramide in der dunkelsten Zimmerecke gebaut. Dann überlegte anders und schob die Dosen unter das Bett, so als ob er sie dort zufällig vergessen hätte. Er hätte sie früher loswerden sollen, aber an wen und wann? Und nun könnte Sofia die Dosen als herabwürdigende humanitäre Spende wahrnehmen und das wollte Jakob unbedingt vermeiden.

Den Koffer wickelte er extra in eine große Plastiktüte ein. Es sollte wie ein Paket aussehen und keine neugierigen Blicke auf sich ziehen. An seinen letzten Morgen war Jakob nicht zu einem Gespräch fähig. In seinem Zimmer war es kalt, es regnete, die grauen, niedrig hängenden Wolken drohten direkt in seinem Zimmer zu platzen.

Die Großmutter wartete in der gut geheizten Küche auf ihn. Sie sah aus, als ob sie die ganze Nacht hier am Küchentisch verbracht hätte, wie eine vertrocknete alte Blume in einer Vase, die man erst vergessen hatte wegzuwerfen und die dann mit ihren toten, ausgedörrten, zerbrechlichen Blättern neue Schönheit gefunden und daher weiter stehen gelassen wurde. Sie war aber nicht allein. Jewgenij saß neben ihr und rührte konzentriert den Kaffee in einer kleinen Porzellantasse um. Vor ihm lag eine Plastiktüte, nur ein bisschen kleiner als Jakobs Koffer. „Das Taxi ist da." Was wie eine fröhliche Überraschung klingen sollte, ähnelte eher einer herausgepressten Höflichkeit. Das gestrige Erlebnis schmerzte die beiden noch, Jakob wollte es einfach vergessen, und Jewgenijs Anwesenheit erinnerte ihn wieder an seinen Wutausbruch.

Jakob stand mit dem leichten Rucksack in einer Hand und dem Koffer in der anderen an der Türschwelle. „Ist Sofia nicht da? Ich wollte mich verabschieden." Jewgenij übersetzte die Frage „Nein, sie ist in der Schule. Ich kann sie aber zurückholen. Soll ich?" Die Alte machte eine eilige bereitwillige Bewegung, als ob sie schon aufstehen wollte. „Nein, nein, nicht nötig. Sie hat meinetwegen schon genug Unterricht verpasst. Ich werde ihr eine Karte schreiben."

„Jakob, nimm sie mit." Und nach einer kurzen Pause: „Bitte. Darka hat es mir versprochen." „Ich kann Sofia leider nicht mitnehmen, das müssen Sie schon verstehen. Ich werde mit meiner Bobe darüber sprechen, dass sie Ihnen so unbedacht solch leichtfertige Versprechungen gegeben hat." Seine Stimme rutschte trotz all seiner Bemühungen in den Intonationsbereich eines Seelenklempners

252

beim Gespräch mit einer Dementen. Die beiden Alten hatten in ihrem naiven Plan völlig die Realität vergessen. Niemand in Jakobs Bekanntenkreis hat sich ein deutlich jüngeres, ach was: noch minderjähriges, völlig abhängiges Mädchen aus dem Ausland als Partnerin ausgesucht. Und er wollte gewiss nicht der erste sein. Er suchte Unterstützung bei Jewgenij, doch der streichelte seine Plastiktüte, und übersetzte wie eine intonationslose mechanische Puppe den Dialog.

„Jewgenij, kannst du auch etwas sagen? Wo ist deine gewohnte Beredsamkeit?"

„Ich wurde hier nur um die Übersetzung gebeten. Und als Taxifahrer. Ich glaube, ich werde mich heute auf diese zwei Beschäftigungen beschränken..."

„Okay! Danke. Dann übersetz bitte das Folgende, " Jakob machte eine Pause, er wollte nicht, dass Sofias Großmutter seine verärgerte Stimme auf sich bezog. Er atmete tief ein und aus.

„Liebe Darka, bitte verstehen Sie mich. Sofia ist eine wunderschöne, junge und sehr kluge Frau. Sofia muss lernen, die Schule beenden und dann weiter an einer Uni studieren. Was sollte sie jetzt in Deutschland tun? Ohne einen Schulabschluss? Sie muss erst eine gute Bildung bekommen, dann kann sie reisen, wohin sie will, sich beruflich verwirklichen, unabhängig werden. Das ist ihr Weg, und nicht, illegal nach Deutschland geschleppt und in einer Küche eingesperrt zu werden."

„Nimm sie mit, sie ist hier nicht sicher, niemand wird sie zur Frau nehmen, sie hat hier gar keine Zukunft". Ihre Hände auf dem Griff ihrer Krücke verschränkt, zitterten sichtbar, sie schnappte nach Luft und sprach leise, als ob sie Atemnot hätte. Jakob hatte Angst, dass die Alte jetzt vor ihm kollabieren würde.

„Beruhigen Sie sich bitte. Wollen Sie ein Schluck Wasser? „Er ließ seinen Rucksack auf den Boden fallen und setzte sich neben sie, legte seine Hand auf ihre Schulter. Sie ignorierte seine Frage.

„Ich habe dir geholfen, du musst mir auch helfen, sie muss von hier weg, in Deutschland kann sie ein neues Leben anfangen."

„Sie kann aber nicht so einfach in Deutschland bleiben, verstehen Sie? Sie braucht ein Visum, auf welches sie jetzt keinen Anspruch hat. Seien Sie vernünftig. Sie können außerdem nicht für Sofia entscheiden, wahrscheinlich will sie gar nicht weg von hier? Und sie müssen verstehen, dass sie das gute Recht hat, selbst zu entscheiden und ihr eigenes Schicksal zu wählen."

Die Alte atmete tief ein und ließ ihre Krücke fallen, die sie bis zum letzten Moment festgehalten hatte, so als ob sie jeden Moment aufstehen würde, um Sofia holen zu gehen: „Geh, fahr weg, sag deiner Alten, dass ich meine Schulden bezahlt habe, sie soll mir nicht mehr schreiben. Ich will ihre Briefe nicht." Sie schüttelte seine Hand von ihrer Schulter ab.

Jewgenij stand zuerst auf. Seine Tasse blieb randvoll. Er nahm vorsichtig seine Tüte, wie ein totes Kind und sagte zu Jakob: „Komm, dein Bus fährt bald." Jakob stand auf, nahm seinen Rucksack, zog seine alten Schuhe und die Jacke an. Es irritierte ihn, dass seine uralten Wanderschuhe frisch geputzt und gebürstet waren, sie glänzten in der Farbe, die sie schon unmittelbar nach ihrem Kauf verloren hatten und bis zur Reise nach Skolywka nie wieder angenommen hatten. Es wäre ihm lieber gewesen, weiter den Schmutz auf den Schuhen zu tragen als dieses dumme Schuldgefühl, das ihn ab heute durchbohren wird. Alte Hexen.

Gleich nach Verlassen der Türschwelle suchte er sich eine Pfütze und ging mit Plitsch und Platsch durch deren tiefste Stelle, sodass die frisch zurückgewonnenen Farben wieder traurig unter einer dicken Schicht fruchtbarer ukrainischer Erde versteckt wurden. Jewgenij bekam auch eine Portion von Jakobs Ärger auf seine Hose, doch er schüttelte nur schweigend seine Hose und folgte Jakob zum Tor.

„Sofia, es tut mir leid, aber ich kann nichts machen! Verstehst du?" Jakob schaute bei diesen Worten weiter in Richtung des Gartentors, sodass Jewgenij nicht verstand, an wen sich Jakob mit seinen Rechtfertigungen wandte, an ihn oder weiter an Darka. „Ich kann so ein junges ukrainisches Mädchen nicht einfach nach Deutschland schleppen und ihr Leben dort von Null an neu gestalten. Man könnte annehmen, dass ich ein Menschenschlepper oder, Gott bewahre, ein Zuhälter bin. Ich würde dann in null Komma nichts aus meinem Gymnasium fliegen und dann noch mit dem Sozialamt, dem Auswärtigen Amt und Gott weiß noch mit welchen

Ämtern zu tun bekommen. Es ist auch ein Stück weit die Schuld meiner Bobe und ich war dumm genug, ihren absurden Bitten nachzukommen." Er knallte mit ganzer Kraft das Gartentor zu und trat auf die Straße. Jewgenij ging vorsorglich gute zehn Meter hinter Jakob, wartete, bis die Pforte nach wildem Hin- und Herschwingen zur Ruhe kam und öffnete die hintere Autotür für den, in der Mitte einer tiefen Pfütze stehenden Jakob. Auf den Beifahrersitz legte er vorsichtig seine Tüte.

Am Bahnhof stand nur ein einziger Bus, die regennassen Bussteige waren menschenleer. Jewgenij brachte das Auto fast vor den Bustüren zum Stehen. „Jakob, ..." fing er unsicher an: „das Paket..." „Warte, warte! Gib bitte dieses Geld der Großmutter von Sofia, das ist mein Dank für die Unterkunft und das Essen und alles andere. Sorry, ich habe keinen Briefumschlag bei mir, wenn du einen hast, dann kannst du es hineinpacken, wenn nicht, dann ist es auch okay. Ich habe vergessen, ihr das Geld heute zu übergeben."

„Gut, das mache ich für Dich" Jewgenij nahm den dünnen Stapel von Geldscheinen und packte ihn zerstreut ins Handschuhfach. „Jakob, ich habe etwas für dich. Das ist kein Geschenk, ich weiß nicht, wie ich das beschreiben kann. Nimm das einfach mit, pack es bitte nicht jetzt aus. Später. Unterwegs. Bitte." Jewgenij reichte Jakob die Plastiktüte. „Und jetzt schnell, dass du noch einen guten Sitzplatz erwischst." Als zusätzlichen Motivationsfaktor schaltete Jewgenij den Motor an, so als ob er Jakob aus dem fahrenden Auto werfen wollte.

Dass Jewgenij sich das mit dem freien Platz ausgedacht hat, wurde Jakob sofort klar, als er in den Bus einstieg. Nicht mal der Busfahrer war zu sehen. Jakob suchte sich einen Platz in der letzten Reihe am Fenster aus, warf den Rucksack auf den Nachbarsitz in der schwachen Hoffnung, dass dieser andere Passagiere abschrecken würde. Den Koffer und das Paket platzierte er auf seinem Schoss. Er blickte durch das Fenster in den strömenden Regen. Jewgenijs Auto war schon weg. Das eingewickelte Paket lag schwer auf Jakobs Schoss. Ehrlich gesagt hatte er kein großes Interesse diese Plastikrolle auszupacken. Geschenke und Mitbringsel waren ihm in diesem Augenblick ziemlich egal. Er saß im leeren Bus und starrte die Regentröpfchen an.

Nach guten zwanzig Minuten kamen die ersten Passagiere. Gott sei Dank bemerkten sie Jakob nicht, oder taten so, als ob sie ihn nicht bemerkten. Zehn Minuten nach der Abfahrtzeit, als Jakob schon anfing, seine Zeit bis zur Abreise auszurechnen, erschien der Busfahrer höchstpersönlich an der Bustür und rief laut nichts anderes als „Sandleriw! Jakiv Sandleriw!" Bis Jakob sich von der Überraschung erholt hatte, zeigten alle Passagiere auf ihn, so war es mit seiner Anonymität vorbei.

"Jakiv Sandleriw?" Überrascht nickte Jakob dem Busfahrer zu. Der große Mann im Regenmantel, von dem es auf alle neben ihm sitzenden Passagiere tropfte, machte sich zu Jakob auf den Weg. Der Durchgang war schon völlig mit Säcken und Taschen zugestellt und der Busfahrer musste sich den Weg unter dem besorgten Summen der Gepäckeigentümer freikämpfen. Dabei schimpfte er laut und sprach etwas auf Ukrainisch, was Jakob natürlich nicht verstehen konnte.

Schließlich erreichte er den erschrockenen Jakob und lud vorsichtig zwei weitere Tüten auf seinen Rucksack obendrauf. Dabei zeigte er mit seinen Fingern auf die beiden Taschen und sagte laut und langsam, als ob Jakob gleichzeitig taub und dumm wäre: „Ruslana! Ruslana!"

Jakob nickte ihm, ohne ein Wort zu sagen, noch einmal zu. Der Fahrer, endgültig enttäuscht von Jakobs intellektuellen Fähigkeiten, wiederholte Ruslanas Name noch einmal und fragte ihn dann: „Ticket?" Dabei nahm er das Ticket eines anderen Reisenden und wedelte damit vor Jakobs Nase. Schweigend reichte Jakob ihm seinen Fahrschein. „Spaleolog?"[90] „Tourist", antwortete Jakob düster. „Jawohl" sagte der Fahrer freundlich auf Deutsch, klopfte ihm einmal kräftig auf die Schulter, drehte sich um und fing an, von den anderen Passagieren die restlichen Fahrscheine auf dem hindernisreichen Rückweg zu seinem Sitz einzusammeln. Nach weiteren zwanzig Minuten begann der Bus endlich seine Fahrt von Skolywka nach Lemberg.

Das oberste Paket auf Jakobs Gepäckpyramide war das leichteste. Es war nur eine weiche Plastiktüte, mehrmals um sich selbst

---

90 „Höhlenforscher" auf Ukrainisch

Matzewe in meinem Garten

herumgewickelt. Er legte sie vorsichtig zur Seite. D zweite Tüte von Ruslana war schwerer und fühlte sich so an, als ob es aus vielen anderen kleineren Päckchen bestand. Jakob wickelte sie aus und ein unglaublich leckerer Geruch verbreitete sich sofort im ganzen Bus. Die Passagiere wendeten interessiert ihre Köpfe in Jakobs Richtung. Ihm lief das Wasser im Munde zusammen, als er vorsichtig hineinschaute. Ringe von selbst gemachter Wurst, hauchdünn geschnittener Rauchspeck, frisch gebackenes Brot und kleine Fleischbällchen, jedes mit einem Zahnstocher mit einer kleinen Gewürzgurke verbunden. Es würde für ein Festessen einer kleinen Gruppe von selbstlosen Fleischessern reichen. Jakob nahm vorsichtig einen Spieß und schob ihn in den Mund. Er spürte die neidischen Blicke seiner Mitreisenden, doch der Geruch und der Anblick herrschten in diesem Moment über alle ethischen und moralischen Grenzen. Angesichts des verschmähten Frühstücks war diese Mahlzeit Jakob mehr als willkommen. Er naschte noch ein paar Fleischbällchen mit Gewürzgurken und verschloss die Plastiktüte wieder möglichst luftdicht. Er würde in Lemberg keine Zeit für Einkäufe haben und die Busreise versprach lang zu werden, also würde er den Proviant noch brauchen.

Die kleinere Tüte duftete nicht und war deutlich weicher als die erste. Etwas Weißes schimmerte durch die dünne Folie. Jakob wickelte, noch kauend, auch diese Tüte auf und hob dann gleich abwehrend seine Hände, als ob er sich ergeben wollte. Der feine weiße Stoff mit einem vergleichbar feinen dunkelgrünen Muster hatte einen männlichen Kragen und war wahrscheinlich ein Hemd. Mit hoch erhobenen Händen saß er schweigend auf seinem Platz, er schaute das feine weiße Wunder an, das in gefährlicher Nähe zu den Würsten und dem Speck auf seinem Schoss lag.

Ein altmodisches blaues Herrentaschentuch erschien vor seiner Nase. Die helfende Hand mit dem Tuch gehörte seiner Nachbarin aus der Reihe vor ihm, die ihn bei ihrem Hilfsangebot nicht mal anschaute. Ihre Augen waren völlig in Ruslanas Handarbeit versunken. Sie kniete Jakob zugewandt auf ihrem Sitzplatze und hing über ihm wie eine dicke Wolke ab. Sie sagte etwas zu ihrer Nachbarin, die auch auf ihren Sitz kletterte, um Jakobs Geschenk zu bewundern. In der Antwort der ersten Frau konnte Jakob nur zwei

Worte verstehen: „Ruslana und Schydiwka" Er nahm das Taschentuch und wischte schnell seine fettigen Hände ab und mit einem trockenen „Djakuju"[91] packte er so schnell wie möglich sein neues Hemd wieder weg.

Mit dem Öffnen der restlichen Pakete würde er lieber bis zu einem sicheren Platz warten, wenn es nicht mehr schaukelte und keine Wurst im Wege läge und keine neugierigen Augen seine zitternden Hände und seine beschleunigten Atemgeräusche beobachten könnten. Er machte die Augen zu und Ruslana selbst erschien vor Jakob und unsichtbar für alle im Bus. Sie schaute ihn mit ihren wundervollen, alles duldenden, liebevollen Madonnen-Augen an. Er atmete tief ein und aus, diesen Aspekt seiner Reise sollte er auch hinter sich lassen. Wahrscheinlich war sie die Einzige, die er wirklich gerne mitgenommen hätte. Wenn die Bobe ihn gebeten hätte, nicht Sofia, sondern Ruslana mit nach Deutschland zu bringen, hätte er anders gehandelt? Er scheute weg seine Wunschträume.

Die kleine Tüte mit dem vermutlichen Hemd packte Jakob ganz vorsichtig in seinen Rucksack, machte ihn zu und legte oben auf den geschlossenen Rucksack die Provianttüte. Das letzte Paket, das ihm Jewgenij übergegeben hatte, diente ihm bis jetzt als ein Ausklapptisch.

Das Paket war schwer und flach, was in Deutschland höchstwahrscheinlich Bücher bedeuten würde. Doch hier in der ukrainischen Wildnis hatte sich Jakob daran gewöhnt, in einem anderen kulturellen Kontext zu denken und schloss die langweilige Buchvariante fast sofort aus.

Jewgenij war deutlich großzügiger mit dem Verpackungsmaterial als Ruslana gewesen. Nach der ersten Schicht aus dichtem Plastik entdeckte Jakob einen zusammengefalteten A4-Bogen, was wahrscheinlich ein Begleitbrief sein sollte. Jakob entschied, zuerst den Inhalt anzusehen und dann die Grüße zu lesen. Nach mehreren Schichten grauen Packpapiers und noch mit Klebeband befestigter Luftpolsterfolienhülle stieß seine Hand endlich auf eine harte, raue Oberfläche. Nach ein paar weiteren grabenden Handbewegungen

---

91 „Danke" auf Ukrainisch

schaute Jakob ein aus hellem Stein gehauenes kleines Männlein mit winzigen Augen an.

Vergessend zu atmen, spreizte Jakob die Reste des Verpackungsmaterials auseinander. Das Männlein fand den Boden unter seinen Füssen, es war ein Schiffsdeck. Der kleine Händler hielt sich am Mast fest, und ein großer Stapel von Säcken und Kisten drohte jeden Moment auf ihn umzukippen, so stark war der Wind, der alle Segel des Handelsschiffes blähte. Das Ganze wurde zwischen zwei Kulissen dargestellt, so als ob es eine Theaterbühne wäre. Der Stein hatte fünf Ecken, die obere Ecke war der Ausgangspunkt dieses theatralischen Vorhangs mit einer kleinen Krone in seiner Mitte. Unten sah man den frisch abgesägten Rand, und dem Aussehen nach war der Stein so weiß und glatt, dass er Marmor ähnelte.

Keine Inschrift, keine Datierung, nichts. Jakob nahm vorsichtig den Stein in beide Hände, schaute ihn von allen Seiten an, fand aber keine Bestätigung seiner vorsichtigen und sehr beängstigenden Vermutung und erinnerte sich an den Zettel. Es saß in einer Wolke von Wurstduft, vergraben unter Plastikfolienfetzen, Papierstückchen und zerrissenen Tüten, und schaute sich hilflos um, in der schwachen Hoffnung den Begleitbrief zu finden. Endlich schimmerte ein Eckchen des Papiervierecks hinter seinem Rucksack hervor. Er fischte das Papier heraus, ohne den Stein loszulassen und faltete es mir einer Hand auf. Aus dem Brief fiel ein Hundertdollarschein auf den Boden.

„Lieber Jakob, sei ruhig, es ist nicht so ungeheuerlich wie du, als ein echter gesetzestreuer Deutscher, denken könntest. Du schaffst es locker, dieses Stück über die Grenze zu bringen. Sag einfach, es sei ein Dekorationsobjekt für den Garten! Glaub mir, die beim Zoll haben noch nie in ihrem Leben eine Matzewe bewertet oder überhaupt eine gesehen. Und wenn wirklich etwas schiefgehen sollte, gib ihnen ohne weitere Worte zu verlieren, die kleine Beigabe, die ich als Notlösung für diesen Fall mit in diesen Brief gesteckt habe.

Jetzt zu deiner Frage, die Dir bestimmt gerade auf den Lippen brennt, und keinen Adressaten findet. Ich habe heute früh eilig eine kleine Rettungsaktion unternommen. Ja, ja. Ich hoffe, dass du es nicht vorschnell engstirnig als Vandalismus bezeichnen wirst, sondern doch als eine Rettungsaktion verstehst. Denn ich habe meine Perle vor dem Untergang gerettet. „Malka, Tochter von Jitzhak Babada" steht auf der Matzewe. Diesen Teil habe ich ohne Gegenmaßnahmen, durch den Einfluss von Regen, Wind, ungeschickten Händen und nasser Bettwäsche verfallen lassen. Gestern Nacht ist mir diese Idee gekommen, diese Matzewe, die ich nicht geschafft habe, dir gestern zu zeigen, doch noch vor Zerstörung und menschlichem Vergessen zu retten. Bei dir wird sie in besseren Händen sein, hier kann ich sie nicht beschützen. Außerdem denke ich mir, dass die Rettung dieses Kunstgegenstandes dein Schuldgefühl, deine Verzweiflung und Hoffnungslosigkeit zweifellos lindern könnte. Und je länger ich darüber nachdachte, desto logischer und schöner erschien mir diese Idee. Ich betrachte meine Tat als Evakuierungsaktion und hoffe, dass du meine Meinung, wenn nicht sofort, so später teilen wirst und mit der Zeit verstehst. Pass auf sie auf. Sei mir nicht böse. Von einem sinkenden Schiff bitte ich dich um Hilfe.

Dein Jewgenij

Also doch die Matzewe! Eine zweihundert Jahre alte Matzewe in seinem Rucksack. Wie viele Jahre bekommt man für das Schmuggeln von staatlichem historischem Kulturerbe? Gibt es in Lemberg eine deutsche Botschaft? Soll er sofort seine Familie anrufen, solange er diese Möglichkeit noch hat?

Mit laut klopfendem Herzen, mindestens so laut wie Donnerrollen, schaute sich Jakob um, fand aber keine neugierigen Augen seiner Mitreisenden auf sich gerichtet. Zwei Damen auf den Plätzen vor seinem, dösten mit leisem Schnarchen, und auch andere Passagiere schienen kein Interesse an seinen Sachen zu zeigen. Er wickelte die Bruchstücke der Matzewe in die schon untrennbare Mischung aus Papier und Plastik und schob sie zwischen die Lehne des Vordersitzes und seinen Rucksack. Scheiße. Was sollte er jetzt bloß machen? Jakob entschied sich, seine Atemzüge zu zählen, immer bis vier und dann wieder von vorn. Ungefähr nach vierzig Atemzügen, als ihm schon schwindelig war, verlangsamte sich sein Herzschlag wieder und Jakob schaffte es, seine zu einer Faust zusammengepressten Finger zu entspannen.

Zweieinhalb Stunden später stieg ein Mann aus einem Bus vor dem Lemberger Hauptbahnhof. Auf seinem Rücken trug er einen schweren Rucksack, in seiner linken Hand hielt er eine halb zerrissene Plastiktüte, durch ihre Löcher war schmutzige Wäsche sichtbar. In der anderen hielt er einen kleinen auch in Plastik eingewickelten Koffer. Der Mann schmiss die zerrissene Tüte mit der Wäsche auf den Müll, blieb kurz vor den Bahnhofstüren stehen, drehte sich um, atmete dann tief aus und betrat den Wartesaal.

Epilog

Wo versteckt sich die Petersilie? Jakob schaute sich um. Verdammt, er hätte besser doch die Packung aufheben müssen. Selbst schuld, eine Sorte ausgesucht zu haben, die im Dehner-Gartenmarkt am interessantesten aussah, um sie dann im eigenen Garten nicht wiederzuerkennen. Angeber. Sein Anfängerniveau reichte gerade, um Möhrenkraut von Blättern der roten Beete zu unterscheiden, er hätte sich doch auf ganz klassische Petersilie beschränken sollen. Und was war denn das? Jakob beugte sich zum Hochbeet empor und roch an einem kleinen Pflänzchen mit schönen Blättern und zarten weisen sternartigen Blümchen. Sind die essbar? Oder hatte er sie aus dekorativen Gründen ausgewählt? Außerdem konnte er sich gar nicht entsinnen, ob er sie überhaupt an diesen Platz gepflanzt hatte. Wahrscheinlich war das überhaupt nur Unkraut. Nach kurzer Überlegung zog er die ganze Pflanze aus dem Boden. Besser sicher zu gehen und keinem Unkraut eine Chance zu geben. Bei dem Auszupfen entdeckte Jakob nicht mal 10 Zentimeter weiter die vermutliche Petersilienreihe. Bei der kurzen Riechprobe bestätigte sich der charakteristische Geruch. Gefunden. Genau fünf Blätter, eins von jedem winzigen Pflänzchen, nicht so, dass er alles auf einmal erntet, weil die hellgrünen delikat riechenden Pflanzen gerade erst vor zwei Wochen das Sonnenlicht erblickt haben.

Er richtete sich auf, und schaute sich in seinem eigenen kleinen Gärtchen um. Alles strahlte noch nach frischen Farben. Entlang des niedrigen Holzzäunchens wuchsen in regelmäßigen Abständen Kletterrosen, die noch nicht mal ihre eigenen Kletterhilfen erreicht hatten, geschweige denn den Zaun. Drei Sträuchern Johannisbeeren, einer rot, einer schwarz und einer gelb versprachen, ihn mit ersten Früchten zu verwöhnen – allerdings erst im nächsten Jahr.

Voller für Außenstehende wohl unangemessen wirkenden Stolz kehrte Jakob mit dem kleinen grünen Sträußchen in seinen Händen zurück ins Haus. Das Haus, das eher wie eine ausgebaute ehemalige Datsche wirkte, so klein und einfach, war frisch in einem hellgrün-zitronengelbem Ton gestrichen. Die Farbauswahl, die sich von der all seiner Nachbarn, Besitzern größerer, farbig deutlich bescheidenerer Einfamilienhäuser, unterschied, hätte ein Fall für die dringende Einmischung des lokalen Bauordnungsamtes sein sollen.

In der kleinen Stube war es sonnig und warm. Jakob hatte das einzige Fenster persönlich vergrößert und dabei leider die Heizung beschädigt, deren Reparatur ihn letztendlich fast ein Viertel des Hauspreises gekostet hat. Doch die Fenstervergrößerung hatte sich trotzdem gelohnt, die Sonne erreichte nun jede Ecke seines Wohnzimmers und die Blätter und Äste des einzigen vor dem Haus stehenden Baumes, einer krummen Alpenbirke, schickten jede Sekunde wechselnde Schattenornamente an seine Wohnzimmerwände. Auf dem runden Tisch mit einer altmodisch gehäkelten Tischdecke stand ein Teeservice mit blauen Blümchen. Die dampfende Teekanne versprach heißen Genuss von Lindenblütentee und auf einem länglichen Metallteller lag eine bunte Palette von Kuchenstückchen: Donauwelle, Bienenstich, Zwetschgenkuchen. Als gesunde Abwechslung sollte auch ein Obstsalat serviert werden. Petersilie, die Jakob fest mit jeglichem Salat verbindet, würde genau zu diesem Zweck dienen. Die unbekannte Pflanze mit den kleinen weißen Blüten aus dem Hochbeet bekam ihren Platz in einer kleinen Vase in der Mitte des Tisches.

Hatte er noch etwas vergessen? Sie wird, wenn er genau darüber nachdenkt, abgesehen von seiner Mutter, die ihn zu Silvester besucht hatte, die erste Besucherin in diesem Jahr sein. Seine Sorgfalt galt aber nicht nur dem seltenen Besuch, sondern auch dem Versuch, die Hilfe und Gastfreundschaft seines Gastes zu erwidern.

Das leichtsinnige Spiel der tanzenden Schatten der Birkenblätter an der Zimmerwand wurde von einer Silhouette verdeckt. Es klingelte an der Tür. Jakob schaute ein letztes Mal seinen Tisch an. Er fand alles in Ordnung und beeilte sich, zur Tür zu gehen.

„Hallo Sofia! Ich freue mich so sehr, dich wieder zu sehen! Du hast den Weg hoffentlich ohne Problem gefunden?"

„Hallo Jakob!" Eine schöne junge Frau stand auf der Türschwelle. „Ich mich auch! Deine Adresse zu finden, war kein Problem, ich wusste aber nicht, dass der Bus erst ungefähr zwanzig andere Dörfer anfahren wird. Ich kann sagen, dass ich heute eine

Epilog

Rundfahrt „deutsches Landleben" gehabt habe. Schau, was ich dir mitgebracht habe: Entschuldige, es wurde im Koffer ein bisschen gequetscht." Sie reichte ihm ein in Geschenkpapier eingewickeltes Päckchen.

„Komm erst mal rein, Sofia, es ist jetzt Kaffee- und Kuchen-Zeit, du bist wahrscheinlich nach der Reise schon hungrig. Seit wann bist du in Deutschland? Ich habe mich sehr gewundert, als du in deiner E-Mail schriebst, dass du ein Jahr in Berlin studieren wirst."

„Cool, oder? Ich bin schon fast einen Monat da und die Kaffee- und Kuchen- Tradition gehört schon zum Highlight jeden Tages." Sie lächelte Jakob an. Er nahm das Geschenk aus ihren Händen und begleitete sie ins Wohnzimmer.

„Eine Tasse Kamillentee? Die Kamille ist aus meinem Garten…" Sofia bemerkte leider nicht den Stolz in Jakobs Stimme.

„Ja, Kamille ist auch okay. Öffne aber bitte schnell das Geschenk! Ich kann mich selbst bedienen." Sie goss sich eine Tasse Tee ein und legte auf einen Schlag zwei große Stückchen Kuchen auf ihren Teller. Jakob setzte sich neben sie und machte das Paket auf. Ein Taschenbuch, mittelgroß, mitteldick, mit glänzenden bunten Seiten lag in seiner Hand. „Reiseführer durch jüdische Friedhöfe in der Westukraine", Übersetzung vom Ukrainischen ins Deutsche, herausgegeben vom Lemberger Verlag "Academy.ua".

„Wie schön!" Und das war keine gekünstelte Begeisterung, „besser später als nie. Hätte ich es früher gehabt, wäre ich bestimmte auf meine Ukrainereise besser vorbereitet gewesen. Und, warte mal," den Witz konnte er sich nicht verkneifen: „Ein ukrainisches Buch ohne eine Abbildung nationaler Dichter und Kirchenglocken? Nicht möglich…"

Sofias Hand schwang mit dem dritten Kuchenstückchen zu ihrem Teller. „Seit wann bist du so bissig geworden, Jakob? Bei mir zu Hause warst du die weltoffene, friedensstiftende Unschuld in Person – und hier zeigst du mir dein wahres Gesicht, was?" Das Kuchenstück fand sein Ziel. „Ja, diesmal ein Buch ohne ukrainische Dichter. Und ja, du warst wirklich sehr schlecht vorbereitet, hier muss ich dir zustimmen. Darf ich mir noch ein Stückchen Kuchen nehmen? Ich habe heute nur gefrühstückt und alles, was hier steht, sieht so lecker aus! Aber warum ist im Obstsalat Petersilie?"

„Eine lokale kulinarische Tradition", nuschelte Jakob: „Noch eine Tasse Tee? Kaffee? Darfst du schon Kaffee trinken?"

„Soll ich das als Kompliment verstehen?" Sofia hatte schon den Mund voll und sprach ziemlich undeutlich: „Ja, ich darf, schon ungefähr seit zehn Jahren. Und seit letztem Jahr außer Kaffee auch Bier, Schnaps und leichte Drogen." Sie lachte mit einer Hand vor dem Mund um die zerkauten Kuchenreste nicht zu verlieren. „Bloß ein Witz, Jakob, mach dir bitte keine Sorgen! Heute begnüge ich mich mit deinem Kuchen und Kamillentee."

„Wie geht es deiner Oma? Ist sie auch da? Ich habe ein Mitbringsel für sie." Sofia fischte aus der Tasche eine Pralinenschachtel, „trockene Pflaumen mit dunklem Schokoladenüberzug. Die größte Packung, die ich in Lemberg finden konnte," sagte sie stolz.

„Das ist sehr lieb Sofia, sie ist aber leider vor einem Jahr gestorben. Ich bin mir sicher, die Pralinenschachtel hätte sie sehr gefreut."

„Das tut mir leid, ehrlich! Das habe ich in dem Telefonat nicht verstanden."

„Ich habe dir das auch nicht gesagt. Sie ist friedlich im Schlaf gestorben, am Shabbat." Jakob wechselte das Thema. „Und wie geht es dir, Sofia? Gefällt es dir in Deutschland? Und wie geht es deiner Oma?"

„Ach danke, es geht mir ganz gut. Ich lebe schon seit drei Jahren in einer WG in Lemberg, bin also eine erfahrene Einzelgängerin." Ein Lächeln. „Meine Oma, na ja, ihre Kräfte schwinden, und es fällt uns beiden nicht leicht, dass ich jetzt so weit weg von ihr wohne. Aber Frau Ruslana und unsere Nachbarin passen auf sie auf. Ich fühle mich trotzdem nicht richtig wohl, dass sie jetzt allein ist."

„Sie ist eine harte Nuss, Sofia, das weißt du besser als ich" tröstete sie Jakob. „Und deine Mama? Hat sie sich gemeldet?"

„Das kann man so sagen. Aber nicht persönlich," Sofia biss sich kurz an die Lippe: „wenn man mit „Meldung" einen Brief voller Geld verstehen kann. Das sollte das Geld für mein Studium sein.

Epilog

Erst wollte ich kein Geld von ihr nehmen, ich fand die Kommunikation, gelinde gesagt, schon merkwürdig, nicht mal eine Absenderadresse stand auf dem Brief. Jewgenij hat ihn uns gebracht, wie er ihn bekommen hat, wollte er uns nicht mitteilen. Ich wollte ihm das Geld zurückgeben. Da hättest du mal sehen sollen, welches Theaterstück meine Oma gemacht hat. Nach zwanzig Minuten waren Frau Ruslana, Jewgenij, alle Nachbarn und ein Ambulanzwagen mit Sergeant Storohzyuk als Begleiter bei uns zu Hause. Zwei Tage später füllte ich die Formulare an der Lemberger Uni aus. Und…" Sie machte eine Pause, wie im Zirkus vor einem großen Sprung, „…und ich wurde angenommen. Und das ist noch nicht alles: Jetzt brauche ich auch keine Hilfe mehr. Ich bekomme selbst ein Stipendium und außerdem dieses Austauschprogramm hier in Deutschland. Ich bin reich wie ein Scheich und kann selbst meiner Oma Geld schicken!" Jakob staunte über Sofias vor Stolz und Freude strahlende Augen. Eine kleine Siegerin saß vor ihm in seinem Wohnzimmer. Und er war gewiss nicht sparsam mit seinem Lob: „Gut gemacht Sofia! Ich wusste, dass du deinen Weg im Leben finden würdest! Dass du es schaffst, alle deine Ziele durchzusetzen."

„Das ist aber noch nicht alles, hör weiter zu, Jakob. Weißt du eigentlich, was ich studiere?" Jakob wollte in diesem Moment dringend ein Schlückchen Kaffee trinken. Und ohne seine Lippen vom Tassenrand zu lösen, fragte er leise: „Das weiß ich wirklich nicht. Was denn?"

„Geschichte." Eine theatralische Pause entstand: „Genauer gesagt, ich habe die ersten drei Jahren die Geschichte der Ukraine studiert, jetzt habe ich aber in meinem Magisterprogramm eine besondere (das Wort „besondere" betonte sie dabei ganz deutlich) Spezialisierung. Ich studiere Judaistik, Jakob!"

„Nimm das" sagte ihr Gesicht und ihre ganze Pose. Jakob presste weiter seinen Lippen fest an den Tassenrand. Sein langgezogenes „Mmmmm" ließ einen breiten Interpretationsraum, den Sofia als Begeisterung bzw. Bewunderung wahrnahm. „Cool, oder? Das Magisterprogramm Judaistik wurde erst vor einem Jahr eröffnet. Meine Gruppe hat schon fünfzehn Studenten. Und du wirst mir nicht glauben, was wir alles lernen und nicht nur das, was wir alles machen! Wir katalogisieren Archive, ich habe dort Dokumente gesehen, die seit ihrem ersten Tag im Archiv niemand vor uns jemals wieder angefasst hat. Niemand konnte sie lesen, Hebräisch und Jiddisch. Wir haben aber jetzt zwei Sprachkurse, und alle Teilnehmer des Magisterkurses lernen jetzt Hebräisch und Jiddisch. Nur Basiswissen, aber man kann ein Stipendium zum Sprachkurs in Israel bekommen und ich habe mich schon beworben! Jakob, ich finde das alles total cool. Und hier habe ich andere Judaisten kennengelernt. In Lemberg sind wir so etwas wie seltene Vögel, wie Tolkinisten oder die, die sich als Ritter verkleiden und mit ihren Pappschwertern in Wäldern und Feldern herumfuchteln. In Berlin gibt es auch andere Verrückte, so wie mich! Und sie finden mich cool! Wie cool ist das denn!"

Keine Skepsis, keine Ablehnung, keine Übersättigung von Wissen, Erwartungen der Professoren, keine Gleichgültigkeit gegenüber dem Lernstoff und die penible Aufrechnung von Punkten, die den weiteren Empfang des Stipendiums garantieren sollen, um nur bloß nicht ohne Geld und ohne Diplome ins Elternhaus zurückzukehren. Sofia strahlte pure Freude und Gier eines neu Eingeweihten aus, dem der Zugang zum Reichtum des Wissens plötzlich eröffnet wurde.

„Das Buch, das ich dir geschenkt habe, und das du so nett angenommen hast, haben auch wir vorbereitet. Öffne die Seite 48! Na, schnell! Ich möchte deine Augen sehen!" Zum ersten Mal seit ein paar guten Minuten löste Jakob seine schon fast verbrannten Lippen vom Tassenrand. Er blätterte im Buch, fand die angegebene Seite und sah ein kleines Foto an. Das Kapitel hieß Jüdische Friedhöfe. Auf dem Foto war eine Gruppe von Menschen zu sehen. Wie Ameisen arbeiteten sie tüchtig zwischen hohen Steinen. Zwei junge Männer sägten ein Baum ab, der zwischen zwei Matzewen wuchs, andere zupften Unkraut und säuberten Inschriften von Moos und Schmutz. Sofia war die Einzige, die dem unsichtbaren Fotografen posierte, sie stand neben einer Matzewe und zeigte, wie sie ein kleines Gedenksteinchen oben auf die Matzewe legte." Das Foto hatte eine Unterschrift: „Jüdischer Friedhof in Skolywka, Region Lviv." Das Foto war ein Teil des Kapitels, in dem Jakob folgendes las: „Der Friedhof Skolywka wurde erstmals Ende des 18. Jahrhunderts im

Epilog

Kataster Skolywka erwähnt. Zu dieser Zeit zählte der Friedhof dreißig Matzewen, und wurde 'neuer jüdischer Friedhof' genannt. Bis zum Beginn des Zweiten Weltkrieges gab es schon fast zwölftausend Matzewen. Der Friedhof gehört zu einem der größten Friedhöfe Europas. Fast alle Matzewen wurden in einer kleinen Werkstatt von lokalen Steinmetzen hergestellt. Die heimischen Handwerker haben eigene plastische Traditionen entwickelt. Diese zeichneten sich durch besonders viel Fantasie aus, voller Themen, die weit über die klassischen religiösen Motive hinausreichten, Eine Gruppe reicher lokaler Händler bestellte Matzewen, die auch ihr alltägliches Leben in einer romantisierten Form darstellen sollten. So erschien auf der Matzewe eines Bankiers eine Tresortür mit rundem steuerähnlichem Schloss und auf der Matzewe eines Korallenhändlers exotische Fische, Korralen und Seegras.

Die meisten der Matzewen wurden aus heimischem weißem Stein gehauen, der sehr schöne plastische Eigenschaften besitzt, aber gleichzeitig sehr empfindlich gegenüber klimatischen Ereignissen wie Wind, Regen und Kälte ist. Darüber hinaus wurden viele Matzewen durch Menschen beschädigt. Im Zweiten Weltkrieg unternahmen die Nazis einen Versuch, den Friedhof in die Luft zu sprengen, was aber angesichts seiner riesigen Größe und des sehr morastigen Bodens scheiterte. Zu Sowjetzeiten wurde ein Teil der Matzewen mit dem stillen Einverständnis der kommunistischen lokalen Verwaltung von den einheimischen Bewohnern als Baumaterial benutzt. Ein Teil dieser Plünderung kann bis heute auf den Straßen von Skolywka gezeigt werden. Seit diesem Jahr wurde der Friedhof in die Liste des national-historischen Erbes aufgenommen und unter staatlichen Schutz gestellt. Der Friedhof ist momentan wegen seines Zustandes für Besucher geschlossen, es gibt aber die Hoffnung, dass nach Abschluss der Restaurierungsarbeiten eine Öffnung bald möglich sein wird."

„Seegras und Banktüren" wiederholte Jakob nachdenklich. „Heute historisches Erbe unter staatlichem Schutz."

„Verrückt, oder?!" Sofia beobachtete jede Bewegung von Jakobs Augen, während er weiter las, und sagte: „Du solltest mal diese prächtigen Korallen sehen! Der Bildhauer hat sogar einen Kraken abgebildet. Wir haben aber entschieden, darüber nicht zu schreiben, denn es ist schon sehr doppeldeutig. Wahrscheinlich war das seine Art zu sagen: „Hier liegt ein geiziger Krake, der seine Schuldner bis zum Tode ausgepresst hat." Sofia machte ein grimmiges Gesicht und eine Bewegung, als ob sie nasse Wäsche mit zwei Händen auswrang."

„Wie viele Matzewen habt ihr schon gerettet?" Sofias Gesicht verlor seinen lustigen Ausdruck. Sie schüttelte bedauerlich den Kopf: „Das ist ein umgepflügtes weites Arbeitsfeld und es kostet unglaublich viel Geld. Wir haben schon einen Sponsor gefunden: Jewgenij, der Restaurantbesitzer, erinnerst du dich an ihn? Genauer gesagt, hat er uns gefunden, denn es war seine Idee, den Friedhof zu restaurieren. Das Geld wird aber trotzdem nicht reichen, und wir brauchen auch professionelle Restauratoren. Jetzt suchen wir eine Finanzierungsmöglichkeit, deswegen bin ich auch hier. Wusstest du, dass es eine ganze Branche gibt, die Fundraising heißt. Mit anderen Worten, die Wissenschaft, andere zu überzeugen, genau dir und deinem Projekt Geld zu geben und nicht einem anderen. Und ich habe noch einen Kurs Hebräisch belegt und die Geschichte der Juden zwischen den Kriegen, „Polen und noch etwas", weiß es nicht mehr genau was. Und Berlin gefällt mit echt gut, ich weiß nicht, womit ich anfangen soll. Jakob, es ist Wahnsinn!" Jakob lachte: „Es ist aber ein Vergnügen, deine leuchtenden Augen zu sehen, Sofia, und die Ergebnisse deiner Arbeit, das auch."

Leicht errötet wechselte Sofia schnell wieder das Gesprächsthema: „Und wie läuft es bei dir? Ein schönes Häuschen, so süß! Ist es deins?"

„Ja, ganz und gar. Nach dem Tod meiner Oma haben wir unsere Wohnung in der Stadt verkauft und das hier erworben, meine Mutter lebt jetzt wieder, nach fast zwanzig Jahren, mit meinem Vater zusammen. Man kann wohl doch nicht sagen, dass Liebe ein Mindesthaltbarkeitsdatum hat. Und ich... Ich unterrichte weiter am Gymnasium, alles läuft, wie vorher..."

„Jakob, darf ich etwas fragen?"

„Klar, alles was du willst."

„Darf ich den Koffer sehen? Damals wolltest du ihn nicht zeigen, mir zumindest nicht. Und überhaupt, war dein Abschied, äääähm ...."

EPILOG

„Fluchtartig?"
„Na, ich war auch nicht besser. Alles war durcheinander für mich damals. Manchmal konnte ich mit meinen Gefühlen nicht klarkommen. Du, dein Besuch hat alles in Aufruhr gebracht... Mich besonders..." Das Stückchen Zwetschgenkuchen fiel in diesem Moment von Sofias Gabel direkt auf die gehäkelte Tischdecke. „Oh, wie peinlich! Es tut mir leid! Der Versuch das Stück zurückzuholen, bewirkte nur eine Vergrößerung des roten Flecks auf der Decke. Die kläglichen Kuchenreste landeten auf Sofias Schoss. Sie schimpfte leise auf Ukrainisch und Jakob reichte ihr ein Taschentuch. „Mach dir um die Decke keine Sorgen. Sie hat schon viele Flecken und die zur Beseitigung verwendeten Bleichmittel überlebt. Dieser kleine Fleck wird auch verschwinden. Und das Badezimmer findest du im Flur neben der Angangstür. Ich hole inzwischen den Koffer. Es stimmt, du hast ein Recht, den Inhalt zu sehen."

Als Sofia von der Toilette zurückkam, saß Jakob schon am Tisch. Vor ihm lag eine feine Holztruhe, wie von einem teuren Teeservice. „Wenn ich an Skolywka und überhaupt an meine Reise dorthin denke, scheinen viele meiner damaligen Reaktionen kindisch gewesen zu sein. Ich hätte den Koffer zum Beispiel sofort öffnen sollen. Doch jetzt ist es egal." Er machte den Deckel auf. „Erinnerst du dich daran, was ich über meinen Urgroßvater erzählt habe? Dass er Schuster war und die Schuhe, die in dem Koffer lagen, selbst zur Hochzeit meiner Oma angefertigt hatte?" Sofia nickte zustimmend und Jakob holte die in roten Plüsch einzeln eingewickelten Schuhe aus hellem Leder aus der Truhe. Schatten von Birkenblättern tanzten auf Jakobs Händen, spielten mit den arabesken Linien aus den kleinen Löchlein, die sich entlang jeder Naht zogen. Auf den eleganten nicht zu engen nicht zu breiten Schuhspitzen waren keine Gebrauchsspuren zu sehen. „Schön, oder?" Sofia war nur im Stande, sprachlos zu nicken. „Und die Schuhe sind bei uns in Skolywka gemacht worden? Nicht in Paris? Nicht in Wien? Wahnsinn!"

„Das ist noch nicht alles. Schau mal die Absätze an." Jakob nahm vorsichtig einen Schuh und drehte ihn mit dem Absatz nach oben. Auf dem Absatz war ein kaum sichtbarer Kreis zu erkennen. Ein Küchenmesser drang nicht ohne Mühe in den Riss, noch eine leichte Bewegung und ein Teil des Absatzes flogt wie ein Weinkorken auf den Tisch. Im Hohlraum schimmerte etwas Goldenes. Jakob drehte den Schuh und schüttete den Inhalt des Absatzes auf seine Hand. Sofia krümelte das zweite Stück Kuchen auf die Decke, merkte es aber nicht. Auf Jakobs Hand lag eine goldene Zahnkrone. „Noch zwei im rechten Schuh. Mein Uropa wusste, dass seine Tochter Geld brauchen würde und hatte schon im Ghetto seine Goldkronen entfernt und in den Absätzen ihrer Schuhe versteckt. Es war wahrscheinlich in der Nacht von Omas Flucht, oder kurz vorher, denn er hat es nicht geschafft ihr davon zu erzählen, oder sie hat es im Stress einfach vergessen. Auf jedem Fall wusste sie nichts von diesem Versteck. So blieb dieses Geheimnis für viele Jahre verborgen. Bis ich die Schuhe zu einem Antiquar gebracht habe um ihren Wert festzustellen. Der hat die Kronen gefunden. So bin ich der Inhaber eines Schatzes geworden. Leider hat meine Bobe das nicht mehr miterlebt." „Wie traurig", sagte Sofia: „Die verzweifelte Hilfe hat nie ihren Adressaten gefunden." „Es stimmt, trotzdem war meine Bobe glücklich, ihre Schatztruhe wieder zu bekommen. Du hättest sehen sollen, wie sie sich gefreut hat. Sie streichelte das alte Gebetsbuch, putzte den kleinen silbernen Löffel, bis er wieder wie neu glänzte. In ihren letzten Stunden hielte sie das Gesangsbuch in ihren Händen, meine Mutter konnte es später nicht wegnehmen, so haben wir sie auch mit dem Buch begraben... Apropos Gräber..."

Jakob machte eine Pause, trommelte mit den Fingern auf die geöffnete Truhe und machte sie schnell entschlossen wieder zu. „Möchtest du noch ein Stückchen Kuchen? Wenn nicht, werde ich dir gerne jetzt schon meinen Schatz zeigen." Sofia war klug genug, die Spannung in seiner Stimme richtig zu bewerten, und beschloss das Stück Kuchen, welches nach der Donauwelle und dem Bienenstich als nächstes an der Reihe war und sehr verlockend mit glänzenden Aprikosenhälften seine Wirkung auf Sofia ausübte, später zu verzehren. Egal was sie Jakob erzählt hatte, ihre finanzielle Unabhängigkeit war nicht so groß, dass sie sich jede Zeit ein Stück Kuchen leisten konnte.

Sofia stand auf und folgte Jakob in den Garten. Er war frisch angelegt, alle Pflanzen waren jung. Eine Bank und ein Hochbeet frisch gestrichen. Die Pfade zwischen den Gemüsebeeten waren mit Sand und Kieselsteinen ausgestreut. In der Mitte des Gärtchens stand ein selbst gebasteltes Denkmal. Auf einem aus Holz gefertigten Podest, ungefähr halb so groß wie ein Mensch, stand so etwas wie eine riesige Glaslaterne: Acht große Glasscheiben wurden von einer Metallkonstruktion zusammengehalten. Darin, ganz nah an der Decke, hing eine kleine Glühbirne, völlig unterdimensioniert vergleichen mit der Größe der Lampe. Doch ihre Maße fanden schnell eine Erklärung, die Laterne war nicht als Lichtspender gedacht, sondern als Schutz für einen Stein.

Ein fünfeckiger Stein. ungefähr 50-60 Zentimeter breit und fast genau so lang, stand, hinten abgestützt auf einer Unterlage, wie man sie für offene Kochbücher nutzte, um sie aufgeklappt in einer vertikalen Position zu halten. Alles zusammen ähnelte der wilden Mischung von selbst gebastelten und umgearbeiteten Flohmarktexponaten, doch Sofia biss sich auf die Zunge, als sie den Stein, über dem Jakob in diesem Moment die Glühbirne anschaltete, besser sehen konnte.

Ein Schiff wackelte auf den Wellen und ein kleiner Händler gab sich große Mühe, auf dem Deck auf den Füßen zu bleiben. Hoch gestapelte Waren drohten jeden Moment auf ihn herabzufallen. Von der linken und rechten Seite stoßen die Wellen auf den Theatervorhang, dessen Falten sich oben in der fünften Ecke des Steines zusammentreffen. In diesem Punkt wurde eine kleine Krone, wie eine Gemma eingebaut. „Oh wie schön!" Sofias Begeisterung war ehrlich und laut. Es ist sehr alt, oder? Es erinnert mich an die Skulpturen in englischen Parks, die mögen auch alle diese alten bemoosten Steinte als Deko."

„Ich habe das Moos entfernt und alles gesäubert." Jakob fühlte sich in Namen von allen alten Kunstwerken, die gerade als bemooste Steine bezeichnet wurden, beleidigt. Besonders seine Perle, die er so lange und vorsichtig, nach dem Studium dutzender Bücher über Steinrestaurierung, gesäubert hat. Was für ein naives Mädchen, sie muss noch viel lernen, bis sie solchen Sachen richtig beurteilen kann.

„Es ist der obere Teil einer Matzewe" sagte er trocken und kalt. „Matzewe?" Er sah, wie kleine Rädchen in ihrem Kopf anfingen, sich zu bewegen. „Woher hat du eine Matzewe, und dazu noch in Teilen? Warte, warte, ich kenne diesen Stein, nicht so sauber und hell, aber trotzdem. Jakob," Sofias Augen füllten sich mit Angst und Wut: „Hast du bei uns die Matzewe geklaut?" Jakob, ein Matzewe-Dieb, der sich nach dem Worte gesäubert grade sehr stolz fühlte, musste nun unerwartet eine abwehrende Position einnehmen. „Erstens sind deine Vermutungen falsch und frech, zweitens, habe ich sie als Geschenk bekommen, von einem Freund und überhaupt war das eine Rettungsaktion. Man kann sagen, ich habe mein Leben riskiert, um sie in Sicherheit zu bringen." „Diese schreckliche Laterne auf dem Holzpodest nennst du Sicherheit? Die Matzewe gehört zu meiner Stadt" entfuhr es Sofia. „Nein! Diese Matzewe gehört zu meiner Geschichte. Und es ist deiner Stadt scheißegal, was mit ihr passieren wird. Du hast diese Matzewe, genau wie allen anderen, nicht gesehen, Sofia. Aber ich schon, ich sah wie deine Mitbürger ihre nasse Wäsche auf hundertjährigen alten Steinen zum Trocknen aufhängten, wie Wind und Regen neue Wege zwischen Inschriften, zwischen wunderschönen Bildern und Ornamenten suchten und niemand machte dafür auch nur einen Finger krumm. Sofia, ich bin kein Vandale, ich weiß, dass ich etwas getan habe, was eigentlich nicht erlaubt war. Doch je mehr ich darüber nachdenke, desto richtiger scheint es mit zu sein. Hier, unter dieser, wie Du sagst, schrecklichen Laterne", an dieser Stelle verlor Jakobs Stimme ihren rechtfertigenden Klang und bekam eine eindeutig beleidigte Note "hier drin steht dieses Objekt, das unangefochtenen historischen und kulturellen Werte hat, in Sicherheit und bleibt heil. Ich kann es noch keinem Museum, keiner Galerie oder anderer Institution übergeben, ohne Fragen, ohne Verdacht zu erwecken. Auch ist klar, dass ich keine Auskunft über ihre Herkunft geben kann, also fand ich, dass die einzig richtige Entscheidung ist, diese Matzewe hier zu behalten." „Ich sehe deine ‚Heldentat' doch ein bisschen anderes, Jakob." Er merkte, was für eine erwachsende Frau vor ihm stand. „Du bist zu meinem Zuhause gekommen, hast etwas gesehen, was dir nicht gefallen hat und hast dich entschieden es uns weg zu nehmen."

„Was sagst du da? Bis vor kurzem wusstest du nicht mal, das Juden überhaupt in deinem, wie du es nennst, 'Zuhause' existierten, du dachtest – und ich zitiere Dich – „die Juden sind weggegangen." Weg? Dachte ich mir damals. Weg? – wohin? Direkt in die Gaskammern? Das habe ich aber nicht gesagt, wollte dir keine Unannehmlichkeiten bereiten. Und jetzt schau dich mal an, predigst du mir, wie ich mich mit meinem eigenen kulturellen und religiösen Erbe benehme soll! Ich kann meinen Ohren nicht glauben."

„Nach dieser Logik mit der Geschichte als Bestätigung unseres Eigentums können wir praktisch alles wegnehmen, was wir wollen."

„Sofia, ich wiederhole es noch mal, ich hatte es nicht geplant, es ist so passiert, dass diese Matzewe in meine Hände gelangt ist. Ich war in einer idiotischen Situation, was sollte ich denn mit ihr tun? Mit Superkleber wieder ankleben? Zur Polizei gehen? Sie wäre vollkommen verloren gewesen. Ich habe das getan, was ich für richtig hielt und bereue es nicht. Bis heute nicht, es sei denn, dass du jetzt alle Hunde auf mich hetzt." „Du sprichst mit mir als ob ich dein Feind wäre, Jakob, das finde ich unfair." Sie klang echt traurig: „Ich habe dir meine Meinung gesagt, und es tut mir leid, dass du dich meinetwegen gekränkt fühlst."

Sie wandte sich vom Matzewe-Altar ab und ging mit gesenktem Kopf zurück ins Haus. Jakob trottete hinter ihr her. Sofia kaute ihren Aprikosenkuchen als Rest der Mahlzeit und Jakob fragte, ob sie mit ihrer WG zufrieden sei, ob sie irgendwelche Hilfe mit ihren Papieren brauche, ob sie ihre eine DB-Karte gekauft hätte. Sofia nickte, antwortete einsilbig, übermittelte ihm Grüße von Ruslana und ihrem Mann, der Oma, und noch ein paar Leuten an deren Namen sich Jakob nicht entsinnen konnte. Als sie mit ihrem Kuchen fertig war, stand sie vom Tisch auf, nahm ihre Tasche und sagte: „Jakob, ich wollte dich sehen, um dir danke zu sagen. Dein Besuch hat wirklich mein Leben geändert, zwar nicht auf die Art und Weise, wie es meine Oma sich gewünscht hatte, trotzdem, ich bin jetzt mit meiner Wahl glücklich und das ist dein Verdienst. Ich werde dein Geheimnis niemandem erzählen, das kann ich dir versprechen, egal, dass ich damit nicht einverstanden bin. Es wird mein Zeichen der Dankbarkeit dir gegenüber sein. Ich werde dich sogar noch mal nach Skolywka einladen, wenn du mir versprechen wirst, nichts zu stehlen" Ein gequältes Lächeln begleitete den Witz. „Das kann ich dir versprechen, Sofia, um aber ehrlich zu sein, ich habe keine Absicht, nach Skolywka zurückzukehren. Diese Geschichte dauerte viel zu lange und hat bis heute ihre Konsequenzen." „Die Konsequenzen stehen in deinem Garten, Jakob, wie ein Heiligenschreien, sag mir nicht, dass diese Geschichte zu Ende ist. Ich befürchtete, dass sie jetzt ein Teil von dir selbst geworden ist, lass uns sehen, wie du damit klarkommst." Sie fing sich selbst: „Ich spreche wie meine Alte! Verzeih mir und lass dich umarmen! Du wirst staunen, wie lange ich darauf gewartet habe!" Ohne weitere Erklärungen umarmte ihn Sofia zum Abschied fest und verschwand dann hinter der niedrigen Zaunpforte.

Jakob schloss hinter Sofia die Türe zu und ging langsam zu seiner Matzewe. Er machte das Lichtlein aus, wollte nicht, dass die Motten und andere Kamikazeflieger mit ihren verbrannten Körpern das Glas schmutzig machten. Er zupfte ein paar Pflänzchen, die zu nahe am Sockel zu wachsen wagten und kehrte ins Haus zurück. Er räumte ab, spülte das Geschirr, wischte die Krümelchen von seinem einzigen Tisch, setzte sich vor den geöffneten Laptop. Mit ein paar Klicks öffnete er sein Bankkonto, heute war der nächste Termin für die fällige Überweisung. Er kannte die Kontodaten der Lemberger Universität schon längst auswendig. Semesterbeitrag für Sofia Bogun. Bestätigt. Abgesendet.

Er schaute durch das Fenster. „Wahrscheinlich hatte Sofia recht, ich habe mich nicht von der Geschichte befreit, ich habe sie mit mir nach Hause geschleppt, jetzt steht sie da, und ich werde sie jede Sekunde meines Lebens vor Augen haben, ihren Schmerz, ihre Schönheit, ihre lange Reise. Ich wollte, dass andere sich an meine Geschichte, an die Geschichte meines Volkes wieder erinnern könnten. Stattdessen habe ich nur mich selbst zu ewiger Mahnung verurteilt.

Jetzt steht sie da, die Matzewe in meinem Garten.

UKRAINIAN VOICES

Collected by Andreas Umland

1   *Mychailo Wynnyckyj*
    Ukraine's Maidan, Russia's War
    A Chronicle and Analysis of the Revolution of Dignity
    With a foreword by Serhii Plokhy
    ISBN 978-3-8382-1327-9

2   *Olexander Hryb*
    Understanding Contemporary Ukrainian and Russian
    Nationalism
    The Post-Soviet Cossack Revival and Ukraine's National Security
    With a foreword by Vitali Vitaliev
    ISBN 978-3-8382-1377-4

3   *Marko Bojcun*
    Towards a Political Economy of Ukraine
    Selected Essays 1990–2015
    With a foreword by John-Paul Himka
    ISBN 978-3-8382-1368-2

4   *Volodymyr Yermolenko (ed.)*
    Ukraine in Histories and Stories
    Essays by Ukrainian Intellectuals
    With a preface by Peter Pomerantsev
    ISBN 978-3-8382-1456-6

5   *Mykola Riabchuk*
    At the Fence of Metternich's Garden
    Essays on Europe, Ukraine, and Europeanization
    ISBN 978-3-8382-1484-9

6   *Marta Dyczok*
    Ukraine Calling
    A Kaleidoscope from Hromadske Radio 2016–2019
    With a foreword by Andriy Kulykov
    ISBN 978-3-8382-1472-6

7   *Olexander Scherba*
    Ukraine vs. Darkness
    Undiplomatic Thoughts
    With a foreword by Adrian Karatnycky
    ISBN 978-3-8382-1501-3

8   *Olesya Yaremchuk*
    Our Others
    Stories of Ukrainian Diversity
    With a foreword by Ostap Slyvynsky
    Translated from the Ukrainian by Zenia Tompkins and Hanna Leliv
    ISBN 978-3-8382-1475-7

9   *Nataliya Gumenyuk*
    Die verlorene Insel
    Geschichten von der besetzten Krim
    Mit einem Vorwort von Alice Bota
    Aus dem Ukrainischen übersetzt von Johann Zajaczkowski
    ISBN 978-3-8382-1499-3

10 *Olena Stiazhkina*
    Zero Point Ukraine
    Four Essays on World War II
    Translated from the Ukrainian by Svitlana Kulinska
    ISBN 978-3-8382-1550-1

11 *Oleksii Sinchenko, Dmytro Stus, Leonid Finberg (compilers)*
    Ukrainian Dissidents
    An Anthology of Texts
    ISBN 978-3-8382-1551-8

12 *John-Paul Himka*
    Ukrainian Nationalists and the Holocaust
    OUN and UPA's Participation in the Destruction of Ukrainian Jewry, 1941–1944
    ISBN 978-3-8382-1548-8

13 *Andrey Demartino*
    False Mirrors
    The Weaponization of Social Media in Russia's Operation to Annex Crimea
    With a foreword by Oleksiy Danilov
    ISBN 978-3-8382-1533-4

14   Svitlana Biedarieva (ed.)
      Contemporary Ukrainian and Baltic Art
      Political and Social Perspectives, 1991–2021
      ISBN 978-3-8382-1526-6

15   Olesya Khromeychuk
      A Loss
      The Story of a Dead Soldier Told by His Sister
      With a foreword by Andrey Kurkov
      ISBN 978-3-8382-1570-9

16   Marieluise Beck (Hg.)
      Ukraine verstehen
      Auf den Spuren von Terror und Gewalt
      Mit einem Vorwort von Dmytro Kuleba
      ISBN 978-3-8382-1653-9

17   Stanislav Aseyev
      Heller Weg
      Geschichte eines Konzentrationslagers im Donbass 2017–2019
      Aus dem Russischen übersetzt von
      Martina Steis und Charis Haska
      ISBN 978-3-8382-1620-1

18   Mykola Davydiuk
      Wie funktioniert Putins Propaganda?
      Anmerkungen zum Informationskrieg des Kremls
      Aus dem Ukrainischen übersetzt von Christian Weise
      ISBN 978-3-8382-1628-7

19   Olesya Yaremchuk
      Unsere Anderen
      Geschichten ukrainischer Vielfalt
      Aus dem Ukrainischen übersetzt von Christian Weise
      ISBN 978-3-8382-1635-5

20   Oleksandr Mykhed
      „Dein Blut wird die Kohle tränken"
      Über die Ostukraine
      Aus dem Ukrainischen übersetzt von Simon Muschick
      und Dario Planert
      ISBN 978-3-8382-1648-5

21   *Vakhtang Kipiani (Hg.)*
       Der Zweite Weltkrieg in der Ukraine
       Geschichte und Lebensgeschichten
       Aus dem Ukrainischen übersetzt von Margarita Grinko
       ISBN 978-3-8382-1622-5

22   *Vakhtang Kipiani (ed.)*
       World War II, Uncontrived and Unredacted
       Testimonies from Ukraine
       Translated from the Ukrainian by Zenia Tompkins and Daisy Gibbons
       ISBN 978-3-8382-1621-8

23   *Dmytro Stus*
       Vasyl Stus
       Life in Creativity
       Translated from the Ukrainian by Ludmila Bachurina
       ISBN 978-3-8382-1631-7

24   *Vitalii Ogiienko (ed.)*
       The Holodomor and the Origins of the Soviet Man
       Reading the Testimony of Anastasia Lysyvets
       With forewords by Natalka Bilotserkivets and Serhy Yekelchyk
       Translated from the Ukrainian by Alla Parkhomenko and
       Alexander J. Motyl
       ISBN 978-3-8382-1616-4

25   *Vladislav Davidzon*
       Jewish-Ukrainian Relations and the Birth of a Political
       Nation
       Selected Writings 2013-2021
       With a foreword by Bernard-Henri Lévy
       ISBN 978-3-8382-1509-9

26   *Serhy Yekelchyk*
       Writing the Nation
       The Ukrainian Historical Profession in Independent Ukraine and
       the Diaspora
       ISBN 978-3-8382-1695-9

27   *Ildi Eperjesi, Oleksandr Kachura*
       Shreds of War
       Fates from the Donbas Frontline 2014-2019
       With a foreword by Olexiy Haran
       ISBN 978-3-8382-1680-5

28 Oleksandr Melnyk
    World War II as an Identity Project
    Historicism, Legitimacy Contests, and the (Re-)Construction of
    Political Communities in Ukraine, 1939–1946
    With a foreword by David R. Marples
    ISBN 978-3-8382-1704-8

29 Olesya Khromeychuk
    Ein Verlust
    Die Geschichte eines gefallenen ukrainischen Soldaten,
    erzählt von seiner Schwester
    Mit einem Vorwort von Andrej Kurkow
    Aus dem Englischen übersetzt von Lily Sophie
    ISBN 978-3-8382-1770-3

30 Tamara Martsenyuk, Tetiana Kostiuchenko (eds.)
    Russia's War in Ukraine 2022
    Personal Experiences of Ukrainian Scholars
    ISBN 978-3-8382-1757-4

31 Ildikó Eperjesi, Oleksandr Kachura
    Shreds of War. Vol. 2
    Fates from Crimea 2015–2022
    With an interview of Oleh Sentsov
    ISBN 978-3-8382-1780-2

32 Yuriy Lukanov, Tetiana Pechonchik (eds.)
    The Press: How Russia destroyed Media Freedom in
    Crimea
    With a foreword by Taras Kuzio
    ISBN 978-3-8382-1784-0

33 Megan Buskey
    Ukraine Is Not Dead Yet
    A Family Story of Exile and Return
    ISBN 978-3-8382-1691-1

34 Vira Ageyeva
    Behind the Scenes of the Empire
    Essays on Cultural Relationships between Ukraine and Russia
    With a foreword by Oksana Zabuzhko
    ISBN 978-3-8382-1748-2

35   *Marieluise Beck (ed.)*
      Understanding Ukraine
      Tracing the Roots of Terror and Violence
      With a foreword by Dmytro Kuleba
      ISBN 978-3-8382-1773-4

36   *Olesya Khromeychuk*
      A Loss
      The Story of a Dead Soldier Told by His Sister, 2nd edn.
      With a foreword by Philippe Sands
      With a preface by Andrii Kurkov
      ISBN 978-3-8382-1870-0

37   *Taras Kuzio, Stefan Jajecznyk-Kelman*
      Fascism and Genocide
      Russia's War Against Ukrainians
      ISBN 978-3-8382-1791-8

38   *Alina Nychyk*
      Ukraine Vis-à-Vis Russia and the EU
      Misperceptions of Foreign Challenges in Times of War, 2014–2015
      With a foreword by Paul D'Anieri
      ISBN 978-3-8382-1767-3

39   *Sasha Dovzhyk (ed.)*
      Ukraine Lab
      Global Security, Environment, Disinformation Through the Prism of Ukraine
      With a foreword by Rory Finnin
      ISBN 978-3-8382-1805-2

40   *Serhiy Kvit*
      Media, History, and Education
      Three Ways to Ukrainian Independence
      With a preface by Diane Francis
      ISBN 978-3-8382-1807-6

41   *Anna Romandash*
      Women of Ukraine
      Reportages from the War and Beyond
      ISBN 978-3-8382-1819-9

42   *Dominika Rank*
      Matzewe in meinem Garten
      Abenteuer eines jüdischen Heritage-Touristen in der Ukraine
      ISBN 978-3-8382-1810-6

43 *Myroslaw Marynowytsch*
    Das Universum hinter dem Stacheldraht
    Memoiren eines sowjet-ukrainischen Dissidenten
    Mit einem Vorwort von Timothy Snyder und einem Nachwort
    von Max Hartmann
    ISBN 978-3-8382-1806-9

44 *Konstantin Sigow*
    Für Deine und meine Freiheit
    Europäische Revolutions- und Kriegserfahrungen im heutigen
    Kyjiw
    Mit einem Vorwort von Karl Schlögel
    Herausgegeben von Regula M. Zwahlen
    ISBN 978-3-8382-1755-0

45 *Kateryna Pylypchuk*
    The War that Changed Us
    Ukrainian Novellas, Poems, and Essays from 2022
    With a foreword by Victor Yushchenko
    Paperback ISBN 978-3-8382-1859-5
    Hardcover ISBN 978-3-8382-1860-1

46 *Kyrylo Tkachenko*
    Rechte Tür Links
    Radikale Linke in Deutschland, die Revolution und der Krieg in
    der Ukraine, 2013-2018
    ISBN 978-3-8382-1711-6

47 *Alexander Strashny*
    The Ukrainian Mentality
    An Ethno-Psychological, Historical and Comparative Exploration
    With a foreword by Antonina Lovochkina
    ISBN 978-3-8382-1886-1

48 *Alona Shestopalova*
    Pandora's TV Box
    How Russian TV Turned Ukraine into an Enemy Which has to be
    Fought
    ISBN 978-3-8382-1884-7

49 *Iaroslav Petik*
    Politics and Society in the Ukrainian People's Republic
    (1917–1921) and Contemporary Ukraine (2013–2022)
    A Comparative Analysis
    With a foreword by Oleksiy Tolochko
    ISBN 978-3-8382-1817-5

Book series "Ukrainian Voices"

Collector
Andreas Umland, National University of Kyiv-Mohyla Academy

Editorial Board
Lesia Bidochko, National University of Kyiv-Mohyla Academy
Svitlana Biedarieva, George Washington University, DC, USA
Ivan Gomza, Kyiv School of Economics, Ukraine
Natalie Jaresko, Aspen Institute, Kyiv/Washington
Olena Lennon, University of New Haven, West Haven, USA
Kateryna Yushchenko, First Lady of Ukraine 2005-2010, Kyiv
Oleksandr Zabirko, University of Regensburg, Germany

Advisory Board
Iuliia Bentia, National Academy of Arts of Ukraine, Kyiv
Natalya Belitser, Pylyp Orlyk Institute for Democracy, Kyiv
Oleksandra Bienert, Humboldt University of Berlin, Germany
Sergiy Bilenky, Canadian Institute of Ukrainian Studies, Toronto
Tymofii Brik, Kyiv School of Economics, Ukraine
Olga Brusylovska, Mechnikov National University, Odesa
Mariana Budjeryn, Harvard University, Cambridge, USA
Volodymyr Bugrov, Shevchenko National University, Kyiv
Olga Burlyuk, University of Amsterdam, The Netherlands
Yevhen Bystrytsky, NAS Institute of Philosophy, Kyiv
Andrii Danylenko, Pace University, New York, USA
Vladislav Davidzon, Atlantic Council, Washington/Paris
Mykola Davydiuk, Think Tank "Polityka," Kyiv
Andrii Demartino, National Security and Defense Council, Kyiv
Vadym Denisenko, Ukrainian Institute for the Future, Kyiv
Oleksandr Donii, Center for Political Values Studies, Kyiv
Volodymyr Dubovyk, Mechnikov National University, Odesa
Volodymyr Dubrovskiy, CASE Ukraine, Kyiv
Diana Dutsyk, National University of Kyiv-Mohyla Academy
Marta Dyczok, Western University, Ontario, Canada
Yevhen Fedchenko, National University of Kyiv-Mohyla Academy
Sofiya Filonenko, State Pedagogical University of Berdyansk
Oleksandr Fisun, Karazin National University, Kharkiv
Oksana Forostyna, Webjournal "Ukraina Moderna," Kyiv
Roman Goncharenko, Broadcaster "Deutsche Welle," Bonn
George Grabowicz, Harvard University, Cambridge, USA
Gelinada Grinchenko, Karazin National University, Kharkiv
Kateryna Härtel, Federal Union of European Nationalities, Brussels
Nataliia Hendel, University of Geneva, Switzerland
Anton Herashchenko, Kyiv School of Public Administration
John-Paul Himka, University of Alberta, Edmonton
Ola Hnatiuk, National University of Kyiv-Mohyla Academy
Oleksandr Holubov, Broadcaster "Deutsche Welle," Bonn
Yaroslav Hrytsak, Ukrainian Catholic University, Lviv
Oleksandra Humenna, National University of Kyiv-Mohyla Academy
Tamara Hundorova, NAS Institute of Literature, Kyiv
Oksana Huss, University of Bologna, Italy
Oleksandra Iwaniuk, University of Warsaw, Poland
Mykola Kapitonenko, Shevchenko National University, Kyiv
Georgiy Kasianov, Marie Curie-Skłodowska University, Lublin
Vakhtang Kebuladze, Shevchenko National University, Kyiv
Natalia Khanenko-Friesen, University of Alberta, Edmonton
Victoria Khiterer, Millersville University of Pennsylvania, USA
Oksana Kis, NAS Institute of Ethnology, Lviv
Pavlo Klimkin, Center for National Resilience and Development, Kyiv
Oleksandra Kolomiiets, Center for Economic Strategy, Kyiv

Sergiy Korsunsky, Kobe Gakuin University, Japan
Nadiia Koval, Kyiv School of Economics, Ukraine
Volodymyr Kravchenko, University of Alberta, Edmonton
Oleksiy Kresin, NAS Koretskiy Institute of State and Law, Kyiv
Anatoliy Kruglashov, Fedkovych National University, Chernivtsi
Andrey Kurkov, PEN Ukraine, Kyiv
Ostap Kushnir, Lazarski University, Warsaw
Taras Kuzio, National University of Kyiv-Mohyla Academy
Serhii Kvit, National University of Kyiv-Mohyla Academy
Yuliya Ladygina, The Pennsylvania State University, USA
Yevhen Mahda, Institute of World Policy, Kyiv
Victoria Malko, California State University, Fresno, USA
Yulia Marushevska, Security and Defense Center (SAND), Kyiv
Myroslav Marynovych, Ukrainian Catholic University, Lviv
Oleksandra Matviichuk, Center for Civil Liberties, Kyiv
Mykhailo Minakov, Kennan Institute, Washington, USA
Anton Moiseienko, The Australian National University, Canberra
Alexander Motyl, Rutgers University-Newark, USA
Vlad Mykhnenko, University of Oxford, United Kingdom
Vitalii Ogiienko, Ukrainian Institute of National Remembrance, Kyiv
Olga Onuch, University of Manchester, United Kingdom
Olesya Ostrovska, Museum "Mystetskyi Arsenal," Kyiv
Anna Osypchuk, National University of Kyiv-Mohyla Academy
Oleksandr Pankieiev, University of Alberta, Edmonton
Oleksiy Panych, Publishing House "Dukh i Litera," Kyiv
Valerii Pekar, Kyiv-Mohyla Business School, Ukraine
Yohanan Petrovsky-Shtern, Northwestern University, Chicago
Serhii Plokhy, Harvard University, Cambridge, USA
Andrii Portnov, Viadrina University, Frankfurt-Oder, Germany
Maryna Rabinovych, Kyiv School of Economics, Ukraine
Valentyna Romanova, Institute of Developing Economies, Tokyo
Natalya Ryabinska, Collegium Civitas, Warsaw, Poland

Darya Tsymbalyk, University of Oxford, United Kingdom
Vsevolod Samokhvalov, University of Liege, Belgium
Orest Semotiuk, Franko National University, Lviv
Viktoriya Sereda, NAS Institute of Ethnology, Lviv
Anton Shekhovtsov, University of Vienna, Austria
Andriy Shevchenko, Media Center Ukraine, Kyiv
Oxana Shevel, Tufts University, Medford, USA
Pavlo Shopin, National Pedagogical Dragomanov University, Kyiv
Karina Shyrokykh, Stockholm University, Sweden
Nadja Simon, freelance interpreter, Cologne, Germany
Olena Snigova, NAS Institute for Economics and Forecasting, Kyiv
Ilona Solohub, Analytical Platform "VoxUkraine," Kyiv
Iryna Solonenko, LibMod - Center for Liberal Modernity, Berlin
Galyna Solovei, National University of Kyiv-Mohyla Academy
Sergiy Stelmakh, NAS Institute of World History, Kyiv
Olena Stiazhkina, NAS Institute of the History of Ukraine, Kyiv
Dmitri Stratievski, Osteuropa Zentrum (OEZB), Berlin
Dmytro Stus, National Taras Shevchenko Museum, Kyiv
Frank Sysyn, University of Toronto, Canada
Olha Tokariuk, Center for European Policy Analysis, Washington
Olena Tregub, Independent Anti-Corruption Commission, Kyiv
Hlib Vyshlinsky, Centre for Economic Strategy, Kyiv
Mychailo Wynnyckyj, National University of Kyiv-Mohyla Academy
Yelyzaveta Yasko, NGO "Yellow Blue Strategy," Kyiv
Serhy Yekelchyk, University of Victoria, Canada
Victor Yushchenko, President of Ukraine 2005-2010, Kyiv
Oleksandr Zaitsev, Ukrainian Catholic University, Lviv
Kateryna Zarembo, National University of Kyiv-Mohyla Academy
Yaroslav Zhalilo, National Institute for Strategic Studies, Kyiv
Sergei Zhuk, Ball State University at Muncie, USA
Alina Zubkovych, Nordic Ukraine Forum, Stockholm
Liudmyla Zubrytska, National University of Kyiv-Mohyla Academy

Friends of the Series

Ana Maria Abulescu, University of Bucharest, Romania
Łukasz Adamski, Centrum Mieroszewskiego, Warsaw
Marieluise Beck, LibMod—Center for Liberal Modernity, Berlin
Marc Berensen, King's College London, United Kingdom
Johannes Bohnen, BOHNEN Public Affairs, Berlin
Karsten Brüggemann, University of Tallinn, Estonia
Ulf Brunnbauer, Leibniz Institute (IOS), Regensburg
Martin Dietze, German-Ukrainian Culture Society, Hamburg
Gergana Dimova, Florida State University, Tallahassee/London
Caroline von Gall, Goethe University, Frankfurt-Main
Zaur Gasimov, Rhenish Friedrich Wilhelm University, Bonn
Armand Gosu, University of Bucharest, Romania
Thomas Grant, University of Cambridge, United Kingdom
Gustav Gressel, European Council on Foreign Relations, Berlin
Rebecca Harms, European Centre for Press & Media Freedom, Leipzig
André Härtel, Stiftung Wissenschaft und Politik, Berlin/Brussels
Marcel Van Herpen, The Cicero Foundation, Maastricht
Richard Herzinger, freelance analyst, Berlin
Mieste Hotopp-Riecke, ICATAT, Magdeburg
Nico Lange, Munich Security Conference, Berlin
Martin Malek, freelance analyst, Vienna
Ingo Mannteufel, Broadcaster "Deutsche Welle," Bonn
Carlo Masala, Bundeswehr University, Munich
Wolfgang Mueller, University of Vienna, Austria
Dietmar Neutatz, Albert Ludwigs University, Freiburg
Torsten Oppelland, Friedrich Schiller University, Jena
Niccolò Pianciola, University of Padua, Italy
Gerald Praschl, German-Ukrainian Forum (DUF), Berlin
Felix Riefer, Think Tank Ideenagentur-Ost, Düsseldorf
Stefan Rohdewald, University of Leipzig, Germany
Sebastian Schäffer, Institute for the Danube Region (IDM), Vienna
Felix Schimansky-Geier, Friedrich Schiller University, Jena
Ulrich Schneckener, University of Osnabrück, Germany
Winfried Schneider-Deters, freelance analyst, Heidelberg/Kyiv
Gerhard Simon, University of Cologne, Germany
Kai Struve, Martin Luther University, Halle/Wittenberg
David Stulik, European Values Center for Security Policy, Prague
Andrzej Szeptycki, University of Warsaw, Poland
Philipp Ther, University of Vienna, Austria
Stefan Troebst, University of Leipzig, Germany

[Please send address requests for changes, corrections, and additions to this list to andreas.umland@stanforalumni.org.]

ibidem.eu